KB154321

비전과 관점 열기

비전과 관점 열기
시대를 읽는 또 하나의 창

첫판 1쇄 │ 2014년 5월 1일

지은이 │ 김병로 김승욱 김창환 박명림 송준인 원재천 이해완 조영길 조흥식
엮은이 │ 이장로
편집 · 발행인 │ 김은옥
꾸민이 │ 황지은
펴낸곳 │ 올리브북스

주소 │ 경기도 부천시 원미구 소향로 203
전화 │ 032-233-2427
이메일 │ olivebooks@naver.com
블로그 │ blog.naver.com/olivebooks

출판등록 │ 제387-2007-00012호

ISBN │ 978-89-94035-22-2 03100

이 도서의 국립중앙도서관 출판시도서목록(CIP)은 서지정보유통지원시스템 홈페이지(http://seoji.nl.go.kr)와
국가자료공동목록시스템(http://www.nl.go.kr/kolisnet)에서 이용하실 수 있습니다.
(CIP제어번호: CIP2014012211)

■ 총판 기독교출판유통 │ 031-906-9191(전화), 0505-365-9191(팩스)

시대를 읽는 또 하나의 **창**

비전과
관점열기

이장로 엮음

김병로 김승욱 김창환 박명림 송준인
원재천 이해완 조영길 조흥식

올리브북스
Olive Books

새 시대를 위한 비전과 관점

시대적 부름에 응답하라

대한민국은 1945년 일제로부터 해방되었지만 얼마 되지 않아 강대국들에 의해 남북으로 분단되었고, 70년이 지난 현재까지 남북한은 아직도 진정한 자유와 행복을 누리지 못하고 있습니다. 이런 포로 상태에서 신음하며 구원의 날을 기다리는 7,500만 명의 남북한 국민이 하늘을 향해 부르짖습니다. "우리를 자유하게 해 주십시오. 우리에게 평화를 주십시오."

한반도에서 포로시대를 끝내고 통일시대를 예비하는 일은 청년들을 향한 시대적 부름입니다. 통일시대를 예비하는 것은 마치 그리스도인이 하나님 나라를 예비하는 것과 같습니다. 그리스도인은 하나님 나라는 이미 왔지만 아직 완성되지 않았다는 믿음을 가지고 오늘을 살아갑니다. 마찬가지로 통일시대는 이미 시작되었다는 믿음으로 그 시대를 예비하면서 살아가는 청년들에게 그 시대가 열리고 시대에 합하게 쓰임받게 될 것입니다. 통일시대가 이 땅의 모세, 다윗, 느헤미야를 부르고 있습니다. 이 시대를 위해서 우리에게는 세상에 대한 비전과 열린 관점이 필요합니다.

비전(vision)은 바람직한 미래의 모습입니다. 비전은 현재에 만족하지 않고 미래의 바람직한 모습을 위해 변화를 추구하는 행동을 하게 합니다. 또한 우리에게 는 이 시대를 볼 수 있는 새롭고 다양한 관점이 필요합니다. 다양한 관점은 다양 한 것을 볼 수 있게 하고, 다양한 것을 들을 수 있고, 많은 것을 깨닫게 합니다.

통일 한국의 비전은 통일의 의미와 방향, 통일 이후의 바람직한 모습을 제시 하고, 통일에 무관심하거나 회의적인 사람들에게 통일의 필요성과 의미를 보여 줍니다. 또한 남북한이 가지고 있는 바람직하지 않은 모습을 버리고 어느 방향 으로 변화해 나갈 것인가에 대해서 제도 및 정책, 표준 또는 나침반 역할을 할 것입니다. 나아가 목적지와 방향이 정해지면 구체적인 로드맵을 마련할 수 있습 니다. 그리고 통일 과정에서 사회적 갈등을 줄이고 통일을 위한 사회적 자본을 확대하는 효과를 가져 올 것입니다.

실제로 국가 비전을 만드는 것이 얼마나 중요한지는 독일의 사례를 통해서 잘 알 수 있습니다. 초창기부터 나치스에 저항한 고백교회 운동의 지도자이며 신학 자인 본회퍼(Bonhoefer)의 이름을 딴 '본회퍼 그룹'의 학자들(프란츠 뵘, 발터 오이 켄 등)은 2차 세계대전 이후의 국가 기본체제를 준비하기 위해 새로운 정치/경제 질서를 위한 대안을 연구했습니다. 연구는 '정치적 공동사회의 질서, 우리 시대 의 정치적 위기 속에서 기독교적 양심의 확립을 위한 하나의 시도'라는 제목으 로 진행되었고, 이 연구는 전후 독일 정치/경제 제도의 기초가 되었습니다.

통일 한국의 비전

통일된 한국은 정의국가, 복지국가, 평화국가, 세계 봉사 국가의 비전을 구현 해야 합니다.

첫째, 정의국가입니다. 권력자들이 권력을 남용해서 약자들의 권리와 몫을 빼 앗아 가는 나라는 불의한 나라입니다. 각자 자기의 몫을 정당하게 가질 수 있는 나라가 정의로운 나라입니다. 기회가 균등하게 주어지고, 태어나면서부터 불리 한 출발선에 서 있는 약자에 대한 배려가 있고, 아무리 능력이 있을지라도 성과를 독점하지 못하고, 경쟁에서 낙오된 가난한 자, 감옥에 갇힌 자, 나그네 된 자들을 보살피고 그들이 다시 시작할 수 있는 나라가 정의로운 나라입니다.

둘째, 복지국가입니다. 복지란 행복한 삶이고, 행복이란 생활에서 만족과 기쁨을 느끼는 것입니다. 복지국가란 국민 전체의 복지 증진과 확보 및 행복추구를 국가의 가장 중요한 사명으로 보는 국가입니다. 모범적인 복지국가를 달성하기 위해서는 세계적인 경제 강국이 되는 동시에 경제민주화가 이루어져야 합니다. 통일시대에서 복지문제는 남북한의 정치/경제 체제의 차이를 극복하는 데있어 매우 중요한 과제가 될 것입니다.

셋째, 평화국가입니다. 평화는 전쟁, 폭력, 갈등이 없는 관계나 상태를 의미합니다. 평화의 문제는 항상 전쟁 문제와 더불어 등장했으나, 소크라테스 이후에는 평화가 영혼을 잘 돌보는 일로 설명됩니다. 대한민국은 지금 이념, 지역, 세대, 계층 간 갈등으로 분열과 다툼과 미움이 만연해서 진정한 평화가 없습니다. 통일시대에는 이런 갈등이 더욱 증폭될 것으로 예견되므로 평화국가를 건설하는 것은 매우 어려운 과제가 될 것입니다.

넷째, 세계 봉사 국가입니다. 대한민국은 세계로부터 많은 도움을 받아 이제는 G20의 영향력 있는 국가가 되었습니다. 원조를 받는 나라에서 주는 나라가되었습니다. 이제는 세계 인류에 봉사하는 나라로 자리매김을 할 때가 되었습니다. 우리에게는 섬기고 나눌 수 있는 것들이 참 많습니다. 교육받은 인재들, 개도국에 맞는 기술, 경제 및 사회 개발의 경험이 있습니다. 대한민국은 이 모든것을 국제사회와 나눠야 합니다. 특히 북한과 나눠야 합니다. 그럴 때 북한 사람들의 마음을 얻을 수 있습니다. 나눔은 통일시대를 앞당기고 통일 한국의 품격을 높이고 국제사회로부터 사랑과 존경을 받게 만들 것입니다.

이 책은 통일시대를 준비하기 위해 한국 사회의 현실적인 문제들에 대해서 분석하고 비전을 제시합니다. 또한 이를 비탕으로 교수와 대학생들이 강의실에서토론한 내용을 정리한 것으로 총 9강으로 구성되었습니다.

제1강에서 박명림 교수는 세계와 대한민국의 현실을 비판하고 '메조 유토피아' 프로젝트를 제안하면서 개인과 공동체가 함께 발전하고 가치와 정신을 수출하는 나라를 만들기 위해서 청년들은 영혼의 순례자로서 소명에 따라 살 것을 말합니다.

제2강에서 이해완 교수는 통일된 민주·복지·평화국가의 비전을 위해 법제도를 개혁할 것과 민주국가의 달성을 위해 권력구조, 대통령 선거 방식 및 대통령의 임기, 국회의원 선거제도의 개혁 방향을 제시합니다. 또한 복지국가의 달성을 위해서 그 기본 가치라 할 수 있는 사회정의, 실질적 자유와 실질적 평등, 박애를 설명하고 경제민주화를 위한 법제도 개혁을 말합니다. 그리고 평화국가를 위한 법제 개혁을 위해서 헌법의 평화 통일주의와 영토조항을 살펴봅니다.

제3강에서 김병로 교수는 통일은 21세기 한반도의 최대 과제인가를 화두로 던지면서 통일과 통합의 개념을 설명하고 그 조건을 말합니다. 그리고 남북한 사회통합을 위해서 북한 사회구조의 특징과 주체사상, 남북 관계의 진화를 살펴보고 남북한 사회통합의 방안을 제시합니다.

제4강에서 김승욱 교수는 시장 경제가 무엇인지를 정리하고, 이에 대한 균형 잡힌 평가를 합니다. 또한 최근 논란이 되고 있는 경제민주화를 역사적으로 설명하고 대한민국에서의 구체적인 이슈들, 예를 들어 순환출자문제, 출자총액제한제도, 대기업과 중소기업의 상생 협력 문제를 토의합니다.

제5강에서 김창환 박사는 한국 사회의 최대 과제는 사회통합임을 전제로 이를 위해서는 정의로운 사회와 복지 사회를 구현하는 것이 필요하며, 무엇보다도 먼저 교육 정의와 교육 복지를 개선해야 한다고 말합니다. 구체적으로 교육 정의와 교육 복지의 구성요소를 찾아내어 교육 정의 및 복지 지표를 개발하고, 이에 따라 한국의 교육 정의 및 교육 복지 수준을 평가합니다.

제6강에서 조흥식 교수는 대한민국이 꿈꾸는 복지국가의 실현을 위해서 국가의 사회복지 정책과 기독교의 사회복지 실천에 대해서 논의합니다. 복지정책에서 무엇을 결정해야 하며 그것을 어떻게 형성하고 집행할 것인가, 특히 급여 대상자를 선정하는 데 있어서 보편주의 원칙과 선택주의 원칙의 장단점을 설명하고, 기독교 사회복지와 교회의 역할을 말합니다.

제7강에서 조영길 변호사는 평화로운 노사관계를 만들어가기 위해서는 당사자들의 이념과 정의관을 바르게 정립하는 것이 중요하고 사용자와 노동자들의 정의관을 각각 비판적으로 검토하고 노사관계 개선의 길을 제시합니다.

제8강에서 원재천 교수는 왜 북한 인권을 논해야 하는가,라는 질문으로 시작해서 북한 인권의 현황과 인권 관련법을 심도 있게 다룹니다. 인권문제를 이해하고 평가하기 위한 기준으로 세계인권선언문을 설명하고, 북한 인권에 관련된 문제와 개선을 위해 대학생들이 구체적으로 어떻게 참여할 수 있는가를 제안합니다.

제9강에서 송준인 교수는 환경문제와 생태계 평화를 다루고 있습니다. 우리가 살고 있는 지구의 인구, 기아, 물, 쓰레기, 삼림, 생물, 기후, 에너지 문제, 특히 원자력 발전에 대한 잘못된 신화를 지적합니다. 위기에 처해 있는 생태계의 평화를 위해서 환경문제에 대한 인식을 제고하고 인간 중심적인 자연 이해를 극복하여 자연과 미래 세대에 대한 책임의식을 가지고 지속가능한 소비생활을 실천할 것을 제안합니다.

이 책의 출판을 위해 바쁘신 중에도 원고를 써주신 아홉 명의 공동 저자에게 깊은 감사를 드립니다. 또한 원고를 정리하고 교정 작업 등 궂은일을 맡아서 수고한 한국리더쉽학교의 오사라 실장과 출판팀으로 수고한 김주영, 김형호, 조성엽, 박한규에게 감사를 드립니다. 이 책의 가치를 보고 출판해 주신 올리브북스 김은옥 대표에게도 감사를 드립니다.

2014년 3월
(사)리더쉽코리아 한국리더쉽학교 교장 **이장로**

:: 차례

박명림 –

연세대학교 대학원 지역학협동과정 교수

고려대학교에서 정치외교학과를 졸업하고 동대학원에서 석사 박사학
위를 받았다. 고려대 아세아문제연구소 북한연구실장, 하버드 대학교
하버드-옌칭 연구소 협동연구학자, 프랑스 고등사회과학원 및 독일
베를린자유대학교 초빙교수를 역임했다.
주요 저서로는 《한국 전쟁의 발발과 기원 I, II》《한국 1950 – 전쟁과
평화》《戰爭と平和: 朝鮮半島 1950》《다음 국가를 말하다》《역사와 지
식과 사회》 등이 있다.

제1강

삶, 사회와 세계 변화의 출발

'학자의 혀', '훈련된 혀'

세계와 한국 청년들의 고단한 삶을 보면서 참으로 많은 생각을 갖게 되는 요즈음입니다. 저는 힘들 때 자주 성경을 읽습니다. 대학교사가 된 뒤 근본적인 존재 목적과 이유를 고민하는 가운데, 우리에게 왜 학자의 혀를 주셨는가에 대해 기록된 부분을 곰곰이 묵상하게 되었습니다. "곤고한 자를 말로 어떻게 도와 줄 줄을 알게 하시고" 여호와께서 우리에게 학자의 혀를 주신 이유에 대한 부분(사 50:4)입니다. 곧이어 "아침마다 깨우치시되 나의 귀를 깨우치사 학자들 같이 알아듣게 하시도다"고 성경은 말합니다.

'학자의 혀'는 '훈련된 혀(instructed tongue)'라는 뜻입니다. 매일 아침, 말씀을 들어 먼저 알게 하고, 먼저 눈뜨게 하고, 먼저 깨우치게 하는 것, 그것이 곧 훈련입니다. 요컨대 '들은 말', '훈련된 말'을 전하는 자가 학자입니다. '먼저' 말을 듣고 '먼저' 깨우친 자, '먼저' 훈련된 자, '먼저' 본질에 다가가는 자, 누가 아픈지를 먼저 아는 자입니다. 물론 훈련받는다는 것은 단순한 말을 넘어 행동한다는 것, 그렇게 산다는 것을 포함합니다. 앎과 함과 삶의 일치입니다.

청년의 때에 먼저 듣고 먼저 훈련받으면 삶에 어떤 혁명적인 변화가 올까요? 하나님이 우리를 이토록 아프게 하는 것은, 훈련을 통해 곤고한 현실과 세상 사람들을 '먼저' 보게 하고, 그들에게 위로의 말을 '먼저' 하게 하고, 도와줄 행동을 '먼저' 하기 위함입니다. 세계의 고난을, 고난받는 영혼을 남보다 먼저 보게 하려는 것이지요. 그 점에서 고난은 훈련을 위한 축복이고, 훈련을 통해 소금과 빛이 되기 위한 은혜인 것입니다. 인간은 고통 없이는 결코 깨닫지 못하기 때문입니다.

세계와 한국의 현실: 삶과 공동체의 근본은 왜 연결되어 있는가?

인류의 역사에서 특정 인간 공동체의 역사에서 인간의 삶은 언제나 아프고 힘들었습니다. 지금의 우리는 인류 문명과 기술의 최고 발전을 말하는 때에, 자본주의와 민주주의의 최고 수준을 말하는 때에, 과거 어느 때 못지않은 고단한 삶이 많다는 점에서 특별한 시기라고 할 수 있습니다. 우리는 도대체 왜 문명을, 왜 경제를, 왜 기술을, 왜 사회제도를 발전시킨 것입니까? 누구의 무엇을 위한 발전이었습니까?

큰 빈부격차, 증가하는 자살, 낮은 출산, 심각한 삶의 격차, 작아진 희망… 이것이 과연 하나님의 형상으로 지음받은 우리 인간의 최고 문명 단계의 삶의 모습이라고 할 수 있습니까? 인간이 인간을 혹심하게 구별 짓고 차별하는 것입니다. 이렇게 무거운 얘기로 시작하는 것은 어려운 현실에 맞서서 우리의 영적 각오와 내적 투쟁이 얼마나 필요한지를 모르고 하루하루의 일상을 살아가고 있기 때문입니다.

우리는 지금 인류 역사상 굉장히 희한한 공동체를 갖게 되었습니다. 저는 인간의 실존 문제를 굉장히 중요시 여깁니다. 먼저 한 가지 말씀드리면, 동방예의지국이라는 우리 사회는, 세계에서 존속 살인율이 가장 높은 나라입니다. 부모를 죽이는 것이 다른 나라보다 두 배나 더 높습니다. 부모가 자식을, 부부가 서로를 죽이는 것도 이제 다반사입니다. 최고의 존속 살인율과 최고의 자살률(특히 자살률은 다른 나라와 비교할 수 없을 정도로 세계 평균 자살률을 압도적으로 웃돌고 있다)과 최저 출산율을 동시에 기록하는 국가가 대한민국입니다. 물론 산업재해 사망률과 교통사고 사망률도 세계 최고 수준입니다. 우리 사회의 반생명적이며 반영혼적이고 반인간적인 이 특별한 형태의 죽음들이 세계 1등 수준이 되었습니다.

반면에 반도체, 휴대전화, 전자, 자동차, 철강, 조선, 석유화학 등 첨단산업에서는 세계 최상위권입니다. 산업과 물질에서는 세계를 선도하고 있는 것입니다. 지난 세기를 보면 한국은 세계에서 가장 빠르게 성장한 국가 중 하나입니다. 삶의 조건을 변화시키는 데 있어 가장 빠르고 커다란 변화를 보여 왔습니다. 하드웨어적인 인간의 물질적 조건 면에서 한국은 이제 명백히 선진국입니다. 하지만 주요한 인간적 지표에서는 세계 최악이거나 그에 가깝습니다.

'물극필반(物極必反)'이란 말이 있습니다. 사물이 극단에 가면 반드시 돌아오게 된다는 뜻입니다. 현실과 사물이 극단적으로 가면 사회는 반드시 반동을 갖게 되어 있습니다. 노자와 아리스토텔레스를 비롯한 동서의 오랜 인류의 지혜입니다. 이제는 정말 혁명적으로 변화하여, 잘못된 물줄기를 근본적으로 돌려놓지 않는다면 대한민국은 인간 공동체로서의 존립 이유조차 상실할지도 모릅니다. 이것은 결코 허언이나 과장이 아닌, 지금의 통계들이 보여 주는 실제입니다.

그렇다면 어떻게 변화시킬 수 있을까요? 사회를 변화시키지 않고 개인의 스펙만 쌓았을 때 어떤 의미가 있을까요? 그렇게 해도 사회는 변화되고 내 삶은 좋아질까요? 그건 아무런 의미가 없습니다. 스펙보다는 스토리가 중요하다고 합니다. 그러나 여기에 머물면 소용없습니다. 스토리보다 훨씬 더 중요한 것이 바로 스피릿입니다. 즉 정신과 영혼입니다. 스펙보다는 스토리이며, 스토리보다는 스피릿입니다.

우리는 다른 실존에 대해, 다른 인간 조건에 대해 치열하게 고민하고 깊이 공부하지 않아서 눈을 뜨지 못하는 경우가 너무 많습니다. 개인적 실존은 결코 공동체 전체의 모습과 유리될 수 없습니다. 국가가 독재나 전란, 공황의 와중에 휩싸여 있는데 나의 삶이 자유롭고 평온하며 안정적일 수는 없습니다. 나쁜 공동체에서 좋은 성공이란 말 자체가 성립될 수 없습니다. 윤리의식이 있는 좋은 시민들이 많다면 나쁜 공동체는 성립 불가능합니다. 결국 한 사회가 어디로 가야 하는지는 개인적 선택과 결단의 누적, 또는 총합의 문제입니다. 그렇기 때문에 한 공동체를 변화시키는 힘은 한 존재 한 존재가 전체를 위한 한 알의 밀알, 즉 '전체적 개인'이 되느냐 마느냐의 문제에서부터 시작됩니다. 그것은 곧 개인과 전체의 관계를 어떻게 설정하느냐는 삶의 가장 근본적인 선택의 문제입니다.

현실의 고난과 근본적 고민: 장막을 넘어

고난이 클수록 인간은 근본을 생각하게 됩니다. 절망적인 현실이 우리로 하여금 인간과 공동체의 본질에 대해서 깊이 생각하게 합니다. 가장 중요한 두 가지만 먼저 나누겠습니다. 종교와 교육입니다. 첫째, 종교입니다. 인간은 반드시 다른 사람의 절대적 고통을 보거나, 그것에 직면하면 기도하지 않을 수 없습니다. 자신의 영혼을 통해 근본적이고 궁극적인 물음을 던지게 됩니다. 고난이 클수록 반드시 하나님께 무릎 꿇게 되는 계기가 있습니다. 절대 고난 앞에 인간은 겸손해지고 종교적이 될 수밖에 없습니다. 인간 본성에서 기인하기 때문입니다. 종교는 인간 의식의 최고 차원입니다. 그것은 인간 의식을 차례대로 규정하는 욕망, 이익, 권력, 이성, 도덕, 미학을 넘어서 존재합니다. 그 점에서 고통스런 현실과 높은 차원의 인간 덕목이 만나는 것은 인간 의식에서 가장 신비하고 가장 자연스런 조합입니다. 오묘한 진리가 아닐 수 없습니다. 그런데 우리가 교회에 가면 정말 하나님을 만나고, 진실로 종교적이 되는지 생각해 보십시오. 교회가 우리에게 삶의 근본적 고뇌를 대면하기 위한 종교적 계기를 제공해 주고 있습니까? 교회는 이미 일반 기업과 사회 조직 못지않게 세속적이고 기업적이며 물질적 존재가 된 지 오래입니다.

종교란 무엇입니까? 라틴어로 종교(宗敎)는 어원적으로 '불명확한 것들의 궁극적 기원'이라는 뜻입니다. 즉 종교는 모든 불명확한 것의 궁극적 기원으로 돌아가 명확하게 해준다는 뜻입니다. 불명확한 것을 명확하게 해주는, 근본적인 어떤 것을 가리키는 것입니다. 한자로도 '근본 가르침'이라는 뜻입니다. 물론 종교는 신, 하나님, 성스러운 것에 대한 존경과 숭배의 뜻이 있습니다. 때문에 종교의 다른 어원은 재연계, 즉 하나님, 궁극적 기원, 거룩한 것과 인간이 다시 만난다는 뜻입니다. 자신의 시원으로의 귀환입니다.

어려울수록 인간은 자신의 근본과 다시 만난다는 종교적 계기를 반드시 갖게 됩니다. "나는 누구인가?" "나는 왜 사는가?" "나는 어디서 왔는가?" "나는 무엇을 해야 하는가?" "나는 어디로 가는가?" 이런 문제는 내가 스스로 생각하는 것이 아니라 나로 하여금 이런 생각을 하게 만드는 어떤 절대적 존재에 의해 내 안에서 자연스럽게 떠오르고 불려나오는 것입니다. 인간은 이미 본질적으로 종교적이고, 인간의 본질은 종교성 안에 깊숙이 자리잡고 있습니다. 이때 종교성은 영성을 말합니다.

세상에는 두 종류의 사람이 있습니다. 종교적인 사람과 종교적이지 않은 사람입니다. 물론 종교가 없을 수도 있습니다. 그러나 참된 삶을 위해서 인간은 종교적이지 않을 수 없습니다. 인간은 너무도 나약하고 부족하며 타락하기 쉽기 때문입니다. 종교적인 것은 구체적으로 자신의 궁극적 기원을 알려 하고 그것과의 재연계를 희구하며, 절대자(하나님)가 나에게 주신 소명을 알려고 노력한다는 말입니다. 내가 세상에 온 사명을 깨달으려고 노력하는 것입니다. 이것을 깨달은 사람은 종교적이 되지 않을 수 없습니다. 그러나 우리나라는 도리어 교회 때문에 많은 사람이 종교에 귀의할 기회를 갖지 못하는 것 같습니다. 종종 교회 때문에 근본으로, 근원으로, 하나님으로 돌아가지 못한다는 생각마저 하게 됩니다.

교회가 본질에서 멀어졌기 때문입니다. 오늘날 교회는 세속 조직들 이상으로 속물적이고 세속화되었습니다. 세습, 물량주의, 양극화, 기득 세력 옹호, 편 가르기, 이념 공격, 내부 갈등과 폭력, 부도덕… 심지어 성직자들의 범죄 행위까지. 사회의 온갖 악행이 반복되고 있는데도 여전히 세상 구원과 사회 구원을 외치고 있습니다. 오히려 세상이 교회를 걱정하는 실정입니다.

둘째, 교육입니다. 오늘날 교육의 현실은 실로 암담합니다. 모든 사람은 출생 이후 유치원, 초중등 교육 전 시기를 통틀어 대학 진학에 삶의 모든 것을 걸고, 대학 졸업장은 한 사람의 인생을 좌우합니다. 그러나 오늘날 대학의 현실은 어떻습니까? 등록금은 세계 2위인데 취업률은 너무 낮습니다. 지방대학은 정원도 못 채우는 곳이 허다합니다. 사실 등록금은 세금과 정부 예산을 면밀히 분석해서 경제개발기구(OECD) 국가들과 비교하면 반값 등록금을 하고도 남습니다. 정부의 교육 예산 부담이 턱없이 낮아서 개인 부담이 세계 최고 수준입니다. 대학은 물론이고 한국 교육 자체가 그렇습니다. 교육은 공공재이기 때문에 여러 통계를 가지고 정부가 제대로 된 정책을 펴면 등록금을 아주 적게 내는 단계까지 갈 수 있습니다.

그런데 막대한 등록금을 들이고도 취직하기는 너무 어렵습니다. 서구 선진국들의 경우 등록금이 저렴해도—어떤 나라는 무상—대학 진학률이 낮은 나라가 많습니다. 대학을 졸업하지 않아도 잘살 수 있기 때문입니다. 우리나라의 사회체제와 교육체제는 낭비 인생을 만들도록 요구하고 있습니다. 어떻게 이럴 수가 있습니까? 고교 입시 준비, 재수, 반수(半修), 편입학, 역진학(逆進學), 취업 준비 학원, 취업 재수 등 고등학교 때부터 너무 오랜 시간 동안 같은 단계를 여러 차례 반복하고 있습니다. 가장 중요한 청년의 때에 얼마나 큰 낭비입니까? 잘못된 구조와 체제, 제도로 인해 우리 사회가 치르고 있는 인간적 낭비의 크기는 도대체 얼마입니까? 가늠할 수조차 없는 크기입니다. 더구나 삶에서 한 번 낭비된 시간은 결코 되돌릴 수 없습니다. 한국 사회는 한마디로 총체적 '낭비 사회'입니다. 또한 학생과 청년들의 공부에서 과연 몇 퍼센트나 우리네 마음공부와 인생 살이와 사회발전에 도움이 될까요? 인간이 배제된 협애한 전문지식이 우리 삶과 우리 공동체를 얼마나 살기 좋은 사회로 만들 수 있을까요? 무엇보다도 사람과 생명을 목적적 요소로 간주하지 않는 한 불가능한 일입니다.

공부의 말뜻은 '사람 되기'입니다. 그러나 "어떻게 살 것인가?"를 묻는 '사람 되기' 물음에 대한 대답을 찾는 방법을 학교에서 가르친다고 할 수 있을지 깊은 회의가 듭니다. 대학은 이미 취업을 위한 기술학원, 전문학원처럼 된 지 오래입니다. 종교를, 공동체를, 정의를, 소크라테스와 플라톤을, 루소와 톨스토이를, 함석헌을 가르치고 읽지 못할 정도로 전문적 스펙 쌓기에 열중입니다.

대학은 인류의 고전을 읽고 가르쳐야 합니다. 그러나 대학교사로서 학생들에게 톨스토이나 헨리 데이비드 소로(Henry David Thoreau)나 안중근, 함석헌을 같이 읽자는 얘기를 쉽게 못하겠습니다. 전공에, 영어에, 컴퓨터에, 인턴에 학원까지 다니면 스펙 쌓기 바쁜데 고전 읽을 시간이 있겠습니까? 우리는 이러고도 대학(大學)을 큰 배움, 한 배움이라고 합니다. 우리는 큰 물음과 큰 배움을 얻지도 못한 채 대학생활을 잘 마쳤다고 착각합니다. 대체 무엇이 큰 물음이고 큰 배움입니까? 입시와 취직만을 위한 가르침으로 교육이 바로 설 수 있을까요? 또 이런 내용으로 교육과정과 대학을 마친 사람들이 만드는 공동체의 모습은 과연 어떻겠습니까? 지금 드리는 말씀은 누구보다도 제 자신에게 던지는 반성입니다.

인간에 관계된 것과 인간 자체:
지금 여기의 실존, 그리고 공동체와 그 의를 먼저 구하는 삶

이제 우리는 기존의 종교체제나 대학 교육과 같은, 우리의 눈을 가리는 장막을 걷어내고 현실의 본질을 꿰뚫어 볼 수 있는 눈을 가져야 합니다. 모든 일은 반드시 그 근본이 있습니다. 사람과 관계된 일의 기본 출발은 가장 먼저 사람의 존재를 인정하는 것입니다. 이때 존재는 실존입니다. 실존은 인간의 '본질'과

'현상'의 현실적 연결태이자, '기원'과 '궁극'의 실질적 발현태입니다. '지금 여기의 실존'이 없는 본질과 궁극은 존재하지 않습니다. 실존이 보호받고 우선되지 않으면 기원도, 본질도, 궁극도 그 개체에게는 의미가 없습니다. 인간으로서의 나의 본질에 대한 자각은 나의 실존에 대한 물음에서 시작됩니다.

우리는 오랫동안 '인간과 관계된 것들'을 노력하며 발전시켜 왔습니다. 그것이 기술이건, 문명이건, 경제건, 기업이건, 민주주의건 말입니다. 교회와 학교와 언론과 체육과 문화도 마찬가지입니다. 그러나 모두 '인간과 관계된 것들'이지 '인간 자체'는 아니라는 점입니다. 그 자체가 결코 목적일 수 없는 것들입니다. 그것들을 발전시켜서 인간에게 어떤 깨달음과 도움과 변화가 있었습니까? 목적은 인간입니다. 이 모든 것이 인간과 관계된다는 말은, 인간을 목적으로 여기고, 다시 근본과 연결한다는 것입니다. 물론 이들끼리 연결되어 있다는 말도 포함합니다.

종교는 인간을 근본과 재연결시켜 줍니다. 기독교의 경우 사람과 하나님을 연결시키는 통로입니다. 그러나 지금 인류사회는 어떻게 되었습니까? 인간과 관계된 것들을 발전시키는 동안 인간을 잃어버리고, 종교, 신, 하나님, 근본도 잃어버렸습니다. 인본성과 신본성을 동시에 상실하는 놀라운 결과가 나타났습니다. 현대의 가장 중요한 현상인 이중 상실은 진정 놀라운 일입니다. 인본성의 회복 없이 종교성과 신본성의 회복은 불가능하며, 근본적인 종교적 고뇌 없이 인간성의 복원은 불가능합니다. 결국 우리는 양방향에서 근본을, 본질을, 영원을, 참을 잃어버린 사회를 만들었습니다.

해법 역시 양쪽에서 동시에 찾아야 합니다. 실제로 돈, 자본, 기업, 시장, 사유재산을 중시하는 자본주의로 세계가 통일되었는데 빈곤과 빈부격차는 줄어들지 않습니다. 소수는 고급 문화생활을 하는데, 다수의 민중은 하루하루가 살아남기 위한 생존 투쟁입니다. 하나님은 사람을 똑같이 창조하였는데, 가난과 양극화의 문제는 더욱더 심해졌습니다. 칸트(I. Kant)의 언명처럼 국가는 발전했지만 인간의 삶은 여전히 행복하지 않습니다. 국가의 발전과 개인의 불행은 어떻게 오래 토록 함께 가고 있는 것일까요?

지금 한국과 세계 청년들의 삶은 고통스럽습니다. 누가 여러분의 삶을 이렇게 만들었습니까? 기성세대입니다. 여러분의 잘못이 아닙니다. 한국의 경우 특히 민주화를 이루었다는 바로 저희 세대입니다. 반독재 민주화에의 업적과 민주화 이후 반인간적 사회 도래에의 책임 중 어느 것이 역사적으로 더 큰 기여요 더 긴 유산일지 역사의 평가는 아직 끝나지 않았습니다. 지금은 전자가 우세한 평가이 고 그들은 그 자부심으로 살아가지만, 오늘의 반인간적 사회를 광정하지 못하고 고착시킨다면 역사의 거시적 평가는 바뀔 수도 있습니다.

지금의 기성세대는 민주화 이후 자기 혼자 잘 먹고, 잘 살고, 큰 평수 아파트 사고, 세금 덜 내고, 안정된 직장과 자기 자녀만 과외시켜 좋은 대학 보내서 좋 은 직장 잡으면, 행복할 줄 알고, 전체 문제를 방기하고, 외면하고 사사화했습니 다. 그 결과 공동체가 극단적인 신자유주의화로 인한 물질만능과 빈부격차를 노 정하면서 자기 자신과 자녀들의 삶은 더욱 악화되었습니다. 오늘의 젊은이들은 기성세대보다 몇 배는 더 열심히 공부하고, 뛰어난 실력에도 불구하고 취업하기 는 훨씬 더 어렵습니다. 문제는 기성세대들이 여전히 문제의 본질을 모른다는 것입니다.

왜 국가의 발전과 개인의 불행은 병진하는가에 대한 문제 제기는 가장 무거운 문제입니다. 그러나 오늘의 우리에게 절실한 물음입니다. 풍요와 가난은 왜 공 존합니까? 이토록 발전한 국가에서 개인들은 자기 생명 중단(자살)과 생명 생산 중단(출산 파업)으로 극단적으로 저항하고 있습니다. "공동체는 발전했는데 개인 은 왜 불행한가?" "나라는 발전했는데 삶은 왜 해체되고 있는가?" "공동체와 개 인은 왜 같이 발전할 수 없는가?"에 대한 근본적인 문제 해결이 절실한 시점입 니다.

저는 개인과 공동체가 함께 발전해야 한다고 생각합니다. 그 궁극적 목적은 개인입니다. 인간 존재의 궁극적 목적은 자유입니다. 자유롭기 위해 평등해야 하며, 평등하지 않고는 자유로울 수 없습니다. 그렇다면 개인을 위해 왜 우리는 먼저 공동체를 바로 세워야 합니까? 자유와 평등이 분리될 수 없기 때문입니다. 자유롭지 못한 공동체에서는 결코 평등하지 못하며, 평등하지 못하면 자유로울 수 없습니다(일부는 자유로울 수 있지만).

우리의 고민은 늘 자신의 발전이지만, 성경은 반대로 말합니다. "그러므로 염려하여 이르기를 무엇을 먹을까 무엇을 마실까 무엇을 입을까 하지 말라 … 너희는 먼저 그의 나라와 그의 의를 구하라 그리하면 이 모든 것을 너희에게 더 하시리라"(마 6:31-33). 왜 그의 나라와 그의 의를 먼저 구해야 합니까? 천국 없이 천국 백성은 존재할 수 없기 때문입니다. 예수는 우리의 생각을 완전히 뒤집었습니다. 우리가 가장 중시하는 '먹을 것, 마실 것, 입을 것'은 나라와 의를 먼저 구하면 단지 '더해 준다'고 하셨습니다. 무엇이 먼저입니까? 전체입니다. 자신을 알기 위해서 우리는 전체를 알아야 합니다. 그 이유는 내가 어디서 왔고, 어디에 있고, 어디로 가야 하는지를 알아야 하기 때문입니다.

'급진주의 기획'과 '자유주의 기획'의 대결에서
'신자유주의 기획'과 '복지국가 기획'의 경쟁으로

강의와 강연, 발표와 토론을 위해 외국에 가면, 다른 나라의 학자들과 언론인들이 한국을 선진국이라고 평가하는 말을 많이 듣습니다. 반도체, 휴대전화, 자동차 등 경제나 기업의 관점에서 이는 분명합니다. 50년 전, 100년 전, 150년 전 한국은 물건과 언어와 선교사를 포함한 모든 제도와 문물이 밖에서 안으로 들어왔습니다. 모든 것이 밖에서 들어오는(inbound) 세계화였습니다. 그러나 지금은 선교사뿐만 아니라 상품과 물품이 안에서 밖으로 나가는(outbound) 세계화를 만들었습니다. 실로 엄청난 변혁이며 역전입니다.

지난 두 세대 동안 한국의 발전은 정말 놀랍습니다. 영국, 프랑스, 미국 등 이른바 선발산업국가들, 독일, 일본 등의 후발산업국가들, 그 뒤의 많은 선진국을 비교해 보면 한국처럼 한두 세대 안에 빠르게 발전한 나라는 거의 없습니다. 마치 전광석화 같습니다. 속도의 면에서 한국과 비견될 수 있는 나라는 독일과 일본 정도인데, 두 나라의 초고속 발전은 세계대전으로 치달았고 전 세계에 재앙을 가져왔습니다. 한국은 독일과 일본보다 더 빠른 성장을 이루었습니다. 식민지 경험과 분단, 한국 전쟁의 역사를 고려하면 한국의 발전은 세계사적으로 하나의 기적이라고 해도 과언이 아닙니다. 한 예로 식민지를 경험한 나라 중에 월드컵과 올림픽을 치른 나라는 한국밖에 없습니다. 우리의 성취는 분명 놀라운 것입니다.

근대 이후 세계는 사상적으로, 현실적으로 오랫동안 '급진주의 기획' 대 '자유주의 기획' 사이의 대결을 보여 왔습니다. 인류 역사상 가장 전 지구적이고 거대한 대결이라고 할 수 있습니다. 20세기에는 '사회주의' 대 '자본주의'로 분립하여 대결했습니다. 우리는 이를 냉전이라고 합니다. 물론 그 이전의 두 진영은 독일 나치즘-일본 군국주의-이탈리아 파시즘으로 연결된 세계 반동주의에 맞서 연대하여 이들을 패퇴시켰지요. 그런데 지금 세계는 급진주의-사회주의-프롤레타리아 민주주의 기획이, 자유주의-자본주의-대의민주주의 기획에 완벽하게 패배했습니다. 이는 단순한 냉전의 붕괴를 넘어서는 의미가 있습니다. 근대 이후 지속된 급진주의 기획과 자유주의 기획 사이에서 전자가 철저하게 패배했음을 의미합니다.

그런데 급진주의 기획과 냉전의 붕괴 이후 자유주의의 승리로 인해 세계는 잠시 자본주의-자유주의-대의민주주의로 통일되는 듯하더니 급속하게 두 개로 갈라졌습니다. 신자유주의 대 사회민주주의, 시장국가 대 사회국가, 기업국가 대 복지국가가 그것입니다. 이를 거칠게 미국 모델과 유럽 모델의 대결이라고 할 수도 있습니다. 물론 이들은 냉전시대에도 이미 같지 않았습니다. 그러나 급진주의 기획과 사회주의의 존재로 지금처럼 분명하게 차이나지는 않았습니다.

따라서 오늘의 이 분화는 세계적이며 거시적인 동시에 지극히 역사적인 구도 변화가 아닐 수 없습니다. 민주화 이후 한국은 신자유주의 노선을 선택했습니다. 이는 민주화 이후 한국 사회를 형평 사회, 복지국가, 사회국가로 가지 못하게 한 결정적인 선택이었습니다.

국제적으로 가장 극적인 변화는 중국입니다. 작금의 중국은 세계 경제를 주도하고 있습니다. 그러나 극단적인 평등주의와 사회주의를 경험한 국가로서 세계에 어떤 교훈을 주고 있는지는 회의적입니다. 중국에 가면 적지 않은 중국 사람들이 중국의 체제를 뭐라고 말할 수 있는지 종종 묻습니다. 전문가들은 중국을 시장사회주의라고 하지만, 저는 중국을 '신자유주의적 사회주의(neoliberal socialism)'라고 말합니다. 이건 전형적인 형용모순입니다. 왜냐하면 사회주의는 사적 소유를 부정하는 체제원리이고, 신자유주의는 극단적인 시장 경제 지상주의를 말하는 데 두 모순 원리가 하나의 체제에서 만나고 있기 때문입니다. 원칙적으로 둘은 만날 수 없는 것이지요. 신자유주의를 지속하면 사회주의가 망할 것이고, 사회주의를 포기하지 않으면 신자유주의가 지속될 수 없습니다. 중국은 이미 시장사회주의를 넘어서 신자유주의적 사회주의로 들어선 지 오래입니다. 중국의 자본-기업중심정책, 계층 불평등, 노동 억압은 어떤 자본주의 국가보다도 심각합니다.

그리고 근대화와 일당 통치의 문제입니다. 산업화를 수반한 근대화는 거시적으로 일인, 일왕조, 일가족, 일당 지배의 종식으로 연결됩니다. 근대화와 산업화가 초래하는 계급과 사회의 분화로 인해 왕조체제나 일당 독재, 일인 독재는 불가능합니다. 그러나 중국에서는 장기 공존이 불가능한 산업화와 일당 독재가 아직 함께 가고 있습니다. 언제 이 둘의 공존이 붕괴되고 중국이 민주화를 이룰 수 있을까요? 향후 세계적으로 가장 중요한 관심사입니다. 계급을 부정하고 프롤레타리아가 다른 모든 계급에 대해 독재하는 것이 공산주의입니다. 그러나 중국 공산당은 일당 통치를 통해 공산주의를 유지하면서도 노동자들의 권리는 지켜

주지 않습니다. 노동자의 단일 계급 지배가 공산주의입니다. 그러나 공산주의라는 공식을 내놓으면서도 실제로 노동자는 억압받고 있습니다.

더욱 중요한 점은 역사적으로 중국은 늘 자신들에게 이익만 되면 여러 모순을 공존시키며 발전해 왔다는 것입니다. 놀라운 중국식 실용주의입니다. 사회주의는 자본주의를 가장 극단적으로 반대했던 체제이자 이념인데 그것이 시장 경제의 가장 극단적인 형태인 신자유주의를 받아들여 상당 기간을 공존했습니다. 중국의 '붉은 신자유주의'는 이제 소수의 자본가나 관료, 대기업을 위한 체제가 되었습니다. 미국과 중국의 변모를 보면서 우리는 현실적으로 가능한 대안이 신자유주의와 급진주의를 모두 극복한, 민주주의에 기초한 형평국가요, 복지국가임을 알 수 있습니다. 동아시아와 한국적 맥락에서 유럽을 안고 넘는 문제입니다.

상품과 물건이 아닌 가치와 정신을 수출하고 공유하는 나라

일본을 필두로 한국을 거쳐 지금의 중국에 이르기까지 동아시아의 경제발전과 물품 수출은 실로 놀랍습니다. 가발과 피혁에서 시작된 한국의 수출은 이제 최첨단 물품에 이르고 있습니다. 한국의 전자제품과 자동차는 세계 어느 곳에서나 만날 수 있습니다. 이른바 한류라고 일컫는 가요, 영화, 드라마를 포함한 대중문화 예술 영역의 수출과 세계 공유도 활발합니다. 지금 한국의 경제 영토, 물산 영토, 문화 영토는 유사 이래 가장 넓습니다. 고구려 시대의 지리 영토에 비할 바 아닙니다.

그러나 가치나 제도의 측면에서 공동체의 발전을 이야기하면 문제는 전혀 달라집니다. 일본, 한국, 중국이 전 세계에 공산품을 비롯한 하드웨어는 수출할지 모르지만, 제도나 체제 가치는 거의 서구의 것입니다. 전 세계에 물건만 수출했지, 한국의 제도나 정신, 가치와 영혼 중에 무엇을 수출하고 함께 공유하는 것이 있습니까? 부끄럽게도 거의 없습니다. 한국에서 전래의 과거 공동체주의나 협동정신도 사라진 지 오래입니다. 민주주의, 인권, 분배, 복지, 교육, 평등, 자유,

노동시간, 노후 대책, 양성 평등, 환경, 반부패와 같은 삶의 질이나 가치의 측면에서 봤을 때, 불행하게도 서구보다 더 낫다거나, 세계에 보편적 기준이라고 내세우고 공유할 만한 것이 동아시아와 한국에 있는지 의문입니다. 한국의 인간 지표는 이미 강조한 대로 OECD 국가 중 최악입니다.

인간적인 문제에 대해서는 아무도 한국과 동아시아에서 배우려 하지 않습니다. 개인주의와 자유주의, 실용주의를 앞세운 서구는 복지국가나 형평국가로 나아가고 있는데, 거꾸로 국가주의와 도덕주의, 전체 우선을 내세웠던 동아시아는 신자유주의나 심각한 빈부격차를 겪고 있습니다. 권력의 유형으로 분류하는 최근의 추세에 비추어 말하면, 한국과 동아시아는 경성 권력(hard power)은 발전했는지 모르지만 연성 권력(soft power)은 아직 허약하며, 가치 권력(value power)은 거의 없다고 할 수 있습니다. 하드 파워는 초고속으로 발전했으나 소프트 파워는 발전이 더디고, 밸류 파워는 없는 실정입니다. 이 부조화는 큰 비극이 아닐 수 없습니다. 깊이 생각해 볼 문제입니다.

심지어 밸류 파워는 심각합니다. 한국 남성의 해외 성 구매는 중국, 동남아시아, 러시아, 일본을 비롯해 세계적으로 악명 높습니다. 이보다는 훨씬 작은 규모이지만, 한국 여성의 집단적 해외 성 판매 역시 높습니다. 동남아시아와 중국을 넘어 이제 중앙아시아와 미주 지역에서도 한국인 성매매 사업은 드물지 않습니다. 해외에 한국 기업이 들어가고 교민들이 늘어나면 교회와 성매매 사업과 룸살롱이 꼭 따라 들어갑니다. OECD 국가 중 여성 평등 지표는 물론이고, 여성 장관, 국회의원, CEO 비율은 최하위입니다. 그런데도 강남의 성 구매와 판매 업종은 늘 호황이고 불야성입니다. 인간 구매와 인간 판매 사업을 세계화하려고 성매매 사업을 해외에서까지 벌여나가고 있습니다. 안에서 개인 이익과 물질만 추구하고 나누지 않으며, 개인 도덕과 사회 윤리가 파탄나자, 자연스럽게 밖에서까지 집단적으로 윤리 붕괴와 도덕 파탄을 수출하는 것입니다. 이 문제에 대한 기초 통계와 조사 보고는 부끄러워 차마 읽기조차 겁납니다. 욕망과 돈이라면 무슨 짓이든 하는, 부끄러움을 모르는 민족이요 나라가 되었습니다. 이것이 오늘날 대한민국의 민낯입니다.

이제 우리는 세계에 한국의 발전을 설명하고 공유하려는 동시에, 한국 방식을 회피하고 극복하는 방식을 정직하게 말하지 않으면 안 됩니다. 한국 모델은 배울 것이 많은 동시에 결코 따라오면 안 되는 발전 방식입니다. 한국 모델이 산생한 인간 조건은 매우 긍정적이나, 인간 실존은 너무도 부정적입니다. 개체적 인간 실존의 복원과 형평은, 공동체 구성원 하나하나의 삶을 질을 통해 전체를 위하려는 국가 공공성의 복원 없이는 절대로 불가능합니다.

그러나 이 나라에서 공공성은 붕괴된 지 오래입니다. 거의 모든 공공 영역과 공공 부문은 시장과 기업 논리를 따라 움직입니다. 국가조차 그렇습니다. 공공 부문은 기업과 시장의 식민화 상태에 들어가 있고, 숱한 전관예우 관행에서 보다시피, 민간 영역은 공공 부문의 식민화 상태에 놓여 있습니다. 공공 영역에서 성공한 고위공직자들에게서 공공 윤리나 공적 시민 윤리는 찾아보기는 어렵습니다. 정부의 감독기관, 관리기관, 법률부문, 공공영역에 종사하다가 어떻게 곧바로 관련 사기업으로 취업할 수 있습니까? 이럴 경우 공직 근무가, 민간 영역으로의 전직을 준비하는 사실상의 배임이 됩니다. 장차 민간 부문으로의 취업을 고려한 결정을 하기 때문입니다. 물론 부패 역시 근본적으로 차단할 수 없는 구조입니다.

우리 모두 잘 알다시피 한국은 세계가 인정할 정도로 종족적, 문화적, 언어적, 역사적, 동질성이 매우 높은 사회입니다. 내전도 거의 없었고 긴 역사 동안 국경도 지금과 거의 동일했습니다. 우리나라를 비롯한 동아시아는 유럽보다도 훨씬 앞서서 국가와 국경, 영토 개념이 생겼습니다. 그만큼 한중일 사이의 독립적 동질적 정체성은 확고했습니다.

그러나 이러한 고도의 동질성에도 불구하고 한국 사회의 갈등 지표는 전 세계에서 가장 높은 수준입니다. 건국 전후의 생사를 건 이념 갈등과 한국 전쟁은 물론이려니와 그 이후로도 우리나라는 이념적, 지역적, 계층적, 정치적, 세대적, 젠더적 갈등 지표가 굉장히 높습니다. 공산주의 대 자본주의, 남한 대 북한을 포함해 남한 내에서도 진보 대 보수, 좌파 대 우파, 도시 대 농촌, 산업화 세력 대 민주화 세력, 영남 대 호남, 수도권 대 지방, 계층 대 계층, 세대 대 세대는 물론이고 진보는 진보대로, 보수는 보수대로 내부 갈등 역시 깊습니다. 그 이유는 국가와 공공 부문의 공적 역할의 방기에 있습니다.

홍미로운 것은 동질성이 높은 사회에서 이토록 높은 갈등 지표를 가지고 있음에도 세계적으로 빠른 성장을 했다는 사실입니다. 그러나 빠른 성장에도 불구하고 한국 사회는 반인간적, 반생명적, 불평등한 지표인 인간적 지표들이 너무도 나쁜 상황입니다. 사회가 급속도로 시장화, 기업화, 물질화, 사사화하면서 사회화, 복지화, 형평화, 공공화와는 너무도 멀어진 반인간화, 반생명화의 극점을 보여 주고 있습니다. 이는 진정한 타협과 공존이 없었기 때문입니다. 즉 정치의 문제입니다. 대립하는 계층과 요구 사이의 적절한 공적 제도를 통한 타협이 아니라 매번 높은 갈등을 지속하는 가운데 힘센 자, 가진 자, 높은 자들 중심으로 약한 자, 가난한 자, 낮은 자들을 억압하면서 발전을 지속해 왔기 때문입니다. 오늘날 자살, 저출산, 비정규직, 자영업, 갑을관계의 문제는 그 극점에 도달해 있습니다. 누가 어떻게 이 공동체를 바로 세워 이 어둠의 질주를 멈추고 돌려놓을 수 있을까요?

주관적 객관성, 객관적 주관성

어느 사회나 문제없는 사회는 없습니다. 또 문제없는 인간도 없습니다. 그러나 자신의 문제에 관해 세상은 결코 객관적이지 않습니다. 무슨 뜻입니까? 아무리 객관적인 듯한 현실과 현상이 존재해도, 나의 삶과 직접적으로 연관되지 않는 한, 사람들은 나에게 그 문제는 존재하지 않는 것처럼 인식합니다. 나와 유리된 객관적 현실은 나의 문제가 아닌 것입니다. 그러나 실제의 삶 속에서 나의 삶과 유리된 객관은 없다는 것이 문제입니다. 그것은 원칙의 문제에서도 마찬가지입니다. 모든 것은 연결되어 있고, 우리 삶을 규정하는 구체적 현실은 더욱더 그렇습니다. 세계화, 전쟁, 분단, 공황, 경기 침체, 독재, 민주화, 복지정책 등 이런 전체의 문제들과 한 사람 한 사람의 삶은 연결되어 있습니다.

내가 살고 있는 현실에서의 구체적인 문제와 연결되어 있지 않으면 객관은 없습니다. 우리가 그 문제를 나의 문제로 인식하지 않으면 나와 객관(성)은 분리됩니다. 그럴 경우 객관성, 객관적 현실은 곧 타자가 지배하게 되고 나는 배제됩니다. 다시 말해 나를 타인들이 (만든 세계가) 지배하게 됩니다. 내가 현실에서 멀어질수록 나의 '주관적 삶'을 점점 더 '객관적으로' 타인들이 지배하게 되는 것입니다. 이것이 세계(문제)를, 공동체(문제)를 나의 문제로 인식하고 접근해야 하는 근본 이유입니다. 곧 종교와 철학의 근본 질문이 되어야 하는 동시에 사회 인식과 사회과학의 핵심 물음이 되어야 합니다.

이제 우리는 영혼과 내적 구원을 다루는 종교와 개인과 집단의 존재 및 현실 문제를 다루는 학문과 이론이 완전히 연결되어 있음을 깨닫게 되었습니다. 종교와 철학과 인문학과 사회과학의 본질은 연결되어 있습니다. 나는 곧 전체이고 전체는 곧 나입니다. 나는 전체적 개인이며, 공동체는 객체적 전체입니다. 세계 역시 객체적 세계입니다. 나의 문제는 전체 문제의 일부이자 연장이며, 전체 문제는 수많은 나들이 갖는 문제의 총합입니다. 즉 객관은 결코 객관적으로 존재하지 않습니다. 주관이 곧 객관입니다. 가장 중요한 것은 '주관적 객관성'입니다. 내 문제와 나의 인식이 바로 주체적 객관입니다.

예수님을 믿으면 평안하다는 객관이 존재한다고 합시다. 그러나 내가 믿지 않는다면 그 사실은 무의미합니다. 여기에 이르면 객관과 주관의 분리는 무너집니다. 따라서 모든 주관성은 객관적 주관성입니다. 모든 객관적 현실은 주관적이며 주체적인 개별적 객체로서의 나를 통과하지 않으면 나에게는 아무 의미가 없습니다. 그것은 특히 내면적 가치의 면에서 더욱더 그러합니다. 살면서 진정으로 가져야 할 가치 기준은 곧 주관이나 객관을 각각 알아가려는 노력보다 '주관적 객관성'이며, '객관적 주관성'입니다.

하루하루를 살면서 결단으로 선택하지 않은 현실이 나를 지배하는 삶이란 고통스러울 수밖에 없습니다. 그러나 우리는 그동안 대부분 이렇게 살아왔지요. 자신이 동참해서 만들지 않는 세상은 우리와 무관한 삶입니다. 다른 세상인 것이죠. '객관적 주관성'과 '주관적 객관성'의 문제의식에 도달하면, "어떤 객관적 현실이 존재해야지만 그것이 나의 주관적 실존을 변화시킬 것인가", "어떤 주관적 결단을 실천해야지만 모든 객체의 객관적 현실이 변화할 것인가"가 핵심이라고 할 수 있습니다. 이때 '어떤 현실이 존재해야지만'이라는 말은 '어떤 현실을 존재하도록 해야지만'이라는 말과 같습니다.

자원의 제약과 인간의 복수성(複數性)이 인간 문제와 사회 문제의 한 출발이라고 할 때, 여기에서 객관적 주관성을 다시 생각해 봅시다. 한정된 자원을 두고 '만인에 대한 만인의 경쟁'이 끊이지 않는 상황에서 나 혼자만 평안하다는 건 불가능합니다. 인간이 복수로 존재한다는 사실은 그가 태어나면서부터 사회적 존재라는 뜻입니다. 그렇다면 주관적 객관성을 다시 생각해 볼까요? 내가 참여하지 않고 전쟁 없는 세상을 만드는 것은 가능하지 않습니다. 앞서 말했듯이 내가 참여하지 않을 때 내가 소속된 세상은 남이 만든 세상입니다. 내가 참여해야 세상은 바뀔 수 있습니다. 삶의 연장이 세상이고, 세상의 축도가 삶이기 때문입니다. 따라서 우리는 마땅히 다시 나라의 문제로 돌아와야 합니다. 우리나라가 빠르게 발전했는데도 인간 문제는 왜 이토록 심각해진 것일까요? 그것은 너무 빨리 전체를 잊고 놓쳤기 때문입니다. 가난할 때는 부자만 되면 다 되는 줄 알았습니다. 독재 때는 민주화만 되면 다 되는 줄 알았습니다. 그런데 산업화를 이루고 민주화가 된 이후, 사회는 크게 바뀌었는데 내 삶은 어떻게 되었습니까?

여러분, 이래도 나 혼자 과외하고, 취직하고, 잘 먹고, 잘살 수 있다고 생각합니까? 무도한 사회현실로 인한 많은 고단한 삶을 보고, 또 직접 겪고 있으면서도 그것이 가능하다고 생각합니까? 현실에서 실존은 늘 본질에 우선합니다. 함석헌 선생의 철학은 지금 이 땅에서 우리 모두의 고민이 되지 않으면 안 됩니다.

'메조 유토피아(mezzo Utopia)' 프로젝트

근대 이래 인류의 역사 속에서 우리가 크게 잊고 있었던 것이 있습니다. 두 번의 세계대전, 파시즘, 나치즘, 대공황과 같은 거대한 반인간적, 반생명적 사태들은 대부분 자본주의 안에서 파생된 것입니다. 우리는 사회주의에 대한 자본주의의 승리로 그 사실을 잊고 있었습니다. 지난 150년 동안 공산주의를 제외한 인류의 처참한 결과는 거의 자본주의 안에서 나온 것입니다. 사회주의는 자본주의와의 대결에서 이미 멸망했습니다. 그러나 자본주의의 '밖'의 도전이 사라지자 '안'에서 문제가 분출하기 시작했습니다.

인류는 오랫동안 자유주의와 급진주의, 자본주의와 사회주의의 역사적인 대결을 겪었습니다. 아마도 사상과 체제를 둘러싼 이러한 세계사적 차원의 대결은 인류의 등장 이래 처음일 것입니다. 그 결과 자유주의와 자본주의가 승리했습니다. 그러자 지금 자본주의는 다시 신자유주의/기업국가 체제와 사회적 시장 경제/복지국가 체제로 나뉘어 길항하고 있습니다. 그러나 사회주의를 패퇴시켰다며 극단적으로 나아간 전자는 지금 후자에게 실질적 삶의 질과 체제 안정성과 형평성에서 미래 대안으로서 패배하고 있습니다.

인간은 유사 이래 늘 유토피아를 꿈꿔 왔습니다. 이상 사회와 이상 국가에 대한 꿈입니다. 그러나 현실을 무시한 유토피아는 불가능합니다. 우리는 현실의 문제 때문에 유토피아를 추구해야 하지만, 현실의 제약 조건을 무시해서도 안 되는 모순적 이중 상황에 놓여 있습니다. 저는 현실과 이상의 적절한 결합태를 '메조 유토피아' 이른바 '메조 유토피아 프로젝트(mezzo utopia project)'라고 부릅니다. 메조는 중간이라는 뜻입니다. 현실과 이상을 서로 중용적으로 조화시켜 복수 인간들의 공적 차원의 개별적 삶을, 처음 출발점의 똑같은 상태로 만들 수는 없지만, 최소한 근사(近似)한 정도까지는 만들자는 것입니다. 이미 사적으로도 엄청나게 차이나고 불평등한 삶들을, 최소한 공적으로는 서로 비슷하고 근사한(approximate) 상태로 만들자는 것이지요. 그래서 메조 유토피아 프로젝트는 근사(화) 프로젝트(approximation project)라고 불러도 좋을 것입니다.

이것은 어떤 새로운 것이라기보다는, 오래전 미국, 프랑스, 영국, 독일, 스웨덴, 핀란드, 네덜란드, 덴마크의 초기 공동체 건설자들, 정치인들, 학자들, 교육자들이 꿈꾸었던 현실적 이상향의 하나이며, 근대로의 모색 이래 다산 정약용부터 초기 근대 공화주의 추구자들, 임시 정부 설계자들, 조소앙, 건국 헌법 구상자들에 이르기까지 우리의 선조들이 품었던 '실질적 가능태'들 중의 하나입니다. 모든 것에 우선하는 가치는 사람이 가장 중요하며, 모든 사람은 똑같다는 점입니다. 권력의 유무, 물질의 크기, 교육 정도, 출신 성분, 젠더에 따라 인간 삶이 문화향유 대 생존투쟁, 지배 대 종속, 자유 대 억압으로 나뉘어서는 절대로 안 됩니다.

메조 유토피아의 기조는 간단합니다. 개개인의 능력에 따른 차이는 인정하되, 공동체 차원에서는 지역, 출신, 학력, 직업, 젠더를 넘어 개인이 누리게 될 생애 전체의 평생 소득, 평생 노동 시간, 평생 연금, 평생 세금, 평생 여가 시간, 평생 복지 체계는 아주 근사하게 만들자는 것입니다. 인간 실존의 차이와 차별을 최대한 줄이자는 것입니다. 저는 서구의 여러 사례를 공부하면서 한국 사회의 관련 통계를 모두 모아서 평생 소득, 평생 노동 시간, 평생 연금, 평생 세금, 평생 여가 시간의 근사치를 만들고 있습니다. 예컨대 고등학교를 졸업하고 17세에 취업해도, 대학원을 졸업하고 33세에 취업해도, 개개 월급의 차이는 있지만, 평생 노동 시간을 고려한 생애 전체의 소득, 즉 평생 임금은 큰 차이가 나지 않게 만들자는 것입니다. 우리의 임금 구조, 남녀 임금 격차, 정규직-비정규직 비율, 자영업자 비율, 창업 폐업 주기, 학력과 평생 임금과 평생 노동 시간 등에 대한 방대한 집합 자료를 분석해 보면 부모 지위, 교육, 직업, 젠더, 정규직 여부에 따른 학력과 임금과 소득 격차가 세계 OECD 국가들 중에서 가장 큽니다.

우리는 완전히 역근대화(逆近代化)의 길을 가고 있습니다. 반인간적, 반생명적 흐름에 대한 통계는, 자살율 1위를 포함해 출산율 최저는 물론 노동 시간, 남녀 임금 격차, 학력별 임금 격차, 정규직-비정규직 임금 격차, 학생 행복 지수, 여성의 대표성 순위, 교통사고 사망율, 산업 재해율 등 거의 전 영역과 부문과 연령에 걸쳐 OECD 최하위이거나 최악의 수준입니다. 놀랍지 않습니까? 통계상의 이 차이는 단순한 수치가 아니라, 삶의 질 차이이며 실존과 생명의 차이요, 차별이라는 점을 분명히 깨달으시기 바랍니다.

역사는 거짓말을 하지 않습니다. 즉 실패한 인간 실험에는 반드시 이유가 있습니다. 그 점에서 역사는 엄정성과 객관성과 보편성을 띠고 있습니다. 공적 문제에 참여하지 않고 만들어지는 좋은 공동체와 좋은 시민적 삶은 불가능합니다. 낮은 투표율, 낮은 노조 조직율, 낮은 담세율을 기록하면서도 일하는 사람들의 목소리가 잘 반영되고, 민의에 따라 정부 정책이 수정되며, 안정적인 복지가 있는 삶을 추구한다는 것은 어불성설이요 연목구어입니다.

자원의 희소성과 인간의 복수성으로 인해 시장, 가계, 경제와 같은 사적 영역에서 개개인의 능력은 차이가 나고 그에 따라 어느 정도 불평등해지는 것은 불가피합니다. 이것조차 부인한다면 우리는 개인의 자유와 창의가 말살된 또 다른 전체주의에 직면하게 될 것입니다. 우리가 공동체를 구성하여 권리를 양도하고 세금을 내며 법에 복종하는 이유는 공동체의 역할을 통해 그 차이를 줄이는 데 그 목적이 있습니다.

한정된 자원을 한 개인이나 계층이나 집단이 과점하고 독점하면 문제가 될 수밖에 없습니다. 사적 영역은 늘 그럴 가능성을 안고 있고, 한국 사회는 과도할 정도로 권력과 재화가 소수의 상류층에게 철저하게 과점되어 있습니다. 기업, 금융, 병원, 언론, 대학, 종교, 유통, 법조 등 모두 극소수 과두 계층이 장악하고 있는 사회입니다. 중소기업 업종을 넘어 개별 자영업자 영역까지 장악해 들어가고 있고, 경제를 넘어 정치, 법률, 교육, 의료, 언론, 유통 등 거의 모든 영역을 지배하려는 재벌들은 지금, 허기와 탐욕을 억제하지 못해 모든 것을 먹어치우다가 끝내는 자기 몸을 먹으며 죽어가는 에리직톤(Erysichthon, 그리스 신화의 인물로 데메테르 여신의 분노로 자신의 딸을 노예로 팔고, 몸까지 뜯어먹게 되었다고 한다)과 같은 상황으로 접어들고 있습니다. 한 공동체 안의 모든 것을 먹어치우고 모든 것을 지배하면 나중에는 무엇을 더 먹어치우고 무엇을 지배하려고 이리 탐욕을 부리는지 모르겠습니다.

근대적 의미의 '국가'의 어원은 '직립하다'라는 뜻에서 나왔습니다. 즉 공적 국가는 특정 종교나 계층으로부터 직립하여 공동체 구성원을 위해 그 역할을 해야 합니다. 바로 공적 형평 역할입니다. 그것이 없으면 죽은 국가입니다. 왜냐하면 시장과 사적 영역에서 차이가 나는 개인을 형평하게 만들어 주어야 하는 것은 근대 공화제 국가, 특히 민주국가의 본질적이고 필수적인 공적 역할입니다. 한국의 국가가 지금 그러한 역할을 담당하고 또 마땅히 감당하고 있습니까? 결코 그렇지 않습니다.

이제 공동체라는 말의 뜻을 생각해 봅시다. 공동체(community)의 라틴어 어원(communitas)은 (하나님이 주신) '재능, 능력, 선물'이라는 말과 '함께하다, 나누다'라는 말의 합성어입니다. 공동체는 재능과 능력과 자산을 함께 나누는 인간들의 모임이라는 뜻입니다. 그래서 초대교회를 포함한 교회, 대학, 조합 등을 공동체, 커뮤니티, 공동 사회라고 불렀던 것입니다. 국가도 마찬가지입니다. 이익을 목적으로 결성된 사적 조직들과는 다릅니다. 그런데 오늘날 교회와 대학과 노동조합들이 마땅한 자기 역할을 감당하고 있습니까? 전혀 아닙니다. 국가는 또 어떻습니까?

공공성과 개인성의 만남: 내면 윤리의 사회적 구성
그런데 우리는 왜 좋은 공동체를 가지려고 노력합니까? 우리는 왜 공동체를 구성하고 바꾸려고 합니까? 그것은 개인의 개별적 삶이 안정되고 행복하기 위해서입니다. 이때의 개인은 나 자신이 아니라 모든 개인입니다. 나와 남, 모두가 서로 안전하고 행복한 삶을 위해 공동체를 구성하고 변화시키려 노력하는 것입니다. 다시 말해 공공성의 목표는 개인성입니다. 공공성이 곧 개인성입니다. 전체가 곧 개인입니다.

이 점을 분리해서는 문제의 본질에 도달할 수 없습니다. 우리네 하나하나의 개별적 전체 삶들과 유리된 공공성, 전체성, 보편성은 존재할 수 없습니다. 우리는 이 점을 깨달을 때 비로소 남을 위한 삶이 나를 위한 삶이고, 나를 위한 삶이 남을 위한 삶이라는 궁극적 진리를 깨닫게 됩니다. 공동체와 개인, 전체와 나 사이의 공존성, 상호성, 공통성, 교호성이라고나 할까요? 참으로 오묘하고도 놀라운 진리가 아닐 수 없습니다. 이것이 바로 예수의 가르침의 골간 중의 골간이며, 소크라테스가 그렇게 가고자 했던 길이기도 합니다.

그러나 우리는 개인적 나눔이나 청빈은 존경하면서 국가나 사회 전체 차원의 분배 체계, 복지 사회를 만드는 것에는 좌파라고 공격하고 거부합니다. 이것은 일종의 기득 논리요, 허위의식이자 이념입니다. 개인 도덕은 결코 개인적 차원의 도덕이 아닙니다. 개인 희생은 말할 것도 없고, 개인 도덕 역시 사회적인 것입니다. 동시에 사회와 유리된 개인 도덕은, 내면적 자기 완성의 경우가 아니라면 존재하기 어렵습니다. 그렇기 때문에 개인 도덕만을 강조하는 것은 사회윤리나 시민적 삶을 가로막는 장애이며 허구입니다.

개인성은 공공성이자 사회성입니다. 왜 공공성이 개인성이고, 개인성이 곧 공공성입니까? 공공성의 제고 없이 개별적 삶은 안정되고 보호받기 어렵습니다. 반대로 개인성을 추구하지 않는 공공성은 위험하고 불필요합니다. 때문에 둘은 분리될 수 없습니다. 분리되고 멀어질수록 개인성은 극단적인 이기주의와 개인주의로 흐르고, 공공성은 전체주의와 독재로 흐르기 때문입니다.

양자가 공히 추구되어야 할 중요한 이유가 있습니다. 내면 윤리의 사회적 구성이야말로 개인 삶과 공동체 윤리의 공통적인 최고 가치이기 때문입니다. 무슨 뜻입니까? 우리들 각자의 삶의 완성도는 내면 윤리에 달려 있습니다. 내가 외적으로 얼마나 성공했는지 보다, 내가 얼마나 된 사람인가, 윤리적인가는 자기 자신이 가장 잘 압니다. 외적 성공이 사람됨의 징표는 결코 아닙니다. 높은 외적 성공에도 불구하고 낮은 내면 윤리를 갖고 있다면, 차라리 낮은 성공과 높은 내면 윤리를 추구하는 편이 훨씬 더 낫습니다. 내면 윤리의 완성은 사람됨의 척도입니다.

이러한 내면 윤리는 고립된 채 독자적으로 어느 날 갑자기 완성되는 득도의 과정이 아니라, 타인들과의 끝없는 사회적 관계 속에서 형성되고 완성되어가는 것입니다. 즉 사회적 구성입니다. 사회적 구성 과정을 통해 공동체와 전체 사회의 성격이 결정됩니다. 그런 점에서 내면 윤리의 사회적 구성이 개별적 개인들의 차원을 넘어 타협과 합의를 통해 집단의 차원으로 상승할 때 그것은 곧 사회의 구성원리가 되고, 제도가 되고, 법률이 되고, 헌법이 됩니다. 내면 윤리의 사회적 구성이야말로 목적인 동시에 절차이며, 이성의 법칙인 동시에 민주주의 절차의 문제라고 할 수 있습니다.

'호모 사피엔스'에서 '호모 비아또르'로, '지능인'에서 '순례인'으로

인간을 호모 사피엔스(homo sapiens)라고 부르는 것은 동물과는 달리 지능을 가진 존재이기 때문입니다. 그러나 이것은 인간에 대한 가장 초보적인 정의입니다. 동물과 구별되는 지능적 인간에서 좀더 나아가려면 인간은 마땅히 인간적 인간(homo humanus)이 되어야 합니다. '인간적'에는 '깨우친', '자비로운', '교양 있는' 뜻이 포함되어 있습니다. 그리고 인간적 인간은 다른 인간과 더불어 사는 존재로서의 사회적 인간(homo societas)의 뜻을 함의합니다. 인간은 공동체 속의 존재이기 때문입니다.

그러나 인간은 사회적인 존재이면서 동시에 영적인 존재입니다. 또 정신적,

영적으로 늘 근본과 진리와 지혜를 찾아 방황하고 여행하는 존재입니다. 끝없이 묻고 찾는 존재가 인간입니다. 왜냐하면 영구 안정과 영구 평안이야말로 인간 존재의 궁극적 목적이기 때문입니다. 그러나 인간의 불완전성 때문에 살아 있는 한 영구 안정과 영구 평안은 불가능합니다. 우리는 살아 있는 동안 영원히 헤매고 방황하고 찾을 수밖에 없습니다. 인간은 평안을 향해 끝없이 나아가는 영원한 정신적, 영적 순례자입니다. 또한 순례자로서의 인간, 즉 순례적 인간(homo viator)이고 근본을 찾아 떠나는 종교적 인간입니다.

자기를 묻고 찾는 순간은 근본에 대한 고민을 하는 시점입니다. 근본에 대한 고민을 하면 반드시 자기의 존재 이유와 진리에 대한 고민을 하게 됩니다. 거기서 우리는 종교적 절대성, 절대자에 대한 고민을 하게 되며, "나는 세상에 도대체 왜 왔는가?"라는 자신의 소명을 묻게 됩니다. 나의 소명을 묻는 가운데 다른 사람이 보이기 시작합니다. 내 주위에 나보다 더 상처받고, 다치고, 가난하고, 억눌리고 고통받는 사람들이 많다는 것을 깨닫는 순간, 그 사람의 인생이 달라지기 시작합니다.

인카네이션: 소명, 진리, 사명이 살을 뚫고 들어온 사람

드러내지 않는 상처는 치유되지 않습니다. 빛을 쬐지 않으면 상처는 더욱 썩습니다. 썩고 상처 난 부위를 치료하지 않으면 몸은 결코 건강할 수 없습니다. 공동체도 마찬가지입니다. 훈련된 혀는 아프고, 상처 나고, 어두운 곳을 드러내고 빛을 쬐어 치료해야 하는 의사의 역할을 감당해야 합니다.

어버이날에 부모님께 카네이션을 달아 드립니다. 많은 꽃 중에 왜 카네이션일까요? 카네이션의 뜻은 피부, 살, 몸이라는 의미로 라틴어에서 유래되었습니다. 부모님께 카네이션을 드리는 이유는, 내 살을 주신 부모에게 그 일부를 다시 돌려드린다는 의미입니다.

카네이션의 본래 뜻은 내 살을 뚫고 진리가, 소명이, 말씀이 들어오는 것이 곧 말씀이 육신이 된다는 뜻의 '인카네이션(incarnation, 成肉身)'입니다. 말씀, 진리, 소명이 우리 몸에 뚫고 들어가는 것입니다(incarnatio/incarno). 우리를 감싸고 있는 두꺼운 정신적, 영적 몽매와 타락과 무지가 깨지고, 무너지고 끝내 치료되고 회복되어 다시 태어나는 것이 인카네이션입니다. 꼭 어떤 신비한 종교적 체험이 아니더라도 우리는 소명과 진리가 우리 속에 들어오는 영혼의 계기를 반드시 가져야 합니다. 그것은 우리를 전면적으로 다시 돌아보게 하고, 어떤 가치나 사명을 위해 거듭나게 합니다. 삶과 세상을 보는 우리의 눈이 번쩍 뜨이는 것입니다. 그것은 바로 전체를 보았다는 뜻이며, 또 전체 가운데 나를 보았다는 뜻입니다.

우리는 매우 정교하고 체계적인 하나의 논리를 보게 됩니다. "나를 알았더라면 아버지도 알았으리로다 이제부터는 너희가 그를 알았고 또 보았느니라"(요 14:7). "나를 본 자는 아버지를 보았거늘"(요 14:9). 예수를 본(안) 것은, 곧 전체, 하늘, 창조주를 본(안) 것을 의미합니다. 따라서 나(예수)를 본(안) 것은, 곧 (피조물로서의) 너를 본(안) 것이며, 너를 본(안) 것은 전체, 즉 하늘, 하나님, 사명, 소명을 본(안) 것입니다. 따라서 예수를 본 것은 곧 전체(하나님)와 부분(나)을 동시에 본 것이며, 그 연결고리를 분명히 깨달았음을 의미합니다. 영혼의 떨림을 경험함으로 삶의 의미를 깨닫고 살아갈 비전과 각오가 자신 안에서부터 새로이 생기는 것을 말합니다. "하나님의 나라는 너희 안에 있느니라"(눅 17:21). 전체는 이미 우리 안에 들어와 있습니다. "그 날에는 내가 아버지 안에, 너희가 내 안에, 내가 너희 안에 있는 것을 너희가 알리라"(요 14:20). 우리에게 접속, 즉 인카네이션이 일어나지 않아서 모르고 지내왔을 뿐입니다. 함석헌 선생은 말합니다. "살게 하는 것은 개인에 있지 않고 전체에 있습니다. 전체는 또 실지로는 어디에 있느냐 하면 내게, 곧 자아에 있습니다."

'나를 알았더라면' 뒤에 현재와 현재완료가 따라 나옵니다. 즉 이제부터 알게 되면 지금까지 알아왔고 보아왔다는 것도 알게 되어, 아는 지금 이 순간부터 과거가 전연 다르게 해석되는 것입니다. 예수를 봤다는 것은 예수를 '안다', '인정한다', '받아들인다'는 뜻입니다. 그리고 예수를 '안다', '인정한다'는 것은 하나님을 '안다', '인정한다'는 것입니다. 예수를 본다는 것은 우리가 온 근원을 안다는 것입니다. 불명확한 것들이 명확해지는 것입니다. 하나님을 봤다는 것, 전체를 봤다는 것은 부분으로서의, 피조물로서의 너를 봤다, 너를 깨달았다는 말과 같습니다. 네가 전체의 부분이라는 것을 안다는 말씀입니다. 네가 나를 봤다는 것은 네가 너를 봤다는 것입니다.

결국 우리가 하나님을 봤다는 것은 하나님이 우리에게 준 사명을 봤다는 것입니다. 전체와 부분을 동시에 본다는 것입니다. 하나님도 보고 나도 봄으로 나를 세상에 보내신 소명을 깨닫는다는 뜻입니다. 예수를 본다는 것은 그만큼 영혼의 떨림과 혁명적 충격으로 다가오는 말입니다. 전체를 만나는 인카네이션과 함께 혁명이 일어나는 것입니다. 세상의 모든 혁명 중 가장 위대한 혁명인 영적 혁명 말입니다.

전체를 만나는 것이 왜 혁명입니까? 성서에서 계속 '전령', '심부름꾼', '낮은 자', '섬기는 자', '사도'와 같은 말을 쓴 이유 때문입니다. 인간 쪽에서 보면 이끄는 자, 앞에 선 자, 지도자인 사람이 하나님 쪽에서 보면 말씀을, 섭리를, 소명을, 사명을 가장 먼저 받는 자이기 때문입니다. 가장 먼저 말씀을 듣고 전체를 보고, 그럼으로써 낮아지고, 깨닫고, 소명을 자각한 자라는 뜻입니다. 하나님 편에서 볼 때 먼저 깨닫고, 낮아지고, 심부름하려는 자는 인간 무리 편으로 돌아서면 곧바로 가장 앞에 서 있는 자이고, 이끄는 자이고, 지도자가 됩니다. 하나님을 만나고 소명을 받은 뒤, 사람들 쪽으로 돌아서서 사명받은 자로서 행동하기 때문에 혁명이 일어나는 것입니다. (하나님과의 관계에서) 낮아지는 것이 (사람 사이에서는) 높아지는 것이고, (전체에서) 낮은 것이 (스스로는) 높은 것이며, (피조물로서의) 부족함을 깨닫는 자가 (남들 앞에서는) 가장 채워지고 우뚝 서게 됩니다.

전체 문제에 눈을 뜨게 되면 전체 과제와 내 사명이 항상 팽팽한 긴장 속에 놓이게 됩니다. 둘 사이에 강력하고도 단단한 끈이 놓이게 되는 것입니다. 그것이 곧 부름이고, 소명이고, 사명입니다. 마침내 그 전체 속에 자기 삶이 도구화되는 것입니다. 내가 어떤 일을, 어떤 가치를 실현하지 않으면 안 되는 깨달음을 얻게 됩니다. 깨달은 내가, 훈련받은 내가, 전체의 눈을 뜬 내가, 사명받은 내가 이 일을 하지 않으면 누가하겠는가? 그래서 한 사람의 의인이 중요합니다. 우리는 늘 깨어 있지 않을 수 없습니다. 내가 한 사람의 의인으로 살 각오가 되어 있는가, 나의 변화가 어떻게 전체를 변화시킬 것인가? 우리가 매일 묵상하며 결단하게 되는 이유입니다. 이것이 나의 주체적 의지이며 결단처럼 보일지 모르지만 실제로는 내 영혼을 움직이는 존재가 있어 나를 깨닫게 한 것입니다. 전체를 만나는 것, 그것이 인카네이션이고 사회적 영성입니다.

거기에서 우리는 마침내 자기에 대한 사랑과 타인에 대한 사랑의 구별이 무너짐을 깨닫게 됩니다. 끝내 자기에 대한 사랑과 타인에 대한 사랑과 전체에 대한 사랑이 하나라는 사실을 깨닫게 되는 것입니다. 즉 모든 사람에 대한 사랑으로 나아가게 됩니다. 사랑은 모든 것을 이깁니다(amor vincit omnia). 사랑은 하나 됨이고, 긍휼이고, 측은지심이고, 눈물이기 때문입니다. 우리는 지금 여기에서 세계의 모순과 이 땅의 부조리와 내 이웃의 고통을 끌어안고 아파하고 통곡해야 합니다. 그리고 그 사랑과 긍휼과 통곡을 실천해야 합니다. 한 사람의 의인이 되길 바랍니다.

질문과 답변

[질문 1] 교수님의 말씀대로 현재 우리 사회는 계층의 경제적 격차가 계속 심화되고 있습니다. 노동시장에서 저학력 인력에 대한 임금차별과 불안정성은 매우 심각하며, 부모의 학력과 지위에 따른 부의 세습 문제 또한 너무 심각합니다. 우리 사회의 정책 방향은 경제적 양극화와 계층 이동의 기회 박탈 현상을 더욱 심각하게 만들 거라고 생각합니다. 지금처럼 사회적 약자가 배려받지 못하는 사회에서 빛과 소금의 역할을 감당하고자 하는 그리스도인 청년들은 '더불어 함께' 의 가치를 실현하기 위해 어떤 노력을 하며, 어떤 관점과 방법으로 사회적 약자와 함께 건강한 공동체를 구현할 수 있을지 궁금합니다.

[답변] 깨우친 낮은 자(*enlightened pariah*)가 되라는 말씀을 드리고 싶습니다. 우리 사회에서 기독교는 많은 기여와 희생, 헌신을 했지만 그에 못지않은 비판을 받고 있습니다. 그것은 세 가지 정도의 문제 때문이 아닐까 싶습니다.

첫째는 거대해진 교회 자체가 공동체로서의 본질을 잊고, 사회의 거대 조직들과 같은 논리로 움직이는 데서 오는 문제입니다. 한국 교회가 그 본질을 마땅히 회복하고 감당하도록 교회 내부를 향해 항상 깨어 있는 청년 정신을 견지할 필요가 있습니다. 믿지 않는 사람들이 보기에도 교회에 허다한 문제가 있다면 어떻게 사회 구원, 세상 구원의 사명을 감당하겠습니까? 둘째는 교회와 세상의 연결 문제입니다. 교회 안에서 서로 사랑하고 믿는 사람들끼리 교제하는 것 못지않게 가정과 직장에서 그리스도인으로 살아가는 것이 중요합니다. 말씀을 들을 때는 감동받고 집과 직장에서는 그 감동을 잊고 살아간다면 곤란합니다. 삶은 순례입니다. 내가 순례의 길을 떠나 지구 끝까지 가서 한 바퀴 돌면 다시 돌아오는 곳은 나의 집이고, 나의 현실이고, 내가 지금 딛고 있는 이곳입니다. 놀랍지 않습니까? 즉 지금 내가 딛고 있는 삶의 이 고통스런 가정, 일터, 학교… 여기가 바로 땅 끝입니다. 헨리 데이비드 소로의 말처럼 진리는 내일, 또는 산 너머 저 멀리에 있지 않고 지금 여기에 있습니다. 그의 말처럼 "지금 여기에서 항상 진리의 계측기를 달고 살기"를 바랍니다. 끝으로 자꾸 낮아지려는 것입니다. 사람들은 점점 크고, 넓고, 높고, 많은 것을 추구합니다. 물질 지배의 사회이지요. 그러나 실제의 삶 속에서 필요한 물질은 그리 많을 필요가 없습니다. 또 꼭 물질이 있어야만 자신이 추구하는 것을 이룰 수 있는 것도 아닙니다. 삶은 특히 영적인 삶은 늘 불안정하고, 요동치고 고통스럽습니다. 외적인 안정은 중요하지만, 그것을 얻었다고 하는 순간 언제든 무너질 수 있습니다.

그래서 가난한 자, 낮은 자, 눌린 자, 버림받은 자들의 목소리에 귀 기울이고 함께하며 연대하는 자세가 중요합니다. 오늘날의 한국 기독교는 가진 자들, 높은 자들, 성공한 사람들의 종교처럼 받아들여지고 있습니다. 이것은 예수의 가르침에서 가장 멀어진 모습입니다. 우리는 지금 이 땅의 아픈 문제에 대해 외롭고 힘들더라도 계속 '광야에서 외치는 자의 소리'의 역할을 감당해야 합니다.

[질문 2] 한국 사회가 세계에서 가장 높은 동질성이 있지만, 갈등 지표 역시 매우 높다는 말씀에 깊이 공감합니다. 외환위기 때의 금 모으기 운동, 2002년 월드컵

때의 응원 등 국민이 지역, 연령, 교육수준 등에 상관없이 모두 하나 되었던 모습은 우리 사회에 함께 공감할 만한 목표나 비전이 있다면 갈등을 넘어 동질성을 회복할 수 있다는 생각을 하게 됩니다. 지금 한국이 본래 가진 동질성의 잠재력을 끌어낼 수 있는 어떤 비전이나 목표가 있을까요? 아울러 시대적 과제인 통일문제에 있어서 북한을 바라보는 입장에 따라 갈등이 심하고, 젊은 세대 가운데에서는 통일에 관심이 없을 뿐더러 오히려 통일을 원하지 않는 상황에서 이것을 극복하는 데 있어 먼저 해결되어야 하는 것은 무엇이라고 생각하십니까?

[답변] 우리는 동질성이 높은 사회도 높은 갈등이 있다는 사실을 알아야 합니다. 인류 최초의 살인은 형제 간 살인입니다. 아주 중요한 점입니다. 기독교와 이슬람교가 같은 근원을 갖고 있지 않았다면 이토록 치열한 갈등은 상상하기 어렵습니다. 남북한도 마찬가지입니다. 원래부터 같았기 때문에, 동일했던 과거의 이 상향을 파괴한 이질 요소를 제거하려는 데서 갈등이 커지고, 극단적인 절멸 논리까지 다다르게 되는 것입니다. 정통을 독점하려는 논리와 투쟁 역시 마찬가지입니다. 이른바 동근원성(co-originality)의 역설입니다.

따라서 한국 사회가 잠재력을 끌어낼 수 있는 방법은 오히려 일정한 갈등을 인정하여 극단적으로 나아가지 않도록 관리하는 것입니다. 그러나 동질성이 높은 사회는 생각과 이념이 조금만 달라도 인정하려 하지 않기 때문에 더 극단적인 갈등으로 나아갑니다. 같아지려하지 않고 다름을 인정하는 것, 그래서 다른 생각과 비전이 경쟁하여 생산적인 결과를 만들어내도록 안내하는 것이 중요합니다. 이것이 민주주의 최고 덕목인 갈등의 인정과 타협입니다. 이른바 철학과 정신분석학, 사회학과 정치학에서 말하는 갈등의 창조적 기능, 생산적 역할입니다. 갈등과 타협을 제도화하는 것이 가장 중요한 정치 문제가 되어야 합니다.

그렇게 해서 창출된 비전은 모두 동의하고 참여할 것입니다. 복지국가는 타협의 정치가 발달한 나라입니다. 개인적으로 저는 민주주의에 기초한 자유와 평등, 시장과 복지, 평화와 통일의 비전을 결합한 공동체를 선호합니다. 한마디로 민주-평화-복지국가입니다. 고래로 정치철학자들은 공동체를 위한 좋은 갈등은 사회를 발전시키고, 사익을 추구하는 나쁜 갈등은 공동체를 파괴시킨다고 보았습니다. 문제는 우리 사회의 갈등이 점차 나쁜 갈등으로 치닫고 있다는 것입니다.

통일 문제에 대한 질문은 이렇게 생각합니다. 통일보다 평화가 중요하다는 점은 말할 필요도 없습니다. 평화를 파괴한다면 통일은 추구되어서는 안 됩니다. 그렇다고 해서 통일을 포기해서도 안 됩니다. 자주 반복되는 한반도의 전쟁 위기나 핵문제, 젊은이들의 병역 의무, 군비 지출로 인한 낮은 복지 비용, 북한의 처참한 인권 상황과 경제 파탄 등을 생각할 때 통일 비용보다 분단 비용은 결코 작지 않습니다. 분단은 너무 큰 고통을 야기하고 있습니다. 따라서 통일은 현실적으로 중요한 과제입니다. 특히 청년들은 평화와 통일을 위해 개인적이며 집단적인 각성과 준비를 게을리 하지 않았으면 좋겠습니다.

북한의 현실은 우리 자신을 돌아보게 합니다. 즉 최악의 인간 현실을 보여 주는 북한 문제는 우리 삶의 태도와 실천 철학 그 자체를 묻습니다. 참혹한 북한의 현실은 우리의 삶과 행동을 매일매일 무겁게 묻습니다. 지척에 저토록 헐벗고 굶주린 채 독재에 고통받는 형제자매들이 널려 있는데 우리는 과연 어떻게 살아야 하는가 하는 문제를 말입니다. 또한 내 자신의 삶의 방향을 묻는 문제입니다. 이토록 발전하고 개방된 문명에서 우리의 가장 가까운 이웃에게 인류 최악의 어둠을 주신 하나님의 뜻이 반드시 있을 거라고 믿습니다. 저 어둠을 우리는 과연 어떻게 바라보고 어떻게 해결할 것인지, 우리에게 주시는 사명은 무엇인지, 사명적 존재로서의 우리는 무엇을 감당해야 할 것인지를 나날이 묻고 있습니다. 같은 민족이라는 점을 넘어, 그들과 동일한 인간으로서 저와 여러분은 이 문제에 대해 마땅히 대답할 준비가 되어 있어야 합니다.

통일 문제에서 중요한 것은, 그 문제에 대한 이념적 접근을 극복하는 것입니다. 민족 문제는 늘 뜨거운 휘발성을 안고 있습니다. 우리는 민족 문제를 둘러싼 국제적, 국내적 이념 갈등 때문에 분단되었습니다. 따라서 북한과 통일을 말하기에 앞서 내부적으로 이념 대결을 극복해야 합니다. 내부적으로 타협과 통합의 정치가 가능하다면, 북한과의 통합과 통일은 그리 어렵지 않을 것입니다. 평화는 곧 민주주의의 최고 덕목인 타협과 공존의 산물이기 때문입니다. 또 하나의 중요한 문제는, 남한과 북한에 대한 이중 기준을 극복하는 것입니다.

그동안 보수는 남한의 독재와 인권 문제는 소홀히 하면서 북한의 독재와 인권만 중시하며 비판했습니다. 반대로 진보는 북한의 독재와 인권을 방기한 채 남한의 문제를 중시하여 강도 높게 비판해 왔습니다. 또 보수는 남한의 경제 발전은 중시하면서도 북한에 대한 경제 지원과 인도주의 문제는 방기했습니다. 반면 진보는 북한의 경제 회복과 인도주의를 위한 지원을 강조해 왔습니다. 이러한 이중 기준은 진보-보수 모두 전혀 옳지 않습니다. 그것은 진보-보수 정부의 집권에 따른, 앞선 정부의 대북·통일정책의 급격한 부정과 전환을 왕복하기 때문입니다. 또 부정과 전환으로 인한 내부 갈등과 그 대가 역시 너무도 심각합니다. 하나의 국가로서 이는 있을 수 없는 일입니다. 하루빨리 보수-진보 정부와 진영과 논리의 대북·통일정책의 접점을 마련하는 것이 시급합니다.

[질문 3] 개인적인 질문이지만 인생에 대해 고민하는 청년들에게 도움이 될 것 같아서 질문합니다. 교수님은 어떤 계기로 절대자에 대해 고민하시게 되었는지,

그 이후 삶이 어떻게 달라지셨는지 이야기해 주시면 감사하겠습니다.

[답변] 먼저 고백할 것은 제 신앙의 수준이 매우 낮다는 것입니다. 노력은 하지만 말씀대로 살지도 못합니다. 그러나 늘 의식은 하고 있습니다. 사람은 스스로가 진리의 편에 서 있는지, 삶이 윤리적인지, 말씀대로 사는지를 자기 자신이 가장 잘 압니다. 그런 점에서 부끄럽기 그지없습니다. 저는 비판적 사회과학인 정치학을 공부한 사람입니다. 권력을 다루는 학문인 정치학과 종교는 사실 가장 대척적인 관계인지도 모릅니다. 그런데 제가 제주 4 · 3 사건에 대해 석사 논문을 쓰고, 한국 전쟁에 대해 박사 논문을 쓰면서, 제 젊은 날의 전부를 바치겠다는 자세로 자료를 모으고, 사실을 밝히고, 이를 이론적 논리적으로 설명하려 노력하는 가운데 이런 학문적 문제보다 훨씬 더 근본적인 뜻밖의 문제에 봉착하게 되었습니다.

20대 중반 이후 10년 가까이 제주도 전역과 남한 땅 숱한 곳에 있는 살육과 학살의 역사 현장을 답사하고 면담하면서, 한 나라, 한 마을에서 이 많은 죽음은 도대체 무엇이며, 그들은 무엇 때문에 죽어야 했으며, 인간은 왜 서로를 이리도 참혹하고 잔인하게 죽여야 했는지, 무엇보다도 이 끝없는 죽음은 대체 누가 어떻게 위무하고 달래줄 것인지 아무런 궁극적 해답을 얻을 수가 없었습니다. 이 땅이 바로 지옥이었습니다. 어떤 때는 증언하는 분과 너무도 억울하고 슬퍼서 밤새 목 놓아 울기만 한 적도 여러 번 있습니다. 이런 일은 제주 4 · 3 사건과 한국 전쟁을 공부하려 처음 마음먹었을 때는 사실 전혀 예상치 못한 상황들이었습니다. 점점 더 깊이 깨닫게 된 것은 그 한 분 한 분을 저의 어떤 말로도 위로할 수 없다는 사실입니다. 이 점을 알게 된 순간 너무도 무력해지고 절망스러웠습니다. 인간이 인간의 문제에 대해 이렇게도 무력하다니……. 이건 사회과학도로서 인간과 사회의 문제를 이성과 논리의 영역에서 설명할 수 있다고 생각해 온 저에게 너무도 뜻밖이었습니다.

당시 저를 지배하고 있던 연구 열정과 이론적 설명 욕구에 비하면, 그 절대적인 무력감은 도저히 이해할 수 없었습니다. 오랫동안 넘을 수 없는 어떤 거대한 벽을 느꼈습니다. 이 문제를 연구하는 나는 도대체 무엇을 해야 하는지……. 이론적이며 학문적인 탐구가 진행될수록 근본적인 물음은 점점 더 깊어졌고, 마침내 인간은 누구도 인간의 집단 죽음을 근본적으로 위무할 수 없다는 것을 깨달았습니다. 거대한 시체더미를 보고 오거나 학살 현장 답사를 다녀오면 온 몸에 열이 나고 끙끙 앓는 경험을 적지 않게 했습니다.

그러는 가운데 당시 교제하던 여성(지금의 아내)이, 참된 삶을 살기 원하고 자기와 결혼하려면 반드시 예수를 만나고 교회에 다니라며 선물한 성경을 읽게 되었습니다. 그런데 성경을 읽으면 읽을수록 이상하리만치 목 놓아 울 수밖에 없는 체험을 자주했습니다. 제주도와 지리산과 휴전선에서 울만큼 울었다고 생각했는데, 주체할 수 없는 울음이 계속 이어졌습니다. 그때 저는 제 스스로 우는 것이 아니라는 점만은 분명히 깨달을 수 있었습니다. 더 놀라운 것은 그렇게 끝모를 울음과 통곡을 하고 나면 마음이 정제되어 안정을 찾고, 헛소리를 하지 않고 잠을 잘 수 있었고, 무엇보다도 서서히 끔찍하고 몸서리쳐지는 죽음들의 의미가 파악되기 시작했습니다. 그때서야 비로소 복잡하고 거대한 사태를 설명하려고 준비한 논리와 이론들이 정리되었고, 이 사건을 극복하기 위해 실천할 일들이 눈앞에 펼쳐지기 시작했습니다.

신앙을 갖게 된 후의 변화는 무엇을 보든 항상 전체를 먼저 보는 마음이 생겼습니다. 거기에서 늘 균형과 중용을 생각하게 되었습니다. 즉 가능하면 어떻게든 영성과 전체의 결합, 곧 사회적 영성을 가지려고 노력했습니다. 드러나는 겉을 별로 중시하지 않게 되었다는 점도 말씀리고 싶습니다. 멋진 옷, 많은 돈, 높은 지위나 권력보다는 언제나 그것들 너머를 더 중시하게 되었습니다. 이것이 제가 본질을 문제 삼는 이유입니다.

제 자신이 용기와 용서와 감사의 마음을 갖고 살게 된 것도 큰 변화입니다. 저는 신앙을 갖게 된 후로 그것이 생명과 인간과 정의를 위한 것이라면, 사회의 문제점을 비판하고 대안을 제시하는 데 있어 이익이나 손해, 기존의 견해들, 좌우이념들, 주변 상황을 고려하지 않고 두려움 없이 진실을 말할 수 있는 마음이 생겼습니다. 거기에는 제 자신과 제가 속한 부문에 대한 비판과 반성도 포함됩니다. 그리스도인이자 대학교사로서 교회와 대학을 서슴없이 비판하는 것은 자기 반성의 측면을 안고 있기 때문입니다. 비판 못지않게 사람들을 향해서는 용서와 관용을 추구해야 한다는 자세도 늘 함께 가지려고 합니다. 실제 연구와 실천 과정에서 진실과 정의를 말하되 용서와 관용을 결합해야 하는 문제는, 역사적 진실과 한 사람의 인권 사이에서 수차 난감한 결단을 요구받는 상황에 직면하게 되지만, 어렵더라도 계속 견지하려 마음먹고 있습니다.

하나님, 그리고 부모님, 가족, 선생님, 친지들, 학생들, 주위의 모든 사람에게 늘 감사하며 살게 된 마음도 큰 변화입니다. 삶은 처음 올 때에 누구나 빈손입니다. 따라서 지금까지 받은 것들은 전부 거져 받은 것입니다. 삶에서 소중한 것들은 더욱더 그러합니다. 우리의 생명, 우리가 살아가는 자연과 공기, 대지, 지구 모두 값없이 사용하고 있는 것입니다.

신앙은 특별히 살아가면서 직면하게 되는 아픔과 불안과 고통에도 불구하고, 때로는 감당하기 힘들 때에도 억울해 하거나 분노하기보다는, 기다리고 감사하는 마음을 갖게 합니다. 자신의 고난에 낙망하지 않고 인내하며, 남의 고통과 연대에 눈을 돌리게 되는 것도 감사의 마음에서 나오는, 하나님이 주신 전체와 이

옷과 자신에 대한 어떤 사랑 때문이 아닐까요. 항상 그렇게 살지는 못해도 그렇게 하려고 늘 노력합니다. 사랑이 곧 희망이고 꿈이라고 생각합니다. 감사와 긍휼의 마음은 같이 가는 것 같습니다. 늘 실천하지는 못해도 마음속으로는 낮고, 힘들고 지친 영혼들을 이해하고 대변하며 살려고 합니다. 저의 부족한 공부는 단지 이런 것들을 위한 진리를 발견하는 하나의 도구요 방편일 뿐입니다. 지식은 실제 삶에서 그리 크고 중요한 것이 아닙니다. 제 삶 전체를 어떤 이상이나 가치를 위해 온전히 던질 수 있어야 할 텐데, 그건 아마도 살아가면서 추구하다 보면 언젠가 삶이 끝날 때쯤 말할 수 있을 것 같습니다.

[질문 4] 하나님께서 많은 나라 중에 대한민국에 태어나게 하신 이유가 있다고 생각합니다. 대기업에서 일하는 것은 톱니바퀴처럼, 하나의 부품처럼 사용되어지는 것 같습니다. 하지만 내가 들어가지 않고는 변화할 수 없다는 주관적 객관성을 확보하고 또 참여하지 않고는 이 전쟁 같은 세상을 막을 수 없다면 어떤 전쟁을 해야 하나요? 우리는 이러한 문제들을 고민할 이유조차 알지 못합니다. 지극히 개인주의적인 성향이 강한 이 세대에게 다가가기 위해서, 혹은 이 세대가 다가오게 하기 위해서 한 사람의 의인인 우리가 무엇을 해야 할까요? 청소년 때부터 공동체에 대한 생각을 어떻게 심어줄 수 있을까요?

[답변] 변화를 추구한다고 해서 항상 외부에서만 투쟁할 수는 없습니다. 외부에서 법규를 준수하고, 소득분배를 엄수하고, 세금을 제대로 내고, 노조를 허용하고, 하청업체와 그 노동자들의 차별 금지 등 바른 기업활동을 하라고 비판하고 요구하는 것은 매우 중요합니다. 그런 점에서 국민 대표인 정부와 의회의 입법과 감시 역할이 결정적으로 중요합니다. 시민사회 역할도 물론입니다. 즉 국가

(정부)와 시장(기업)과 사회의 견제와 균형이 절실합니다.

그러나 대기업에 들어가는 것이 잘못된 선택이라고 할 수는 없습니다. 문제는 안에서도 최선을 다해 변화시키려고 노력하는 것이 필요합니다. 저는 한국의 재벌 기업들이 스스로 국제 기준과 국가 법률 질서에 맞추기 위해 변화하지 않으면 머지않아 강력한 저항과 위기에 직면하리라고 봅니다. 물론 현재와 같은 계속적인 고속성장도 어려울 것입니다. 기업의 생산 활동과 이윤 창출 행위는 공동체와 가정, 개인의 존속을 위해 필수불가결합니다. 문제는 그것이 점점 소수에게 과도하게 집중되고 있다는 점과, 공동체의 모든 부문과 영역을 기업 논리로 장악해 가고 있다는 점입니다. 거대 기업의 역할을 바르게 세우고 과점체제를 해체하려는 노력이 안팎에서부터 동시에 진행되지 않으면, 공동체 전체가 마치 기업국가로 변모되어 특정 산업과 기업의 부침과 공동체의 흥망이 함께 가는 우려할 만한 상황이 올 수도 있습니다.

오늘의 젊은 세대는 전체보다는 개인을 중시하는 성향이 강합니다. 사회구조가 이렇다보니 개인적 준비에만 집중해도 성공이 어렵기 때문입니다. 끊임없이 대화하고 함께 궁리하고 실천해야 합니다. 내가 먼저 변화되고, 이웃과 사회를 함께 바꿔가는 방법 외에는 도리가 없습니다. 그래서 이웃과 생각을 공유하며 함께 전체 문제에 참여해야 합니다. 졸업 이후에는 우리들 각자가 다양한 공적 영역에의 진출을 통해 자원을 배분하는 위치에서 연대를 통해 공동체를 바꾸는 노력을 기울일 필요가 있습니다.

공동체에 대한 교육은 빠를수록 좋습니다. 특히 시민윤리 교육이 그렇습니다. 자유, 평등, 인권, 개인, 공동체, 도덕, 책임, 우애, 연대, 사랑, 긍휼, 국가, 나눔, 물질, 빈부, 책임, 청렴……. 이런 문제와 가치들에 대해 일찍부터 반복 교육할 필요가 있습니다. 정말로 중요한 문제입니다. 공공 교육은 무엇보다도 한 사람의 바른 시민을 길러내는 데 집중해야 합니다. 이른바 '좋은 시민'과 '좋은 인간'의 문제입니다. 좋은 시민을 양성하기 위해 노력하다보면 좋은 인간은 따라오지만, 좋은 인간이 반드시 좋은 시민은 아닙니다. 좋은 교육이 없다면 좋은 시민은 없습니다. 좋은 시민이 없다면 좋은 정치와 좋은 공동체는 불가능합니다. 현재와 같은 입시위주 교육을 통해서는 좋은 시민과 좋은 공동체를 꿈꿀 수 없습니다. 시민윤리와 공동체의 수준은 전적으로 교육의 내용에 달려 있습니다.

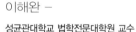

이해완 -

성균관대학교 법학전문대학원 교수

서울대학교 법과대학 재학 중이던 1985년 제27회 사법시험에 합격했고, 졸업 후 제17기로 사법연수원을 수료하고, 인천지방법원 판사로 법조인의 삶을 시작하였다. 서울지방법원 남부지원 판사, 창원지방법원 판사, 서울지방법원 판사를 거쳐, 중국 사회과학원 법학연구소에 장기 연수를 다녀온 후 사법연수원 교수, 서울고등법원 판사를 역임하였다. 2000년 11월에 사회를 위해 보다 창조적이며 개척적인 일을 하고 싶다는 뜻을 품고 법복을 벗은 후, 벤처기업인 주식회사 로앤비를 창립해서 국내 최대의 법률정보회사로 키웠다. 그 후 UC Berkeley(IEAS) Visiting Scholar를 거쳐 2008년부터는 성균관대학교 법과대학 교수로 학생들을 가르치면서 지적재산권법, 인터넷법, 평화연구 등의 전문가로 활동하고 있다. 그의 저서 《저작권법》은 저작권법 분야의 대표적 권위서의 하나로 알려져 있다.

현재 성균관대학교 리걸클리닉 소장, 한반도평화연구원 부원장, 한국인터넷자율정책기구 정책위원장, 한국저작권위원회 위원, 국가지식재산위원회 전문위원, 서울중앙지방법원 조정위원 등의 여러 책임을 맡아 열성적으로 사회를 섬기고 있다.

제2강

법, 민주 · 복지 · 평화국가의 지향점[1)]

공동체가 공유할 꿈의 기초로서의 헌법

의미 있고 행복한 삶을 살기 위해서는 꿈과 이상을 품어야 하듯이, 한 나라가 올바른 방향으로 나가기 위해서도 국민의 마음에 꿈이 있어야 합니다. 국민의 마음에 현실에 대한 불만과 좌절감은 많고 미래에 대한 꿈이 없다면, 꿈이 있어도 연대하기보다 흩어지고 나누어져 균열과 대립의 에너지만 키운다면, 공동체의 미래는 밝지 않습니다. 국민이 함께 꾸는 꿈의 기초는 공통의 가치관입니다. 민주주의 사회에서 모두의 생각이 같기를 바랄 수는 없지만, 공동체가 지향해 나갈 이상적인 모습과 근본적인 핵심가치에 대한 국민들의 인식이 수렴되어야 합니다. 그래야 그 가치를 구현하는 방향으로 꿈이 모아질 수 있습니다.

우리의 정치가 국민의 환멸을 키워 온 이유 중 하나는 비생산적이고 소모적인 대립과 갈등에 몰두하느라, 국민이 공감하고 공유할 수 있는 공통의 핵심가치와 그것을 기초로 한 미래의 희망과 방향성을 설득력 있게 제시하는 일을 소홀히

했기 때문입니다. 통합의 정치가 시대적 과제가 된 이유도 여기에 있습니다. 그러나 각자 자신이 생각하는 바를 중심으로 통합을 이야기한다면, 그것은 진정한 통합이 아닙니다. 그렇다면 누구나 동의할 수 있는 참된 통합의 준거는 무엇일까요? 바로 헌법입니다. 헌법은 한 나라의 최고 규범으로 그 나라의 핵심가치를 내포합니다. 그것은 단순한 선언이 아니라 규범적 당위입니다. 국가기관뿐만 아니라 모든 국민은 수범자로서 이를 존중할 의무가 있습니다. 오늘날 우리 사회에 이념적 균열과 대립이 극심한 이유 중 하나는 헌법에 담긴 핵심가치와 그 규범적 정당성에 대한 국민들의 인식이 충분하지 못함으로 말미암아 헌법이 갖는 국민통합적인 기능이 충분히 발휘되지 못하고 있다는 데 있습니다.

헌법상의 세 가지 핵심가치와 꿈의 공유

지금 우리 사회에 만연한 소모적인 대립과 갈등을 넘어, 새로운 통합과 희망의 시대를 열어갈 방향성을 찾기 위해서 우리 모두가 헌법적 가치에 깊은 관심을 가져야 합니다. 헌법상의 핵심가치를 크게 세 가지로 요약하면, 민주국가, 복지국가, 평화국가의 원리라고 할 수 있습니다. 이 가치들은 오늘날 많은 국민이 열망하고 있는 미래 가치와 특별한 괴리를 보이지 않습니다. 단지 대한민국이 처해 있는 정치, 경제, 사회의 현실과는 여전히 큰 간극을 보이고 있을 뿐입니다. 이러한 상황에서 국민이 헌법적 가치에 대한 올바른 이해를 공유할 수 있다면, 그것은 곧 새로운 대한민국에 대한 꿈의 공유로 이어질 것입니다. 헌법적 가치가 충분히 실현되지 못한 현실을 개혁하여 그것이 더욱 온전하게 실현되는 새로운 미래를 창출하는 방향으로 우리의 꿈이 모아질 수 있기 때문입니다. 법상의 세 가지 핵심가치가 구체적으로 무엇인지와 그 기초 위에서 새로운 대한민국을 위한 법제도 개혁의 과제가 무엇인지 살펴보는 일은 그러한 관점에서 매우 중요합니다.

법제도 개혁의 첫번째 검토 대상으로서의 헌법

'법제도 개혁'이라고 할 때 법제도의 정점에 헌법이 있습니다. 헌법은 핵심가치를 찾아내는 규범적 원천이면서 그 가치를 이루기 위한 개혁의 첫번째 검토 대상입니다. 헌법의 핵심가치를 존중한다고 해서, 헌법을 고정불변의 규범으로 보는 것은 아닙니다. 헌법의 규범적 가치는 기본적으로 존중받아야 하지만, 그 규정이 시대의 변화에 부합하지 않는 부분이나 정치적, 사회/경제적 현실에 비추어 적합하지 않을 때에는 개정 논의가 있을 수 있습니다. 입헌주의가 충분히 뿌리 내린 우리나라의 현실에서, 새로운 변화를 도모하기 위한 개헌 논의는 바람직한 정치적 공론 형성의 장에 반드시 포함되어야 할 주요 의제의 하나입니다.

민주국가의 완성을 위한 법제도 개혁: 민주공화국의 의미

대한민국의 현행 헌법이 민주주의를 중요한 원리의 하나로 채택한 것은 당연합니다. 문제는 민주주의의 구체적 내용이 어떠한 것인가입니다. 이를 보다 명료하게 이해하기 위해서는 헌법의 구체적 의미를 탐구할 필요가 있습니다.

헌법 제1조 제1항에서 "대한민국은 민주공화국이다"라고 한 것은 우리나라의 국명이 대한민국이라는 것과 우리나라가 민주공화국임을 밝히는 것입니다. 민주공화국은 '민주'+'공화'+'국'으로 분해하여, "민주주의와 공화주의를 기본 원리로 채택한 나라"라고 이해할 수 있고, '민주'+'공화국'으로 분해하여 "민주주의를 기본 원리로 채택한 공화국"이라고 이해할 수도 있습니다. 민주주의란 국가의 주권이 국민에게 있고 국민을 위해 정치가 행해지는 제도를 뜻하므로, 그 핵심 내용은 아래에서 살펴보는 '국민주권주의'입니다. 그러나 '국민을 위하여' 하는 정치를 뜻하는 면에서는 사회적/경제적 민주주, 즉 사회민주주의를 내포하는 것으로 볼 수도 있는데, 이 점에 대해서는 뒤에서 자세히 살펴보겠습니다. '공화주의' 또는 '공화국'의 의미가 무엇인지에 대해 헌법학자들의 의견은 대체로 군주제가 아니라는 뜻으로 이해하거나[2] 민주주의라는 말과 같은 의미라고 보는³⁾ 입장이 있습니다. 최근에는 정치학계에서 큰 주목을 받고 있는 공화주의(republicanism)의 원리가 헌법에 반영된 것으로 새기고자 하는 흐름이 대두되고 있습니다. 공화주의란 개인주의적 자유주의에 기초한 국가론을 비판하면서 개인이 사적으로 누려야 할 권리의 확보보다는 시민으로서 갖추어야 할 덕(德)의 고양을 강조하고, 동시에 국가사회의 공공성을 강조하는 정치 이론입니다.⁴⁾ 민주공화국의 반쪽을 보다 의미 있게 채우는 뜻에서 공화주의에 대한 진지한 탐구는 앞으로도 계속될 필요가 있습니다.

국민주권주의와 대의제의 한계

헌법 제1조 제2항은 "대한민국의 주권은 국민에게 있고, 모든 권력은 국민으로부터 나온다"라고 규정하여 국민이 대한민국 주권의 주체임과 동시에 모든 권력의 정당화 기초는 국민에게 있음을 명시하고 있습니다. 주권은 대한민국의 국가 의사와 국가적 질서를 최종적, 전반적으로 결정할 수 있는 최고의 권력입니다. 헌법은 기본적으로 국민이 대통령, 국회의원 등의 대표자를 선출하여 주권의 주요 내용인 행정권과 입법권 등을 대신 행사하도록 하는 간접민주주의(대의제, 국민대표제)를 채택하면서 보완적으로 직접민주주의적인 규정(국민투표제도)을 두고 있습니다. 대의제의 원리는 자칫 대표자의 전횡으로 이어져 국민주권 원리를 실질적으로 파괴할 수도 있으므로 입법권, 사법권, 행정권의 상호견제를 위한 권력분립주의를 반영합니다. 그리고 국민 의사를 보다 조직적으로 반영할 수 있도록 정당제도를 두고 있으며, 그 외에도 정치적 기본권의 보장, 직업공무원제도, 지방자치제도 등도 국민주권의 구현을 위한 제도입니다. 그러나 이러한 헌법의 여러 구조로 국민주권주의가 현실적으로 잘 구현되고 있는지에 대해서는 회의적인 시각이 적지 않습니다.

헌법상 민주적 기본 질서와 자유민주적 기본 질서의 의미

현행 헌법상 '민주적 기본 질서'라는 용어를 사용하고 있는 조항으로는 "정당의 목적이나 활동이 민주적 기본 질서에 위배될 때에는 정부는 헌법재판소에 그 해산을 제소할 수 있고, 정당은 헌법재판소의 심판에 의하여 해산된다"라고 규정한 헌법 제8조 제4항이 있습니다. 반면에 '자유민주적 기본 질서'를 사용하는 있는 곳은 헌법 전문("자유민주적 기본 질서를 더욱 확고히 하여")과 제4조("대한민국은 통일을 지향하며, 자유민주적 기본 질서에 입각한 평화적 통일 정책을 수립하고 이를 추진한다")가 있습니다.

그러면 '자유민주적 기본 질서'와 '민주적 기본 질서'는 같은 개념일까요, 서로 다른 개념일까요? 그 개념이 내포하는 구체적 내용은 무엇일까요? 이에 대한 학자들의 견해는 일치하지 않습니다. 그러나 헌법이 자유민주적 기본 질서를 헌법 원리로 채택했지만, 동시에 사회민주적(또는 사회복지적) 기본 질서도 중요한 원리로 수용했다는 점에 대해서는 대체로 일치하는 입장입니다. 학설의 혼란은 대부분 자유민주주의와 사회민주주의의 관계를 어떻게 볼 것인가의 문제에 대한 관점의 상이에서 비롯된 것입니다.

헌법 정신을 전체적으로 조망하면서 논리적인 해석을 한다면, 헌법상의 자유민주주의는 사회민주주의와 대립되는 개념이라고 볼 수 없습니다. 사회민주주의를 사유 재산제와 시장 경제를 인정하면서도 빈곤층이나 사회적 약자를 포함한 모든 국민의 실질적 평등과 실질적 자유를 위해 국가가 경제에 개입과 통제를 해서 국민 복지를 구현하는 원리로 이해한다면, 대부분의 서유럽 국가들과 마찬가지로 우리나라도 사회민주주의를 기본 원리로 하는 국가로 볼 수 있습니다. 헌법도 사회적 정의와 실질적 평등의 구현을 위한 국가의 경제적 개입을 정당화할 뿐만 아니라, 국민의 복지 증진과 생존권 보장을 위해 적극적으로 노력해야 할 의무를 국가에게 부여하고 있기 때문입니다. 따라서 일부 학설이 헌법의 민주주의는 자유민주주의만을 내포한다는 견해에는 동의하기 어렵습니다.

그러면 헌법은 자유민주주의와 사회민주주의 중 자유민주주의가 아닌 사회민주주의를 선택한 것으로 보아야 할까요? 그렇지는 않습니다. 그러한 질문 자체가 자유민주주와 사회민주주의를 상호 배타적인 대립항으로 보는 부적절한 관점에 기한 것입니다. 사회민주주의(AB)는 자유민주주의(A)라는 기초 위에서 경제/사회의 실질적 평등을 도모하기 위한 원리(B)를 추가하고 있는 것이므로 사회민주주의 안에도 자유민주주의가 내포되어 있는 것으로 보아야 합니다. 즉 헌법의 민주주의는 자유민주주의를 기초로 하여 궁극적으로 사회민주주의를 당위적으로 지향하고 있습니다. 자유민주주의란 헌법재판소가 독일연방헌법법원의 판례를 거의 그대로 인용하여 판시한 바와 같이 "모든 폭력적 지배와 자의적 지배, 즉 일인 독재 내지 일당 독재를 배제하고 다수의 의사에 의한 국민의 자치 · 자유 · 평등의 기본 원칙에 바탕한 법치국가적 통치질서"(헌법재판소 1990. 4. 2.자 89헌가113 결정)를 뜻하는 것으로 복수정당제도, 의회제도, 보통선거제도, 사유재산제 등을 가지고 있는 현대 민주국가는 모두 자유민주주의 국가라고 할 수 있습니다. 다만 위와 같은 개념에 비추어 하나의 당의 영도적 지위를 전제로 한 이른바 '당국가' 체제를 취하고 '인민민주주의'를 표방하는 사회주의 국가들은 자유민주주의 국가라고 할 수 없습니다. 그러나 구 사회주의권이 붕괴하고 남아 있는 일부 사회주의 국가 중 중국 등의 주요 국가가 '사회주의 시장 경제'를 추구하고, 법치주의 원리와 보편적 인권 개념 등을 제한적으로나마 수용하는 경향을 보이고 있는 오늘날 자유민주주의의 보편적 가치는 더욱 널리 승인받고 있습니다.

그러면 헌법에서 '자유민주적 기본 질서'와 '민주적 기본 질서'라는 말을 혼용하는 것은 어떻게 이해해야 할까요? 헌법 조문을 떠나 두 가지 어휘의 차이점을 중심으로 생각하면, '민주적 기본 질서'에는 '자유'라는 낱말이 빠져 있으므로, 자유민주주의를 기초로 한 사회민주주의까지 포함하는 말로 여겨질 가능성이 많습니다. 그러나 '민주적 기본 질서'라는 말이 사용되고 있는 헌법 제8조는 정당의 해산에 관한 규정인데, 그 의미에 사회민주적 기본 질서가 포함된 것으로 보면, 사회민주주의 내지 사회복지주의에 반대하는 정강정책을 가진 것만으로 정당해산 사유가 될 수 있고, 그 조항의 취지에 반하는 면이 있습니다. 즉 헌법 제8조는 이른바 방어적 민주주의 원칙에 기한 것으로써 민주주의의 핵인 자유민주주의를 부정하고 전체주의 체제를 추구하는 정당에 대하여 적용될 수 있는 것이지, 사회복지주의 내지 사회민주주의에 반대한다는 것만으로 해산의 사유로 삼는 것은 다원적인 성격을 띤 자유민주주의 자체의 원칙에 부합하지 않습니다. 헌법에서 보장한 사회복지주의를 반대하는 극우적인 정당 강령은 현행 헌법에 반하는 위헌의 강령이긴 하지만, 그것만으로 정당의 목적이 민주적 기본 질서에 반하는 것으로 보기는 어렵습니다. 결국 헌법 제8조의 '민주적 기본 질서'도 '자유민주적 기본 질서'와 같은 의미로 이해하는 것이 타당합니다.

그러나 헌법 제8조에 대한 이러한 논의가 헌법상의 민주주의 원리를 자유민주주의 원리로 축소하여 보자는 취지로 혼동해서는 안 됩니다. 헌법상의 민주주의 원리는 자유민주주의와 그것을 기초로 한 사회민주주의를 모두 내포하는 것으로 보아야 합니다. 이른바 1987년 체제를 통해 최소한의 민주주의인 자유민주주의는 기본적으로 확보되었으므로 이것을 보다 공고히 하고, 최대한의 민주주의로서의 사회민주주의는 미래지향적인 차원에서 심화, 발전시켜 나아가는 것이 우리 사회의 과제이고, 헌법의 좌표입니다.

민주주의 발전을 위한 법제도 개혁의 기본 방향

현행 헌법은 민주국가 내지 민주주의의 원리를 핵심가치로 내포하고 있을 뿐만 아니라, 대통령 간선제를 직선제로 바꾸고 대통령의 권한을 축소하는 대신 국회와 사법부의 권한을 확대하고, 헌법재판소를 통한 실효성 있는 헌법 보장 시스템을 만들었습니다. 국민의 기본권을 강화한 것 등 여러 면에서 이전의 헌법에 비해 민주주의 원리를 제도적으로 구현한 것으로 평가할 수 있는 긍정적인 면이 많습니다. 실제로 현행 헌법 하에서 한국의 민주주의는 괄목할 만큼 발전해서 문민통치를 공고화하고 두 번의 평화적 정권교체를 통해 절차적 민주주의의 안정성을 입증했으며, 국민의 인권보장이라는 면에서도 과거에 비해 큰 진보를 이룬 것으로 평가할 수 있습니다.

그러나 보다 실질적이고 내용적인 측면을 들여다보면, 한국의 정치는 사회의 여러 가지 갈등을 민주적으로 해결하는 데 기여하기보다 소모적 갈등을 확대재생산하는 역기능을 수행한 면이 있습니다. 국민의 대표자들의 실질적 대표성 부족으로 국민의 다양한 민의를 충분히 대변하지 못하여 국민주권 원리의 구현과는 거리가 먼 양상을 보이고 있습니다. 그리고 경제성장의 열매가 국민에게 골고루 분배되기보다는 경제 양극화 문제로 상당수의 국민이 절망으로 내몰리고 있는 현실에 대해서 매우 무기력한 모습을 보여 온 것이 사실입니다. 이것은 복지국가의 이상과 관련된 문제이지만, 해결책은 경제 영역만이 아니라 정치 구조를 갱신하는 데서 찾아야 할 부분이 많습니다. 특히 아직도 제왕적 대통령의 문제가 사라지지 않았고, 그로 인해 국민들의 표현의 자유 등 기본 가치가 위협받고 있는 점, 다수결의 원칙을 내세워 소수의 권익에 대한 정당한 배려 없이 일개 정당이나 정파의 독주가 가능하며, 다수 국민의 고통이 정당하게 대표되지 않고 외면되는 문제가 있는 면에서 민주화 이후의 한국 정치는 여전히 민주주의의 내용적 심화를 절실하게 요구받고 있습니다. 이러한 문제의 해결을 위해 제도 자체보다 제도의 운용과 실천이 중요하다고 보는 관점도 일리가 있지만, 제도 개혁을 통해 문제를 개선할 수 있는 방법이 있는지에 대해 치열한 자세로 검토해야 합니다.

권력구조에 대한 헌법 개정의 방향

현재 헌법 개정 논의에서 가장 초점이 되는 것은 권력구조의 문제입니다. 현행 헌법은 기본적으로 대통령제를 취하면서 국무총리와 국무회의 제도를 두고 국무총리 및 국무위원에 대한 국민의 해임건의권, 정부의 법률안 제출권 등을 인정하고 있는 점에서 의원내각제적 성격도 일부 도입했다고 할 수 있습니다. 다만 국무총리가 대통령의 임명권에 종속되어 실질적인 권한이 미미하고 정부의 법률안 제출권 등의 내각제적 요소는 오히려 대통령의 권한을 더욱 크게 하는 면이 있다는 점에서, 기본적으로는 대통령제의 성격이 뚜렷합니다. 이러한 상황에서 헌법 개정 논의는 네 가지 방향으로 이루어지고 있습니다.

첫째, 현행 헌법상의 의원내각제적인 요소 일부를 제거하여 미국식의 순수한 대통령제를 취하는 것이 바람직하다고 보는 견해입니다. 구체적으로는 국무총리제를 폐지하고 미국의 부통령 제도를 신설하자는 방안이 제시되고 있습니다. 둘째, 대통령제를 의원내각제로 변경하자는 논의도 학계와 정계에서 꾸준히 있어 왔습니다. 이 경우 대통령을 선출하더라도 대통령은 상징적인 지위만 갖고 실권은 총리(수상)가 가지게 됩니다. 셋째, 현행 헌법상의 의원내각제적인 요소를 강화하여, 국무총리에게 상당한 실질적 권한을 부여하되 국회의 내각불신임권을 인정함으로써 국회에 대한 관계에서 책임지게 하고 대통령은 외교, 안보 등에 있어서의 중요 사안에 대해 권한을 가지는 방안이 제시되고 있습니다. 이 방안은 과거에 주로 이원집정부제라고 불리었으나, 오늘날은 '이원정부제(二元政府制)' 또는 '분권형 대통령제'라는 용어가 더 많이 사용되고 있습니다. 넷째, 현행 헌법상의 권력구조를 그대로 유지하면서 대통령의 구체적인 정부 운영에 있어서는 국무총리에게 상당한 권한을 위임하여 이른바 '책임총리제'의 취지를 살려나가도록 하는 것이 바람직하다는 의견이 있습니다. 이것은 개헌 반대론의 하나입니다.

권력구조와 관련한 개헌의 필요성은 첫째, 위에서 본 제왕적 대통령의 문제를 해결하기 위한 권력분산의 측면, 둘째, 이른바 분점 정부라고 불리는 여소야대의 상황에서 대통령과 국회 사이의 갈등이 심각해질 때 이를 해결할 수 있는 방법이 없다는 두 가지 측면에서 제기됩니다. 그런데 둘째 측면은 정치인의 리더십과 타협 · 협상의 정치 문화 형성 등의 실제적인 면과 많은 관련이 있고, 민주 국가의 이상이라는 관점에서는 상대적으로 덜 중요한 부분이라 할 수 있습니다. 그러므로 문제 해결의 방향은 기본적으로, 대통령에게 집중된 권한의 적절한 분산과 균형화에 있다고 보아야 합니다.

이러한 관점에서 첫째 방안은 적절한 문제 해결의 방법이라고 보기 어렵습니다. 미국식 대통령제의 경우 정부의 법률안 제출권은 없지만, 실질적으로 정부 주도의 입법이 많이 이루어질 수 있다는 점에서 대통령의 권한에 대한 조정이라는 면은 크지 않습니다. 오히려 어떤 이유에서든 우리 헌정사에서 일정한 역할을 수행해 온 국무총리 제도를 없앰으로 대통령의 의사에 따라서는 넷째 방안과 같은 책임총리제를 통해 실질적 권한의 분산과 조정을 이룰 수 있는 장치를 아예 없애 버린다는 점에서 개악의 소지가 다분합니다. 또한 부통령제의 경우 실제로 부통령이 어떤 권한을 가질지가 애매하며, 대통령 유고 때 부통령이 대통령직을 승계하는 것도 국민의식에 비추어 바람직하지 않은 면이 많습니다. 대통령 유고 때에는 현행 헌법과 같이 짧은 기간 내에 새 대통령을 선출하는 것이 바람직합니다.

대통령제를 버리고 의원내각제로 전환하자는 둘째 방안은 충분히 경청할 만합니다. 실제로 민의에 따라 구성된 의회와 내각이 연계되어 국정운영에 대한 책임성이 높아진다는 장점과 아울러, 선진 민주주의 국가들이 의원내각제를 취하여 성공한 사례가 많은 것을 볼 때 더욱 그러합니다. 그러나 우리의 현실은 의원내각제로의 전환을 어렵게 하는 면이 많습니다. 무엇보다 국민들은 자신의 손으로 직접 정치지도자를 선출하고자 하는 강한 의지가 있고, 국회의 구성을 통해 간접적으로 행정수반이 결정되는 의원내각제는 그와는 상치되는 것으로 국민의 주권행사에 있어서 시원함보다는 답답함을 느끼게 하는 면이 있음을 간과할 수 없습니다. 따라서 현재로서 여론이 내각제를 수용할 가능성은 없습니다. 특히 국회 구성에 있어서 비례성과 대표성이 상대적으로 약한 시스템을 가지고 있는데, 이런 현실이 내각제를 반대하는 국민 여론의 정당성을 뒷받침하는 면이 있습니다. 물론 내각제 도입과 함께 국회의원 선거제도의 개혁도 동시에 추진한다면 그 정당성이 강화될 수 있지만, 국민들이 경험을 통해 선거제도 개혁의 효과를 검증한 후에야 국회를 중심으로 하는 내각제를 흔쾌히 받아들일 가능성이 높습니다. 한편으로, 내각제는 국회의원의 자질과 국회 내 의사진행 및 토론의 질이 높고, 타협과 숙의를 중심으로 한 생산적 정치문화, 정당문화가 성숙해야 한다는 것이 중요한 전제조건인데, 현재로서는 이런 조건이 갖추어져 있다고 보기 어렵고, 국회의원과 국회에 대한 국민의 신뢰가 매우 낮다는 문제가 있습니다. 이러한 상황에서 내각제가 도입될 경우 정국의 안정을 기하기 어렵고, 재벌 등의 경제 권력에 의해 정부가 크게 휘둘릴 가능성이 많다는 우려도 있습니다.

넷째 방안은 결국 현행 헌법체제를 유지하면서 문제점 개선은 제도가 아닌 제도 운영을 통해 이룰 수 있다고 보는 입장입니다. 그러나 권력의 분점이라는 과제를 법제도의 변경이 아니라 제도 운영의 변화를 통해 해결하는 것은 적절한 방향이 아닙니다. 아무런 제도적 뒷받침 없는 '책임 총리'는 실질적인 실권이 없기는 지금과 마찬가지이며, 결국 대통령의 정치적 실패에 대한 희생양 역할을 맡을 뿐이고, 국회와의 관계에서 책임 정치를 구현하기도 어렵습니다. 따라서 셋째 방안인 '분권형 대통령제'가 현재로서는 가장 바람직하며, 현상유지의 넷째 방안을 제외하면 실현가능성이 가장 높은 방안이기도 합니다.

먼저 이 방안이 바람직한 이유를 살펴보면, 상당한 권한을 가진 대통령을 국민의 직선으로 선출한다는 점에서 대통령제에 대하여 국민들이 느끼는 매력이 유지됩니다. 그리고 행정부 내부적으로도 대통령 1인에게 권력이 집중되지 않고 총리를 중심으로 한 내각에 상당한 권한이 배분되어 이른바 '제왕적 대통령'의 권한 남용과 무책임성, 부패의 문제 등을 크게 개선할 수 있을 것입니다. 국무총리는 국회에서 선출되고 국회와의 관계에서 책임을 지며 대통령과의 관계에서는 자신에게 부여된 권한을 행사하면서 상호 협력하면서 견제와 균형을 이룰 수 있는 입장에 있게 됩니다. 이때 정부의 활동은 기본적으로 국회에 대한 관계에서 책임지는 형태가 되고, 국회의 권력에 대해서는 대통령이 견제, 조정하여 균형자적 역할을 수행할 수 있으므로 이중의 균형 장치가 작동될 수 있다는 장점이 있습니다.

대통령과 총리 사이의 권한 배분이 명확하지 않아 양자 사이의 갈등이 고조될 가능성이 있다는 단점이 있지만, 갈등 가능성은 장점을 상쇄시킬 만한 단점이라고 보기는 어렵습니다. 같은 정당이라면 갈등 문제가 크지 않을 가능성이 많고, 국회의 '건설적 내각 불신임권' 행사를 통해 대통령을 배출하지 않은 야당 소속의 총리가 임명될 경우에는 당연히 갈등이 크겠지만, 대통령과 국회가 직접 갈등 상황에 부딪치는 것보다는 국민의 입장에서 덜 우려스러운 상황이 될 것입니다. 이러한 개헌 방안의 실현 가능성이 다른 개헌 방안에 비해 상대적으로 높다고 보는 이유는, 이미 현행 헌법에도 순수한 대통령제가 아닌 의원내각제적 요소가 있기 때문에 비교적 소폭의 부분 개정에 의해 도입할 수 있을 뿐만 아니라, '분권형 대통령'이라는 이름을 통해(과거의 '이원집정부제'에 비해) 이 제도에 대한 국민 인식이 긍정적으로 자리매김해 가고 있는 것 같습니다. 분권형 대통령제를 통해 내각제적 요소가 강화된 상태로 헌정 운영을 하게 될 경우, 총리와 국회 사이의 관계를 중심으로 한 내각제적인 부분이 얼마나 원활하게 작동되는지 타진해 볼 수 있고, 헌정 경험의 누적은 우리나라가 장기적으로 내각제를 통한 바람직한 협의제 민주주의를 향해 나아가는 중간적 단계로서의 의미가 있습니다. 물론 내각제의 단점을 보완하기 위해 이원정부제를 도입한 프랑스의 경우도 있듯이, 절충형의 제도가 장기적으로 우리나라의 실정에 부합하는 바람직한 제도로 정립되어 갈 가능성도 배제할 수 없습니다.

대통령 선거방식과 헌법 개정

대통령 선거방식과 관련하여 대통령의 민주적 대표성을 강화하기 위한 결선

투표제의 도입이 오랫동안 논의되어 왔고, 최근에 더욱 큰 이슈로 부각되고 있습니다. 결선투표제는 1차 투표에서 과반득표자가 나오지 않을 경우 다득표자 2명을 대상으로 결선을 실시하는 제도로 프랑스가 이를 도입한 대표적 국가이며, 학계의 폭넓은 지지를 받고 있습니다. 이 제도의 도입이 공직선거법의 개정으로 가능한 것인지, 아니면 헌법 개정을 필요로 하는 사항인지에 대해서는 서로의 의견이 다르지만 헌법 제67조 제2항의 문언에 비추어 헌법 개정이 필요하다는 학설이 다수를 점하고 있습니다.

지금까지의 대통령 선거 과정을 보면, 늘 한편에서 유력 후보들 사이에 후보 단일화 문제가 제기되어 우여곡절 끝에 단일화가 되거나, 그렇지 않고 단일화에 실패한 경우에는 상대적으로 낮은 득표율을 거둔 후보가 당선되었습니다. 그리고 단일화는 선거의 공식적 과정과는 별개로 이루어져 단일화에 의해 후보 등록을 포기하거나, 후보직을 사퇴한 후보를 지지했던 국민은 자신이 지지한 후보에게 투표할 기회가 없고 민주적 정당성과는 무관한 단일화의 과정에서 일종의 소외를 겪게 되는 문제가 있습니다. 이러한 문제를 해결하여 종국적으로 국민 다수의 지지를 통해 민주적 대표성과 정당성을 확인받은 후보자가 대통령으로 당선될 수 있도록 결선투표제의 도입이 필요합니다. 이 제도에는 두 차례의 선거를 통한 사회/경제적 비용, 1차 투표에서의 후보 난립의 가능성 등의 문제가 지적되고 있지만, 적어도 경제적 비용의 측면과 국가 최고지도자인 대통령의 민주적 정당성 확보 및 선거 전 과정에서의 국민주권의 구현 등이 가지는 가치적 측면을 저울에 올려놓고 비교해 보면, 후자가 현저한 우위를 가질 것이고, 후보 난립 등의 문제는 실질적으로 별로 염려할 만한 것이 아닙니다.

대통령의 임기와 헌법 개정

현행 헌법상 대통령의 임기는 5년 단임제입니다. 이 제도에 대해 개헌 협상의 과정에서 1노, 양김 등의 유력 정치인들이 생전에 한번은 대통령을 할 수 있는 방안을 선호했기 때문에 취해진 것이라는 분석도 있지만, 선의로 해석하면 오랫동안의 군부 독재에 시달려온 국민들 사이에 대통령의 장기 집권에 대한 경계심이 매우 컸다는 것에 그 근본적 이유가 있습니다. 이 제도는 대통령이 일단 선출되면, 국민에 대한 관계에서 책임을 지는 위치에 있지 않고, 조기 레임덕이 찾아오며, 자신을 배출한 정당과의 관계에서도 이해관계의 상치로 인해 필요한 협력을 받기가 어려워지는 등 여러 가지 문제가 있습니다. 그리고 대통령의 5년 임기와 국회의원의 4년 임기가 교차하면서 대선과 총선 사이의 간격이 불규칙하게 변화되어 오면서 그 간격이 일치하지 않고 대부분의 경우 여소야대의 분점정부가 될 가능성이 높아, 대통령이 국민으로부터 위임받은 정치적 의제를 효과적으로 추진하기가 어려워지는 문제도 있습니다. 지금도 5년 단임제가 장기 집권을 예방하고 정권 교체를 원활하게 하는 장점이 있다는 견해도 없지는 않습니다. 하지만 5년 단임제가 그 임무를 완료한 것으로 보고, 정치적 안정과 효율성을 위한 제도 개선이 절실하다는 주장이 더 많은 지지를 받고 있습니다. 이러한 의견은 미국과 같이 4년 중임제를 취하자는 것으로 집약되고 있습니다. 대통령과 국회의원의 임기를 모두 4년으로 맞추는 데서 더 나아가 임기 주기를 일치시키기 위한 조치를 취하는 방안(헌법 개정 후 처음으로 취임하는 대통령의 임기를 줄여, 국회의원의 임기주기와 맞추자는 것)도 주장되고 있습니다. 이 문제에 대해 다양한 관점이 있지만, 분권형 대통령제와 함께 대통령의 임기와 관련하여 4년 중임제 개헌이 타당하다고 보는데, 그 이유는 다음과 같습니다.

첫째, 첫 임기의 대통령이 국민과의 관계에서 책임을 지는 입장에 있게 되는 방안이라는 점에서 국민주권의 원리를 강화하는 의미가 있습니다. 이로 인해 대통령이 인기 영합적인 정책을 펼 것이라는 주장이 있으나, 이는 타당하지 않습니다. 단기적으로 반짝하는 여론의 흐름이 아니라, 4년의 임기를 마친 후에 국민의 긍정적 평가를 받을 수 있는 정책을 추진하고자 노력하는 것을 인기 영합 정책이라고 부정하고, 국민의 평가로부터 유리된 독자적인 정책을 추진하는 것을 인기에 영합하지 않는 소신 있는 정책 추진이라고 긍정한다면, 엘리트주의에 부합할지언정 국민주권의 원리에는 배치되는 것입니다. 대통령이 비교적 장기적으로 형성되는 여론을 의식하여 직무수행을 할 것이 기대된다는 것은 국민의 주권이 투표권 행사 이후에도 지속적으로 살아 있게 하는 점에서 긍정적으로 평가해야 할 것입니다.

둘째, 성공적으로 첫 임기를 마친 대통령에 대해 국민의 재선출권을 보장함으로 역시 국민의 주권행사에 대한 불필요한 제약을 거두어 내는 면이 있다는 것을 긍정적으로 평가할 수 있습니다. 현재의 제도는 대통령직 수행의 경험이 있고 그 경험을 통해 자격이 충분히 검증된 자는 피선거권을 박탈하는 제도라고 할 수 있는데 이것은 모순입니다. 대통령직만큼 경험과 자격 검증이 중요한 의미를 가지는 직책도 없기 때문입니다. 물론 지나친 장기 집권으로 정치지도자의 세대교체를 어렵게 하지 않는 범위 내에서 인정되어야 하며, 한 번의 재선을 가능하게 하는 것은 그 범위 내라고 할 수 있습니다.

셋째, 대통령의 두번째 임기에는 역시 레임덕 문제가 거론되는데 그것은 일면 타당한 주장이나, 이미 정치적 리더십을 상당히 키운 이후의 상황이므로 큰 문제는 없을 것입니다.

넷째, 현직 대통령의 재선율이 높아 실질적으로 임기가 5년에서 8년으로 늘어나는 결과가 되어 장기 집권의 병폐가 대두될 수 있다는 지적이 있습니다. 민주화 이후 대통령들의 후반기 지지율이 높지 않았던 사실에 비추어 보면 반드시 재선율이 높을지 의문이 들고, 만약 재선에 성공한다면 그것은 자신의 정치적 성과를 기초로 한 국민의 선택이므로 8년의 임기로 과거와 같은 장기 집권의 문제를 안고 있다고 단정하기 어렵습니다. 초선 대통령이 국민의 지지를 받지 못해 재선에 실패할 경우, 임기가 오히려 4년으로 단축되고, 그것은 정치지도자의 신진대사를 원활하게 하며 국민에 의한 중간평가로서 긍정적 의미가 있습니다.

국회의원 선거제도의 개혁

국회의원 선거제도는 현재 다수대표제의 소선거구제도로 매우 제한적인 규모 (300석 중 54석)의 의석만 비례대표로 선출하고 있습니다. 이 제도는 상대다수제에 의해 선거구별로 1위를 차지한 후보로 하여금 승자독식을 하게 합니다. 2위 이하의 후보에게 투표한 유권자들의 표는 사표(死票)가 되고 그들의 의사는 국회 구성에 전혀 반영하지 않음으로 국민대표제도의 대표성과 비례성 면에서 커다란 결함과 문제가 있습니다. 근본적으로 진정한 국민주권의 원리를 구현하지 못하고, 실제적으로 국민과 정치 사이의 간극을 키우는 주된 요인의 하나입니다. 특히 선거에서 지역적 정서가 강하게 작용하는 우리나라의 현실에서, 현행 선거제도는 주된 기반을 가진 정당이 해당 지역의 의석을 석권함으로 전국적 정당으로서의 정체성 형성을 어렵게 하고, 정책정당 중심의 정당구도 형성 및 정치 발전을 가로막는 심각한 문제를 야기할 수 있습니다.

이런 문제를 해결하는 방안의 하나로 중대선거구제도가 제시되어 왔습니다. 중대선거구제도란 지역구마다 1명의 국회의원만 선출하는 것이 아니라, 2명 이상의 국회의원을 득표 순서에 따라 상대다수제로 선출하는 제도입니다. 중대선거구제도는 소선구제에 비해 비례성이 높아지는 장점이 있고, 선거구의 크기를 크게 잡을수록 더욱 커질 수 있지만, 다른 한편으로는 그 장점을 상쇄할 만한 문제점이 있는 것으로 분석됩니다.[5] 즉 중대선거구제도를 채택할 경우, 그에 따른 비례성 강화나 지역구도 완화의 정도가 실제로는 그리 높지 않고, 표차와 상관없이 후순위 득표자도 정해진 인원까지 당선되므로 선거구민이 매우 저조하게 지지한 후보도 당선되는 것을 가능하게 함으로 '소수대표'의 문제를 발생시키며, 인물투표의 경향이 강해지면서, 금권부패정치와 파벌정치 등 많은 부작용과 폐해가 발생할 수 있습니다.

국민의 의사가 국회 구성에 고르게 반영되기 위해서는 다수대표제를 비례대표제로 전환하는 것이 바람직합니다. 비례대표제에서는 승자독식이 아니라 모든 표가 동등한 가치로 반영되어 소수 정당도 일정한 진입 장벽만 통과하면 원내로 진출하여 자신의 목소리를 낼 수 있고, 일개 특정 정당의 독주는 거의 불가능하게 됩니다. 지역색이나 인물을 중심으로 한 정당보다 정책에 기반을 둔 정당에게 유리하여, 정치에 염증과 무관심을 보이는 이른바 '무당파' 국민들의 목소리를 대변할 수 있는 신생 정당이 등장하여 긍정적 역할을 할 가능성도 높아집니다. 따라서 정책 스펙트럼에 따라 구조화된 다당제를 통해 사회의 다양한 목소리가 골고루 정치에 반영될 수 있고, 다양한 의견이 조율과 합의에 따른 정치, 곧 협의제 민주주의 정치가 가능하게 된다는 장점이 있습니다. 사회/경제적 약자나 소외계층을 대변하는 정책정당을 통해 그들의 이해를 더 크게 반영할 수 있다는 점에서 복지국가의 이상을 구현하는 데 가장 적합한 정치체제가 될 수 있기 때문에 오늘의 시대정신에 부합되는 정치개혁의 방향입니다.

다만 국민들의 개별 후보에 대한 인물 투표를 배제하고 많은 인원수의 정당명부에 기한 투표만 하는 순수 비례대표제를 취하는 것은 국민의 주권(선택권)을 제약하는 면이 커서 바람직하지 않고, 우리나라의 실정에도 맞지 않습니다. 따라서 비례대표와 소선구제에 의한 인물 투표를 결합한 방식이 바람직한데, 그중 가장 이상적인 제도 모델로 생각될 수 있는 것이 바로 독일식 비례대표제(소선거구—비례대표 병용제 또는 연동제)입니다.

독일의 경우는 정당 명부와 소선거구 후보에 대하여 1인 2표의 기표 방식을 취하는 점에서는 뒤에서 보는 소선거구—비례대표 병립제와 유사해 보이지만, 선거 후 정당별 총 의석수 배분을 국민들의 정당투표 비율에 따라 비례적으로 먼저 결정한다는 점에서 차이가 있습니다. 그리고 개별 정당에 배분된 의석은 다시 해당 정당의 '권역별(16개 주) 정당투표 득표수 비율'에 따라 배분됩니다. 따라서 권역별로 배정받은 의석수에서 지역구 당선 의석수를 뺀 나머지 의석을 권역별로 작성된 비례대표 명부 순서에 따라 배정하여 비례대표 의원 당선자를 결정합니다. 해당 정당의 권역별 지역구 당선자 수가 해당 권역에 배정된 총 의석수보다 많을 경우, 초과된 지역구 의석수는 '초과 의석'이라 하여 모두 인정합니다. 이러한 방식을 통해 국민의 인물 투표를 상당 정도(50퍼센트 이상) 수용하면서도 의석 배분 비율에 있어서는 거의 100퍼센트 비례대표제의 취지를 살리고 있습니다. 독일의 방식은 그 성격상 비례대표제의 한 유형으로 볼 수 있고, 위에서 본 비례대표제의 장점을 모두 가지고 있고, 소선거구제도에 의한 인물 투표가 반영됨으로 국민들의 주권행사의 면에서도 부족함이 없다는 점에서 매우 이상적인 제도입니다.

우리나라도 중장기적으로 독일식 비례대표제를 취하는 것이 바람직하다고 생각합니다. 다만 이 제도는 국민대표제(대의민주주의)의 본래 취지를 살려 거대 정당의 과대 대표와 소수 정당의 과소 대표의 문제를 해결하는 취지를 담고 있으므로 자연히 기존 거대 정당들이 기득권을 일정 부분 양보할 것을 전제로 할뿐만 아니라, 기득권 양보의 정도가 가장 높은 방안이라는 점에서, 현실적으로 달성 가능한 목표인가에 대한 의문이 있습니다. 오늘날 정치개혁과 정치쇄신의 요구가 높은 상황에서 이러한 방안이 정치개혁의 적절한 방안이라는 데 국민적 인식의 공유가 광범위하게 이루어져 강력한 여론으로 형성될 경우 불가능하지도 않습니다. 시민사회의 입장에서 중장기적 개혁 과제로 상정하고 논의를 모아가는 것은 충분히 가능합니다. 그러나 당장 그것이 실현되기는 쉽지 않다는 점을 감안하여 우선은 다음과 같은 차선책을 검토할 수도 있습니다.

소선거구 의석수와 비례대표 의석수를 별도로 정하고 서로 연동시키지 않으면서 두 제도를 결합하는 방식인 소선거구–비례대표 병립제를 취하되, 비례대표 비율을 전체 의석수의 50퍼센트 이상이 되도록 획기적으로 늘리는 방안을 취하는 것입니다. 이러한 병립제는 기본적으로 비례대표제라고 할 수 있는 독일식 병용제와 달리 비례대표제와 다수대표제의 절충형이라고 할 수 있지만, 비례대표의 비율을 현재보다 크게 높임으로 비례성을 현저히 높이는 방안이라 할 수 있습니다. 다만 비례대표의 비중을 높이는 선거제도 개혁의 필수 전제는 비례대표 후보의 선정에 있어서 민주적·상향식 공천을 의무화하는 등 정당개혁이 이루어져야 한다는 것입니다. 그러한 정당개혁이 이루어지지 않은 상태에서 비례대표의 비율을 높일 경우에는 중앙당의 실권자들 몇몇에 의해 국민의 대표자가 결정된다는 점에서 비민주성이라는 커다란 문제를 내포하게 됩니다.

이상의 사항은 헌법 개정을 요하는 사항은 아니고 공직선거법 개정을 통해 해결할 사항이나 앞서 언급한 바와 같이 의원내각제 개헌이나 분권형 대통령제로의 개헌에 있어서도 국회 구성의 대표성 강화는 중요한 기초를 이루는 사항이므로, 헌법 개정 논의에 있어서도 이 부분에 대한 논의가 병행될 필요가 있습니다.

복지국가를 위한 법제도 개혁

복지국가의 의미

복지국가란 단순히 사회복지제도가 잘 갖추어진 나라를 뜻하는 것은 아닙니다. 경제·사회·문화·교육 등 모든 영역에서 사회정의와 형평의 원리가 잘 구현되어 국민 모두가 골고루 잘살 수 있는 공동체적 가치가 확립된 나라입니다. 사회적 시장 경제 질서를 그 중요한 구성요소로 하는데, 그런 점에서 독일 헌법상의 용어인 '사회국가'라는 용어를 동의어로 사용하기도 합니다. 헌법재판소도 복지국가에 대하여 "한마디로, 사회정의의 이념을 헌법에 수용한 국가, 사회현상에 대하여 방관적인 국가가 아니라 경제·사회·문화의 모든 영역에서 정의로운 사회질서의 형성을 위하여 사회현상에 관여하고 간섭하고 분배하고 조정하는 국가이며, 궁극적으로는 국민 각자가 실제로 자유를 행사할 수 있는 그 실질적 조건을 마련해 줄 의무가 있는 국가를 말한다"고 밝힌 바 있습니다(헌법재판소 2002. 12. 18.자 2002헌마52 결정).

나아가 경제 질서에서는 "이미 많은 문제점과 모순을 노정한 자유방임적 시장 경제를 지향하지 않고 아울러 전체주의 국가의 계획통제경제도 지양하면서 국민 모두가 호혜 공영하는 실질적인 사회정의가 보장되는 국가, 환언하면 자본주의적 생산양식이라든가 시장구조의 자동조절기능이라는 골격은 유지하면서 근로 대중의 최소한의 인간다운 생활을 보장하기 위해 소득의 재분배, 투자의 유도·조정, 실업자 구제 내지 완전고용, 광범한 사회보장을 책임 있게 시행하는 국가"를 뜻한다고 밝히고 있습니다(헌법재판소 1989. 12. 22. 자 88헌가13 결정). 헌법재판소는 우리 헌법이 이러한 복지국가 원리를 수용했음을 거듭 천명하고 있습니다.

복지국가의 이념적 기초

복지국가의 이념적 기초는 첫째, 사회정의입니다. 사회정의가 무엇인지를 한마디로 말하기는 어렵고 학자들도 다양한 견해를 제시하고 있으나, 헌법의 이념 구조와 가장 유사한 정의의 개념을 제시한 학자로 존 롤스(John Rawls)가 있습니다. 롤스는 공리주의(utilitarianism)를 비판하면서 사회계약이론의 새로운 적용을 통해 정의에 대한 판단기준을 두 가지 원칙으로 제시했습니다.

제1원칙(최대한의 자유에 대한 평등한 권리의 원칙) : 모든 사람에게 동등한 자유를 보장한다는 전제에서 최대한의 기본적 자유에 대한 평등한 권리를 가집니다. 시민의 기본적 자유에는 공직선거권 및 피선거권, 표현 및 집회의 자유, 양심의 자유, 개인 재산권의 보장, 신체의 자유 등이 포함됩니다.

제2원칙(불평등의 정당한 배분의 원칙) : 사회적, 경제적 재화의 불평등한 배분은 다음의 두 가지 조건을 충족할 수 있어야 합니다. 첫째, 그 불평등한 배분이 사회의 가장 혜택받지 못한 자(최소수혜자)들의 이익개선에 가장 효과적으로 기여할 수 있어야 합니다(차등의 원칙). 차등의 원칙은 보상 원칙으로 이어집니다. 보상 원칙은 합리적으로 정당화될 수 없는 불평등, 즉 출생이나 천부적 재능과 같은 우연적 여건에 의한 불평등은 적절히 보상되어야 한다는 것을 그 내용으로 합니다. 둘째, 불평등의 근원이 되는 직책, 직위, 권한 및 경제적 부와 같은 사회

경제적 재화들에 대한 기회는 모두에게 균등하게 열려 있어야 한다는 것입니다(공정한 기회균등의 원칙). 이것은 단순히 그러한 직책 등이 능력에 따라 공정하게 배분되어야 한다는 것만을 뜻하는 것은 아니며, 각자가 그러한 능력을 얻을 수 있는 상당한 기회를 가져야 한다는 의미도 내포합니다.

롤스의 이러한 원칙은 자유주의의 이념을 기본적으로 수용하면서 그것을 실질적 평등의 관점에서 교정 또는 보완하고 있는 우리 헌법의 기본정신과 상당한 공통점이 있습니다. 다만 우리 헌법에 반영된 사회정의의 이념은 국민의 자유를 그 내용에 포함하기보다는 그것을 기초적인 전제로 하는 것으로 롤스의 제2원칙과 같은 요소에 그 중점이 있다고 할 수 있습니다.

둘째, 실질적 자유와 실질적 평등입니다. 복지국가 원리는 전통적 자유주의와는 일정한 긴장관계가 있습니다. 고전적 자유주의는 국가의 간섭과 개입을 최소화하고 개인의 자유를 최대화하는 이념인데, 복지국가 원리는 사회정의 실현 등을 이유로 개인의 경제활동의 자유 등을 제한하는 것을 정당화하는 원리이기 때문입니다. 그런 점에서 복지국가는 국민의 자유를 축소하는 대가로 평등을 제공하는 것이라고 생각하기 쉽습니다. 그러나 깊이 생각해 보면, 양극화된 사회 속에서 빈곤층에 포함되는 국민의 입장에서는 헌법이 보장하는 인간의 존엄과 가치, 행복추구권을 비롯하여 여러 가지 자유를 행사할 수 있는 실질적 조건을 결여하게 된다는 점에서 복지 서비스 등을 제공하여 인간답게 살 권리를 보장하는 것은 실질적 자유를 누리게 하는 것입니다.

한편 복지국가 원리는 평등 원칙과 합치되는 것으로 생각하기 쉽지만, 형식적 의미의 평등 원칙과는 오히려 모순되는 경우가 많습니다. 누진과세 등의 소득재분배 정책이나 사회적 약자를 대상으로 한 이른바 '선별적 복지', 적극적 평등실현조치(affirmative action) 등은 형식적, 외관적 평등에 반하는 것입니다. 그러나 롤스의 '차등의 원칙'과 '보상 원칙'에 부합하는 것이라면 우리 헌법의 원리로도 실질적 평등을 위한 합리적 차별로서 평등권의 침해는 아니라고 볼 수 있습니다. 이러한 실질적 평등을 상대적 평등이라고 칭하기도 합니다. 상대적 평등이란 사람들마다 처한 상황이나 여건을 고려하지 않고 일률적으로 대우하여 외형적으로 동등하면 된다는 절대적, 형식적 평등이 아니라, 사람마다 처한 상황이나 여건이 다르다면 그 차이에 따라 대우해 주는 상대적인 개념으로서의 평등을 말합니다.[6] 헌법재판소도 실질적 평등이 우리 헌법 이념의 하나임을 분명히 밝히고 있습니다(헌법재판소 1999. 12. 23.자 98헌마363 결정).

그런데 정의 또는 평등에 관한 최근의 논의 중에는 출발점에서의 평등만 보장하고, 결과에서의 불평등은 문제 삼지 않는 것이 옳다는 주장이 있습니다. 그러나 출생이나 재능 등의 이유로, 출발점에서의 기회균등만으로는 사회 경제적 소외를 겪을 수밖에 없는 사회적 약자에게 주어지는 결과적인 불평등을 외면한다면, 사회정의의 이념과 실질적 평등의 원리에도 반합니다. 다만 결과에서의 평등을 기계적으로 철저하게 관철한다면, 그것은 불가능할 뿐만 아니라 개인의 자유와 창의를 극도로 억압하는 전체주의 체제로 나아가게 되므로 수용할 수 없습니다. 사회적으로 용인할 수 있는 합리적 격차의 존재를 수용하되, 양극화를 방지하고 가능한 한 사회 전체가 골고루 풍요롭게 사는 사회를 지향하면서 누구나 최소한 인간다운 삶을 살 수 있도록 노력할 필요가 있습니다.

셋째, 박애 혹은 사회연대성입니다. 오늘날 자유와 평등의 갈등 속에 박애의 가치가 새롭게 부각되고 있습니다. 자유와 평등 사이의 깊은 갈등의 골을 메우기 위해서는 고립된 개인을 전제로 한 원리만이 아니라 공동체 구성원 간의 연대 내지 유대의식이 중요하다는 것을 인식하게 된 것입니다. 원래 프랑스 대혁명의 구호였던 자유·평등·박애는 프랑스 헌법에 국시(國是)로 명시되어 있습니다(제2조 5항). 프랑스 제4공화국 헌법에 사회권이 규정된 것은 바로 박애의 원리에 기한 것입니다.[7]

우리 헌법의 복지국가와 관련하여 박애의 원리를 근거로 드는 경우는 드물지만, 사회적 기본권 규정과 사회적 시장 경제 조항 등을 '박애'의 원리로 이해하는 것은 충분히 가능합니다. 박애란 약자에 대한 시혜적 동정의 태도를 말하는 것이 아니라, 평등한 인간 존재 사이의 상호연대성에 대한 인식을 토대로 타자의 고통에 진정한 공감의 자세로 나아가 그것을 덜어주고자 하는 의식입니다. 따라서 인도주의, 연대(사회연대성)와도 상통하는 개념입니다. 우리 헌법 전문을 자세히 살펴보면, "조국의 민주개혁과 평화적 통일의 사명에 입각하여 정의·인도와 동포애로서 민족의 단결을 공고히 하고…"라고 하여 인도와 동포애를 사용하는데, 이 표현은 박애의 원리와 깊은 관련이 있습니다. 이와 같은 사회정의, 실질적 자유와 실질적 평등, 박애(사회연대성) 등의 이념은 서로 밀접한 연관을 가진 것으로 중첩되는 면이 많으나, 그중 하나만 강조하기보다 세 가지 원리를 함께 조명하는 것이 복지국가의 이념적 기초를 명확히 하는 데 도움이 됩니다.

헌법상의 복지국가 구현을 위한 규정

위와 같은 이념적 기초에서 우리 헌법은 복지국가 원리를 반영한 규정을 다수 포함하고 있습니다. 첫째, 국민들에게 사회적 기본권(생존권적 기본권)을 광범위하게 인정합니다. 둘째, 재산권의 사회적 의무성에 관한 규정입니다. 헌법 제23조는 제1항에서 재산권의 내용과 한계는 법률로 정하도록 하고 있으며, 나아가 제2항에서 "재산권의 행사는 공공복리에 적합하도록 하여야 한다"고 하여 오늘날 재산권이 절대적이지 않고 사회적 의무성(사회적 기속성, 사회적 구속성, 사회적 필요성, 사회적 유보)에 따라 제한이 이루어질 수 있음을 규정합니다. 셋째, 사회보장제도 및 사회복지 정책의 추진에 관한 규정입니다. 헌법 제34조 제2항은 "국가는 사회보장·사회복지의 증진에 노력할 의무를 진다"라고 규정합니다. 넷째, 우리 헌법은 경제 질서의 면에서 '사회적 시장 경제 질서'를 채택하고 있습니다.

사회적 시장 경제 질서

현행 헌법은 경제 질서 조항인 제119조 제1항에서 "대한민국의 경제 질서는 개인과 기업의 경제상의 자유와 창의를 존중함을 기본으로 한다"고 규정하고, 제2항에서 "국가는 균형 있는 국민경제의 성장 및 안정과 적정한 소득의 분배를 유지하고, 시장의 지배와 경제력의 남용을 방지하며, 경제주체 간의 조화를 통한 경제의 민주화를 위하여 경제에 관한 규제와 조정을 할 수 있다"고 규정합니다. 이 규정은 헌법이 우리나라의 경제 질서로서 순수한 자본주의적 시장 경제도 아니고 사회주의적 계획 경제도 아닌 혼합 경제의 한 형태로 '사회적 시장 경제 질서'를 채택한 것으로 보는 것이 다수 학설과 헌법재판소 판례의 견해입니다.

원래 '사회적 시장 경제'는 전후 독일의 발터 오이켄 등에 의해 질서자유주의를 바탕으로 제창되어 독일의 경제 질서로 정립된 것을 뜻하는 말로 사용된 것으로 우리 헌법상의 경제 질서와 독일의 경제 질서와 같은 것을 말하는지에 대한 논란이 있습니다. 물론 우리 헌법상의 경제 질서가 독일의 특정한 경제 질서와 동일한 것으로 볼 것은 아니고, 그보다는 조금 더 넓은 의미로 이해해야 합니다. 즉 독일의 사회적 시장 경제모델도 하나의 전형적 사례로 포함할 수 있는 광의의 경제 질서를 뜻하는 것으로 보는 것이 타당합니다. 그러나 우리 헌법상의 경제 질서에서 미국식 경제모델도 가능하다고 보는 관점에는 동의하기 어렵습니다. 미국식 경제모델은 자유와 정의 중 자유에 치중한 면이 있고, 경제에 대한 국가의 개입은 주로 경쟁법적인 면에 국한되며, 사회정의나 경제민주화를 위한 폭넓은 개입을 인정하지는 않는 것을 원칙으로 한다는 점에서 우리 헌법상의 당위적 경제 질서와는 상당한 거리가 있습니다. 그보다는 유럽식 복지국가적 경제 질서가 우리 헌법상의 원칙과 보다 큰 일치성이 있습니다.

경제의 민주화의 의미

헌법 제119조 제2항에 포함된 '경제의 민주화'가 무엇을 말하는 것인지에 대하여 많은 논란이 있습니다. 학설을 살펴보면, 경제민주화를 사회정의와 동일시하는 견해가 있으나, 1987년 헌법 개정에서 '경제민주화' 규정을 둔 것은 보편적 정의의 이념을 넘어선 특별한 적극적 의미가 없다고 해석하는 점에서 선뜻 받아들이기 어렵습니다. 경제민주화를 노사관계에 한정하여 해석하는 견해도 있지만, 헌법 개정안을 8인 정치 회담을 통해 조율하기 전에 마련된 당시 여당의 개헌안에서 '노사 간의 조화를 이루기 위한 산업의 민주화' 라고 표현했다가 나중에 '경제주체 간의 조화를 통한 경제의 민주화' 라고 그 표현을 확대한 취지를 몰각하는 것입니다. 따라서 헌법이 말하는 경제민주화는 사용자와 근로자 간, 대기업과 중소기업/자영업자 간, 기업과 소비자 간 등 경제주체 사이의 의사결정력의 편중과 집중을 완화하고 조화와 균형을 이루고자 하는 노력을 내포하는 의미로 보는 것이 타당합니다. 이것은 비단 정치의 영역만이 아니라 경제사회의 영역에서도 힘이 어느 한 곳에 몰려 독재자와 같은 지배력을 가지게 되고 다른 주체들이 거기에 종속되고 지배된다면, 실질적 자유와 평등이 보장되지 못하는 비민주적 상황이 된다는 것을 전제로 합니다.

헌법상 복지국가 원리의 시사점

헌법상의 복지국가 원리는 다음과 같은 점에서 우리나라가 나아갈 방향에 대하여 시사점을 안겨 줍니다.

첫째, 경제의 민주화와 복지의 증진은 단순히 어느 정당이나 특정 후보의 슬로건이 아니라 헌법상 국가와 국민대표자에게 부과한 의무임을 뚜렷이 확인할 수 있습니다. 따라서 지난 대선에서 이 문제에 대하여 여야 대선 주자들 사이에 기본적인 지향점에 있어서 공통점이 있었던 것은 헌법정신으로의 회귀라고 할 수 있습니다. 물론 이것은 여야 대선 주자들이 어느 날 갑자기 헌법을 중시하게 된 것이라기보다는 사회 양극화의 현실에서 국민 여론이 성장위주의 경제정책에 등을 돌리고 있다는 것이 반영된 결과입니다. 그러나 이것을 헌법과의 관계에서 자세히 따져보면, 대중의 여론에 편승하는 것이라고 비난할 것도 아니고, 이념적으로 여야가 경쟁적으로 '좌클릭' 하고 있다고 우려할 것도 아니며, 궁극적으로 헌법의 정신에 부합하는 올바른 방향임을 긍정해야 합니다. 다만 헌법 제119조 제2항에서 "균형 있는 국민경제의 성장 및 안정"이라는 말을 통해 성장 또한 국가경제의 중요한 한 요소로 제시하고 있음을 유의할 필요가 있습니다. 사실 경제의 지속적 성장 없이 국가의 건전 재정의 확보와 복지의 증진, 양질의 일자리 창출 등의 목표를 동시에 달성하기는 어려울 것입니다. 그러므로 경제민주화와 복지의 확대를 추진하는 과정에서 재정정책과 조세정책 등의 재검토는 물론 경제성장 정책과의 조화를 위한 노력이 필요합니다.

둘째, 오늘날 우리의 경제 현실에 큰 영향을 미치고 있는 신자유주의 프로그램들, 즉 규제완화, 감세정책, 노동의 유연성 확보, 국가 역할의 축소(작은 정부) 등은 헌법상의 복지국가의 이상과는 반대 방향의 흐름입니다. 그것은 복지국가 원리의 기초 이념인 사회적 정의와 실질적 평등을 훼손하고 사회연대성을 해치며 공동체를 파괴하는 양극화를 초래하기 때문입니다. 물론 신자유주의는 우리나라가 독자적으로 선택한 이념이라기보다는 세계화, 정보화의 거센 물결 속에서 어쩔 수 없이 수용한 것이지만 국가는 그로 인한 폐해를 방지 또는 예방하고 국민들의 민생안정과 양극화 해소 및 복지지출 확대를 통한 소득분배 개선을 위해 노력해야 했습니다.

셋째. 헌법의 복지국가 원리는 자유민주주의 원리를 기초로 한 것으로 사회주의와는 무관한 것임을 확인할 수 있습니다. 따라서 복지국가를 위한 논의를 색깔 논쟁의 대상으로 삼을 이유는 없습니다. 이제는 더이상 이념 투쟁으로 허송하지 않고 헌법정신에 입각하여 누가 경제의 성장과 안정, 분배의 정의를 조화롭게 달성하기 위한 올바른 정책대안을 내놓을 것인지를 놓고 선의의 정책 경쟁을 하는 분위기를 조성해 나가야 합니다.

복지국가 구현을 위한 법제도 개혁의 기본 방향

현행 헌법상의 복지국가 내지 사회국가의 원리는 신자유주의 이념과는 배치됩니다. 신자유주의를 지지하는 학자들의 입장에서 현행 헌법상의 경제조항 등이 국가의 경제에 대한 과도한 규제를 허용한다고 비판하면서 개정을 주장해 왔습니다. 그러나 심각한 양극화와 중산층의 붕괴 등 현상을 더욱 악화시키는 방향이라는 점에서 받아들이기 어렵습니다. 복지국가, 사회국가의 원리는 오늘날 더욱 공고하게 붙잡아야 할 시대정신이 되었고, 관련 내용을 부분적으로 보완할지언정 결코 폐지하거나 축소할 것은 아닙니다.

오히려 문제는 헌법상의 복지국가 원리가 국민경제와 사회의 현실 속에서 제대로 구현되지 못한다는 것입니다. 따라서 개혁의 방향은 법령 단계에서 헌법상의 원리를 구현하지 못하고 사회경제적 양극화를 초래하고 있는 부분을 개혁해야 합니다. 즉 헌법상의 경제조항을 개정하기보다 헌법의 원리를 충분하게 구현하지 못하는 공정거래법 및 사회복지 관련법 등을 개정하고, 일방적인 규제 완화의 방향 대신 균형 있는 새로운 규제 정책을 펼쳐나가는 데 초점이 맞추어져야 합니다. 다만 헌법조항 가운데도 재정 관련 조항 등 일부 개정이 필요한 부분이 있습니다.

재정 관련 헌법 조항의 개정

복지국가를 지향하는 데 있어서 균형 재정을 충분하게 고려하지 않고 '선 복지추진, 후 재정대책'의 입장을 취할 경우, 재정 불균형의 악화로 국민경제에 크나큰 부담을 지울 수 있습니다. 앞으로의 국정운영 과정에서 재정정책 및 관련 제도의 중요성은 더욱 커질 것입니다. 한편으로는 현실적으로 재정 수입이 충분하지 않은 상태에서 복지 예산이 과도하게 편성되는 것을 방지할 필요가 있고, 다른 한편으로는 복지 이외의 사회간접자본 투자 등 낭비 부분을 통제해 그 절약 분을 복지 예산으로 편성하는 노력을 해야 하므로, 재정에 대한 국회의 민주적 통제를 강화할 필요가 크게 부각됩니다.

이와 관련해서 세출 예산에 대하여도 '정부지출승인법' 등 법률에 의한 예산 법률주의를 도입해서 재정민주주의의 원칙을 구현하고, 예산정보의 공개성과 투명성을 강화해야 한다는 논의가 있습니다.[8] 이러한 방향으로의 개혁은 국회의 책임성, 전문적 역량의 강화, 국회 구성의 민주성 및 국민대표성 강화(그것을 위한 비례대표제의 획기적 확대 등), 국회의 상시국회화, 소위원회 활동의 강화 등과 병행 추진되어야 하고, 현재와 같이 양극화된 정쟁이 만연한 비생산적인 국회를 전제로 할 경우에는 예산운영의 경직성이 큰 문제로 대두될 수 있음을 유의해야 합니다.

공정거래법의 강화

헌법 아래에 있는 법률의 면에서 공정거래법의 강화가 가장 중요한 문제입니다. 공정거래법은 시장 경제가 야기하는 사회 불평등의 문제점을 시정하기 위한 사회정책적 입법이라기보다는 시장 경제가 지향하는 경쟁과 효율이 잘 달성될 수 있도록 하는 경제정책적 입법입니다. 대기업의 독점력 강화로 인한 중소기업의 약화는 자유로운 경쟁을 제한하여 반시장, 반경쟁적인 상황이 됨으로 시장 경제 자체를 위협하는 결과를 야기하기 때문입니다. 소수의 대기업이 전횡하는 시장 분위기를 방치할 경우 다른 경제주체들은 경쟁 의욕과 힘을 잃게 될 것이고, 그것은 궁극적으로 경제성장에도 악영향을 미치게 됩니다.

헌법은 제119조 제2항에서 "국가는 균형 있는 국민경제의 성장 및 안정과 적정한 소득의 분배를 유지하고, 시장의 지배와 경제력의 남용을 방지하며, 경제주체 간의 조화를 통한 경제의 민주화를 위하여 경제에 관한 규제와 조정을 할 수 있다"고 규정하는데, 그중 "시장의 지배와 경제력의 남용을 방지"한다는 목적은 공정거래법의 취지와 직결됩니다. '경제의 민주화'에 있어서도 대기업과 중소기업 간의 조화와 형평이 가장 중요한 요소이므로, 결국 위 헌법 규정의 취지를 살리기 위한 핵심적 관건이 공정거래법제도의 완비에 있다고 할 수 있습니다.

그런 관점에서 우리나라의 공정거래법(정식 명칭은 "독점규제 및 공정거래에 관한 법률")은 개선의 여지가 많습니다. 기본적으로 개별 시장에서의 독과점 기업의 시장지배와 불공정 행위를 막는 데 비중을 두고, 일반적인 차원에서 경제력 집중 자체를 예방하는 면에서는 상당히 미흡한 것으로 평가받고 있습니다. 특히 소수 대기업(재벌)의 전체 경제 지배는 중소기업의 경쟁 의욕을 저하시키고 경제 활력을 해치는 문제를 근원적으로 치유하는 데 있어서 공정거래법은 많은 한계를 보여 왔습니다. 따라서 향후 공정거래법 개정을 통해 재벌의 순환출자의 고리를 끊는 등의 입법적 노력이 필요합니다. 나아가 대기업과 중소기업의 문제에서 대기업이 자신의 지배적 지위를 남용하여 불공정한 거래행위를 하는 부분에 대한 효과적 통제가 이루어지지 않는 것이 큰 문제로 대두되고 있습니다. 특히 계열회사에 일감 몰아주기 등의 불공정 거래 관행으로 시장경쟁이 왜곡되는 문제의 심각성이 도를 넘어섰습니다. 이러한 문제를 해결하기 위해서는 불공정 거래행위에 대한 규제를 강화하고, 공정거래위원회의 전속고발권을 폐지하는 등 집행 면에서의 획기적 개선을 도모해야 합니다.

중소기업 및 사회적 기업의 육성

공정거래법의 강화는 중소기업을 불공정한 경쟁으로부터 보호하는 의미가 있습니다. 그러나 중소기업이 자본, 기술, 인력 등 여러 면에서 대기업에 비해 열악한 상황에 있다는 점을 감안할 때, 정부는 중소기업을 특별히 보호, 육성하는 제도 방안을 모색할 필요가 있습니다. 그것이 경제민주화의 취지에 부합할 뿐만 아니라 대기업 위주의 성장이 '고용 없는 성장'이 되고 있는 현실 속에서 고용의 획기적 증진을 위해서도 필요하며, 혁신 경제에 부합하는 다양한 창의적 제품이나 서비스 창출을 유도하여 성장의 활력을 되찾기 위한 방법이 될 수 있습니다.

다만 정부가 특정 분야의 개별 중소기업을 선정하여 자금을 지원하는 방안을 사용하는 것은 경쟁의 공정성이나 시장 구조 자체를 훼손하는 것이기 때문에 바람직하지 않습니다. 중소기업 발전을 위한 기초 토양으로서의 인력, 금융, 투자 등의 인프라를 만들어 나가는 것이 바람직하고, 대기업과의 상생협력을 제도화하는 것도 중요합니다. 한편 무한 경쟁의 원리가 아닌 사회적 약자 배려를 위한 일자리 창출 등을 위한 이른바 사회적 기업이 지금처럼 영세한 상태에 머물지 않고 한국 경제의 중요한 구성 부분이 될 수 있도록 제도적 지원을 강화해야 합니다. 그리고 이미 세계적인 성공 사례를 많이 내고 있는 협동조합을 적극적으로 육성하는 것도 같은 맥락에서 필요한 일입니다.

금융 관련 법제의 개선

일부 대기업의 금융산업에 대한 지나친 영향력을 차단하여 금융 혜택의 형평성을 보장하기 위해 금산분리를 강화하는 것이 무엇보다 중요합니다. 최근의 상호저축은행 부실 사태에서 보았듯이 금융에 대한 감독체계가 정치권의 영향력으로부터 자유롭지 못해서 서민들이 금융 피해를 입는 일이 속출하므로, 금융감독기관이 정치적 영향력에서 자유로울 수 있도록 독립성을 강화하고, 시민사회의 견제 시스템을 제도적으로 도입해야 합니다. 관치경제의 폐해를 막기 위해 한국은행의 독립성을 강화하기 위한 제도 개혁도 필요합니다. 그리고 사회적 기업의 창업에서 이른바 크라우드 펀딩(crowd funding)을 활용할 수 있는 적절한 제도적 지원과 서민 금융 지원 방안을 제도적으로 모색해야 합니다.

조세법의 개정 방향

조세법 분야는 사회복지적 재정 지출의 확대를 뒷받침할 수 있는 세원의 확보와 관련하여 향후 많은 논의가 있어야 합니다. 대기업에 대한 법인세 감면 혜택을 축소하고, 금융소득 종합과세 강화 등을 통해 고소득자 및 자산가에 대한 과세를 강화하는 방안이 현재 제시되고 있는데, 이는 크게 봐서 실질적 평등 또는 조세정의의 관점에서 타당합니다. 문제는 이를 통한 세원 확대가 복지 확대를 뒷받침할 만큼 충분할 것인지에 있습니다. 재정 지출의 낭비 요소를 획기적으로 줄이는 이른바 '세출 구조조정'을 통해 확보된 예산을 복지예산으로 돌리는 노력을 병행하되, 부족한 부분은 보편적 복지에 상응하는 폭넓은 증세에 대한 국민적 합의를 이끌어내는 노력이 필요합니다. 다만 유의할 점은 실질적 평등의 이념에 부합하는 제도 설계가 되어야 합니다.

노동법제의 개정 방향

현재 가장 시급한 문제는 청년 실업 문제를 해결할 일자리 창출입니다. 근로시간 단축을 통한 일자리 확대, 공공기관 및 대기업의 청년 고용 의무 할당제, 중소기업 청년 고용 지원제도 등 많은 노력이 필요합니다. 근로기준법상의 근로시간이 잘 지켜지지 않고 연장 근로가 만연한 상황에서 형식적인 근로시간 단축만으로는 큰 성과를 거두기 어렵습니다. 그것은 포괄임금제로 연장근로수당이 별도로 계산되지 않고 암묵적으로 장시간 근로가 강요되는 분위기 때문입니다. 따라서 포괄임금제를 꼭 필요한 경우에 한하여 인정하는 제도개선이 필요합니다. 또한 법정 최저 임금을 인상해서 저임금의 나쁜 일자리를 줄이고 양질의 일자리를 늘려 나가야 합니다. 이를 통한 내수 확대로 성장기반을 만들고 그것이 다시 일자리를 창출하는 방안도 긍정적으로 검토해야 합니다. 다만 노동법제의 강화는 중소기업 운영에 일시적인 부담으로 작용하는 측면을 감안하여, 중소기업 지원 방안과 병행하여 추진될 필요가 있습니다. 신자유주의와 세계화의 흐름 속에서 노동시장의 유연성 확보를 통한 기업의 경쟁력 강화를 이유로 노동자의 지위가 지나치게 불안정하고 취약해진 면이 있습니다. 노동시장의 유연성과 노동의 안정성을 적절히 조화시킬 대책 마련(정리해고 요건의 재검토 등)이 시급합니다. 정규직 노동자와 비정규직 노동자의 이중 구조로 경제적 불평등이 가중되고 양극화의 한축이 되는 문제에 대해서도 공공기관부터 정규직 비율을 확대하고 정규직과 비정규직 사이의 불합리한 차별을 없애는 해결책을 적극적으로 강구해 나가야 합니다.

사회복지 관련 법제 개선

현재 우리나라의 사회복지 관련법은 보편적 복지를 광범위하게 구현한 유럽 선진국의 법제도와는 현격한 차이가 있습니다. 잔여적, 선별적 복지를 필요 최소한의 범위에서 도입한 것이기 때문입니다. 앞에서 형식적 평등에는 반하지만, 실질적 평등에 부합할 수 있는 정책의 하나로 선별적 복지를 예로 들었지만, 선별적 복지는 언제나 타당하고, 보편적 복지는 타당하지 않다는 뜻은 아닙니다. 평등의 관점에서 보면 보편적 복지는 그 대상 선정에 차별이 없다는 점에서 형식적으로 평등하고, 선별적 복지는 형식적인 평등에는 반하나 사회 취약 계층이 대상이므로 실질적 평등을 위한 합리적인 이유가 인정될 수 있을 때 헌법상 평등의 원칙에 부합한 것으로 볼 수 있습니다. 다만 복지 수혜 대상에 있어서 보편성을 강조하는 '보편적 복지' 의 경우도 사회보험과 같이 구체적인 기여금 배분에서는 고소득자에서 저소득자로의 일정한 소득 재분배 효과를 발휘할 수 있도록 구성하거나 누진세에 의한 재정을 기초로 형식적 평등이 아닌 실질적 평등의 원칙을 구현하는 방법이 됩니다. 선별적 복지만 강조하는 시스템에 비해 보편적 복지 범위를 넓혀 나가는 시스템이 전체적으로 실질적 평등을 충실하게 구현한다는 것은 유럽 선진 복지국가들의 예를 통해 확인할 수 있습니다. 우리가 궁극적으로 지향해야 할 모델은 선별적 복지가 아니라 보편적 복지 체계의 완전한 구축입니다.

물론 국가재정에 따라서 보편적 복지를 추진하기 이전에 선별적 복지의 과제들을 효과적으로 충실하게 해결해 나가는 것도 중요합니다. 따라서 선별적 복지와 보편적 복지의 선택에 있어서는 복지를 필요로 하는 사항과 국가재정 상태

등 여러 상황에 비추어 신중하게 선택해야 합니다. 현재 우리나라는 심각한 경제 양극화와 낮은 보육 복지 수준이 저조한 출산율로 이어서 경제 성장에 큰 영향을 미치는 상황에서 보편적 복지를 강화할 필요가 있습니다. 특히 교육은 공정한 기회균등의 원칙을 보장하기 위해 모두에게 양질의 공교육 서비스가 보편적 복지의 틀 안에서 제공되어야 합니다. 대학의 지나친 서열화를 방지하고, 경쟁위주의 교육에서 더불어 살 수 있는 인간성 함양에 초점을 둔 교육 시스템으로 변경하여, 경쟁 과열의 교육을 바로잡기 위한 노력도 병행되어야 합니다.

그리고 복지의 확대만이 아니라 사회복지 전달체계를 개선하고 이를 통해 양질의 일자리를 창출해서, 분배와 성장의 선순환이 이루어져야 합니다. 예컨대 무상보육, 노인 간병 서비스를 공공 복지 서비스로 제공하되, 행정부문에서 직접 서비스를 제공하기보다는 일정한 자격요건을 갖춘 민간에서 제공하고, 그 소득을 어느 정도 보장하는 양질의 일자리를 창출하는 방향으로 제도 개선을 도모해야 합니다.

경제에 대한 규제 입법의 방향 전환: 스마트 규제의 추진

신자유주의 이념은 경제에 대한 규제를 철폐하고 완화하는 것에 절대적인 긍정적 가치를 부여해 왔다고 해도 과언이 아닙니다. 이러한 영향을 받은 우리나라는 경제규제를 완화하는 것이 기업의 경쟁력을 살리고 투자를 늘려 일자리 창출로 이어진다는 전제에서 규제개혁위원회를 통해 규제를 줄이는 방향으로 노력해 왔습니다. 그러나 헌법상의 복지국가 원리를 구현하는 차원에서는 규제 자체에 대한 부정적인 방향은 재검토되어야 합니다. 그렇다고 경제에 대한 규제를 강화하는 것이 항상 옳다고 할 수는 없습니다. 과거의 '발전국가' 단계의 관치경제, 관치금융 등의 폐해가 되살아나는 것은 결코 좋은 일이 아닙니다.

그러므로 이제는 '나쁜 규제'는 철폐하되, '좋은 규제'는 신중하게, 그러나 적극적으로 도입하는 방향으로 나아가야 하며, 규제의 영향을 미리 세밀하게 파악하여 그 효과를 최적화할 수 있는 입법 디자인을 모색해야 합니다. 규제 완화를 해야 할 부분과 규제 강화를 해야 할 부분을 스마트하게 구분하여 추진하자는 것입니다. 이것을 '스마트 규제'라고 합니다. 사회정의에 도움이 되지 않으면서 부패의 온상이 되고, 기업 활동에 어려움만 주는 규제라면 마땅히 철폐해야 하지만, 사회정의에 실질적 도움을 주는 규제라면 경제적 효율성만을 이유로 함부로 폐지하지 말아야 합니다. 하지만 부득이하게 어떤 규제를 폐지함으로 사회정의에 부정적인 영향을 주는 부분이 생기면, 반드시 그것을 보상할 수 있는 다른 대안을 마련해야 합니다.

평화국가 달성을 위한 법제도 개혁

헌법의 기본 원리 중에는 평화국가의 원리가 있고 그 안에는 국제평화주의와 평화통일주의가 있습니다. 한편으로는 다른 나라들과 평화로운 외교관계를 수립, 발전시키고, 다른 한편으로는 북한과 평화적인 방법으로 통일을 이루어 참된 평화국가를 건설하는 것이 우리 국민의 여망이고, 현행 헌법의 원리에도 그대로 반영되어 있습니다.

국제평화주의

현행 헌법은 전문에서 "항구적인 세계평화와 인류공영에 이바지함으로써"라고 하고, 제5조 제1항은 "대한민국은 국제평화의 유지에 노력하고 침략적 전쟁을 부인한다"라고 하여 국제평화주의를 표방합니다. 침략적 전쟁이란 영토의 확장, 국가정책의 관철, 국제분쟁 해결을 위한 수단으로 행해지는 무력행사를 말합니다.[9] 침략적 전쟁 금지는 국제연합헌장에도 포함되어 있고, 세계 각국의 헌법이 보편적으로 채택하고 있는 원칙입니다. 일체의 전쟁을 금지하는 것이 아니라 침략적 전쟁만 금지되므로 방어적 목적의 전쟁은 허용됩니다.

한편 헌법 제6조는 제1항에서 "헌법에 의하여 체결·공포된 조약과 일반적으로 승인된 국제법규는 국내법과 같은 효력을 가진다"고 하여 국제법 질서 존중의 원칙을 규정하고, 제2항에서 "외국인은 국제법과 조약이 정하는 바에 의하여 그 지위가 보장된다"고 하여 외국인의 법적 지위를 보장합니다.

평화통일주의와 헌법상의 평화 통일 조항

분단국가인 베트남, 독일, 예멘이 모두 통일을 해서 대한민국은 유일한 분단국가입니다. 이는 우리나라가 세계에서 유일하게 평화 통일의 특수한 역사적 과제를 안고 있음을 의미합니다. 현행 헌법은 평화통일주의를 하나의 원칙으로 채택하고 있습니다. 그러나 처음부터 그랬던 것은 아닙니다.

1948년에 제정된 최초의 헌법은 통일에 관한 조항을 전혀 두지 않은 상태에서 현행 헌법과 마찬가지의 영토조항만 두고 있었습니다. 즉 제헌헌법은 제4조에서 "대한민국의 영토는 한반도와 그 부속도서로 한다"고 규정한 상태에서 평화 통일에 관한 규정을 두지 않음으로 북한 지역에 대한 실지 회복 차원의 무력 통일의 가능성을 열어 둔 것이라 할 수 있습니다. 실제 이승만 초대대통령은 북진 통일을 주장한 바 있습니다. 이러한 헌법규정은 계속 이어지다가 7·4 남북 공동성명 얼마 후에 채택된 유신헌법(제4공화국 헌법)에 이르러, 영토조항은 그대로 둔 채 그 전문에서 "조국의 평화적 통일의 역사적 사명에 입각하여"라고 하여 평화 통일의 원칙을 처음으로 천명했습니다. 무력통일을 불사하는 무조건적 통일의 추구로 전쟁의 위험을 높이기보다는 한반도에 평화를 정착시켜 나간 후 통일은 여건이 되었을 때, 평화적인 방법으로 추진하자는 이른바 선평화 후통일의 방침이 반영된 것입니다. 그 후 현행헌법에 와서는 전문 외에도 제4조에서 "대한민국은 통일을 지향하며, 자유민주적 기본 질서에 입각한 평화적 통일 정책을 수립하고 이를 추진한다"고 규정하는 등 평화통일주의를 더욱 강화했습니다.

통일의 기본원칙

헌법상의 통일조항은 "통일은 어떤 통일이라도 무조건 해야 한다"고 주장하는 통일지상주의와는 상당한 거리가 있습니다. 즉 다음과 같은 세 가지 기본원칙을 준수하는 통일을 요구합니다.

첫째, 평화 통일의 원칙입니다. 남북한의 통일은 평화주의에 기초한 통일이어야 합니다. 이것은 통일의 수단과 방법이 평화적이어야 하며, 무력이나 강압에 의한 통일이어서는 안 된다는 의미입니다. 헌법전문과 제4조 등에서 평화 통일의 원칙을 분명히 하고 있으므로, 헌법이 극우적 입장에서의 통일지상주의를 허용하지 않음을 명백히 한 것으로 볼 수 있습니다. 헌법은 대통령에게 "조국의 평화적 통일을 위한 성실한 의무"를 부과하고 있습니다(제66조 제3항). 그런데 남북한의 합의에 의한 평화 통일은 대결과 긴장의 상태가 지속되다가 어느 날 하루 아침에 이루어질 수 있는 성격의 것이 아니고, 정부 및 민간의 지속적인 교류와 협력을 통해 상호 신뢰를 회복해 가는 노력의 궁극적인 열매로 주어질 수 있습니다. 대통령은 북한의 무력도발 가능성을 경계하면서 단호한 대응 태세를 갖추어 국가를 보위하되, 다른 한편으로는 남북한의 대화와 교류, 협력의 노력을 기울여 나감으로 평화 통일의 길을 앞당겨 나가야 할 헌법상의 의무가 있습니다.

둘째, 국민적 합의의 원칙입니다. 통일은 그 내용과 방향이 국민적 합의를 바탕으로 하는 것이어야 합니다. 이는 민주주의의 원칙상 마땅합니다. 통일정책의 추진과 집행에 대한 권한은 대통령에게 있지만, 통일의 과정에서 최종 결정은 국민투표에 의해 국민의 의사를 확인해야 합니다. 이와 관련하여, 헌법 제72조는 "대통령은 필요하다고 인정할 때에는 외교·국방·통일 기타 국가안위에 관한 중요정책을 국민투표에 붙일 수 있다"고 규정합니다. 이 규정이 의무조항은 아니지만, 통일에 대한 최종 결정에 대해서는 의무적이라고 보아도 좋습니다.

셋째, 자유민주적 통일의 원칙입니다. 헌법 제4조는 "대한민국은 통일을 지향하며, 자유민주적 기본 질서에 입각한 평화적 통일 정책을 수립하고 이를 추진한다"고 규정합니다. 자유민주적 기본 질서에 입각한 통일만이 헌법에 부합합니다. 이것은 우리 헌법이 극좌적 입장에서의 통일지상주의를 허용하지 않음을 명백히 한 것입니다. 여기서 말하는 자유민주적 기본 질서는 사회민주주의와 대립하는 의미에서의 자유민주주의를 내용으로 한 것이 아니라, 사회민주주의를 지향함에 있어서 그 기초로 삼을 수 있는 근원적 개념으로서의 자유민주주의를 그 내용으로 합니다. 따라서 일인 독재나 일당 독재의 전체주의 체제나 사유재산제도를 부정하는 사회주의 등의 경우만 이에 반하는 것입니다.

결론적으로 평화 통일을 위해 복지국가(사회국가)적인 성격을 강화하는 통일헌법을 추진하는 것은 가능할 수 있지만, 사회주의로 이행하는 것은 명백히 헌법에 반합니다. 한 가지 주의할 것은 통일정책이 전체주의적인 성격의 사회주의를 수용하는 체제 이행을 내포할 수 없다는 것일 뿐 평화정책의 차원에서, 사회주의 북한과의 평화적 교류, 협력 자체를 수용할 수 없다는 것은 아닙니다. 헌법상의 평화통일주의는 '선평화, 후통일'입니다. '선평화'의 단계에서 북한의 사회주의 체제를 적대시하기보다 경제영역 등에서 상호 교류와 협력을 추진해 나가는 것이 중단기적으로 전쟁 위험성을 방지하고, 평화의 기반을 공고히 하며, 민주적이고도 평화적인 조국 통일을 지향해 나아가는 올바른 방향입니다.

헌법상의 원칙으로서의 평화통일주의의 시사점

평화 통일을 위해 우리나라가 나아갈 방향은 첫째, 조급한 흡수 통일 추구의 태도를 지양하고, '선평화, 후통일'의 온건하고 합리적인 비전을 확고히 해야 합니다. 헌법은 조국통일의 염원을 강력하게 담고 있지만, 평화적 방법, 국민적 합의, 민주적 기본 질서의 세 가지 조건을 달아 통일추구에 있어서 넘어서는 안 될 한계선을 분명하게 긋고 있습니다. 둘째, 통일정책에 대해서 민족적 차원에서 여야 간의 정파적 이해관계를 초월한 합의된 방안을 마련할 수 있도록 노력해야 합니다. 그래서 정권 교체와 무관하게 일관성 있는 정책집행이 이루어져야 합니다. 셋째, 앞으로 평화 통일의 과제를 달성해 나가기 위해서는 우리 사회가 무한경쟁, 효율성, 시장의 지배 속에 잃어가고 있는 정의와 공동체적 연대성(박애)의 가치를 회복해야 합니다. 헌법 전문에서 "조국의 민주개혁과 평화적 통일의 사명에 입각하여 정의 · 인도와 동포애로써 민족의 단결을 공고히 하고"라고 한 것을 그러한 점에서 주목할 필요가 있습니다. 우리가 먼저 서로의 고통을 외면하지 않는 박애의 자세로 좀더 정의롭고 평화로운 복지 사회를 만들어 갈 때 북한 동포들과 함께하는 평화 통일의 꿈도 가까이 다가올 것입니다. 참된 민주국가와 복지국가의 완성이 통일된 평화국가를 이루는 반석이 될 것입니다.

평화국가 달성을 위한 법제도 개혁의 기본 방향

헌법상의 평화국가 원리를 구현하기 위한 법제도 개혁의 방향으로 헌법 개정의 필요성 여부에 관해 살펴보면, 헌법상의 영토조항이 평화 통일조항과 충돌하는 면이 있다는 이유로 그 개정에 대한 논의가 있음을 알 수 있습니다. 이에 대해 여러 측면을 고려하여 신중한 검토가 필요합니다. 법제도 차원에서는 국가보안법의 개정 또는 폐지에 관한 문제, 남북교류협력 법제의 개선 문제 등이 검토할 과제들입니다.

헌법상의 영토조항에 대한 개정 논의

현행 헌법 제3조는 "대한민국의 영토는 한반도와 그 부속도서로 한다"라고 하여 이른바 영토조항을 두고 있습니다. 한반도 이북 지역을 통치하고 있는 북한 영토가 대한민국의 영토에 해당함을 의미하므로 북한은 결국 반국가 단체이고, 국가보안법의 전제가 되고 있는데, 이 규정은 남북한의 화해와 협력을 통한 평화 통일을 지향하는 데 걸림돌이 될 뿐만 아니라 헌법 제4조의 평화 통일 조항과도 충돌하는 규정이므로 헌법 개정 시에 삭제하는 것이 타당하다는 주장이 있습니다. 이 규정은 현실적으로 북한이 UN에 가입한 독립국가라는 사실관계에도 부합하지 않고, 국제적으로도 영토조항을 헌법에 둔 국가는 별로 없다는 것도 이 주장의 논거입니다.

반면에 영토조항은 통일의 당위성을 근거지우는 조항이고, 삭제할 경우 대외적으로 통일을 포기하는 것으로 비쳐질 수 있는 위험이 있으며, 통일 후의 영토 문제 등 여러 가능성을 생각할 때 현재의 규정대로 존치하는 것이 타당하다는 주장도 있습니다. 현행 헌법은 위와 같은 영토조항 외에 제4조에서 평화 통일의 원칙을 규정하고 있으므로, 북한을 평화 통일을 위한 협력 당사자로 인정한다고 할 수 있고, 영토조항은 그러한 평화 통일 조항과 조화롭게 해석할 경우 평화 통일 당위성의 근거를 제시한 것일 뿐, 당장 대한민국의 주권을 북한 지역에서도 행사하겠다는 취지의 규정은 아닙니다. 그렇게 볼 때 헌법 제3조의 영토조항 때문에 북한을 반국가 단체로 보는 해석이 필연적으로 도출된다고 보기는 어렵습니다. 따라서 그것을 전제로 하는 국가보안법의 규정과 그 해석이 헌법상의 요청이라고 보는 것도 곤란합니다. 북한은 국제법적으로는 하나의 주권국가로서 존중되어야 하며, 국내법적으로는 국가 간 관계가 아닌 통일을 지향하는 과정에서 잠정적으로 형성되는 특수 관계에 있는 것으로 보아야 합니다.

다만 북한이 개성공단과 같이 남북한 교류협력의 대상이 됨과 동시에 동족 간의 참혹한 전쟁의 기억을 가진 상태에서 연평도 포격사건과 같은 무력충돌이 간헐적으로 일어나고, 휴전선을 사이에 두고 군사적으로 대치하는 상황에 있으므로 국방과 안보의 차원에서 경계심을 버릴 수 없는 복합적 상황에 있음을 기억해야 합니다.

그러나 이후 남북한 교류협력이 확대되고, 평화협정을 통한 한반도 평화체제가 확고히 수립될 경우 북한의 이중적 성격이 해소되어, 북한을 교류협력과 통일 협의의 당사자로만 인정할 수 있는 상황이 될 수 있습니다. 그때에는 영토조항에 따라 북한을 반국가 단체로 보는 법률이나 판례가 폐지 또는 변경될 가능성이 높습니다. 헌법상의 영토조항은 통일의 당위성과 의지를 상징하는 조항으로만 남게 될 것이고, 그 조항으로 인해 남북한의 평화 통일에 어떤 문제를 야기할 가능성은 낮습니다. 따라서 헌법상의 영토조항을 삭제하거나 개정해야만 한반도 평화의 증진과 통일의 길이 열린다고 볼 것은 아닙니다.

남북관계가 회복된 상태에서 개헌논의를 수렴한다고 가정하면, 영토조항을 그대로 유지하거나 삭제하는 방안 대신, "통일이 될 때까지 대한민국 헌법의 효력범위를 잠정적으로 남한 지역에 한정한다"는 취지의 단서 규정을 붙이는 개정 방안이 가장 바람직합니다. 이것이 헌법에 통일의 당위성을 충분히 담고 통일 이후의 상황에 대비해서 통일 이전의 남북관계를 적대적 관계가 아니라 통일을 지향하는 과정에서 상호 교류하고 협력할 당사자의 위치로 분명하게 정립하게 된다는 점에서 헌법상 평화국가의 원리에 가장 부합하는 방향입니다.

헌법상의 평화 통일 조항에 대한 개정 논의

평화 통일 조항인 현행 헌법 제4조 중 "통일을 지향하며, 자유민주적 기본 질서에 입각한" 부분을 "대한민국은 평화적 통일정책을 수립하고 이를 추진한다"고 변경하자는 개정 의견이 있습니다.[10] 자유민주주의 국가라고 하기 어려운 북한과 합의에 의한 통일을 이루기 위해서는 "자유민주적 기본 질서에 입각한" 통일일 것을 요하는 제한을 없앨 필요가 있다는 취지의 의견입니다. 그러나 자유민주적 기본 질서는 독재와 폭정을 배제하고, 복수정당체제와 법치주의, 의회민주주의, 민주적 선거제도 등 최소한의 절차적 민주주의를 확립할 것을 말합니다. 따라서 사회민주주의와 대립되는 개념으로 사용된 것은 아니며, 오히려 사회민주주의에 기초가 되는 개념으로, 최소한의 시민적 자유와 인권의 보장과 직결되는 것이라는 점을 감안할 때, 통일을 추진함에 있어서 하나의 보편적 가치로서 전제가 되어야 할 것으로 보는 것이 타당합니다. 보편적 가치를 배제해서라도 통일을 추진하겠다는 것은 일종의 통일지상주의로서 바람직한 방향이 아닙니다.

이러한 범위를 넘어선 통일은 새로운 헌법제정 권력에 의한 통일헌법의 제정에 의한 방법이면 몰라도, 자유민주주의를 핵심 원리로 하는 대한민국 헌법이 수용할 것은 아닙니다. 현행 헌법이 통일에 관한 기본원칙만 표명하고 있을 뿐 합의 통일의 구체적 절차에 관한 규정을 두지 않는 것은 검토가 필요합니다. 통일을 대비하는 차원에서 헌법 속에 남북한 간의 통일합의서 채택과 그에 대한 국회의 승인 요건 등에 관한 규정을 담는 것을 긍정적으로 검토해야 합니다.

법률 분야의 개혁 과제

북한의 이중적 성격으로 국가보안법과 남북교류협력에 관한 법률이 서로 다른 목적으로 제정, 시행되던 중 2005년에는 "평화적 통일을 구현하기 위하여 남한과 북한의 기본적인 관계와 남북관계의 발전에 관하여 필요한 사항을 규정함을 목적"으로 하는 남북관계 발전에 관한 법률이 제정되었습니다.

남북관계가 한반도의 평화를 증진하고 통일을 지향하는 방향으로 발전해 나갈 경우 남북교류협력에 관한 법률의 규제적 성격을 완화하고, 국가보안법은 장기적으로 폐지 또는 대폭 개정하는 방향으로 나아가는 것이 바람직합니다. 국가보안법은 단순한 남북관계의 문제만이 아니라, 국내 정치적으로 악용될 경우 표현의 자유 등 인권 침해의 가능성이 적지 않다는 문제도 있습니다. 그러나 남북의 무력충돌, 북한의 핵실험 및 미사일 개발 등의 영향으로, 남북관계를 개선하기 위해 국가보안법을 폐지하거나 대폭 축소 개정한다는 것에 대해 국민 여론이 분열될 가능성이 있고, 현재 국민들의 민생안정 및 복지에 대한 욕구가 더욱 크게 분출되는 상황이므로, 국가보안법에 관한 논의는 조금 뒤로 미루고 민생 경제와 복지 및 정치개혁 등의 분야에 초점을 맞추어 사회통합을 이룰 수 있는 방향으로 국민 여론을 결집시켜 나가야 합니다.

남북관계에서는 어느 한쪽이 상대방에 대한 군사적 대응을 강조하면 할수록 위협 인식을 높여 결과적으로 안보에서 위험이 초래되는 이른바 '안보 딜레마'

가 작용합니다. 우리 정부로서도 남북 대결보다는 화해와 협력의 방향으로 첫 단추를 끼우려는 노력을 해야 하고, 이후에도 인내심을 가지고 일관된 대북포용 정책의 틀을 유지할 필요가 있습니다. 이후 남북관계가 화해와 협력의 방향으로 나아가는 전기가 마련되어 한반도 평화체제의 수립으로 이어질 경우에 그 과정에서 남북교류협력 등을 뒷받침하는 법제도도 병행 발전할 수 있습니다. 요컨대, 이 분야에서는 법제도에 의하여 상황을 견인하기보다 먼저 정부 정책으로 새로운 상황을 만들어가는 것이 중요합니다.

통일된 민주·복지·평화국가의 비전을 향해

우리나라는 민주국가라고 불릴 만한 자격을 갖추고 있지만, 온전한 의미의 민주국가가 되기 위해서는 아직도 가야 할 길이 멀기만 합니다. 헌법은 우리나라가 복지국가가 되기를 바라고, 그것을 하나의 당위적 규범으로 내포하고 있지만, "현재 우리나라가 복지국가인가?"라고 묻는다면, 쉽게 답하기 어렵습니다. 헌법이 말하는 평화 통일이 우리의 현재가 아니라 미래의 절실한 과제임은 더 말할 나위가 없습니다. 그러므로 스스로의 힘으로 민주헌법을 쟁취하고 그것을 최고규범으로 공유하고 있는 우리 '대한국민'은 헌법이라는 렌즈를 통해 우리나라의 현실과 미래를 바라보며, 절실한 마음으로, 진정한 민주국가, 정의로운 복지국가, 통일된 평화국가의 비전을 이루고자 하는 공통의 꿈과 열망을 품을 수 있고 또 그렇게 해야 할 것입니다.

이상에서 살펴본 법제도 개혁의 과제들을 정부와 국회, 시민사회가 지속적으로 진지하게 논의하여 필요한 사항들을 추진해 나가는 것이 우리가 꿈꾸는 통일된 민주·복지·평화국가의 비전을 이루어 나가는 길이 될 것입니다.

질문과 답변

[질문 1] 지난 총선과 대선에서 젊은층의 투표율이 두드러지게 상승했습니다. 트위터를 비롯한 새로운 매체들이 큰 역할을 했다고 생각합니다. 하지만 실제 젊은층에 의해 SNS에서 유통된 담론들을 보면 아직은 기존의 정당들이 만들어 낸 프레임에 갇혀 있는 수준입니다. 그런데 교수님의 강의를 통해 양 진영이 표방하는 가치가 모두 나름대로 헌법을 근거로 한다는 것을 알게 되었습니다. 현재 우리나라의 이념적 지형을 헌법의 관점에서 보면 어떻게 이해할 수 있습니까? 각 진영이 표방하는 가치가 헌법에는 어떻게 제시되어 있습니까?

[답변] 우리나라의 이념적 지형을 정확히 진단하기는 쉽지 않습니다. 크게 좌파와 우파로 나누고, 그 가운데 중도파가 있다고 생각하죠. 좌파와 우파라는 말 대신 진보와 보수라는 말을 같은 뜻으로 사용하기도 합니다. 그런데 국민들에게 물으면 자신을 중도파라고 생각하는 사람들이 가장 많다고 합니다. 이념의 스펙트럼을 좌우로 펼쳐서 가장 왼쪽에 있는 극좌파를 1이라고 하고, 가장 오른쪽에 있는 극우파를 10이라고 하면, 중도의 스펙트럼은 어디에 해당할까요? 중도의 스펙트럼을 넓게 잡는 것도 나쁘지 않다고 생각합니다. 즉 극도로 좌편향 된 1, 2와 극도로 우편향 된 9, 10을 뺀 나머지 3 내지 8은 모두 중도라고 하면, 대부분의 사람들은 중도에 해당됩니다. 그런 의미에서 저 자신도 중도에 속한다고 생각하고, 우리 헌법도 명백히 중도적 입장을 취하고 있습니다. 경제 영역을 중

심으로 살펴보면, 헌법은 개인의 자율과 창의를 존중하는 시장 경제 원리를 수용한 점에서는 보수(우파)의 입장과 일치하고, 사회정의를 위해 필요한 범위에서 경제적 자유를 제한하고, 복지국가를 구현하기 위한 국가의 적극적 역할을 긍정하는 입장을 취하는 점에서는 진보(좌파)의 입장과 일치하는 것으로 보이지만, 그 두 가지를 조화시키려 한다는 점에서 궁극적으로 중도의 입장이라고 할 수 있습니다.

기존의 프레임은 "너는 좌파고 나는 우파다" 혹은 "나는 진보고 너는 보수 또는 수구다"라고 편을 나눈 후 양 입장의 절충과 조화를 위한 대안의 모색보다는 상대방 주장의 문제점을 이념적으로 공격했습니다. 이러한 프레임에 갇히면 생산적 논의는 불가능하고 자기 강화적 관성에 따라, 중도이던 사람도 더 왼쪽 또는 더 오른쪽으로 움직여가고, 그 목소리가 점점 커져 마치 우리 사회에는 1, 2와 9, 10만이 있는 것처럼 착시현상을 보이기도 합니다. 넓은 의미의 중도적 입장에 있는 사람들 사이의 논의를 전제로 할 때, 3의 입장이든, 8의 입장이든 "우리는 크게 봐서 '중도'로서 궁극적으로 동일한 가치의 지평 위에 있다"고 전제한 후, 그러한 중도적 가치를 담은 헌법에 입각하여 자유와 평등, 시장과 정의 등 서로 상충하는 가치를 어떻게 잘 조화시킬지의 대안을 찾기 위한 생산적 논의를 하겠다는 자세로 임한다면, 생산적인 결실을 맺을 가능성이 많습니다. 물론 중도진보, 중도보수 등의 세분화된 정체성을 가지는 것이 꼭 나쁜 것은 아닙니다. 특히 정당의 경우 이념적 정체성을 수립하고 국민들과 소통하는 것이 중요한 과제이고, 동시에 권력을 쟁취하기 위해 차별화를 강조할 수밖에 없는 속성이 있다는 것을 이해할 수 있습니다. 그러나 거기에만 매몰되면, 환멸만 키우는 정쟁적 정체성의 굴레에 빠질 수밖에 없다는 점을 감안해야 합니다. 한편으로는 차별성을 강조하되, 다른 한편으로는 공통성도 충분히 인식하면서 건설적인 토론을 통해 공동선을 만들어가는 자세로 임할 필요가 있습니다.

한 가지만 더 부연하면, 헌법의 경제조항이 일반적으로 생각하는 것보다 진보에 조금 더 가까운 중도의 입장을 취하고 있습니다. 헌법 규정과 일반적인 인식 사이의 괴리로 인해 헌법상의 복지국가 원리와 경제민주화 원리를 헌법대로 주장하기만 해도 곧잘 좌파로 규정되어 이념 공세의 대상이 된 것은 안타까운 일입니다. 오늘날 복지 담론의 영향력이 커지면서 그 점이 다소나마 교정되어 가고 있는 점은 다행스럽고, 그 부분에 대한 국민적 공감대가 더욱 확산되기를 기대합니다.

[질문 2] 경제민주화는 우리 사회의 규범과도 같은 말이 되었습니다. 헌법에서 말하는 경제의 민주화는 무엇입니까? 제 생각에 지난 선거의 담론으로서의 '경제민주화'는 민주화라기보다는 '관제화'에 더 가까운 것 같습니다. 세금을 더 많이 걷고 정부에 의한 재분배를 확대하는 것을 그 내용으로 하고 있기 때문입니다. 따라서 헌법적 의미의 '경제민주화'와는 어느 정도 괴리가 있다고 생각합니다. 교수님의 생각은 어떤지 여쭙고 싶습니다.

[답변] 민주주의는 일반적으로 정치적인 맥락에서 이야기하지만, 정치의 영역에만 한정된 것은 아닙니다. 정치는 국민경제와 분리된 것이 아닙니다. 링컨이 민주주의를 "국민의, 국민에 의한, 국민을 위한 정부"라고 표현한 것이 민주주의에 대한 고전적 정의가 되었는데, 그 가운데 "국민을 위한 정부"는 올바른 경제정책을 제외하고는 구현될 수 없는 것입니다. 따라서 경제영역의 민주화를 일컫는 말로 '경제의 민주화'는 본래 민주주의의 내용에 포함되어 있습니다. 그런 의미에서 경제영역이 궁극적으로 전체 국민의 이익에 부합되는 방향으로 나아가는 것을 말하고, 복지국가의 구현과 불가분의 관계를 맺고 있습니다. 다만 헌법은 "경제주체 간의 조화를 통한 경제의 민주화"라는 말을 사용함으로, 경제주체 간의 힘의 불균형으로 초래되었거나 초래될 수 있는 경제의 비민주화를 시정하고자 하는 것에 초점을 두고 있습니다. 그것은 사용자와 노동자 간, 대기업과

중소기업(또는 자영업자) 간, 기업과 소비자 간 등 여러 분면을 모두 포함하여, 어느 한편의 힘이 절대적으로 강하고 남용되어 다른 쪽이 자율성을 상실할 정도가 되어서는 곤란하므로, 그러한 상황을 시정 또는 예방하기 위해 국가가 보다 적극적인 역할을 수행해야 한다는 취지를 내포합니다.

경제민주화가 우리 사회의 규범처럼 되고 있다고 하셨는데, 이와 같은 의미의 경제민주화는 헌법 제119조 제2항을 통해 이미 헌법적 규범의 한 내용이 되어 있습니다. 대선 당시 강조되었던 재벌개혁 문제는 바로 대기업과 중소기업(또는 자영업자) 간의 힘의 불균형을 해결하는 것에 초점을 맞춘 것으로, 기본 방향은 헌법상의 경제민주화의 취지에 부합하는 방향입니다. 일부 대기업에게 경제력이 지나치게 집중되고, 경제력의 남용에 대한 법률적 견제가 미약하여 시장경쟁 자체가 왜곡되는 현상이 심각하고, 그것이 우리 사회의 양극화를 초래하는 근본적인 원인의 하나가 되고 있으므로, 경제민주화를 위한 국가의 역할을 강조한 헌법정신에 비추어 볼 때 시정 노력이 절실히 요구됩니다.

그 대응방안은 공정거래법의 강화와 관련된 것으로 시장의 경쟁 자체를 활성화시키는 것과 직결됩니다. 시장 경제의 원리를 온전히 구현하기 위한 것입니다. 이처럼 경쟁을 활성화하기 위한 규제를 국가가 강화하는 것을 '관제적'이라고 한다면, 거기에는 동의하기 어렵습니다. 다만 그것은 경제민주화의 하나의 분면일 뿐, 보다 폭넓고 균형 있는 자세로 개혁의 청사진을 수립해야 하고, 구체적인 방안 하나하나에 대해 여러 가지 실제적인 차원에서의 비판이 가해질 수 있습니다. '세금을 더 많이 걷고 정부에 의한 재분배를 확대'하는 것은 경제민주화보다 넓은 의미의 복지국가 원리와 관련된 것이라 생각됩니다. 세금을 더 많이 걷는 것이 좋은 일은 아니지만, 우리 사회의 지나친 양극화를 해결하기 위한 복지 확대를 위한 과정에서 필요하다면 증세의 문제도 진지하게 논의되어야 하고, 조세정책, 재정정책 등이 재검토되어야 합니다. 그것이 헌법상의 복지국가 원리에 부합하는 방향입니다. 다만 그 과정에서 시장 경제 질서의 근간을 흔들지 말아야 하고, 법치주의와 국민의 기본권을 존중해야 하는 한계가 있음을 인식해야 합니다.

[질문 3] 기독 청년들인 저희들은 법과 사회 문제에 대한 관심만큼이나 성경의 정신에도 관심이 많습니다. 헌법에는 우리 사회가 이제까지 합의한 내용이 구체적인 조항의 형태로 담겨 있다고 생각합니다. 그리고 성경은 앞으로 우리가 합의해 가야 할 내용이 어떤 것인가에 대해 통찰력을 제공해 준다고 생각합니다. 헌법의 정신과 성경의 정신을 비교해서 말씀해 주세요.

[답변] 성경은 현실 사회를 초월한 영적 진리를 담고 있고, 설사 현실 사회의 문제들에 대해서 성경이 직접적인 지침을 준다고 해도 그것이 성경의 가장 큰 테마는 아니며, 성경에 근거한 해석은 그리스도인 각자의 삶에는 매우 본질적인 의미를 주지만, 사회적 공론의 장에서는 다른 소통 수단으로 변환되지 않으면 안 된다는 것을 먼저 전제로 하고 싶습니다. 그리고 사회적 이슈에 대해 성경을 근거로 방향을 도출한다고 해도 성경을 이해하고 해석하는 주체는 결국 인간이므로, 해석자의 주관적 가치관이 많이 반영될 수밖에 없습니다. 따라서 같은 기독교 내에서도 서로 다른 해석이 나올 여지가 많습니다. 제 의견이 성경에 기반을 둔 것이라고 해서 해석상의 오류가능성이 없는 것은 결코 아닙니다. 그런 점을 전제로 몇 가지 의견을 말씀드리면, 헌법에 담겨 있는 민주, 복지, 평화의 세 가지 핵심가치는 성경의 원리에도 잘 부합한다는 것입니다.

먼저 민주주의는 모든 인간이 인간으로서의 존엄과 가치를 평등하게 가진다는 것에 이념적 토대를 두고 있습니다. 이러한 이념에는 서구에서 기독교 국가로 발전해 온 나라들에서 자연스럽게 생활화된 기독교적인 가치관이 강력하게 투영되어 있다고 생각합니다. 성경에 의하면 모든 인간은 하나님의 형상대로 지어진 존재(창 1:27)라고 하는 점에서 근본적으로 평등한 존엄과 가치를 가지는 것으로 볼 수 있는데, 그러한 관점이 서구 민주주의 사상의 근저에 깔려 있습니다. 한편으로 민주주의는 군주나 독재자 일인이나 소수 엘리트의 지배가 아니라, 국민의 지배를 뜻하고, 구체적으로 권력의 집중을 막기 위한 권력분립의 원리를 내포합니다. 라인홀드 니버에 의하면, 그것은 기독교의 원죄 사상과 부합하는 것입니다. 즉 모든 인간은 하나님의 형상에 따라 지음받은 존재로서 구원의 가능성과 함께 죄인으로서의 근본적인 오류가능성(fallibility)이 있다는 성경적 관점에서는 플라톤이 말하는 철인(哲人) 정치 같은 것은 현실적 타당성이 없습니다. 그보다는 절차적 민주주의의 원칙에 따라 다수의 의사가 견제와 균형의 구조 속에서 국가 운영에 반영되도록 하는 민주주의 원리가 보다 영속적인 타당성이 있는 것으로 보여집니다.

다음으로 복지국가 원리는 사회정의의 이념과 실질적 자유와 평등의 이념, 그리고 박애와 사회연대성의 이념을 기초로 합니다. 이것은 성경에서 말하는 하나님의 공의와 정의는 물론이고, 예수님이 말씀하신 원수까지도 사랑하라는(마 5:44) 무조건적 보편적 사랑, 곧 박애의 이상에 부합하고, 모든 인간을 하나님의 형상대로 지으신 것에 따른 그 존엄과 가치, 평등의 이상에 부합합니다. 특히 "내가 진실로 너희에게 이르노니 너희가 여기 내 형제 중에 지극히 작은 자 하나에게 한 것이 곧 내게 한 것이니라"(마 25:40) 하신 예수님의 말씀은 민주주의 국가에서 국가의 진정한 주권자인 국민으로 하여금 정치적, 정책적 선택을 통해 고통 가운데 처한 많은 가난한 사람들의 삶을 따뜻하게 보듬고 품을 수 있는 복지국가를 지향하게 하는 지침이 된다고 생각합니다. 다른 한편으로는 평등만 강조하여 개인의 자유와 창의를 극도로 억압하는 전체주의 체제는 하나님 안에서 인간의 참된 자유를 강조하는 성경적 진리와 배치됩니다. 그러므로 박애를 매개로 자유와 평등을 조화시키는 의미의 민주복지국가의 이상이 성경과 가장 잘 부합된다고 생각합니다.

끝으로, 평화국가의 원리는 "평화의 왕"(사 9:6)으로 오신 예수님이 "화평하게 하는 자는 복이 있나니 그들이 하나님의 아들이라 일컬음을 받을 것임이요"라고 말씀하시고(마 5:9), "눈에는 눈, 이에는 이"의 비례적 보복의 관념을 넘어선 무조건적 사랑과 화해의 정신을 가르치신바(마 5:38–39)에 부합합니다. 따라서 우리나라를 참된 민주·복지·평화국가로 만들어 나가는 것은 성경적인 관점에서도 그리스도인의 사명이라 할 수 있습니다. 그리스도인으로서 여러분의 삶이 믿음 안에서 그러한 사명과 이상을 품게 되기를 바랍니다.

김병로 −

서울대학교 통일평화연구원 교수

성균관대학교에서 사회학을 전공하고, 1986년 미국 인디애나주립대학교에서 석사 학위를, 1991년 럿거스 대학교에서 사회학 박사 학위를 취득하였다. 통일연구원 선임연구위원 및 북한연구실장을 지내고 국방부 · 국정원 · KBS 자문위원, 중국 연변과학기술대학 겸임교수, 아세아연합신학대학교 조교수 및 북한연구소 소장을 역임하고 현재는 서울대학교 통일평화연구원 부교수로 재직하고 있으며, 민주평통 상임위원, 민화협 정책위원으로 활동하고 있다.

저서로는 《한반도 분단과 평화부재의 삶》《남북통합지수 2008~2013: 변동과 함의》《북한 김정은 후계체제》《체제 전환국의 경험과 북한 교육개혁 방안》《민족공동체 통일방안의 새로운 접근과 추진방안》《북한 종교 정책의 변화와 종교 실태》《북한−중국 간 사회 경제적 연결망의 형성과 구조》《통일관련 국민적 합의를 위한 종합적 시스템 구축방안》《북한의 지역자립체제》《북한인권문제와 국제협력》《Two Koreas in Development》 등이 있다.

제3강

통일, 이념을 넘어 문화로

통일, 21세기 최대 과제인가?

21세기 한반도 최대 과제가 통일이라는 사실에 의심의 여지가 없습니까? 공식적으로는 그렇습니다. 남북한의 헌법이 통일을 가장 중대한 목표로 설정하고 있고 정치지도자들이 통일을 위해 노력할 것을 강조하고 있기 때문입니다. 남한은 헌법 제4조에 "대한민국은 통일을 지향하며 자유민주적 기본 질서에 입각한 평화적 통일정책을 수립하고 이를 추진한다"고 규정하고, 북한도 헌법 제9조에 "조선민주주의인민공화국은 … 자주, 평화 통일, 민족대단결의 원칙에서 조국통일을 실현하기 위하여 투쟁한다"고 명시하고 있습니다. 관심이 비교적 적은 남한의 젊은 세대들도 '우리의 소원은 통일'이란 노래를 큰 부담 없이 부르고, 경제적인 어려움과 핵문제로 국제적 압력을 받고 있는 북한도 조국 통일을 절박한 민족적 과제로 내세우고 있습니다. 통일이 민족적 열망과 정치적 주장으로 이루어지는 것이라면 벌써 통일이 이루어져야 했는지 모릅니다. 하지만 현실적으로 통일의 길은 멀기만 합니다.

분단 60년이 지나도록 남북한은 적대관계를 근본적으로 해소하지 못하고, 대립 상태를 지속하고 있습니다. 냉전 시기에 비해 여러 차원의 교류협력이 이루어지고 개성공단이 가동되는 등 남북관계가 개선된 것은 사실이지만, 여전히 휴전선은 군사적 긴장 지대이고 언제든지 무력충돌이 가능한 정전상태가 유지되고 있습니다. 남북 간에 불가침과 교류협력을 규정한 기본합의서가 체결된 지 20년이 흘렀고, 두 차례의 정상회담을 했음에도 불구하고 남북연락사무소 같은 최소한의 제도적인 통합기구 하나 제대로 갖추지 못한 상태입니다.

　실제적인 정책과 실천의 차원에서는 더욱 통일을 향한 뚜렷한 전망을 세우기가 쉽지 않습니다. 통일이 바람직한 목표로 설정되어 있긴 하지만, 체계적인 접근방법이 마련되어 있지 못할뿐더러 구체적인 사안마다 남북한 간에, 또 국내 정치세력 간에 심각한 대립과 갈등이 있습니다. 정치적이고 이념 논란을 차치하더라도 통일 과정에 소요될 천문학적 비용을 어떻게 충당할지, 휴전선에 배치된 엄청난 무력을 어떻게 통제하고 감축할지, 서로 다른 제도와 관행을 어떻게 통합하고 변형시킬지, 역사 해석과 정체성의 차이를 어디까지 용인하고 수용할지 하나같이 어렵고 힘든 문제입니다. 그래서 통일이 도래해도 그 과정을 제대로 관리하지 못하면 자칫 대재앙이 될 수도 있다는 우려가 있습니다.

　그럼에도 불구하고 통일시대를 준비하지 않으면 안 될 객관적 조건은 커지고 있습니다. 2009년 7월부터 중국이 적극적인 북한 개입 정책을 추진하고 있고, 북한에서는 김정일 위원장 사망 이후 한반도의 불확실성이 증대될지 모른다는 우려가 있습니다. 북한의 3차 핵실험으로 한반도의 군사적 긴장이 그 어느 때보다 고조되고 있고, 미중 간의 협상 여부에 따라서 김정은 체제에서 6자 회담과 평화체제 논의가 급물살을 타며 정전체제 질서가 근본적으로 전환될 가능성도 있습니다. 간간히 등장하는 북한의 예기치 못한 변화 가능성도 통일에 대한 논의를 피할 수 없게 만듭니다.

　그러나 무엇보다도 통일시대를 준비해야 하는 중요한 이유는 남북한이 분단과 대립으로 소모되는 비용을 줄이지 않고는 21세기 선진국으로 도약하기 어렵기 때문입니다. 분단이 초래한 남한의 지리적 폐쇄성, 경제적 손실, 군사적 대립과 갈등(젊은이들의 인적 자원 손실), 신뢰의 상실과 불안 스트레스, 월남/월북/납북/탈북으로 인한 가족이 찢긴 아픔과 고통, 이념 대립과 갈등으로 한국인들은 깊은 상처를 안고 살아가고 있습니다. 이러한 아픔과 고통, 상처를 생각하면 분단으로 인한 비용은 천문학적입니다. 통일 비용을 걱정하기 전에 현재 치르고 있는 분단 비용이 심각하다는 점을 반성하고 성찰해야 합니다. 남북한이 협력하여 분단 비용을 줄이지 않으면 남한 사회가 안고 있는 수많은 문제를 해결하며 지속적 성장 기반을 마련하는 것은 결코 쉽지 않습니다.

이런 점에서 통일은 21세기 한반도의 미래를 좌우할 가장 중요한 국가적 과제입니다. 그런데 21세기적 상황에서 20세기적 방식과 전략으로 통일을 이루는 것은 쉽지 않습니다. 분단 직후의 상태나 냉전기의 조건을 염두에 둔 통일은 점차 그 적합성이 약해지고 있어서 새로운 통일 구상이 필요합니다. 무엇보다도 탈냉전과 세계화의 흐름, 그리고 분단 이후 60년의 시간이 만들어놓은 조건을 냉정하게 고려해서 미래지향적인 '통일 한반도'를 창조해 가는 사고가 필요합니다. 통일은 과거에 존재하던 공동체로의 회귀가 아니며 이전에 한 번도 존재한 적이 없는 새로운 체제를 만들어내는 일이기 때문입니다.

통일과 통합의 조건

통일은 남북한의 서로 다른 두 체제가 하나로 결합되는 과정으로, 정치 · 경제 · 군사 · 외교 · 사회문화 등 다양한 영역에서의 통합 과정입니다. 근래의 역사적 경험은 통일 방식이 합의로 이루어진 경우는 없고, 무력 통일(베트남), 흡수 통일(독일), 합의 통일 후 무력 통일(예멘)로 이루어졌으며, 중국과 홍콩은 일국양제 형태를 유지하고 있습니다. 사회주의 국가들은 체제 전환 과정에서 대부분 분열(해체)되었으며 독일만 통합 · 통일로 진행되었습니다. 일반적으로 통합

(integration)은 국가 간의 통합과 한 국가 내의 정치 · 경제 · 사회문화 등의 차원에서 상이한 행위자(예를 들어 계층, 지역, 종교, 연령, 이념 등에 기반을 둔 집단들) 간의 통합으로 나누어 볼 수 있습니다.[11] 유럽과 같이 상이한 국민국가들 간의 통합이 있는가 하면, 지역감정, 계층감정, 세대차, 이념차 등에 의하여 이질적으로 분열된 남한 사회를 하나의 통합된 행위자로 묶어내는 과정이자 결과물로서 통합이 있습니다. 남북한 통합은 국가 간 통합과 통합 이후에 생겨나는 국가 내의 통합이라는 이중적이며 복합적인 성격을 지닙니다.

오늘날의 통합은 국가 간 혹은 지역 간 경계가 가져다주는 제약이 줄어들어 인적, 물적 이동을 막는 경계가 사라진 상태를 의미합니다. 좁게는 정치적, 경제적, 사회문화적 교류와 협력의 증진으로 정의할 수 있고, 넓게는 공존, 공영, 공변(共變)의 가치를 공유하는 과정으로 현상과 제도를 넘어, 의식 또는 정체성의 통합을 의미합니다. 통일은 통합을 내포하지만 통합은 반드시 통일을 전제하지는 않습니다. 통일이 당위적이고 이념적이며 결과의 개념으로 접근되는 경향이 있는데 반해, 통합은 도구적이고 실천적이며 과정의 맥락에서 접근할 수 있는 개념입니다.

통합은 두 개 이상의 체제가 잘 기능하는 하나의 체제를 이룩하는 것을 의미하고, 구성원 간의 문화적 유대, 동질성, 가치관의 공유 등의 전제가 실현되는 상태로 나타난다면, 통일(unification, reunification)은 기본적으로 영토의 통합을 의미하며, 이런 의미에서 정치적 통합과 가장 밀접합니다. 남북한이 한 국가를 형성할 때 하나의 영토와 하나의 국민을 가진 나라가 된다는 의미에서 흔히 통일을 말합니다. 하지만 통합은 통일이 완성되기 이전이나 완성된 이후에도 사회 통합, 문화 통합, 경제 통합 등 모든 측면에서 계속됩니다.[12]

통합과 통일의 관계는 선후차 문제가 아니라 서로 긴밀하게 변증법적으로 연계되어 있습니다. 통합과 통일을 구분하는 이유는 흔히 통일이 정치적이고 영토적인 결과를 의미하는 경우가 강한데, 남북한 관계에서 사회 통일, 경제 통일,

문화 통일, 군사 통일이라는 개념을 사용하는 것이 어색하듯이 이러한 영역에서는 통합이라는 개념을 사용하는 것이 적절하다고 보기 때문입니다. 또 남북통일이라는 개념은 한반도에서 남한과 북한과의 통일만을 의미하는 것으로 한정되는 반면, 남북통합이라는 개념은 한반도뿐만 아니라 동아시아의 지역 통합과도 잘 연계될 수 있습니다.

통합의 개념과 범주를 어떻게 설정할 것인가의 문제는 통합의 다차원성과 복합성을 어떻게 반영할 것인가의 문제와 관련됩니다. 통합의 개념은 체제 통합과 사회 통합의 차원으로 나눌 수 있습니다. 체제 통합은 법적, 제도적인 것을 우선하며 객관적인 지표로 나타낼 수 있습니다. 그러나 사회 통합은 복잡하고 다원적이며 장기적 과정이 필요하고, 이를 위해서 의식, 가치관, 태도, 문화 등의 변화가 있어야 합니다. 이런 측면에서 통합은 공동체적 관계가 형성된 상태로서 구성원들이 일체감과 자기 의식에 의해 결속된 상태입니다.

이러한 논의를 종합하면 통합은 법과 제도 및 관계를 포함하는 구조 통합과 의식 통합으로 구성됩니다.[13] 법과 제도 통합은 통합을 촉진하는 공동의 기구나 제도의 설립으로 시작되며 궁극적으로 제도의 동질화 실현을 목표로 합니다. 구조 통합은 교류의 확대에 기초한 관계적 통합의 차원을 포함합니다. 관계적 통합은 남북한의 관계가 밀접함을 의미합니다. 밀접함을 통해 남북한의 상호 이해의 폭이 넓어지고 관계가 개선되며 상호의존적이며 호혜적으로 발전할 수 있을 것입니다. 제도적 통합을 민주주의 확립, 시장 경제화, 자유의 확대라는 방향으로 나아가는 과정으로 이해한다면, 관계적 통합은 남북한이 긴밀히 연결되는 과정으로 이해할 수 있습니다. 뿐만 아니라 의식통합의 차원도 중요합니다. 남북한 주민들이 통일에 대한 지향성과 상호 포용성, 민주주의, 시장 경제, 자유에 대한 선도 중요한 의식통합의 요인이 될 수 있습니다. 따라서 남북한의 통합은 정치, 경제, 사회문화의 영역을 포괄하며, 구조(제도 및 관계)와 의식의 차원을 포함합니다.

서울대학교 통일평화연구원은 통일을 통합 과정으로 보고, 간단한 수치로 이해할 수 있는 '남북통합지수'를 개발했습니다. 통합의 개념과 범주를 어떻게 설정할 것인가, 통합의 다차원성과 복합성을 어떻게 반영할 것인가, 하는 문제로 조명해 볼 수 있습니다. 분야별로 통합의 속도와 수준은 각 영역에서 다르게 진행될 것이라는 측면에서 정치·외교·군사·경제·사회문화로 구분할 수 있으며, 법과 제도, 관계, 의식의 차원에서 통합이 다르게 진행될 수 있습니다. 남북통합율은 2007년 27.3퍼센트→ 2008년 21.4퍼센트→ 2009년 20퍼센트→ 2010년 20.1퍼센트를 나타냈습니다. 분야별 구조통합지수(제도+관계)는 그림과 같습니다.

[그림 1] 남북통합지수 분야별 구조통합지수

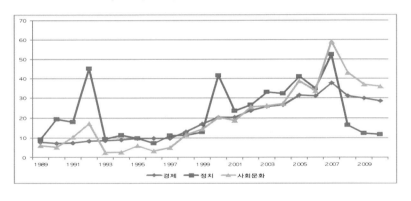

물론 통합이 실제로 진행되는 과정은 그리 이상적이지 않습니다. 독일 통일에서 보았고 또 보고 있듯이 통합은 실패한 동독이 승리한 서독으로 흡수되는 방식으로 진행되었습니다. 이는 동독인들의 변화를 전제로 합니다. 즉 동독인들은 가치관, 의식, 태도 등 모든 면에서 서독인의 것들로 변화해야 합니다. 남북한 통합 과정에서도 이러한 문제를 어떻게 다루어 나갈 것인지가 중요한 과제입니다. 남북한의 빈부격차, 문화충격, 이념과 사상의 대립, 적대의식, 북한의 실업,

대규모 인구이동, 사회보장 등의 문제로 인한 갈등을 예상하고 이에 대한 대책을 준비해야 합니다. 최근 통일부는 2030년에 통일이 된다고 가정하여 통일 전 20년간 남북한 공동체 형성 비용으로 79조원(GDP 대비 0.14퍼센트), 통일 후 2040년까지 10년간 통합 비용으로 734조 6천억~2천 757조 2천억 원(GDP 대비 1.7퍼센트~6.76퍼센트) 등 총 813조~2천 836조 원의 비용이 소요될 것으로 추산했습니다. 통일 후 남북 통합 군대의 병력 규모는 50만 명이 적정하다는 평가도 제시했습니다.

남한은 민족공동체통일방안(1989년)을, 북한은 고려민주연방공화국창립방안(1980년)을 통일 방안으로 제시하고 있습니다. 남한의 민족공동체통일방안은 체제를 구성하는 형식에서는 연합제 방식을 담았습니다. 북한이 주장하는 연방제안은 1991년 1월 및 2000년 6월 각각 '느슨한 형태의 연방제' 및 '낮은 단계 연방제'로 수정 제안되었습니다. 그 결과 2000년 6·15 공동선언 제2항에서 "남과 북은 나라의 통일을 위한 남측의 연합제와 북측의 낮은 단계의 연방제 안이 공통성이 있다고 인정하고 앞으로 이 방향에서 통일을 지향시켜 나가기로 하였다"고 합의하기에 이른 것입니다. 그렇다면 남북한은 현재 어느 정도 통일에 다가가고 있을까요? 위에서 언급한 20퍼센트의 통합 수준이란 남북한 사회의 현실 속에서 어떻게 구조화되어 있는가를 살펴보겠습니다.

남북한 사회의 구조: 민족, 이념, 적대

유교문화와 민족의식의 변화

북한 사회의 특징을 학자들은 '유교사회주의'라고 부릅니다. 유교를 봉건 잔재라고 하여 배척했지만 유교 전통의 생활양식은 그대로 답습하고 있습니다. 사회주의 건설 초기에 유교적 잔재를 척결하기 위한 시도를 했지만, 의식주와 관혼상제, 민속놀이 등 여러 전통은 그대로 유지되고 있습니다. 어린이들의 닭싸

움, 고무줄놀이, 술래잡기, 말타기도 그대로 입니다. 장유유서의 사회적 질서와 충효를 강조하는 가치관은 북한 문화의 골간을 이룹니다.

정치문화에서도 공정한 경쟁이나 합리적 토론보다는 겸양지덕이 지배하여 추대식 선거문화가 남아 있습니다. 근대적 선거제도를 도입하여 실시하고 있지만 최고지도자에 대한 추대의식은 거부감 없이 받아들입니다. 또 국가 가부장제에 기초하여 수령 유일의 권위주의 통치 질서를 강조하기 때문에 다당제를 주장하거나 선거유세와 같은 행위는 정치적 혼란으로 인식합니다. 수령유일체제는 주체사상에 의해 강조되고 있는 매우 중요한 개념이며, 군대식 명령 복종문화, 절대 충성의 종교문화를 존속시키는 중요한 원인이 되고 있습니다. 유기체론적 가족국가관에 근거하여 개인보다 집단을 중시하며 동지나 구성원들 간의 의리를 강조합니다.

유교 문화적 전통은 남녀 간의 성차별에서 뚜렷이 드러납니다. 제도적으로 여성들의 사회활동을 보장함으로 여성의 지위가 상승했지만, 전통적 여성상과 역할은 그대로 온존하고 있습니다. 여성들은 직장생활 여부와 관계없이 가사와 자녀양육을 책임집니다. 부부관계에서도 남편을 '세대주'라고 호칭하는 것을 포함하여 여성 차별적 권위주의 태도가 흔하게 발견됩니다. 이러한 현실은 1990년 10월 24일 제정된 가족법에 반영되어 있습니다. 1970년대 이후로는 전통적인 가족의 역할을 장려하는가 하면, '사회주의 대가정'을 이론화하여 강조합니다. 이와 같은 전통 유교적 윤리와 가치는 남북한이 민족 동질성을 확대할 수 있는 중요한 영역입니다. 남북한은 각자의 정치체제에 속한 서로 다른 '국민'이지만, 언어와 역사, 문화를 공유한 같은 '민족'입니다. 남북한은 충효의 덕목과 장유유서의 예절, 남녀차별 등 유교적 윤리도덕을 쉽게 공유할 수 있습니다. 북한 사회에서는 유교적 윤리와 사회질서가 인간관계의 규범과 가치관으로 강력히 작용하고 있습니다.

이념의 신앙화

주체사상은 하나의 사상을 넘어서 종교로 진화했고, 알맹이로 되어 있는 것이 아니라 마치 양파 껍질처럼 여러 겹으로 둘러싸인 다차원적 개념입니다. 주체사상의 철학적 세계관은 "자기 운명의 주인은 자기 자신이며, 자기 운명을 개척할 힘도 자기 자신에게 있다"는 명제에서 시작합니다. 즉 사람은 자주성, 창조성, 의식성을 가진 존재로 모든 것의 주인이며 모든 것을 결정한다는 것입니다. 이로부터 인민 중심의 사회 역사 원리와 자주적 입장 및 창조적 입장에 기초한 지도적 원칙이 도출됩니다. 이와 같은 의미의 주체사상에 대한 포괄적 개념은 1982년 김정일에 의해서 체계화되었으며, 그 후 변화 발전되어 오고 있습니다. 주체사상은 고정불변한 이념이 아니며 시기에 따라 그 내용을 달리한다고 볼 수 있습니다.

주체사상은 단순한 이념으로 출발해서 일종의 종교적 신앙으로 발전했습니다. 주체사상이 종교적 차원으로 발전하는 계기는 '수령론'의 대두에 있습니다. 주체사상의 종교성은 철학적 연구의 진전으로 뒷받침되었고, 심화된 것은 사회 정치적 생명체론이 완성되면서입니다. 인간의 생명을 육체적 생명과 사회 정치적 생명으로 구분하여 개인이 소유할 수 있도록 만들었다는 사실은 주체사상이 종교로 발전하는 데 결정적인 기여를 했습니다. 종교의 발전과정에서 개별적으로 존재하는 영혼(soul)을 집단적 숭배의 대상으로 환원시킨 정신(spirit)의 출현은 종교적 힘을 개인 소지 가능한 형태로 발전시킨 매우 중요한 국면입니다. 수령관과 주체철학, 사회 정치적 생명체의 출현으로 주체사상은 종교적 신앙으로 진화했습니다.

북한은 '김일성-김정일주의연구실'을 갖추고 모임과 학습 등 종교의식을 거행합니다. 김일성주의연구실은 전국적으로 약 10만여 곳 이상에 이를 것으로 추정되고, 학습활동 이외에 각종 선서 모임, 충성 편지 전달 모임, 축전 전달 모임 등 여러 행사를 진행합니다. 또한 주생활총화, 수요강연회, 아침독보회 등 일주일 단위로 조직적인 학습활동을 합니다. 토요일에 직장 조직단위에서 실시하는 생활총화는 일종의 자기 반성적 종교집회로 매우 중요한 종교의식입니다. 김일성·김정일의 교시와 말씀을 반드시 인용해야 한다거나, 은혜와 사랑, 믿음, 구속, 구원, 영생 등 종교 언어를 빈번하게 사용하는 것은 주체사상이 종교성을 담고 있음을 보여 줍니다.

전쟁의 기억과 적대의식의 구조화

북한은 군대가 혁명과 건설에 앞장서 나라를 이끌어 가야 한다는 '선군정치'를 통치이념으로 삼고 있습니다. 인구(2,400만 명) 대비 군대 보유(117만 명) 비율이 높고, 8-10년 동안 군 복무를 합니다. 일상생활에서도 '속도전', '200일 전투', '작업소대' 등 군사 용어를 사용하며, 병원의 외과수술실도 '외과전투장'으로 명기할 정도로 사회조직과 생활에 군사문화가 깊게 스며들어 있습니다. 적(제국주의)과 아군(사회주의)이라는 전투적 개념으로 국제관계를 이해하며 미국에 대한 적개심이 대단히 큽니다. 일상생활의 모든 것을 군사비밀로 간주하여 적군에 정보가 누출되지 않도록 철저한 정보 통제를 실시합니다. 일반 주민은 이러한 통제의 특성을 잘 알고 있기 때문에 서로에 대해 불신하고 밀고자에 대한 경계의식이 높습니다.

군사 중심의 사회와 병영 문화적 특성은 한국 전쟁이라는 역사적 경험에서 기인합니다. 남북한의 사회체제는 한국 전쟁이라는 소용돌이 속에서 태어났고, 분단 속에서 경제발전을 이룩했습니다. 북한은 한국 전쟁에서 120만 명 정도가 사망하거나 실종하는 막대한 피해를 입었고, 그 피해의식을 반미, 대남 적개심으로 연결시키면서 체제를 유지하고 있습니다. 전쟁으로 인해 북한의 가족구조에 엄청난 지각변동이 생겼고, 이는 사회구조의 특성을 변화시켰습니다. 북한은 노동자를 우대해야 한다는 사회주의 계급정책과는 달리 한국 전쟁의 피해자들을 전사자, 피살자 가족으로 분류하여 사회의 핵심 군중으로 우대하는 소위 성분정책을 심도 있게 추진했습니다. 북한 계층을 구성하는 기준이 계급에서 성분으로 옮겨진 것입니다. 그 결과 전사자, 피살자가 중심을 이룬 약 30퍼센트의 핵심 군중이 사회의 상류층을 구성하는데, 한국 전쟁의 피해자들이 두터운 기득권층을 형성하는 북한에서 제국주의에 대한 두려움과 증오심은 단순한 이념 교육에 의해서 주입된 것이 아니라, 가족관계와 혈연관계를 통해서 체험적으로 내면화된 감정이라는 점에서 주목할 필요가 있습니다.

이러한 북한의 사회구조는 남북화해와 민족공동체 형성 과정에서 최대의 걸림돌로 작용할 것입니다. 남한에서는 한국 전쟁의 피해와 북한에 대한 적대 감정이 국가와 학교의 이념 교육이라는 방식으로 형성되었으며, 전쟁 피해 당사자들이 직접적인 사회세력을 형성하지는 않습니다. 북한 사회의 구조적 특성에 비추어 볼 때, 한국 전쟁으로 형성된 양 체제의 적대의식을 해소하고 분단을 극복하는 일은 결코 쉽지 않을 것입니다.

남북협력과 관계의 진화

이질적 사회구조의 맥락에서 남북한은, 특히 남한은 언제부터 상호소통을 위한 교류정책을 추진했을까요? 흥미롭게도 북한을 포함한 공산권에 문호를 개방하게 된 계기는 정치나 경제, 군사가 아니라 스포츠입니다. 공산권과 외교관계가 없던 한국이 1988년 올림픽을 앞두고 공산권의 참여 분위기를 유도하기 위해 노태우 대통령이 7·7 선언(북방 정책)을 단행했습니다. 공산주의 국가와 교류를 선언한 7·7 선언은 한반도 이념 지형에 혁명적인 변화를 가져왔습니다. 7·7 선언 이후 1989년 2월 헝가리와의 수교를 시작으로 한소수교(90년), 한중수교(92년)를 단행했고, 남북 간에는 1989년 '남북교류협력법' 제정으로 '국가보안법'을 넘어선 합법적 남북교류 시대, 한반도 탈냉전 시대가 시작되었습니다. 1989년 한민족공동체 통일 방안을 확립했습니다. 정치도, 경제도, 종교도 허물지 못한 이념의 높은 벽을 스포츠가 넘었다는 것은 남북관계의 발전에서 사회문화가 얼마나 중요한지를 보여 줍니다.

2000년 6월, 남북정상회담 이후 인적 왕래와 교류협력이 급증했습니다. 최근 남북관계가 경색되기 이전까지 연간 17만 명의 방북자와 40만 명의 금강산 관광객과 10만 명의 개성 관광 교류가 진전되었습니다. 물적 교류는 연간 18억 달러, 이산가족 1만 2천 명 상봉과 면회소 건설, 납북자 송환 논의 등 통일 환경이 달라졌습니다. 2008년에는 북미 간 영변 원자로 냉각탑을 제거했고, 북한의 테러 국가 지정 해제를 단행하는 등 변화가 있었습니다. 2009년 북한의 핵실험 이후 중국의 적극적 개입으로 북중 간 경제협력이 진행 중이지만, 천안함, 연평도 사건, 김정일 위원장 사망(2011. 12), 장거리 로켓발사(2012. 12), 3차 핵실험(2013. 2) 감행으로 한반도의 군사적 긴장이 고조되고 있습니다.

지난 20년 동안 남북한의 변화를 보면 첫째, '한국'과 '조선'이라는 국가성이 지속적으로 강화되었음을 알 수 있습니다. 한국과 조선은 1991년 9월 두 개의 의석으로 유엔에 가입함으로 국제사회에 국가성을 과시했습니다. 그러나 국제사회에서 Two Koreas를 인정받게 되면 통일의 정당성은 그만큼 약화됩니다. 남북한은 서로의 정치체제를 인정하고 국가로서의 존엄을 갖지만, 대외적으로는 여전히 하나의 민족이며, 하나의 통일된 국가를 지향하는 실체로 인정받기를 원합니다. 이런 복합적인 상황을 1992년 남북기본합의서에 담아 표현했습니다.

기본합의서에서 한국과 조선이 "나라와 나라 사이의 관계가 아닌, 통일을 지향하는 과정에서 잠정적으로 형성된 특수 관계"로 양국 관계를 규정했습니다. 교류와 왕래, 협력이 진행되면서 국가의식과 민족의식은 역동적으로 변화되고 있습니다. 교류협력은 민족의식을 제고하는 한편, 갈등으로 인한 국민의식을 더 공고히 하는 반작용을 낳기도 합니다. 특히 한국과 조선이 같은 민족임을 확인할 수 있는 공통된 언어의 부재로 민족의식이 고취되는 데 많은 어려움을 겪고 있습니다. 우리 민족의 공통분모를 한인이라고 해야 할지, 조선인이라고 해야 할지 일치된 의견이 없습니다. 북한은 언어상의 문제를 해결하는 방법으로 '우리 민족끼리' 라는 용어를 만들어 민족의식을 강화하고 있습니다.

둘째, 남북관계에서 비대칭성이 확대되었습니다. 경제력에서 남북의 차이는 크게 벌어졌고 앞으로 더 커질 것입니다. 남북교류에 있어서도 북한 방문자는 많지만 북한 사람이 남한을 방문하는 숫자는 거의 없는 실정입니다. 여러 면에서 냉전 시기에 보여 주었던 남북의 대칭적 관계는 지난 20년 동안 완전히 달라져 비대칭성은 그 어느 때보다 확대되었습니다. 이런 상황에서 남북 축구 단일팀을 구성한다면 과거에는 5:5 선수 비율을 자연스럽게 받아들였지만, 이제는 최상의 팀을 구성하기 위해서는 남측 선수를 더 많이 포함시켜야 할지도 모릅니다. 이런 현상은 남북연합과 같은 통합기구를 구성하는 정치적 과정이나 사회문화 교류에서도 발생할 것이고, 앞으로의 교류과정에서도 많은 진통이 따르게 될 것입니다.

셋째, 역사문화의 이질성이 매우 심화되고 있습니다. 한국과 조선의 민족의 뿌리나 역사 의식이 완전히 달라졌습니다. 조선과 한국의 명칭과 역사 해석에 대한 갈등은 삼국 시대와 직전 역사를 두고 가장 격렬하게 표출됩니다. 분단 이후 남한(한국)에서는 신라 중심의 역사 해석을 해 왔습니다. 대한민국은 통일신라의 정통성을 이어받은 국가라는 점을 강조했습니다. 신라 중심의 역사 해석을 강조하는 과정에서 신라의 정통성을 증명하는 삼한정통론 같은 역사 해석이 부각되었습니다. 그러나 북한은 고구려 중심의 역사 해석을 합니다. 고구려는 역사상 가장 강대하고 주체적이었던 역사로 서술하는 반면 신라사는 외세에 의존한 반민족적 역사로 간주합니다. 또한 언어의 이질화 문제는 심각합니다. 북한의 언어가 문제가 아니라 남한의 언어가 산업화, 근대화 과정에서 외래어의 범람으로 남북한의 의사소통을 어렵게 만들고 있습니다. 언어 이질화는 언어 자체가 변화한 것도 문제지만, 언어가 담고 있는 억양이 남북한 간에 이질감, 선입견을 만들어 낸다는 것이 더 큰 문제입니다.

넷째, 남북한 간에 잠재해 있는 적대성입니다. 우리는 전쟁을 통해 남한

82~85만 명, 북한 120만 명의 직접적인 인적 손실을 입었습니다. 이 과정에서 남북한 주민들은 전쟁의 강렬한 체험을 했으며, 원한과 분노, 적개심이 내면화되었습니다. 특히 북한은 전쟁을 통해 집단적 자폐현상을 보였는데, 이는 지역 자립체제로 나타났습니다. 즉 전쟁에 대비하여 경제와 국방을 동시에 건설해서 전국을 210여 지역으로 세포처럼 분할하고 자력갱생, 자급자족 형태의 체제를 구축했습니다. 전쟁이 발생하여 보급로가 차단되더라도 지역적으로 생존하며 전투를 수행할 수 있는 체제입니다. 남북한 사이에 놓인 상대에 대한 두려움, 선입견, 적대감은 교류협력의 증대에도 불구하고 개인의 심리와 사회구조에 깊게 뿌리 내려 있습니다.

전반적으로 남북한의 인적, 물적 왕래의 증대로 교류 네트워크가 성장하고 있고, 북미 관계와 6자 회담의 진전으로 한반도 통일을 위한 국제적 네트워크도 확대되었습니다. 뿐만 아니라, 탈북자 발생과 대북 인도적 지원, 인권문제 등으로 인한 북한과의 문화 네트워크도 한층 확대되었습니다. 그럼에도 불구하고 남북한에 여전히 존재하는 의식과 가치의 차이, 심화되고 있는 남북관계는 통일과 통합에 큰 걸림돌이 되고 있습니다. 더구나 최근 몇 년간 남북한의 대립과 긴장이 높아져서 소통이 완전히 막힌 것은 심각한 문제입니다. 전쟁으로 쌓인 상처와 감정은 상대에 대한 원망으로 바뀌어 남북한 국민들로 하여금 대화와 소통을 어렵게 합니다.

남북한 사회통합, 어떻게 할 것인가?

사회통합의 구체적 방안을 제시하기 전에 먼저 통합을 위한 큰 전략을 그려야 합니다. 통일과 통합을 위해 필요한 대전략은 통일을 추동하는 엔진이라 할 수 있는 남북 협력 구조를 제작해야 합니다. EU 모델과 같이 경제공동체→ 사회문화교류 증대→ 정치적 통일로 이어지는 통일·통합 엔진을 구상해 볼 수 있습니다. 성능 좋은 통일 엔진을 제작하려면 정치적 리더십이 필수입니다. 통일의 속도를 조절하고 좌우의 정책을 조율하면서 통일의 방향을 전체적으로 조정해 나가는 정치 리더십이 발휘되어야 합니다. 그리고 미국과 중국, 일본, 러시아가 한반도 통일을 적극 지지할 수 있도록 통일 외교를 펴나가야 하며 외교 역량을 갖춘 인재를 길러내는 노력을 해야 합니다. 그러나 무엇보다 중요한 것은 남북한 구성원들의 통일을 향한 열망이라는 연료가 공급되어야 합니다. 독일 통일에서 보았듯이 통일이 정치대화, 외교협상, 경제협력, 문화교류 등의 과정을 거쳐 진행되지만 궁극적으로는 북한 주민이 남한을 선택해야 가능합니다. 이런 점에서 남북한 구성원들의 소통을 증대하면서 북한 주민들의 대남 신뢰와 선호도는 통일·통합 구상의 핵심이 될 것입니다.

상호이해와 화해를 위한 대화

서로 다른 사회문화는 소통과 화해를 저해합니다. 북한은 자본주의와 민주주의에 대한 이해가 부족하고, 남한은 사회주의와 공산주의에 대한 두려움이 있습니다. 교육제도, 종교, 인권 및 거주 이전의 자유, 개인의 자유와 집단의 평등에 대한 생각이 다릅니다. 정치의식에 있어서 북한은 전근대적 사고를 하는 반면, 남한은 근대화로 의식변화가 이루어졌습니다. 북한은 통치자가 일사불란한 지도력으로 강력히 통치하는 것을 훌륭한 리더십이라고 간주하지만, 남한은 그러한 리더십을 독재로 간주합니다. 개인과 집단의 관계에서도 개인의 자유를 중시할 것인가, 집단과 조직에 대한 책임을 우선할 것인가에 대해 관점이 다릅니다. 모든 의식과 가치관을 어떻게 이해할 것인가가 문제입니다. 서로에 대한 다름과 존재를 인정하며 대화하는 길 외에 다른 방법이 없습니다. 과거의 좋은 기억은 공유하고 나쁜 기억은 화해함으로 상호이해와 화해를 도모해야 합니다.

전쟁에 대한 화해는 서로에 대한 피해를 이해함으로 시작됩니다. 북한과 남한이 전쟁을 통해 어떤 피해를 받았는가, 그 속에서 어떤 고통을 받았는가를 진지하게 대화할 때 서로의 이해를 넘어 화해의 여지가 마련될 것입니다.

교류 패러다임의 전환과 실천

소통을 위해 만남보다 중요한 것은 없습니다. 이를 위해 교류와 왕래를 적극 실시해야 하며, 남북 교류의 패러다임을 새롭게 설정해야 합니다. 서로의 독자성을 인정하고 남북의 이질성을 다양성으로 조화, 발전시키는 방향으로 교류를 추진해야 합니다. 지금까지는 민족의 동질성 회복이라는 틀에 얽매어 전통적이고 과거 지향적인 교류에 치중했다면, 이제는 남북한이 함께 즐길 수 있는 대중문화를 교류함으로 각 체제의 문화적 이질성에 대한 이해를 높이는 교류를 실시해야 합니다.

남북 교류의 새로운 패러다임은 교류 증대만을 목표로 할 것이 아니라, 교류를 통해 공유가치를 확대하는 방향으로 추진해야 합니다. 세계적으로 민주주의, 시장경제, 정보화·개방화의 보편가치가 발전하고 있고, 남북한도 이러한 보편가치들을 공유하는 노력을 기울여야 합니다. 교류와 왕래를 통해 북한을 붕괴시키는 것이 아니라, 민주와 자유, 시장과 개방의 가치들이 더 확대되어서 남북한이 미래지향적으로 공유가치를 확대해 나가야 합니다. 이를 위해 북한과의 접촉 채널을 다원화해 나가는 것도 중요합니다. 사회문화 교류가 양적으로 확대되고 있지만 질적 발전의 속도는 매우 느리고 교류 주체 사이의 관계망 형성도 크게 늘어나지 않고 있습니다. 북한 내 사회문화 교류의 행위자가 '민화협'이라는 단일 창구를 통해 이루어지는데, 민간단체와 준정부 기관 등이 다양한 채널을 통해 북한과의 교류를 시도하는 것도 필요합니다. 이를 위해 정부와 NGO간의 협조체제가 구축되어야 하며 정부, 민간, 개인 등 행위자 간 거버넌스 체계를 갖추어야 합니다.

정보화 시대에 걸맞은 법제도의 개선도 필요합니다. 인터넷으로 충분히 접근이 가능한 북한 서적과 문화상품을 하드 카피로 소지하는 것이 불법이라든지, 탈북자들처럼 북한에 가족을 둔 사람이 북한의 가족과 전화하는 것을 어떻게 받아들여야 할지 헷갈립니다. 따라서 인터넷과 정보화의 진전 속도에 맞게 교류협력에 관한 법적용 문제도 정비가 필요합니다. 방북 교육도 소극적 방어 위주의 교육에서 적극적 대화법을 구사하는 방향으로 달라져야 합니다.

나눔과 인도주의 지원

화해를 구체적 행동으로 표현하는 인도주의 지원도 필요합니다. 이념 분단이 지속되면서 휴머니즘조차 이념에 압도당했습니다. "헐벗고 굶주리는 북한 동포!"라는 담론이 도와주어야 한다는 생각보다는 남한 자본주의 체제가 북한 사회주의를 이겼다는 체제논리의 학습담론으로 사용되었습니다. 고난의 행군으로 1백만 명 이상이 사망했고, 5백만 명으로 추산되는 하류층 25퍼센트는 정상적인 삶이 어렵습니다. 특히 하류층 어린이들은 심각한 영양 결핍 상태에 놓여 있습니다. 경제난 악화로 이혼이 급증하고 탈북 등으로 가족 해체가 심각합니다.

화해의 구체적 행동으로 인도적 지원을 실시해야 합니다. 다행히 북한의 식량난이 악화되었을 때 한국의 여러 NGO가 북한 주민들에게 도움을 주었고, 정부 차원에서도 많은 지원을 했습니다. 육아원, 병원, 학교, 농장, 공장 등의 시설을 지원하고 취약 계층과 유아들을 지원하는 NGO 활동에서 적극적이었습니다. 북한 사회에 자리잡고 있는 '남조선'에 대한 부정적 생각, 즉 남조선은 돈만 아는 사회, 돈을 벌기 위해 혈안이 되어 윤리도덕이 파괴된 사회라는 편견과 선입견을 바꾸기 위해서는 인도적 지원을 해야 합니다. 인도적 지원을 통해 남한 국민의 동포애를 전함으로 북한 주민과의 소통의 공간을 만들어 나가야 합니다.

당장에는 북한이 인적 지원을 받아들이지 않을 것입니다. 비교적 체계화되어 있는 북한 사회는 인적 봉사활동을 필요로 하지는 않을 것입니다. 북한이 물질적 지원을 필요로 하고 있으므로 여기에 집중해야 하겠지만, 함께 참여할 수 있는 봉사활동의 공간도 만들어 가야 합니다. 시·군·구역별로 자력갱생체제를 유지하고 있는 북한 체제의 특성을 활용하여 지역 단위로 애향산업 및 교육·의료 개발 프로젝트를 추진하면 매우 효율적일 것입니다.

탈북자의 성공적 사회 정착

통일을 위해 필요한 여러 조건이 있지만, 궁극적으로 북한 주민의 민심을 얻어야 하는, 즉 문화적 통일이 중요합니다. 이런 점에서 탈북자들이 한국을 제대로 이해하고 성공적으로 정착함으로 북한 주민에게 한국에 대한 좋은 인상을 심어주는 것이 매우 중요합니다.

탈북자의 국내 입국은 1994년부터 두 자리 수로 늘어나기 시작했으며, 남북 정상회담이 개최된 이후 2001년부터 천 명 단위로 급증했고, 2006년에는 2,026명으로 2천 명을 넘어섰으며, 2011년에는 2,706명으로 증가하여 2012년에는 2만 5천 명의 탈북자가 국내로 들어와 거주하고 있습니다. 북한 이탈 주민이 느끼는 한국 생활에 대한 만족도는 60퍼센트 정도입니다. 보통이라는 의견을 제외하면 한국생활에 불만족한다는 의견은 6.7퍼센트로 매우 낮습니다. 그러나 주관적 만족도와는 달리 객관적 적응도는 낮은 편입니다. 탈북자들은 자체 평가에서 '적응하고 있다' 26.0퍼센트, '적응하지 못하고 있다' 45.5퍼센트입니다. 반면에 북한 이탈 주민의 정착 실태를 지켜보는 자원봉사자와 정부의 보호담당관은 사회적 적응을 못하고 있다고 보는 평가가 각각 52.9퍼센트와 66.0퍼센트로 탈북자들 스스로 생각하는 것보다 부적응 문제를 더 심각하게 보고 있습니다.

한국 사회에 성공적으로 정착하려면 안정된 직장과 경제적 기반을 갖추는 것이 중요합니다. 그런데 상당수의 탈북자들이 직장생활을 제대로 하지 못하는데 그 이유가 북에 있는 가족 때문입니다. 초기에는 무조건 한국으로 데려오려고 했으나, 요즘은 북에 있는 가족들은 그대로 두고 돈을 송금하는 방식으로 살아갑니다. 가족문제를 어떻게 해결해 줄 것인가가 직장생활과 한국 사회 적응에 매우 중요합니다.

한국 사회에서 탈북자에 대한 친근감은 42.5퍼센트입니다. 동네 이웃으로(49.3퍼센트), 직장동료로는(49.8퍼센트)로 꺼리지 않지만, 동업자, 결혼 상대자로서는 관계 맺기를 꺼리는 경향(38.1퍼센트, 48.6퍼센트)이 강해 사회적 거리감은 여전히 있습니다. 탈북자들을 한국 사회가 차별하고 울타리 밖으로 밀어 낸다면, 통일 한국에 대한 환상은 깨어질 것이고 통일은 그만큼 멀어집니다. 탈북자들이 한국 사회에서 성공적으로 정착한다는 소식이 북한에 전해지면 통일은 그만큼 가까워질 것입니다. 이런 점에서 다민족 사회의 통합에 필요한 공존과 포용의 사회적 가치를 확대하면서 탈북자 정착을 지원하는 일은 남북의 화해와 협력을 위해 매우 필요합니다.

문화적 통일 준비

남북한의 소통을 위해서는 통일에 대한 비전을 공유하며 노력을 함께 기울여 나가야 합니다. 남북한의 통일에 대한 생각이나 관점은 완전히 다릅니다. 남한은 통일의 필요성에 대해 57퍼센트 정도만 인정하고, 대부분 점진적 통일을 원합니다. 다른 어떤 문제보다 통일을 우선적으로 해야 한다고 생각하는 사람들은 10퍼센트 미만입니다. 반면에 북한은 99퍼센트가 통일의 필요성을 인정합니다. 하지만 통일이 무엇인가에 대해서는 서로의 생각이 다릅니다. 남한은 통일을 위해 왕래와 교류를 먼저 해야 한다고 생각하는 반면, 북한은 미군 철수가 전제되어야 한다고 주장합니다.

북한을 제외한 세계의 모든 한민족, 즉 조선족과 고려인, 재일 동포와 재미 동포는 남한의 문화와 가치를 대부분 이해하고 받아들이는 추세입니다. 경제력을 바탕으로 급속히 발전한 한국 문화는 오래전에 이미 재미 교포 사회를 흡수했으며, 중국의 조선족 사회와 러시아의 고려인 사회에도 깊숙이 스며들고 있습니다. 세계의 모든 한인의 민족의식은 남한의 문화로 동질화되어 가고 있다고 볼 수 있습니다. 이런 맥락에서 북한과의 문화적 접촉이 상대적으로 자유로운 연변 조선족, 연해주 고려인, 재일 교포들과 함께 문화교류의 장을 마련하고 교류를 증대하는 것은 한민족의 문화적 통일을 촉진하는 지름길이 될 것입니다.

이런 점에서 문화적 통일에 대한 인식을 새롭게 해 나가야 합니다. 문화적 통일의 방향은 당위론적으로는 남북 문화의 공존이지만, 현실적으로는 남한 문화의 전파가 될 것입니다. 주체적이고 폐쇄적인 가치를 추구해 온 북한의 전통적 삶의 방식을 어떻게 근대적 가치와 조화를 이루면서 공동체를 형성할 것인가 하는 것입니다. 북한에는 충효사상과 장유유서, 남녀차별 등 유교 전통적 태도와 가치관이 아직도 강하게 남아 있고, 여러 면에서 공동체적 사회관계와 절제의 삶이 강조되고 있습니다.

　그러나 좋은 전통문화가 지나치게 강조된 나머지, 민족적인 것만 고집하며 다른 현대적 생활방식과 가치관을 배타시한다면 공동체 형성은 어려울 것입니다. 우리 민족이 진정한 공동체로 발전하기 위해서는 남북한이 공유하고 있는 역사적 경험과 전통을 바탕으로 더 활발한 사회문화 교류가 이루어져야 합니다. 의식주와 민속놀이, 전통예절을 공감할 기회를 더 많이 가져야 하며, 현재 남북한이 문화적으로 달라졌다고 해도 달라진 현실을 이해하고 인정하는 공존의 자세로 상호이해의 폭을 넓혀가야 합니다. 남북의 민족의식과 공동체 문화는 이러한 개방적 태도와 민주적 가치의 토대 위에서 더욱 견고하게 펼쳐질 것입니다.

　남북화해 분위기를 타고 지난 20여 년 동안 폭발적으로 성장한 사회문화 교류가 천안함과 연평도 사건, 북한 핵실험 등으로 대치국면에 이른 것은 매우 안타까운 일입니다. 당장에는 추가적 대북제재와 군사적 조치들이 거론되는 긴장국면이 조성되겠지만, 중기적으로 보면 한반도가 가야 할 방향은 교류와 협력, 개방과 개혁으로 귀결될 것입니다. 이럴 때일수록 상호이해를 증진하는 사회문화 교류와 문화적 통일 노력은 더욱 필요합니다. 남북 당국 간 대화와 왕래가 속히 재개되어 교류와 협력을 바탕으로 남북의 문화적 통일의 계기가 마련되기를 기대해 봅니다.

질문과 답변

[질문 1] 통일은 경제적, 사회적 비용을 수반하는 어려운 과정으로 가능한 우리 세대에서 겪지 않았으면 하는 생각을 가진 사람이 많습니다. 남북한 사람의 의식 속에 통일이 복잡하고 정치적, 민족적인 이슈가 아니라, 더 나은 공동체로 나가기 위한 축제로 전환시키면 어떨까 하는 생각을 합니다. 새터민과 남한 사람 모두에게 통일 의식의 전환을 위한 구체적인 행동과 노력이 국가나 사회 차원에서 어떻게 이뤄지고 있는지 알고 싶습니다.

[답변] 통일을 축제로 만들겠다는 생각은 정말 신선하고 좋습니다. 통일에 따르는 갈등과 혼란, 경제적 비용이 적지 않겠지만, 통일이 되면 땅이 넓어지면서 지리적 환경이 달라집니다. 중국, 러시아와 국경을 마주하게 되고 중국, 러시아를 통과해 동남아시아와 중동, 중앙아시아, 유럽으로 자유롭게 왕래하게 됩니다. 뿐만 아니라 통일 한국의 적정 병력을 30~40만 명으로 보고 있는데, 그렇게 된다면 병역 의무를 대폭 줄이거나 모병제로 전환하여 군복무에 대한 부담에서 해방될 수 있습니다. 전쟁의 불안과 스트레스에서 벗어날 수 있습니다. 이런 미래는 생각만으로도 가슴 벅찬 축제가 아닐 수 없습니다.

통일에 대한 의식전환을 위해 국가 차원에서 적지 않은 노력을 기울이고 있습니다. 통일부는 매년 통일교육 교재를 만들어 학교 및 시민단체에 제공하고 있고, 청소년들을 대상으로 접경지대 방문, 국토대행진, 대학생 남북모의회담 등을 개최하고 있습니다. 또 학생들의 남북 교류를 적극 장려하기 위해 남북한 청소년교류센터 건립을 추진 중에 있습니다. 이러한 활동을 통해 통일은 비용보다 편익이 훨씬 크다는 점을 강조함으로써 의식전환을 도모하고 있습니다. 통일은 전쟁 위험을 해소하여 항구적인 평화를 보장할 뿐만 아니라 국가신용등급과 국가 브랜드 가치를 높여 코리아 디스카운드(Korean discount)에서 코리아 프리미엄(Korea premium)이라는 새로운 가치를 창조하고, 남한의 자본과 기술, 북한의 노동력과 지하자원이 결합하면 새로운 성장 동력이 창출되어 일자리도 늘어날 것입니다. 나아가 이산가족과 북한 이탈 주민들이 겪고 있는 고통이 해소되어 남북 구성원 모두 자유와 인권, 삶의 질이 향상될 것입니다.

그러나 문제는 여전히 많은 사람들이 공감하지 못한다는 것입니다. 그 이유는 통일의 편익과 통일 한국의 미래 비전에 대해 교육현장에서 감동적으로 전달되지 못하고, 남북 분단과 대립이라는 엄중한 현실이 비전과 열망을 압도하기 때문입니다. 아무리 남한이 통일의 꿈과 비전을 얘기해도 북한의 선군정치와 주체사상이 변화되지 않고 주변국의 한반도 정책도 남북한의 통일을 적극적으로 지지하지 않는 것이 현실입니다. 분단의 현실은 우리 가까이에 있고, 통일의 편익은 아직 느껴지지 않기 때문에 어쩌면 당연한 결과인지도 모릅니다.

통일의 꿈과 비전을 동력 삼아 축제 분위기를 만들어 가는 것은 당연히 해야 할 일이지만 분단 현실에 대한 깊은 성찰과 치유가 선행되지 않으면 편익과 비전 제시는 허망한 것이 될 수 있습니다. 전쟁의 폭력으로 처참하게 살육당한 수많은 사람, 남은 가족들의 생존을 위한 발버둥, 부모를 잃은 고아들, 이산가족의 절규, 체제 안에서 자행된 억압과 짓눌림, 이러한 아픔과 고통을 외면한 채 통일 편익과 비전을 주장하는 것은 한가로운 외침으로 들릴 수 있습니다. 미래에 대한 비전과 열망을 갖는 것은 정말 중요하지만, 그것은 우리가 발을 딛고 있는 땅에서 출발해야 함께 갈 수 있습니다.

통일 비전을 분단 비용에 대한 성찰과 자각, 탈분단에의 열망에서 시작해야 한다고 주장하는 것도 바로 이런 이유 때문입니다. 통일 비전을 제시할 때 분단 현실을 함께 보여 주며 더 나은 공동체를 만들기 위한 미래로 나아가자고 주장하면 더 많은 공감대를 얻을 수 있습니다. 따라서 통일을 열망하는 사람들은 자신만의 축제를 준비하기 전에 남북 분단의 현실 속에서 사무치는 그리움과 눈물, 멍든 가슴으로 살아가는 수많은 사람들, 아직도 응어리져 있는 증오와 두려움, 분단 트라우마를 가슴 절절이 이해해야만 합니다. 그런 후에 맞이하는 통일이야말로 가슴 벅찬 축제가 될 것입니다.

[질문 2] 새터민과 얘기를 하다보면 이 친구들에게 약간의 경제적 열등감이 있다는 느낌을 받습니다. 통일 후에도 남한이 북한에게 재정적 도움을 주는 관계가 이어진다면 감정적 곡선의 기울기가 형성될 수밖에 없을 것 같습니다. 이 부분을 무조건 껴안고 가야 하는지 아니면 조금 더 대등한 관계를 위해 어떤 노력과 방법이 필요한지 궁금합니다.

[답변] 북한의 경제수준이 남한에 비해 현격히 낮기 때문에 남한 사람들과 교류하면서 경제적 열등감을 갖게 되지요. 경제적 열등감은 사회통합을 방해하는 요인입니다. 우리 사회에서 가족이나 친척이라도 생활수준이 너무 다르면 친밀한 교제가 이루어지기 어렵습니다. 우리 속담에 "사촌이 땅을 사면 배가 아프다"는 말이 있듯이 가까운 사람들 사이에서 생활수준의 차이 때문에 상대적 박탈감을 겪는 경우가 있습니다. 통일 과정에서 빈부격차의 문제는 가장 심각한 사회갈등의 요인이 될 것입니다. 북한 사람을 만나보면 북한이 느끼는 경제적 열등감은 단지 북한의 생활수준이 남한보다 낮다는 측면에서만 오는 것은 아닙니다. 그보다는 '옛날에는 우리가 잘살았는데 요즘 남한이 조금 잘산다고 우리를 무시한다'는 생각이 강합니다. 실제로 북한은 1975년까지 남한보다 1인당 국민소득이 높았습니다. 북한 사람의 이야기인즉, 북한이 과거 남한보다 잘살았던 시기에는

남한을 불쌍하게 여겼지 무시하지는 않았다고 합니다. 실제로 어떠했는지 알 수 없는 노릇이지만 그들의 최근 심정을 이해할 수는 있을 것 같습니다. 잘살면서 도와주지 않는 것에 대한 섭섭함을 표현한 것입니다. 주체사상 교육으로 자존심이 강한 북한 사람들이라 더욱 그런 것 같습니다.

이런 문제점 때문에 통일 과정에서 빈부격차로 인한 사회갈등을 줄이기 위해서는 통일을 점진적으로 추진하거나, 설령 급작스런 통일이 이루어지더라도 일정 기간 동안 북한을 남한과 분리해서 운영해야 한다는 정책이 제안되기도 합니다. 일각에서는 통일 과정에서 정부가 자유로운 주민 이동을 원천적으로 차단하는 것은 헌법에 위배되는 것이므로 남북분리정책을 추진해서는 안 된다는 의견도 있지만, 통일이 되면 북한을 일정 기간 특별행정구역으로 설정할 가능성이 높습니다. 북한의 경제수준을 남한 수준으로 끌어올리려면 많은 시간과 재정이 투입되어야 합니다. 그로 인한 남한 주민의 불만이 생길 수도 있습니다. 그러나 이렇게 하는 것이 북한 주민의 경제적 열등감을 줄이고 사회통합을 증진하는 좋은 방법이라고 생각합니다.

[질문 3] 교수님은 일관되게 통일 한국을 이루기 위해 남과 북이 화해와 협력의 길로 나아가야 한다고 강조하시지만, 북한의 태도는 강경하고 무분별하다는 생각이 많이 듭니다. 민족공동체의 하나 됨을 간절히 소망하는 청년으로서 할 수 있는 일이 아무것도 없는 것 같다는 무력감도 느낍니다. 정책결정자를 위해 기도하는 것 이외에 실제적으로 삶의 현장에서 어떤 태도로 구체적으로 무엇을 해야 할지 궁금합니다.

[답변] 북한이 과거의 트라우마 때문에 과민하게 반응하는 경향이 있다는 점을 다시 한 번 강조합니다. 최근의 격렬한 언행과 태도는 미국과 한국의 군사훈련에 대한 대응 과정에서 나온 것입니다. 북한은 2012년 12월에 장거리 로켓을 인공위성

이라 주장하며 유엔안보리의 제재를 부당하다고 항의했습니다. 때문에 그러한 제재의 일환으로 2013년 3월 미국이 한미합동군사훈련에 B-52나 B-2전폭기, F-22, 해상레이더함대 등을 보낸 것에 매우 격렬히 대항했습니다. 북한이 결코 잘한 것은 아니지만, 그렇다고 미국과 한국이 잘했다고 할 수도 없습니다. 손뼉도 마주쳐야 소리가 나듯이 다툼과 전쟁도 쌍방 간에 문제가 있기 때문입니다.

미국의 인류학자 로이 리처드 그링커(R. R. Grinker)는 서로를 전혀 이해하려고 하지 않는 고집불통의 남북한 사람들의 의식구조를 그의 저서, 《끝나지 않은 전쟁》에서 신랄하게 비판했습니다. 서로를 이해하기보다는 무조건 자기편을 지지해야 하고, 상대편을 조금이라도 두둔하는 사람들은 가차 없이 배신자로 몰아가는 경향은 남북이 조금도 다르지 않습니다. 분단 대결의 구조 속에서 자기 중심적 집단논리를 오랫동안 학습한 나머지 흑백논리에 익숙한 것입니다.

상대를 이해하려는 마음과 배려, 이것이 자기 목숨을 바쳐 증오와 적대로 갈라져 있던 사람과 하나님 사이의 담을 허물고 인류의 화해를 성취했던 그리스도 예수의 마음입니다. 예수를 본받아 자기 자신을 온전히 희생하여 남북한 사이에 놓인 철조망과 증오, 적대의 높은 담을 허물고 화해와 통일을 갈망하는 것은 이 땅에 사는 모든 그리스도인이 해야 할 시대적 사명이자 하나님의 명령입니다. 이 명령은 나보다 남을 낮게 여기고 불쌍히 여기는 예수의 마음을 품지 않고서는 이루어 낼 수 없는 과업입니다. 이런 마음과 더불어 전략이 필요하고 공동체적인 노력이 필요합니다. 즉 분단 한반도를 통합할 수 있는 경제 구조와 정치 리더십, 통일외교 등 여러 분야의 전문성을 준비해야 합니다. 분단을 통일로 바꾸는 일은 기존의 관행과 제도를 바꾸는 것으로 매우 어려운 작업입니다. 변호사, 공무원, 교사, 의사, 사회복지사, 회사원, 목회자, 영화예술인 등 여러 영역에서 통일시대를 준비하는 사람들이 모임을 갖고 있습니다. 그러나 아직은 많이 부족한 상황입니다. 한반도의 현실을 깊이 들여다 볼 줄 아는 헌신된 사람이 더 많이 나와야 합니다.

김승욱 –

중앙대학교 경제학부 교수

중앙대 경제학과를 졸업하고, 조지아 대학교에서 경제사 박사 학위를 받았다. 1989년 이후 현재까지 중앙대학교 경영경제대학 경제학부 교수로 경제사를 가르치고 있다. 기독교학문연구회 회장, 경제사학회 회장 등을 역임했으며 현재는 기독교세계관학술동역회 공동회장 및 월간지 〈월드뷰〉 발행인을 맡고 있다.

제4강

경계, 시장 경제와 경제민주화를 말하다

　요즘 많은 사람이 경제적 어려움을 겪고 있습니다. 취업이 어려워지면서 아르바이트가 부업이 아니라 주요 고용형태가 되어가고 노동 시장이 다수의 아르바이트직과 소수의 정규직으로 양분되고 있습니다. 2013년 3월, 시간제 노동자는 62만 명으로 지난 7년 사이에 2배나 급증했습니다. 2013년에 발표된 맥킨지의 한국 보고서 〈신성장 공식〉에 의하면 지난 10년간 한국의 대기업은 급성장했지만, 주로 해외 사업 위주로 성장했기 때문에 국내 고용은 1995~2010년 사이에 2퍼센트가 감소했습니다. 여기에 연소득 대비 가계의 주택 가격 부담은 7.7퍼센트(2010년 기준)로 미국(3.5퍼센트)은 물론 영국과 호주(6.1퍼센트), 캐나다(3.4퍼센트)에 비해 훨씬 높습니다. 중산층 비중은 1990년 75.4퍼센트에서 2010년에는 67.5퍼센트로 10퍼센트나 감소했습니다. 경제적 어려움을 겪는 사람들이 늘어나면서 우리 사회는 경제민주화 요구가 강하게 일어나고 있고, 시장 경제에 대한 비판이 더욱 커지고 있습니다.

　이 글의 목적은 두 가지입니다. 첫째는 경제민주화 논란의 중심에 있는 시장 경제에 대해서 그리스도인은 어떻게 평가해야 할 것인가를 밝히는 것입니다. 우리가 살고 있는 시장 경제 체제에 대해 평가한다는 것은 의미 있고, 그리스도인에게 매우 중요한 문제라고 생각합니다. 둘째는 경제민주화에 대한 기독교적 평가를 하는 것입니다. 사회적으로 많은 논란이 되는 경제민주화를 기독교적 시각에서는 어떻게 판단해야 하는가를 밝히고자 합니다.

시장 경제

시장 경제를 이해하기 위해서는 시장 경제가 아닌 것이 무엇인지 살펴보면 도움이 됩니다. 전근대 사회의 자급자족적 전통 경제는 시장 경제가 아닙니다. 냉전 시대의 공산주의 계획경제 역시 시장 경제가 아닙니다. 그렇다면 대항해 시대가 열린 16-18세기 중상주의 시대 경제 체제를 시장 경제 체제라고 볼 수 있을까요? 이 시대에도 상품 경제가 빠르게 확산되고 세계 무역이 증가했습니다. 그러나 이 시대의 약탈 무역을 시장 경제라고 하지 않습니다. 왜냐하면 시장 경제 질서가 형성되지 않았기 때문입니다. 우리가 시장 경제라고 부르는 것은 18세기 말 영국에서 시작된 산업혁명 이후에 사적소유제도 하에서 자원의 배분을 시장이 주는 가격 신호에 의해 소비자와 생산자들의 자발적 의사결정에 의해서 이루어지는 경제 체제입니다. 이 체제는 개별 경제주체들이 이기적으로 금전적 인센티브의 동기에서 경쟁할지라도 사회 전체적으로 조화를 이루며 바람직한 자원배분을 달성할 수 있다는 신념에 근거합니다.

이념적 시장 경제는 이렇게 설명할 수 있어도, [그림 1]에서 보는 바와 같이 오늘날에는 다양한 시장 경제 체제가 존재합니다. 홍콩과 같은 자유방임적 시장 경제부터 중국식 사회주의 시장 경제까지. 양 극단을 지지하는 경제학자도 별로 없습니다. 시장극단주의로 분류되는 오스트리아 학파의 밀튼 프리드만이나 하이에크도 무정부주의자는 아닙니다. 그들도 시장 질서를 유지하는 데 필요한 정부의 간섭은 인정합니다.

[그림 1] 현실의 다양한 시장 경제 체제

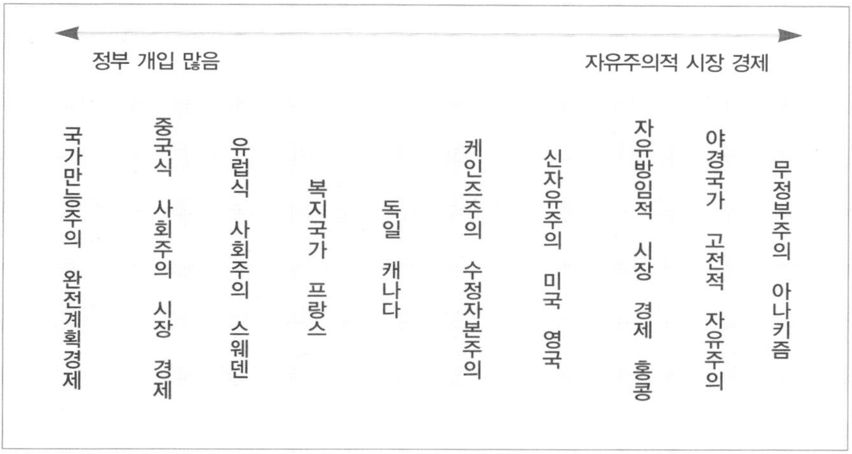

정부 개입 많음 ← → 자유주의적 시장 경제

국가만능주의 완전계획경제 | 중국식 사회주의 시장 경제 | 유럽식 사회주의 스웨덴 | 복지국가 프랑스 | 독일 캐나다 | 케인즈주의 수정자본주의 | 신자유주의 미국 영국 | 자유방임적 시장 경제 홍콩 | 야경국가 고전적 자유주의 | 무정부주의 아나키즘

이렇게 시장 경제의 유형이 다양하지만, 이를 평가하기 위해서는 극단적인 이념형의 시장 경제를 상정하고 그 특징과 장단점을 살펴볼 필요가 있습니다. 논의의 편의상 이념적인 시장 경제의 핵심적 요소로 사적 소유권 인정, 금전적 유인(인센티브)의 동기 구조, 분산된 의사결정, 보이지 않는 손=가격 기구의 활용, 자유 경쟁의 보장 등을 간단히 살펴보겠습니다.

사적 소유권 인정

시장 경제 체제는 사적 소유권을 인정합니다. 사회 질서에서 가장 근본적인 것이 재산권 제도입니다. 소유권(또는 재산권)은 첫째, 처분권, 소유자가 원하는 방식으로 이용하거나 처분할 수 있는 권리, 둘째, 양도권, 타인에게 교환을 통해 양도하거나 증여할 수 있는 권리, 셋째, 전유권, 이용해서 얻는 소득을 전유할 수 있는 권리로 구성되어 있습니다. 사적 소유권은 이 세 가지 권리를 소유자가 독점적으로 누리는 제도입니다. 사적 소유권이 성립되기 이전의 전근대 사회에서는 이 세 가지 권리가 왕, 귀족, 소작인 또는 농노 등에 의해서 나뉘어져 있었습니다.

재산권이 중요한 이유는 자기 것을 아끼려는 인간의 본능을 활용해야 효율적이기 때문입니다. 아프리카에는 코끼리가 줄어들고, 아시아에는 코끼리가 늘어나는 이유는 아프리카에서는 코끼리가 공유 자원이지만, 아시아에서는 사유 재산이기 때문입니다. 소는 늘고 코뿔소는 줄어드는 이유도, 소는 사유 재산이고, 코뿔소는 공유 재산이기 때문입니다. 유한한 자원을 더 개발하고 보존하기 위해서는 사유재산제도가 유리합니다.

조선이 가난했던 이유도 관리들의 가렴주구(苛斂誅求)로 인해서 재산권 보호가 취약했기 때문입니다. 이에 대해서 영국인 이사벨라 버드 비숍(1832~1904)이 저술한 《한국과 그 이웃나라들 *Korea and Her Neighbours*》(1897)에도 잘 나타나 있습니다. 그녀는 뗏목을 타고 남한강과 북한강을 거쳐서 조선을 여행하면서 노는 땅이 많은 것을 보고 조선인이 매우 게으르다고 생각했습니다. 그런데 만주에서 조선족이 가장 잘사는 것을 보고, 조선인이 게을러서 못사는 것이 아니라, 탐관오리들의 착취 때문이라는 것을 알았다고 적고 있습니다. 정약용은 《목민심서》에서 양반 관료들이 백성을 밭으로 갈아 먹고, 관리들을 면허받은 흡혈귀라고 표현했습니다.

사유재산제도는 자산을 누가 활용할 수 있는가 하는 규정이 명확하고 그 행동의 결과 발생하는 가치변동이 명확하게 소유주에게 귀속되도록 함으로써, 분쟁을 줄여 거래비용을 줄여 줍니다. 뿐만 아니라 자산의 시장가치가 가장 높게 쓰이도록 유도하는 역할을 합니다. 소유권자는 양도권을 자유롭게 교환할 수 있기 때문에 이를 통해 가장 유용한 용도에 쓰이도록 유도할 수 있습니다. 예를 들어 주식회사제도의 경우 회사의 소유권을 주식의 형태로 잘게 나누어서 타인에게 양도함으로 돈은 있지만 경영 능력은 없는 사람에게 자본 조달을 가능하게 합니다. 이렇게 사유 재산권은 수익의 배타적 전유와 자산의 양도성을 보장함으로 개인에게 새로운 교역 기회를 발견하도록 자극하는 강한 유인을 제공합니다.

금전적 유인의 동기 구조

시장 경제 체제는 경제주체들이 금전적 유인(monetary incentive)에 따라 행동하는 것을 부정적으로 인식하지 않습니다. 전자본주의 사회에서는 베풂, 나눔, 사랑, 희생 등을 미덕으로 강조하고, 탐욕, 이기심, 물욕 등을 부정적으로 보았습니다. 그런데 자본주의 사회에 들어서면서 이에 대한 시각이 크게 변했습니다. 인간은 이기적일 수밖에 없지만, 금전적 유인에 따른 이기적 행위도 공익을 증진시킨다고 파악했습니다. 금전적 인센티브에 대한 인식이 변하도록 하는 데 크게 기여한 학자는 경제학의 아버지라고 불리는 애덤 스미스(Adam Smith)입니다. 그는 《도덕 감정론》에서 인간은 타인의 감정과 행위에 관심을 가지고, 거기에 동감하는 능력이 있으며, 이것에 의해 사회 질서가 실현된다는 가설을 제시했습니다. 사회질서의 기초는 동기, 즉 이기적이냐 이타적이냐가 아니라 동감(sympathy)이라고 역설했습니다.

> 인간이 아무리 이기적인 존재일지라도, 그 천성에는 분명히 이와 상반되는 몇 가지가 존재한다. 이 천성으로 인해 인간은 타인의 운명에 관심을 가지게 되며, … 타인의 행복을 필요로 한다. 연민과 동정심이 이런 종류의 천성에 속한다. 이것은 타인의 고통을 보거나 또는 그것을 아주 생생하게 느낄 때 우리가 느끼는 종류의 감정이다. 우리가 타인의 슬픔을 보고 흔히 슬픔을 느끼는 것은, 굳이 그것을 증명하기 위해 예를 들 필요조차 없는 명백한 사실이다.[14]

애덤 스미스는 이렇게 인간에게는 동감이라는 안정장치가 있기 때문에, 이기적 동기에 의한 사적 이익의 추구도 질서가 유지될 수 있으며, 나아가 사익의 추구가 의도하지 않은 결과로 사회적 공익에 기여할 수 있다고 보았습니다. 또한 "우리가 맛있는 저녁식사를 할 수 있는 것은 푸줏간 주인이나 양조장 주인, 빵 제조업자의 박애심 덕분이 아니다. 오히려 그들의 돈벌이에 대한 관심과 탐욕

덕분이다. 인간은 누구나 생산물의 가치가 가장 커지도록 자신의 자본을 사용한다. 공익을 증진할 의도도 없고, 오직 자신의 이득만을 생각한다. 그런데 보이지 않는 손의 인도를 받아서 그가 의도하지 않았던 공익을 증진하게 된다"[15]고 했습니다.

이렇게 더 큰 차익을 남기기 위해, 자발적으로 노력하며 이 과정에서 사회적 부(富)가 창출됩니다. 탐욕은 인간관계에서는 악덕이지만, 악덕을 활용해 공동선을 이룩하는 것이 시장이며, 마이클 샌델 교수는 《돈으로 살 수 없는 것들》에서 이것이 바로 시장이 행해야 하는 도덕적 연금술(moral alchemy)이라고 했습니다. 경제학에서는 이런 관점에서 더 높은 이윤을 추구하는 행위를 탐욕으로 간주하지 않으며, 이윤은 더 나은 경영에 대한 보수, 위험부담 의지에 대한 대가, 신기술, 신경영, 혁신, 및 차별화 등에 대한 대가, 소비자에게 창출한 가치를 현금화한 것 등으로 간주합니다. 따라서 시장 경제에서 남보다 소득이 높다는 것은 높은 지불 용의, 즉 고객 가치를 창조했다는 것을 의미하며, 소득은 구매자의 지불 용의를 현금화한 것입니다.

오늘날 금전적 유인동기를 활용하는 것을 긍정적으로 인식될 뿐만 아니라, 이를 적용하는 영역이 경제 영역을 넘어서, 교육, 인구정책, 이민정책 등 다양한 사회적 문제 해결에 활용되고 있습니다. 예를 들면 프로 스포츠의 경우 과거에는 명예로 보상해 주었지만 이제는 돈으로 합니다. 교육에도 영향을 미쳐서, 학습동기 유발을 위해 부모가 칭찬하는 대신 돈으로 보상해 주기도 합니다. 학생 선발을 성적에 따라 하지 않고, 기부금을 받고 입학시키는 기여입학제도도 교육 영역에 금전적 유인 동기가 스며들어온 사례입니다.

1992년에 노벨상을 수상한 시카고 대학교의 게리 베커(Gary Becker) 교수는 어차피 부족 인력을 보충하기 위해서 이민을 받아들여야 하는 미국의 입장에서, 시민권을 5만~10만 달러에 파는 것이 미국의 국익에 도움이 된다고 주장했습니다. 그 비용을 지불하려는 사람들은 미국 사회에 도움이 될 만한 자질, 젊음, 숙

련됨, 야심만만함, 성실함 등이 있고 미국 사회가 주는 혜택에 안주할 사람들이 아니라는 것입니다.

분산된 의사결정

시장 경제의 세번째 특징은 의사결정자가 분산되어 있다는 것입니다. 계획 경제에서는 의사결정이 소수의 계획 당국에 의해서 집중적으로 이루어집니다. 반면에 시장 경제에서는 무엇을 얼마만큼 생산할 것인가를 사회에 흩어져 있는 수많은 수요자와 공급자가 자발적으로 결정합니다.

하버드 대학교 철학과의 로버트 노직(Robert Nozick) 교수는 시장 경제의 특징을 '자발성'이라고 했습니다. 시장 경제의 가장 큰 특징이 자발성이라는 점은 시장 경제의 반대인 계획 경제의 특성이 정부의 '강제성'이라는 점을 생각해 보면 쉽게 알 수 있습니다. 시장의 수요와 공급에 대한 현장 지식을 바탕으로 경제 주체들이 자발적으로 선택한 분산된 의사결정이 시장 경제의 가장 큰 특징이라는 것입니다. 자발적으로 이루어진 의사결정에 따른 성공과 실패에 대한 책임을 시장 경제에서는 본인이 집니다.

정치에서는 민주주의 제도에서 분산적 의사결정이 이루어집니다. 민주주의 원리는 1인 1표입니다. 경제적으로 볼 때 분산적 의사결정이 이루어지는 시장 경제에서 의사결정 원리는 주식회사의 경우에는 1주 1표이고, 소비자 선택의 경우에는 1원 1표(dollar voting)입니다. 즉 소비자는 자신의 소비를 통해 생산자에게 무엇을 생산할 것인가를 결정하는 투표에 참여합니다. 생산자는 투표 결과를 보고 인기 많은 제품을 생산합니다. 그래서 시장 경제에서는 소비자가 왕이라는, 소비자 주권이라는 표현을 씁니다. 시장 경제에서 정의로움의 기준은 소비자입니다. 이렇게 자발적으로 이루어진 교환의 특징은 서로에게 이득이 되는 윈윈 해법(Win-Win solution)입니다. 교환을 통해 거래 쌍방의 만족감이 증가하므로 교환은 생산적 행위입니다. 교환 거래는 재화나 서비스가 그것을 가장 가치

있게 느끼는 사람에게로 이동시키며, 능력에 따라 가장 잘할 수 있는 것을 만들며(전문화), 생산물의 총량을 늘리고, 협동과 분업을 통해, 대량생산의 이익을 실현합니다.

시장 경제의 분산된 의사결정이 항상 경쟁만을 야기하는 것은 아닙니다. 일반적으로 사회적 효율을 높이는 방법에는 협동과 경쟁이 있습니다. 말 한 필이 끌수 있는 무게는 6톤입니다. 이를 1마력이라고 부릅니다. 그런데 말 두 필이 끌수 있는 무게는 혼자 끌 수 있는 무게의 5배가 넘는 32톤입니다. 말뿐만 아니라 인간도 협동하면 시너지가 생겨서 생산성이 올라가고 경쟁을 통해서 성과가 높아지기도 합니다.

이 두 가지의 사회적 효율을 높이는 수단 중에 사회주의는 협동을 강조하고, 시장 경제는 경쟁을 강조합니다. 그렇다면 시장 경제는 경쟁만을 강조하고, 협동은 하지 않을까요? 아닙니다. 시장 경제는 자발적 협동 구조입니다. 시장 경제의 모든 교환행위는 자발적 협동 구조입니다. 뿐만 아니라 생산에서 분업도 역시 협동 구조입니다. 애덤 스미스의 《국부론》 제1장, 1절에 등장하는 바늘 공장의 사례를 보면, 바늘을 혼자 만들면 숙련된 기능공도 하루에 20개 이상 생산하기 어렵다고 합니다. 그런데 애덤 스미스가 방문한 바늘 공장에서는 18개 공정으로 분업해서 10명의 기능공이 48,000개, 즉 일인당 4,800개의 바늘을 생산합니다. 자본주의 시장의 기업들은 서로 다른 생산요소 소유자들이 자발적으로 협동하여 생산성을 높이는 협동 구조를 통해 생산성을 높이고 있습니다. 시장 경제가 효율적인 이유는 바로 협동과 경쟁이라는 두 가지 사회적 효율을 높이는 구조를 잘 활용하고 있기 때문입니다. 분산적 의사결정 시스템이 반드시 경쟁만을 의미하는 것은 아닙니다.

의사결정 기준과 시장 가격

시장 경제의 네번째 특징은 의사결정 기준이 시장에서 형성된 시장 가격입니다. 시장의 자발적 의사결정자인 수요자와 공급자는 시장 가격을 보고 생산할 것인지, 구매할 것인지를 결정합니다. 시장 가격에는 소비자와 생산자의 모든 정보가 종합적으로 반영됩니다. 시장 가격보다 더 낮거나 같은 가격으로 생산할 수 있는 공급자는 생산을 할 수 있습니다. 그리고 가격을 더 낮추기 위해서 경영 혁신을 하고, 이를 통해서 이윤을 창출합니다.

그런 의미에서 시장 가격은 두 가지 기능을 합니다. 첫째는 시장에 신호를 주는 기능입니다. 가격이 오르면 공급자는 생산을 늘릴 인센티브가 생깁니다. 반면에 소비자는 구매를 줄이려는 인센티브가 생깁니다. 그래서 시장에 그 물건에 대한 공급량은 늘어나는 반면에 소비는 줄어들어 부족이 해소됩니다. 이것이 애덤 스미스가 말한 '보이지 않는 손'에 의한 자율 조절 기능입니다. 애덤 스미스는 앞에서 인용한 바와 같이 "보이지 않는 손의 인도를 받아서 그가 의도하지 않았던 공익을 증진하게 된다"는 주장을 했습니다.[16]

둘째는 배분의 기능입니다. 경제학은 희소성의 문제를 해결하기 위해서 필요하다고 합니다. 희소성이란 인간의 욕망은 무한한데, 그 욕망을 충족시킬 수 있는 재화는 희소하다는 것입니다. 그래서 효율적으로 분배할 필요가 있습니다. 희소성의 문제를 해결하는 방식이 경제학에만 있는 것은 아닙니다. 양보의 미덕을 강조하는 유교의 도덕군자들은 양보를 통해서도 과부족 문제를 해결할 수 있다고 봅니다. 정글에서는 힘센 동물이 먹이를 독차지합니다. 공산주의 사회에서는 정부가 독자적으로 분배를 결정하기도 합니다. 이것도 분배 방법입니다. 연공서열을 중시하는 동양 사회에서는 나이도 방법이 될 수 있고, 어떤 경우에는 제비뽑기로 결정하면 불평을 줄일 수 있습니다.

이러한 방법과 달리 시장에서 사용하는 것은 바로 경쟁을 활용하는 것입니다. 가장 대표적인 경우가 경매입니다. 경매를 통해서 그 물건을 가장 원하는 사람에게 분배가 됨으로 가장 효율적이라고 생각합니다. 이것이 바로 시장에서 활용하는 시장경쟁을 통한 분배입니다. 사람들 중에는 채식주의자도 있고 육식을 좋아하는 사람도 있습니다. 이들에게 모두 고기와 채소를 똑같이 나눠주는 것은 효율적이지 않습니다. 효율적 분배란 어떤 재화를 가장 원하는(재화의 효용이 가장 높은) 사람에게 그것을 분배하는 것입니다. 앞에서 언급한 비시장적 방법들은 분배의 한 종류는 될 수 있지만, 가장 원하는 사람에게 그 재화를 준다는 보장이 없습니다.

자유 경쟁 수용

마지막으로 자유로운 경쟁을 수용하는 것입니다. 시장이 없던 전자본주의 시대에는 신분, 학벌, 출신 등이 중요한 역할을 했습니다. 사회주의 계획 경제에서는 공권력의 '보이는 손'이 경쟁을 대신했습니다. 그러나 시장 경제에서는 정부에 의한 배분보다 경쟁에 의한 배분을 더 바람직한 것으로 인식합니다. 그 이유는 경쟁을 허용하지 않으면 부정부패가 생기기 때문입니다.

전통적 주류경제학에서는 시장 참여자의 수에 따라서 독점, 복점, 과점, 완전경쟁 등으로 구분했습니다. 그러나 하이에크는 경쟁을 '발견적 절차,' 즉 이것이 없으면 발견할 수 없었던 것을 알게 되는 과정으로 이해했습니다. 경쟁은 승자와 패자를 알려주는 역할을 한다는 것입니다. 각 기업들이 시장에서 경쟁함으로 어느 기업의 의사결정이 옳았는지는 수요자들이 판단합니다. 그 경쟁의 결과에 승복하고 존중하는 것이 미덕입니다. 또한 경쟁은 새로운 지식을 창출하는 절차입니다. 기존 지식으로 안 되면, 이기기 위해서 새로운 지식을 창출합니다. 시장은 새로운 지식의 실험장인 셈입니다. 그리고 실험을 통해 성공한 것은 모방 과정을 통해 확산됩니다.

하이에크는 사회주의 계획 경제가 몰락한 것은 인센티브의 부족도 이유가 되지만, 그보다 더 큰 문제는 지식의 문제 때문이라고 보았습니다. 경제적 선택을 하는데 필요한 지식 가운데 많은 부분이 잘 드러나지 않는 암묵적 지식의 형태를 지니고 있습니다. 그런데 계획 당국이 사회를 계획하고 조직하는 데 필요한 암묵적 지식을 다 가질 수 없습니다. 현장 지식의 습득에 제한적이기 때문입니다. 따라서 경제를 계획할 수 있다는 것은 자만이라고 하이에크는 지적합니다. 반면에 자유 시장 경제는 방대한 현장 지식이 유통되는 거대한 유통 체계이므로, 암묵적 지식을 포함한 지식의 문제를 해결하는 데 가장 효과적입니다.

경쟁은 여러 가지 긍정적인 역할을 합니다. 첫째, 벌을 주려는 것이 아니라 인센티브를 주기 위함입니다. 차별적으로 보상해서 승자와 패자를 알려주는 역할을 합니다. 경쟁을 통한 차별은 희소성의 문제 해결에 탁월한 효과가 있습니다. 둘째, 자발성을 높입니다. 경쟁이 있으면 강요하지 않아도 자발적으로 최선을 다 합니다. 셋째, 개인의 수행 능력을 향상시킵니다. 경쟁하지 않으면 게을러집니다. 넷째, 탁월한 자질을 찾아내는 최적의 구조입니다. 경쟁 없는 세상이 좋은 세상일까요? 만약 '나가수'나 '슈퍼스타K' 등에 경쟁이 없다면 누가 더 잘하는지 파악할 수 있을까요? 다섯째, 공익을 가져다줍니다. 경쟁이 없으면 도덕적 해이가 발생합니다. 경쟁은 나를 위해서 하는 것이 아니라 남을 만족시키기 위해서 하는 것입니다. 생산자가 경쟁해야 소비자가 보호받습니다. 기업의 경쟁은 소비자에게 만족을 누가 더 많이 제공하는가에 있습니다. 이런 이익이나 만족감 경쟁에서 실패하면 기업은 고객, 직원, 주주를 잃어 도산하고 맙니다.

결론적으로 경쟁은 부작용보다 긍정적인 효과가 더 큽니다. 그럼에도 경쟁을 싫어하는 이유는 자기가 좋아서 하는 것이 아니라, 남을 위해서 하는 것이기 때문입니다. 생산자는 소비자를 위해서 경쟁하고, 의사는 환자를 위해서 경쟁하고, 변호사는 의뢰인을 위해서 경쟁합니다. 시장 경제 사회에서 독점을 막기 위해서는 경쟁을 해야 합니다. 국내 시장을 개방해서 경쟁을 시켜야 국내 독점 기업이 자기 이익만을 추구하지 않습니다. 독점을 나쁘다고 하면서도 경쟁을 싫어하는 것은 모순입니다. 독점이 나쁘다고 하려면 경쟁을 수용해야 합니다.

시장 경제에 대한 평가

한국 사회에서는 시장 경제에 대한 평가가 매우 극단적입니다. 시장 경제를 부정적으로 평가하는 사람들은 시장 경제의 단점만을 너무 부각시키는 반면에, 시장 경제를 긍정적으로 평가하는 사람들은 시장 경제의 단점조차도 인정하지 않는다는 점에서 양 극단으로 나뉘어져 있습니다.

시장 경제를 부정적으로 평가하는 사람들은 모든 것을 다 시장 경제 때문이라고 생각합니다. 예를 들면 상품 경제를 하면 불가피하게 발생할 수밖에 없는 경기변동도 시장 경제 때문에 발생했다고 하고, 시장 경제를 종잡을 수 없는 심술쟁이요 변덕쟁이라고 인식합니다. 그래서 정부가 시장의 심술과 변덕으로부터 자신을 보호해 주기 바랍니다. 그리고 노사 갈등이나 비정규직 차별화, 독점 재벌, 휴양지, 예식장, 장례식장의 바가지요금, 빈부격차 확대 등이 자본주의에 대한 대표적인 비난거리입니다. 또한 자본주의는 사치품 생산을 조장해서 필수품 생산이 위축된다고 비난하고, 시장 경제는 인간의 노동을 단순 노동으로 일을 격하시킨다는 비난을 합니다.

반면에 시장 경제의 성과만을 강조하고, 단점과 한계에 대해서는 언급하지 않는 또 다른 면의 극단적인 평가를 하는 부류도 있습니다. 일반적으로 보수적인 경제학자들입니다. 시장 경제가 최선은 아닐지라도, 현실적 대안 가운데에는 가장 바람직하다는 것입니다. 이들은 시장 경제가 효율적이라는 점을 가장 강조합니다. 대표적으로 언급되는 것이 남북한을 비교하는 것입니다. 역사적으로나 인종적으로 동일한 남북한이 오직 체제가 다른 상태로 반세기를 보내고 나니 시장 경제를 채택한 남한은 한강의 기적을 이룩한 반면에, 북한은 대동강의 비극을 낳았다는 것입니다. 베를린 장벽이 무너졌을 때 서독 1인당 소득은 동독의 세 배에 불과했으며, 미국은 쿠바의 9배에 불과한데, 남한의 국내총생산(GDP)은 북한의 40배이고, 1인당 소득은 20배에 달합니다. 고구려인은 신라, 백제보다 컸는데, 현재 남한의 19~24세 청년 평균 신장은 170센티미터로 이탈리아와 같고 중국, 일본보다 큽니다. 그런데 20세 북한 청년들의 평균 신장은 164센티미터로 인도네시아, 베트남, 필리핀과 비슷한 수준이라고 지적합니다.

시장 경제를 극단적으로 옹호하는 사람들은 분배문제에서도 시장 경제가 더 낫다고 주장합니다. 그 근거로는 스웨덴이 구소련보다 더 형평성이 높다는 점이나, 북한의 빈부격차가 오히려 남한보다 더 심하다고 주장합니다. 그리고 시장 경제가 더 친환경적이라고 주장합니다. 공산권은 오염 발생자와 감시자가 같기 때문에 환경문제는 공산권이 더 심하다는 것입니다. 후진국의 환경문제가 더 심각하다는 점을 들어 시장 경제는 성장뿐만 아니라, 분배문제나 환경문제를 해결하는 데도 바람직하다고 주장합니다. 자본주의에 대한 비난 중에는 합당한 비난도 있고, 합당하지 않은 비난도 있습니다. 이것을 구별해야 합니다. 이러한 양 극단적인 평가를 극복하고, 시장 경제에 대한 균형 잡힌 평가를 해야 합니다.

시장 경제를 위한 변론

사적 소유권에 대한 변론

칼 마르크스는 자본주의의 사적소유제도가 모든 악의 근원이라고 했습니다. 그는 인간의 본성을 식욕이나 성욕과 같은 선천적인 제1본성과 물욕과 같은 후천적인 제2본성으로 나누었습니다. 맹수도 배가 부르면 더이상 사냥을 하지 않는데, 인간은 부자가 되어서도 더 많은 돈을 벌려고 가난한 사람을 착취하는 이유가 물욕 때문이라는 것입니다. 그런데 후천적인 물질욕은 자본주의의 사유재산제도에 의해서 더욱 증폭된다고 보았습니다. 즉 사유재산제도 때문에 부자는 더 큰 부자가 되려고 욕심을 부리는 것입니다. 또한 인간은 원래 노동을 좋아하는 존재였습니다. 노동을 통해 자신의 정체성을 발견하고, 삶의 의미를 찾는 존재입니다. 그런데 인간이 노동을 싫어하게 된 이유가 바로 노동의 결과를 누리지 못하고 착취되기 때문입니다. 이로 인해 인간 소외 현상이 발생하고 사유재산제도가 없어지면, 착취도 없어지고, 노동의 기쁨을 맛보며 기꺼이 노동을 하게 되어 생산성이 올라가고 결국 누구든지 원하는 만큼 가져갈 수 있는 이상적인 공산주의 사회가 가능하다고 생각했습니다.

그러나 1917년 볼셰비키 혁명부터 1991년 구소련 붕괴까지 소련의 73년간 공산주의 실험 결과 인간 본성은 변하지 않았다는 것을 알 수 있습니다. 사적 소유제가 없는 공산주의 사회에서 태어나 자란 사람도 자본주의 사회에서 자란 사람과 욕망은 같습니다. 인격 수양에 따라서 약간의 영향은 받을 수 있지만, 근본적으로 자신의 것을 아끼는 본능은 변함이 없습니다. 공산주의가 실패한 원인 중 하나가 인간 본성을 잘못 파악한 것입니다. 따라서 인간의 현실 모습에 기초한 사적소유제도를 수용할 수밖에 없습니다.

금전적 유인의 동기 구조에 대한 변론

시장 경제가 물질주의로 타락할 가능성은 높다는 문제는 있습니다. 먼저 상업주의 비판을 살펴보겠습니다. 어떤 사람들은 대중문화의 질이 떨어지는 이유가 상업화 때문이라고 비판합니다.[17] 한국 사회는 자본주의적 발전을 하면서, 1960년대 이래 고급문화 대 대중문화의 문화 전쟁이 있었습니다. 수동성과 오락성을 특징으로 하는 상업적 대중문화는 이윤 추구가 목적이기 때문에, 돈에 오염되어 삶을 풍성하게 하는 건전하고 생산적인 문화 발전에 기여하기보다는 소비적 오락이나 향락적인 방향으로 기울어질 가능성이 높다는 비판입니다. 이로 인해 상업주의는 자본주의 시장 경제를 비판하는 요인 중의 하나가 되었습니다. 대중의 문화적 수준이 높지 않을 때, 수준 높은 사람의 눈으로 보면 바람직하지 않게 보일 수 있습니다. 수준 높은 소수의 취향보다는 수준 낮은 대중을 위한 문화 활동이 늘어날 수 있습니다. 이것을 나쁘게 보느냐, 좋게 보느냐는 관점에 따라서 다릅니다.

경제학자들은 상업주의를 조금 다른 시각에서 봅니다. 상업주의란 나쁘게 해석하면 돈 많이 주는 사람이 원하는 것을 생산하는 것이지만, 좋게 해석하면 다른 사람이 원하는 것을 생산하는 것입니다. 객관적인 평가의 한 방편입니다. 인간의 속성에는 자기가 한 것은 긍정적으로 평가하고, 남이 한 것은 부정적으로 평가하는 경향이 있습니다. 주관적 평가를 피하는 방법은 제3자의 평가입니다. 생산자는 혼신을 다해 생산했지만, 소비자의 외면을 받을 수 있습니다. 이를 평가하는 것은 생산자도, 정부 기관도 아닌 제3자인 소비자입니다.

상업주의가 추구하는 이윤에 대해서도 비판이 많습니다. 중세 유럽에서는 이윤 추구를 탐욕이라고 간주했고, 마르크스는 자본가의 몫으로 인정하지 않고 착취로 간주했습니다. 오늘날 자본주의 사회에서 이런 극단적인 비판은 많이 수정되었으나, 여전히 곱지 않은 시선을 보내는 것은 사실입니다. 이윤을 위해서 때로는 속이기도 하는데, 이는 정상적인 시장 경제의 활동이 아닙니다. 범죄행위입니다. 시장에서 용인되는 이윤 추구란 혁신 상품을 개발하든지, 원가 절감 등을 통해서 경쟁자를 물리치고 시장에서 좋은 제품을 싸게 팔 때 발생하는 초과이윤을 말합니다. 포드(Henry Ford)의 T형 자동차나 샘 월튼(Sam Walton)의 월마트 성공 요인은 바로 이러한 경영혁신과 대중화에 성공해서 이룩한 것입니다.

금전적 유인의 동기 구조에 대한 비판 가운데 또 다른 하나는 시장지상주의에 대한 비판입니다. 마이클 샌델은 《돈으로 살 수 없는 것들》에서 시장지상주의(market triumphalism)에 대한 비판에 초점을 맞추었습니다. 시장지상주의란 시장이 경제적 영역뿐만 아니라, 도덕적 규범이나 가족·교육·환경 같은 전통적 영역의 가치까지 규정하는 것입니다. 샌델은 시장의 도덕적 한계와 비(非)시장적 가치와 규범, 공동선(共同善)을 망각해선 안 된다는 점을 강조합니다. 그의 주장 가운데는 수긍이 가는 부분도 있으나, 동의하기 어려운 부분도 있습니다. 예를 들면 이스라엘의 한 탁아소에 대한 연구입니다. 탁아소의 최대 고민인 자녀 찾으러 오는 부모들의 지각 문제를 해결하기 위해 벌금제를 시행했으나 지각은 오히려 늘었습니다. 그 이유는 부모들이 이를 '벌금'으로 인식하지 않고, 아이를 조금 더 맡기는 것에 대한 '요금'으로 인식한 것입니다. 벌금은 도덕적 부담을 주지만 요금은 그렇지 않습니다. 마이클 샌델은 이 벌금제가 아이를 정해진 시간에 탁아소에서 데려가는 부모로서의 미덕이라는 공동선을 서비스로 대체시킴으로 교사와 부모, 아이들의 관계마저 교육적 관계가 아니라 시장적 관계로 바꿔놨다고 비판했으며, 이것이 '시장사회'의 폐해라고 주장했습니다. 또한 최근에 각국이 실시하고 있는 탄소배출권 거래에 대해서도 이를 바람피울 권리를 사고파는 것과 같다는 영국의 한 웹사이트의 견해를 수용합니다. 샌델은 탄소배출권 거래를 환경오염의 도덕적 책임을 돈으로 면제받는 것이며, 시장사회는 이렇게 규범과 가치를 파괴한다고 주장하면서, 환경과 인권 같은 삶의 가치가 상품이 될 때 그 가치는 타락하고 부패한다고 주장합니다.

이는 적절한 비유가 아닙니다. 환경문제와 불륜문제는 전혀 다른 성질의 것입니다. 환경은 필요악이나, 불륜은 필요악이 아니기 때문입니다. 환경오염은 나쁜 것입니다. 그러나 어느 정도 공기를 오염시키거나, 오폐수가 발생하는 것이 불가피합니다. 문제는 강이나 대기가 자체 정화할 수 있는 능력 범위를 초과하는 오염입니다. 따라서 지구적으로 허용할 수 있는 오염의 범위가 있습니다. 이 범위 내에서 총량의 한계를 정해 놓고, 국가 간에 적절하게 배분해서 그것을 거래하자는 것입니다. 이것이 대기를 보존할 수 있는 효과적인 방법입니다.

모든 것을 경제적 이해관계에 입각해서 의사결정을 하는 것은 옳지 않습니다. 그렇다고 금전적 동기가 다 나쁜 것은 아닙니다. 장기이식의 경우 기증은 허용되지만 매매는 불법입니다. 장기매매를 허용해서는 안 된다는 것은 말할 필요도 없습니다. 그러나 여기에도 인센티브를 활용할 수 있습니다. 예를 들면 달라스에 있는 남감리교대학(Southern Methodist University)에서는 헌혈을 세 번 하면 분만비를 30퍼센트 할인해 주는 프로그램을 운영하고 있습니다. 이것도 일종의 매혈이라고 볼 수 있지만, 이러한 인센티브를 활용하는 것은 사회적 거부감도 거의 없고, 혈액을 보다 안정적으로 조달하는 데 기여하므로 바람직하다고 평가할 수 있습니다.

분권화된 의사결정에 대한 변론

개인이 이해관계에 따라 자유로운 의사결정을 해도 사회적 질서가 유지되고 공익에 기여할 것인가에 대해서 직감적으로는 거부감이 들기 마련입니다. 따라서 개인의 자유 선택에 맡기기보다는 소수의 엘리트나 정부가 통제를 하는 것이 질서유지에 더 바람직하고 훨씬 자연스럽습니다.

자유주의 시장 경제에서 말하는 자유는 개인이 하고 싶은 대로 하는 그런 자유가 아닙니다. 영국의 정치사상가 이사야 벌린(Isaiah Berlin 1909~1997)은 '소극적 자유'와 '적극적 자유'로 구분했습니다. '소극적 자유'란 타인으로부터 강압이 없는 상태를 의미합니다. 즉 다른 사람의 자유를 침해하지 않는 범위 내에서의 자유입니다. '적극적 자유'는 개인이 하고 싶은 대로 하는 것입니다. 시장 경제에서 말하는 자유는 소극적 자유입니다. 하고 싶은 대로 하는 것이 아니라, 강압받지 않는 선택의 자유를 말합니다.

개인의 의사에 따른 의사결정이 바람직한지, 소수 엘리트에 의한 의사결정이 더 바람직한지에 대한 평가는 인간 지성의 능력에 대한 신뢰와 관련이 있습니다. 문맹률도 높았고, 교육수준과 의식수준이 낮았던 과거에는 대중은 어리석기 때문에 바람직한 사회질서를 유지하기 위해서는 소수 엘리트에 의한 사회 통제가 불가피하다고 생각했습니다. 이러한 인식은 소수 엘리트의 지성과 도덕성에 대한 능력을 낙관적으로 보는 낙관론적 인간관에 기초합니다. 과거에는 귀족이었지만, 현대에는 정부 관료 등 소수의 엘리트 집단이 사회 전체를 조직하고, 관리할 수 있는 충분한 지식과 능력이 있다고 인식하는 것입니다. 반면에 분권적 의사결정을 중시하는 입장에서는 아무리 엘리트라고 해도, 인간의 능력이 제한적이기 때문에 어느 것이 사회를 위해서 더 바람직한 결정인지 알 수 없다는 입장입니다. 유능한 지도자도 복잡한 사회현상과 불확실한 미래에 대한 예지를 갖추지 못하기 때문에 소수 엘리트에 의지하는 집중형 의사결정보다는 각 경제주체의 판단에 맡기는 분산형 의사결정 체제가 더 바람직한 결과를 가져온다고 생각합니다. 시장 경제는 이러한 비관적 인간관에 기초합니다.

가격 기구 역할에 대한 변론

피서철, 장례식장, 결혼식장의 바가지 상혼에 대한 기사가 자주 언론에 오르내립니다. 이런 이유로 시장이란 매우 비윤리적인 곳으로 인식되었습니다. 그러나 피서철 숙박시설 가격이 비수기보다 높은 것이 부당한가요? 설악산 대청봉에서 파는 아이스케이크의 가격이 정가의 두 배인 것이 부당한가요?

유럽의 중세 사회에서는 각 재화에는 '공정 가격(just price)'이 있다고 믿었습니다. 이것보다 비싸게 물건을 팔면 탐욕으로 간주했고, 지옥에 갈 일이라고 생각했습니다. 공정 가격이 어떻게 결정되는가에 대해서 잘 알지 못했습니다. 그러다가 고전학파 경제학자들이 노동량에 따라서 가치가 결정된다고 하는 노동가치설을 제시했습니다. 즉 생산원가에 의해서 제품의 가격이 결정된다는 견해입니다. 이것은 받아들이기 매우 쉽고 이의를 제기하기 어렵습니다. 그런데 현실적으로 원가는 비슷하지만 시장에서 가격 격차가 매우 크게 벌어지는 것을 어떻게 설명할 수 있을까요?

이에 대해 경제학자들은 가격이라는 것이 수요(선호)의 변화에 따라서 변동될 수 있다는 사실을 인식했습니다. 현대 경제학의 가격결정이론은 마치 가위의 양날에 의해서 종이가 잘라지듯이 가격은 공급과 수요의 힘에 영향을 받는다는 것을 알게 되었습니다. 그런데 문제는 인기가 많아서 가격이 오른다는 것은 가슴으로 받아들이기 어렵다는 것입니다. 인기 가수의 출연료가 높은 것은 수긍하는 사람들도 피서철 숙박시설 가격이 비수기보다 비싼 것은 바가지 상혼이나 탐욕 때문이라고 생각합니다. 이것은 정당한 비판이 아닙니다.

경쟁에 대한 변론

시장 경제에서 빼놓을 수 없는 비판이 경쟁입니다. 경쟁은 비인간적이며 부자들에게 유리하기 때문에 경쟁에 기초한 시장 경제는 빈익빈부익부를 조장한다는 비판이 많습니다. 사실 시장 경제도 무조건 경쟁을 수용하는 것은 아닙니다. 경쟁을 받아들이기 위해서는 첫째, 경쟁의 결과가 지나치면 안 됩니다. 복싱은 용인되지만 검투사 시합은 금지되는 이유는 경쟁의 결과로 패자는 죽어야 하는 경기는 수용될 수 없기 때문입니다. 그래서 자본주의 초기부터 파산법 등이 만들어져서 시장 경쟁에서 실패한 사람도 재기할 수 있는 기회를 주었습니다. 둘째, 공정해야 합니다. 공정하지 않은 경쟁의 결과에 대해서는 승복할 수 없기 때문입니다.

한국 사회가 경쟁에 부정적인 이유는 국민들이 느끼기에 패자 부활의 기회가 없기 때문입니다. 한겨레 사회정책연구소가 20~40대를 대상으로 실시한 설문 조사에 의하면, 응답자의 64퍼센트가 "패자 부활의 기회가 없다"고 응답했습니다. 또 한국의 시장 경제가 매우 불공정하다고 인식합니다. 대기업의 빵집 문제와 대형 마트의 골목 상권에 대한 비난이 나오는 것은 시장 경제가 매우 불공정하다는 인식을 표현한 것입니다.

과거에 비해서는 많이 나아졌지만, 한국의 시장 경제 환경에 경쟁의 결과를 모두 수용할 수 있을 정도로 선진화되지 못한 것도 사실이고, 시장 경제의 근간이 되는 경쟁을 나쁘게만 볼 수는 없습니다. 기업가, 노동자, 교사, 교수, 의사, 변호사 모두 경쟁을 싫어합니다. 약사와 의사는 경쟁하지 않고 자신들의 독점적 지위를 누리기 위해서 의약분업 분쟁을 했습니다. 한의사와 양의사의 분쟁도 그렇습니다. 학생들도 시험을 통한 경쟁을 싫어하고, 교사들도 마찬가지입니다. 법조인들의 법전문대학원 반대도 같은 맥락입니다. 이렇게 경쟁을 싫어하는 이유는 경쟁이란 나를 위해서 하는 것이 아니라 남을 위해서 하는 것이기 때문입니다.

생산자들의 경쟁으로 소비자가 이익을 봅니다. 의사들의 경쟁으로 환자가 이득을 봅니다. 변호사가 많아지면 수수료가 낮아져서 의뢰인들이 이익을 봅니다. 학생들이 학교에 만족하지 못하고 학원으로 몰리는 이유도 경쟁 때문입니다. 그런데 경쟁이 지나치기 때문에 서비스의 질이 떨어진다는 이유로 경쟁을 반대합니다. 또한 과도한 경쟁은 바람직하지 않다는 인식이 지배적입니다.

어느 고등학교 교과서의 과도한 경쟁에 대한 표현입니다. "우리가 저마다 사회 전체의 이익을 생각하지 않고 마음대로만 한다면, 머지않아 사회는 붕괴되고, 결국 각 개인도 제대로 살 수 없게 될 것이다. … 과도한 경쟁은 자제되어야 한다."[18] '과도한 경쟁'이란 무슨 의미일까요? 어느 정도 과도해야 과도한 경쟁이라고 할 수 있을까요? 삼성전자와 애플의 사활을 건 특허 경쟁 같은 것이 과도한 경쟁일까요? 기업들은 치열한 경쟁을 통해서 소비자에게 보다 더 좋은 제품을 제공하고, 소비자의 선택을 받은 기업은 그 노력의 대가를 시장을 통해서 받게 됩니다. 이를 통해서 산업은 발전하고 경제 성장이 이루어집니다.

경쟁을 부정적으로 보는 이유는 정글의 생존 경쟁과 시장의 경쟁을 동일한 것으로 취급하기 때문입니다. 동물의 생존 경쟁은 승자독식의 현장입니다. 시장 경쟁도 승자독식인가요? 발명을 격려하기 위해 특허권을 주고 일정 기간 독점하게 합니다. 이러한 행위는 발명에 투자한 노력을 보상해 주기 위한 인위적인 것입니다. 대부분 시장에는 이런 인위적인 독식은 별로 없습니다. 단지 시장 점유율만큼만 독점적 지분을 누릴 뿐이고, 시장 점유율도 빠르게 바뀝니다.

시장에서 일어나는 경쟁을 이렇게 설명할 수 있습니다. 밥솥, 세탁기, 냉장고 등 일본 가전제품이 국내에 들어오면 국내 가전산업 다 망하고, 선진국의 대형 마트가 들어오면 국내 유통산업 다 망한다고 주장했습니다. 과연 그런 일이 일어났습니까? 밥솥의 경우, 일본의 코끼리 밥솥이 최고였습니다. 하지만 이제는 한국의 쿠쿠 밥솥이 최고 인기입니다. 더구나 일본에 수출까지 합니다. 미국의 월풀 세탁기가 수입되자, 국내 가전 3사의 반격이 시작되어 봉 세탁기, 물방울 세탁기, 스팀 세탁기 등 별별 세탁기가 다 나와서, 올해 미국 컨슈머 리포트 (Consumer Report)에 의하면 미국 시장 점유율 1-5위 모두 LG, 삼성 세탁기가 장악했습니다. 대형 마트의 경우, 세계 1위 기업 월마트, 2위 기업 까르푸가 들어오면 한국의 마트는 모두 문을 닫는다고 했는데, 오히려 이들이 문을 닫고 나갔습니다. 영화산업도 마찬가지입니다. 최근에 한국 영화 관객 1억 명 돌파하여 세계 4위가 되었습니다. 2013년 1분기에 흥행 순위 10위 내에 7편이 한국 영화였고, 관객 점유율은 69.4퍼센트에 달했습니다. 시장 경쟁의 동태적(Dynamic Effect) 효과로 인해서 경쟁에 노출되어야 발전이 있습니다. 앞으로 더욱 공정한 경쟁 환경을 만들어가야 합니다.

독점에 대한 변론

경쟁을 비판하면서 독점도 나쁘다는 것이 일반적입니다. 경제학 교과서에도 독점 기업은 생산량을 축소해서 가격을 인상시켜서 독점 이윤을 누리며, 이는 사회적 후생도 떨어뜨린다고 되어 있습니다. 독점뿐만 아니라, 소수의 기업들이 담합으로 가격을 인상하는 것도 마찬가지입니다. 1970년대에 석유수출국기구 (OPEC)가 담합해서 오일 가격을 10배 이상 올린 경우도 있습니다. 미국의 역사에도 석유 카르텔, 철도 카르텔 등 많은 독과점 피해가 있었고, 미국 연방정부는 독점 기업과 싸우기 위해서 각종 독점금지법을 만들고 독점 기업들을 분해시켰습니다. 최근에 AT&T가 반독점법에 걸려서 경쟁 체제에 들어갔습니다. 반면에 마이크로소프트사는 PC 운영 체제 시장에서 독점적 지위를 누리고 있다는 판정을 받았으나, 항소하여 2001년 9월 6일에 독점이 아니라는 판결을 받았습니다. 그 이유는 운영 체제 시장은 그 특성상 네트워크의 가치는 그 크기의 제곱에 비례하기 때문에 누가 시장에서 승자가 되더라도 2위가 존재할 수 없는 특성 때문입니다. 만일 애플사의 맥(Mac) 컴퓨터가 마이크로소프트사의 윈도우즈 (Windows) 운영체제를 이겼더라도 독점적 지위를 누렸을 것입니다. 이러한 시장의 특성으로 만들어진 독과점이기 때문에 회사 분리 처분을 받지 않았습니다.

우리나라의 워드프로세서 시장도 비슷합니다. 모든 국민이 한 가지 공통된 워드프로세서를 사용해야 문서 호환성이 높아서 편리합니다. 1980년대 중반에 국내 워드프로세서 시장에서 많은 종류의 워드프로세서들이 경쟁했습니다. 삼성(훈민정음), 대우통신(프로워드), 현대(바른글), 금성(하나워드), 삼보(보석글) 등 쟁쟁한 대기업들이 경쟁에 뛰어들었습니다. 그러나 결국 한글과 컴퓨터의 '한글'이 워드프로세서의 천하 통일을 했습니다.

초기에는 소프트웨어의 가격이 개인들이 구매하기 어려울 정도로 고가였지만, 많은 사람이 사용하게 됨으로 가격이 인하되어서 기업이나 기관은 대부분 구입해서 사용하고, 학생들은 저렴한 교육용을 사용할 수 있으며, 각 가정에서는 암묵적으로 무료로 사용하고 있습니다. 이로 인해 국민들이 독점적 착취를 당했을까요? 그렇게 생각하는 사람은 없을 것입니다. 독점한다고 해서 가격을 크게 올리면 다른 공급자가 발생하기 때문에 경쟁자가 발생하지 않을 수준에서 가격이 유지되는 것입니다.

독점과 관련해서 논의될 점은 어떤 산업의 독점을 논할 때 그 범위를 어떻게 할 것인가 하는 문제입니다. 국내 시장은 독점이 되어 있더라도, 시장이 개방될 경우 그 독점 기업은 독점적 지위를 누릴 수 없습니다. 현대기아자동차가 한국 자동차 회사로는 유일하지만, 한국 자동차 시장에서 수입차들의 강력한 경쟁 압력을 받고 있습니다. 따라서 한국의 자동차 시장을 독점 시장이라고 말하기는 어렵습니다.

2005년도에 영창악기가 부도나자 삼익악기에서 인수하려고 했으나 공정거래위원회에서 인수 불허 판정으로 인수하지 못했습니다. 두 회사가 합병하면 국내 피아노 시장의 92퍼센트를 독점한다는 것이 이유였습니다. 그 결과 영창악기는 부도나고, 결국 국내 시장은 야마하 등 일본 기업들과 중국의 저가 기업들의 손에 넘어갔습니다. 당시 중저가 피아노 시장은 국내 기업들의 비중이 높았지만, 고가 피아노 시장에서는 야마하에 비해 중소기업 수준이었는데, 영창과 삼익의 합병으로 국제 경쟁력을 확보할 수 있는 기회가 사라졌습니다.

사실 세계 경제에서 진정한 독점은 매우 예외적인 현상입니다. 독점의 폐해는 막아야겠지만, 특허로 인한 독점이나, 자연적으로 발생하는 독점은 나쁘다고 할 수 없습니다. 이러한 인식은 글로벌 시대에는 적합하지 않습니다. 지금까지 시장 경제에 대한 오해를 풀기 위한 변론을 했습니다. 결론적으로 시장 경제가 최선은 아니지만, 다른 대안이 없기 때문에(TINA: There is no alternatives) 차선은 될 수 있습니다.

시장 경제의 한계

시장 경제는 정의로운가?

시장 경제는 정의로운가? 이 질문에 답을 하려면 먼저 정의가 무엇인지를 알아야 합니다. 정의를 규정하기 위해서 '공정(fair)', '공평(equal)', '정의(justice)'를 구분해야 합니다. 공정은 과정을 말하고, 공평은 결과를 말합니다. 그리고 정의는 공정도 공평도 의미하는 것이 아닙니다. 존 롤스(John Rawls)는 《정의론 Theory of Justice》에서 정의의 목적이 사회적 갈등을 원만하게 봉합해서 사회질서를 유지하며, 사회적 협동을 지속적으로 이끌어내고, 사회적 결속을 다지는 것이라고 했습니다.

그런데 시장 경제는 이런 의미의 정의는 보장해 주지 못합니다. 왜냐하면 이러한 정의를 추구하지 않기 때문입니다. 시장 경제는 과정이 공정한가에 초점을 맞춥니다. 시장 경제가 추구하는 공정함이란 사람마다 취향이 다르므로 서로에게 이익이 되도록 자유롭게 교환하면 가장 공평한 상태에 도달 가능하다고 생각합니다. 규칙을 지키며 자유롭게 경쟁하고, 부정부패가 없으면 공정한 것입니다. 그리고 기여한 만큼 보상받는 것이 공정하고 인식합니다.

시장 경제가 추구하는 공정 개념은 존 롤스가 말하는 정의로운 사회를 보장하지는 못합니다. 시장 경제에서는 거래의 출발점이 공평한가를 문제 삼지 않기 때문입니다. 그런데 과정이 공정해도 출발점이 다르면 결과가 다를 수밖에 없습니다. 시장 경제는 결과적 평등, 균등분배를 추구하지 않습니다. 마이클 샌델도 《정의란 무엇인가》에서 "시장은 부를 창출하는 도구이고, 이 도구는 무엇이 공정한지 말해주지 않는다"고 했습니다. 시장 경제에서는 부모에게 상속받은 소득이나, 탁월한 능력을 가지고 태어나서 고소득을 누리는 것, 부지런한 성향으로 열심히 노력해서 부자가 된 것 등은 정당하다고 인정합니다. 그러나 존 롤스와 같은 평등주의자는 이 세 가지를 모두 정당하지 않다고 봅니다. 따라서 시장 경제는 평등주의자들의 정의에 대한 시각에서 볼 때는 정의로운 체제가 아닙니다.

빈부격차의 확대

자본주의의 가장 큰 단점은 빈부격차입니다. 일부에서는 결과적 평등을 지향하는 공산주의도 빈부격차가 존재하며, 북한도 빈부격차가 결코 남한보다 작다고 할 수 없다는 주장까지 합니다. 비록 공산주의의 빈부격차가 자본주의보다 작다고 해도 하향 평준화일 뿐, 빈부격차가 전혀 없는 사회를 추구하는 것은 유토피아를 추구하는 것이나 마찬가지라는 지적도 있습니다.

오늘날 최강대국이며, 가장 자본주의적인 미국의 빈부격차는 점점 더 커지고 있습니다. 미국의 빈곤층은 국민 7명 중 1명 정도인, 4,356만 명(14.3퍼센트, 2009년 기준)인데, 이는 40년 전인 1969년의 약 두 배(약 2540만 명) 수준으로 늘어난 것입니다. 특히 미국 남부는 빈곤층 비율이 20퍼센트에 육박합니다. 전체 인구의 16.7퍼센트인 5,070만 명, 즉 대한민국 인구보다도 많은 사람이 건강보험도 없이 지냅니다.[19] 뿐만 아니라 미국 사람의 90퍼센트가 33년 전보다 실질소득이 감소한 것으로 나타났습니다.

시장 경제에서 빈부격차가 커질 수밖에 없는 이유는 돈이 버는 돈을 개인이 향유하는, 즉 자본소득의 개인 귀속을 인정하기 때문입니다. 사실 노동으로 버는 돈은 큰 차이가 없습니다. 자본의 사유 재산제와 재산 상속을 허용하는 한 빈부격차를 대폭 줄이는 것은 근본적으로 불가능합니다. 비록 빈부격차를 줄이지 못할지라도, 줄이려는 시도는 지속되어야 합니다. 시장 경제는 분배 문제에 취약하기 때문에 그에 대한 보완책이 필요합니다.

시장지상주의의 확대

샌델이 시장지상주의를 나쁘다고 할 이유는 시장적 사고가 우리 삶을 장악해 사람 사이의 관계마저 왜곡시키며, 비(非)시장적 가치와 규범들을 망각하게 만들어, 결국 공동체를 약화시키기 때문입니다. 샌델은 《돈으로 살 수 없는 것들》에서 학습동기에 대한 금전적 인센티브가 어떤 부작용이 있는지 설명합니다.

미국 댈러스에서 책을 한 권 읽으면 2달러를 주는 프로그램이 있습니다. 그리고 뉴욕의 몇몇 학교에서는 시험을 잘 보면 50달러를 상으로 줍니다. 이러한 프로그램은 단기적으로는 독서량이 늘고 성적이 좋아지는 효과가 나타날 수 있습니다. 그러나 금전적 인센티브는 독서의 즐거움이나 배움의 즐거움을 가르쳐 줄 수 없으며, 독서와 학습에 대한 열정과 같은 비시장적 가치를 잊게 하는 부작용이 있다고 지적합니다. 또 다른 사례는 모병제(募兵制)입니다. 이는 국민을 징병하지 않고, 지원에 의해 직업군인을 모병하여 군대를 유지하는 병역제도입니다. 샌델은 모병제를 반대하는데, 그 이유는 가난한 사람에게 공평치 못해서가 아니라 많은 시민이 돈으로 시민의 의무를 저버리기 때문입니다. 결국 가난한 사람들만 군대에 가게 되고, 부자들은 국방의 의무를 돈으로 사는 것이나 마찬가지이기 때문입니다. 특히 샌델은 오늘날 미국 사회에서 벌어지고 있는 현상들을 돈으로 하는 새치기라고 비난합니다. 가장 대표적인 것이 페스트트랙(Fast Track)입니다. 9·11 이후 공항 보안검색이 까다로워지면서 출입국 시 많은 사람이 줄을 서는 불편을 겪고 있습니다. 이에 유나이티드 항공사는 보안검색대

우선 통과료 39달러를 지불하면 이 불편을 덜어줍니다. 유니버설 스튜디오는 두 배의 입장료인 149달러를 내고 '맨 앞줄 패스(Front of Line Pass)'를 사면 에스 코트 서비스를 받아 뒷문이나 전용문을 통해 줄을 서지 않고 입장할 수 있습니 다. 엠파이어스테이트 빌딩에서도 45달러짜리 우선 탑승권을 팔고 있습니다. 또한 여러 주에서 고속차로(Fast Lane)가 있습니다. 출퇴근 시간에 두 명 이상 탑 승한 차량만 사용할 수 있는 카풀(car pool) 차로가 변해서, 이제는 통행료를 내 면 혼자도 지나갈 수 있는 전용 차선입니다. 이제는 더 발전해서 속도에 따라서 값이 달라집니다. 막힐수록 값이 오릅니다. 일부에서는 이를 렉서스를 탈 정도 로 부유한 사람만 이용할 수 있다고 해서 렉서스 차로(Lexus Lane)라고 비꼬아 부르기도 합니다.

2010년 알 파치노가 〈베니스 상인〉에 샤일록으로 출현했을 때 암표가 125달 러에 이르렀습니다. 뉴욕 시는 이를 불법으로 간주하고 단속했습니다. 그러나 오늘날 경제학 교과서로 가장 널리 읽히는 멘큐의 《경제학 원론》에는 암표는 수 요자나 공급자 모두에게 상호이익이 되기 때문에 금지해서는 안 된다고 주장합 니다. 사는 사람은 시간이 없어서 기꺼이 돈을 더 주고 사는 것이고, 파는 사람 은 줄을 서는 수고와 노동을 투입하여 그에 대한 보수를 받는 것이므로 금지할 이유가 없다는 것입니다.

오늘날 미국뿐만 아니라 중국 베이징 일류 병원에서도 줄서기 사업이 일상화 되고 있습니다. 샌델이 지적한 것처럼 돈으로 하는 새치기가 사회 곳곳에서 일 어나고 있고, 세계적으로 확산되고 있습니다. 경제의 효율성이라는 시각에서 보 면 시간 없는 사람이 돈으로 시간을 사는 셈이므로 비난할 수 없을지도 모릅니 다. 빈부격차가 크지 않은 사회에서는 어떤 사람은 시간의 가치가 높고, 어떤 사 람은 시간의 가치가 낮기 때문에 합리적인 선택을 한 것이기 때문입니다.

그러나 빈부격차가 큰 사회에서는 이야기가 달라집니다. 부자들에게 돈의 가 치는 매우 낮은 것이고, 작은 돈의 대가로 가난한 사람의 시간뿐만 아니라, 그들을 위해서 마련된 예술을 즐길 수 있는 기회마저 빼앗는 셈입니다. 따라서 이런 사회에서는 돈으로 하는 새치기가 정당화되기 어렵습니다.

물질만능주의 사조의 확대

자본주의 사회는 금전적 인센티브를 긍정하기 때문에 개인적 욕망의 정당성을 강조하는 경향이 있습니다. 또한 개인의 사익추구가 공익과 조화를 이룰 수 있다는 인식으로 극단적 개인주의를 옹호합니다. 사회 전체의 행복은 각 개인의 행복의 합계라는 공리주의적 행복관을 수용하기 때문에, 물질만능주의 사조가 확대되기도 합니다.

인간은 혼자 못사는 존재이며, 공동체가 중요합니다. 인간의 행복이 소비에만 달려 있는 것이 아닙니다. 자본주의 사회가 이것을 부정하는 것은 아니지만, 가치의 중요성을 강조하지 않기 때문에 우리도 모르는 사이에 점차적으로 물질만능주의에 물들어가고 있습니다. 선진국과 한국의 중산층 기준을 비교하면 우리나라가 얼마나 물질주의에 물들어 있는지 알 수 있습니다.

한국의 중산층 기준은 첫째, 대출 없는 30평 이상의 아파트 소유, 둘째, 월 급여 500만 원 이상, 셋째, 2,000cc급 자가용 소유, 넷째, 예금 잔고 1억 원 이상, 다섯째, 1년에 한 차례 이상 해외여행을 갈 수 있는 여유입니다.

선진국의 기준을 보면 생각이 달라집니다. 프랑스 퐁피두 대통령이 '삶의 질 (Qualite de vie)'에서 정한 프랑스 중산층의 기준은 첫째, 자유롭게 구사하는 외국어 하나, 둘째, 직접 즐길 수 있는 스포츠 하나, 셋째, 다룰 수 있는 악기 하나, 넷째, 남들과 다른 맛을 낼 수 있는 요리 하나, 다섯째, 공분에 의연히 참여하는 자세, 여섯째, 꾸준한 봉사활동입니다. 영국 옥스퍼드 대학에서 제시한 중산층 기준은 첫째, 페어플레이를 할 것, 둘째, 자신의 주장과 신념을 가질 것, 셋째, 독선적으로 행동하지 말 것, 넷째, 약자를 두둔하고 강자에 대응할 것, 다섯째, 불의, 불평, 불법에 의연히 대처하는 것입니다. 미국 공립학교에서 가르치는 중산층의 기준은 첫째, 자신의 주장에 떳떳하고, 둘째, 사회적 약자를 돕고, 셋째, 부정과 불법에 저항해야 하며, 넷째, 테이블 위에 정기적으로 받아보는 비평지가 놓여 있는 것입니다.

경제민주주의

오스트리아 학파의 거장 미제스(Ludwig von Mises, 1881~1973)는 《반자본주의 심리 The Anti-Capitalistic Mentality》(1972)에서 경제민주주의에 대해서 다음과 같은 언급합니다. "소수의 욕구를 충족시켜 주는 사람들은 다수의 욕구를 충족시켜 주는 사람보다 적은 투표수, 즉 적은 돈을 모을 수 있을 뿐이다." 시장에서 구매자는 구매 행위를 통해서 자신의 권리행사를 합니다. 적은 표를 얻은 후보는 선거에서 패배하듯이, 소수를 만족시키는 생산자는 시장에서 퇴출되고 많은 사람을 만족시키는 생산자가 시장을 장악합니다. 시장 경제에서는 소비자가 가장 높은 자리에 있고, 주권자입니다.

현대는 사람마다 생업으로 소득을 얻고 그 돈으로 필요한 물자를 구입해서 생활하는 분업의 시대입니다. 내 생업의 성과를 원하는 사람들이 많으면 시장은 내 일을 비싼 값에 구입하기 때문에 높은 소득을 얻습니다. 주류경제학에서 말하는 경제민주주의란 '경제적' 민주주의입니다. 경제적 민주주의, 즉 1원 1표 원칙에 대한 비판도 많습니다. 첫째 비판은 돈을 많이 가진 사람에게 더 많은 투표권을 주기 때문에 평등과 거리가 멀다는 것입니다. 둘째 비판은 가치가 구매여부를 통해서 사람들이 보여 주는 평가에 따라서 결정된다는 것입니다. 즉 상업성에 따라 무엇을 얼마만큼 생산할 것인가를 결정한다는 것입니다.

둘째 비판에 대해서는 앞에서 언급한 바와 같이 상업성 기준은 소비자 주권을 설명한 것이므로 상업주의를 나쁘게만 볼 필요는 없습니다. 그러나 첫째 비판은 적합합니다. 현실적으로 모든 사람이 동등한 분량의 돈을 가지고 있지 않습니다. 같은 백만 원도 어떤 사람에게는 가치가 작지만, 어떤 사람에게는 매우 큰 가치가 있습니다. 따라서 '1원 1표'의 시장원리는 1인 1표라는 정치적 민주주의 원리를 훼손시킨다는 점에서 비판의 소지가 있습니다.

경제민주화

시장 경제의 태생적 한계로 인해서, 현재 우리 사회에서는 경제민주화 요구가 거세게 일어나고 있습니다. 특히 최근에 이러한 요구가 많아진 것은 성장위주 정책에서 민주화 시대로 전환되면서 국민적 욕구가 그대로 표현된 것입니다. 경제민주화 요구는 주로 대기업(재벌)의 영향력 축소 등 소수에게 집중된 경제적 영향력을 분산시키라는 요구와 소득분배를 개선해 빈부격차를 축소시키라는 경제적 과실의 공평한 분배 요구가 주를 이루고 있습니다.

경제민주화와 '경제적' 민주주의와는 다릅니다. 경제민주화란 "1원 1표 원리가 적용되는 경제영역도 시민권을 강조하는 정치적 민주주의의 원리를 적용해서 민주주의 가치가 훼손되는 것을 막자는 것"으로 정의할 수 있습니다. 시장 경제와 민주주의 모두 필요한 것이므로, 시장원리를 존중하면서 훼손된 민주주의 원리를 보완하자는 것이 경제민주화입니다.

사실 민주주의는 모든 시민은 동등한 권리를 지닌다는 시민권에 기초합니다. 그런데 샌델 교수가 지적한 바와 같이 소득불평등은 '사회적 유대와 단결'이라는 민주주의 사회의 가치를 심하게 훼손합니다. 샌델은 소득불평등이 문제가 되는 이유는 부의 양이 다르기 때문이 아니라, 부자와 가난한 자가 점차 서로 다른 생활방식을 경험하게 됨으로써 민주주의 사회의 토대가 무너지게 된다는 점입니다. 교육, 의료, 여가, 문화, 교통 등에서 가진 돈에 따라 서로 다른 생활방식을 경험하게 된다면 부자와 가난한 자가 동일한 시민이라는 의식이 사라지게 된다는 것입니다. 서로 다른 사회계층으로 고착될 때 민주사회의 기초가 무너지게 될 것을 우려합니다.

경제민주화의 역사

경제민주화는 경제학적으로 개념과 의미가 명확하게 확립되어 있는 용어가 아닙니다. 나라와 시대에 따라 내용과 정의가 달랐으며, 각 시대마다 규범적 또는 정책적 목표가 별도로 있었습니다. 19세기 말 영국의 사회주의 경제학자 웹 부부(Sidney and Beatrice Webb)는 《산업민주주의 industrial democracy》(1897)에서 정치상의 민주주의만으로는 근로자의 참 자유와 평등이 이루어지지 않으므로, 산업 영역에도 민주주의를 이룩하려면, 민주주의가 직접 참여를 의미하듯이, 노동자들도 단체교섭권을 가져야 한다고 주장했습니다. 1차 세계대전 후 독일의 사회민주당도 경제민주주의를 주창했는데, 이들은 기업의 소유와 현장 노동자의 경영 참여가 경제민주주의를 달성하는 수단으로 이해했습니다. 여기서 종업원 지주제와 독일의 노사공동결정체가 탄생했습니다.

예일 대학교의 로버트 달(Robert Dahl) 교수는 《민주주의와 그 비판 Democracy and Its Critics》에서 정치와 경제가 대칭적이기 위해서는 '작업장 민주주의'가 필수적이고, 경제민주화의 핵심 구성 요소로, 출발선에서의 평등을 보장하는 기회균등, 과정에서의 공정 경쟁을 보장하는 대중적 참여와 통제, 결과에서의 합리적 차별과 약자 보호를 동시에 보장하는 분배를 꼽았습니다.

경제민주화의 구체적인 이슈들

현재 경제민주화와 관련되어 논의되는 경제 정책은 크게 세 가지입니다. 재벌 관련 정책, 양극화 해소 정책, 노동 관련 정책입니다. 첫째, 재벌 관련 정책에는 출자총액제한제도 도입, 순환출자 금지, 금산분리 강화, 지주회사 요건 강화 및 기업집단법, 특정재산범죄 가중처벌 시 양형기준 강화, 사익편취 목적의 계열사 신규 편입 금지(계열사 간 상호 지원 규제, 담합행위 근절), 대기업과 중소기업의 동반성장(부당지원에 대한 공정거래법 규제 보완, 일감 몰아주기 거래금지, 하도급법 위반에 대한 손해배상 강화, 무분별한 중소기업 사업영역 진출 방지, 중소기업 적합업종 지정),

편법으로 이루어지고 있는 상속이나 증여 관련 정책 등이 논의되고 있습니다. 둘째, 양극화 해소 정책에는 성장과 복지의 균형, 교육 및 보육관련 정책, 조세와 재정 개혁(법인세 소득세 최고소득 구간 신설(부자 증세) 등), 고령화 사회와 저출산 대책, 자영업 대책 등이 있습니다. 셋째, 노동 관련 정책에는 비정규직 해결대책, 정리해고제도 개선, 종업원대표 이사추천권 등이 있습니다.

이렇게 포괄적이고 다양한 논의 중에도 경제민주화 정책에서 가장 큰 논란이 되는 것이 재벌 관련 정책입니다. 그중에서도 지배구조와 관련된 논란과 골목상권 보호 등 대/중소기업 상생 문제 및 동반성장 이슈가 가장 많은 관심을 끌고 있습니다. 재벌문제가 경제민주화의 가장 중요한 이슈인 이유는 외환위기 이전에는 시장 집중도가 하락하는 경향이었는데, 2000년대 이후에 시장 집중도가 상승하는 경향을 보이고 있기 때문입니다.[20] 명목 GDP에서 4대 그룹 매출액이 차지하는 비중이 2007년 39.7퍼센트에서 2010년에는 51.4퍼센트에 달했습니다. 또한 불변 GDP에서 30대 재벌의 매출액이 차지하는 비중이 1979년 60.6퍼센트에서 2010년에는 96.7퍼센트로 확대되었습니다.

순환출자문제[21]

논란되는 재벌 관련 경제민주화 정책 중에 순환출자 문제에 대해서 살펴보면, 순환출자란 세 개 이상의 기업이 순차적으로 다른 기업에 출자해서 주식을 보유하는 것입니다. 이를 비난하는 이유는 가공자본이 창출되기 때문이고, 그로 인해 소유주의 부당한 사익추구가 일어날 수 있기 때문이며, 회사의 수익률이 떨어질 수 있기 때문입니다. 김정호 교수는 〈순환출자 규제에 대한 경제학적 검토〉라는 논문에서, 문제들이 순환출자를 비판할 근거가 되지 못한다고 주장했습니다.

가공자본이란 같은 돈이 둘 이상의 기업에 자본금으로 중복 계상되는 현상을 말합니다. 이는 주식회사가 다른 주식회사에 투자할 때는 항상 발생하기 때문에 순환출자에서만 생기는 것이 아니므로 가공자본을 나쁘다고 볼 수 없다는 것입니다. 김정호 교수는 안철수연구소의 예를 들고 있습니다. 안철수연구소는 2010년에 사내 벤처인, 고슴도치 스튜디오를 (주)노리타운스튜디오로 독립시키면서 연구소가 22억 5천만 원을 투자하고, 안철수 원장이 (주)노리타운스튜디오의 이사회 의장으로 취임했습니다. 22억 5천만 원이 가공자본입니다. 왜냐하면 (주)노리타운스튜디오 계열사에 22억 5천만 원 어치의 자본금이 늘어났지만, 안철수연구소의 자본금은 줄어들지 않았으므로, 이중 자본금을 만든 것입니다. 문제가 되지 않는다는 것은 투자해서 수익을 낸다면 안철수연구소나 (주)노리타운스튜디오의 직원들 모두에게 좋은 일이기 때문입니다.

또 순환출자를 한 기업은 가공자본을 많이 만들고, 순환출자를 하지 않은 기업은 가공자본이 없는 것이 아니라는 점도 지적합니다. 순환출자가 있는 기업집단의 가공자본의 비율이 37.7퍼센트인데, 순환출자가 없는 기업집단의 경우에도 37.6퍼센트로 가공자본의 비중은 순환출자가 있고 없는 것과 차이가 없습니다. 게다가 정부가 권장했던 지주회사 형태의 기업집단의 가공자본 비율은 41.9퍼센트로 지주회사가 아닌 기업집단(35.9퍼센트)보다 훨씬 높습니다. 그리고 순환출자와 아무 관계없는 한전 같은 공기업도 43퍼센트나 되는 가공자본을 보유하고 있는데, 이는 민간 기업집단 평균인 37.6퍼센트보다 훨씬 큰 비율입니다. 따라서 가공자본이란 마치 은행이 예금자로부터 받은 예금을 가지고 몇 배의 대출금을 만들어내는 것처럼 이상할 것이 없다고 주장합니다.

둘째, 가공자본을 통해 소유주가 부당한 사익 추구를 했다는 것도 적절한 비판이 아니라는 것입니다. 정몽구 회장은 현대차의 5.17퍼센트, 현대모비스의 6.96퍼센트, 현대제철의 12.52퍼센트으로, 10퍼센트가 안 되는 지분으로 그룹 전체를 지배하고 있는 것은 사실입니다. 그런데 100퍼센트를 지배한다는 말은 회사 전체를 경영한다는 말인데, 주식을 전혀 소유하지 않은 전문경영인도 100퍼센트의 경영권을 행사하듯이, 경영권이란 누가 차지하던 100퍼센트를 지배하는 것이므로 아무리 적은 비중을 가지고 있어도 남들보다 많은 지분을 가지고 경영권을 가지면 아무 문제가 없습니다. 그리고 보유 주식 비율만큼만 이윤을 가져가기 때문에 경영의 결과 이윤이 발생하면, 나머지 주주들에게 이익을 나눠 줍니다. 경영을 못하는 것이 문제이지 이윤을 많이 내는 것은 문제가 아닙니다.

특히 현대기아자동차가 순환출자구조를 가지게 된 것은 기아자동차 부도유예 협약을 채결할 때 국제시장에서 인수자가 나타나지 않자, 자의반 타의반으로 정몽구 회장과 현대자동차는 기아차 주식의 33.88퍼센트 인수했습니다. 당시에 이를 인수할 충분한 자금이 없었기 때문에 여러 곳에서 출자를 받아 순환출자 구조가 만들어졌습니다. 이렇게 인수한 기아자동차는 세계적인 자동차 기업으로 성공했습니다. 결국 현대자동차가 순환출자를 통해서 기아자동차를 인수한 행위는 사회를 이롭게 한 것이므로 비판할 수 없다는 것입니다.

사실 소유분산정책의 역사를 보면, 박정희 정권은 1972년의 8·3 조치와 기업공개촉진법을 통해서 대기업의 주식을 일반에 매각하라고 강제했습니다. 재벌들이 미온적이자, 1975년에는 공개명령제도를 내려 대기업의 주식을 일반에 강제로 매각시켰습니다. 이때 매각 가격은 시가보다 훨씬 낮은 액면가였습니다. 사실 당시에 많은 사람이 액면가에 공모주를 배정받아 이익을 보았습니다. 노무현 정부 때까지 이러한 소유 분산 정책이 대기업 정책의 중요한 축을 이루었습니다. 과거에는 지주회사의 교차 소유도 금지되었고, 순환출자가 보편화되었으며, 대주주들의 지분이 희석되었습니다. 이렇게 수십 년간 지속된 소유주 지분 줄이기 정책의 결과로 소유주가 낮은 지분율로 투자도 하고 경영권도 방어하다 보니 순환출자를 비롯한 복잡한 출자구조가 만들어진 것입니다. 이제는 1퍼센트로 경영권을 행사하는 걸 문제 삼는 것은 정책의 자기 모순이라고 김정호 교수는 주장합니다.

과거에는 주주에게 배당도 거의 안했으므로 사내유보 이익이 존재했고, 신규사업에 대한 지분 투자는 주로 계열사로부터의 투자로 충당했습니다. 그리고 한

계열사 투자만으로 해결하기 어려우면 여러 계열사가 공동으로 투자해서 순환출자가 늘었습니다. 유산 상속과 기업집단을 분리하는 과정에서도 순환출자가 발생했으며, 외환위기의 극복 과정에서도 순환출자가 출현했습니다.

이와 같이 순환출자는 복잡한 고르디우스의 매듭과 같습니다. 이것을 알렉산더처럼 단칼에 잘라 해결한다고 순환출자를 금지하면, 상당수가 적대적 M&A에 노출될 것입니다. 이것이 대기업에서 가장 우려하는 일입니다. 총수 지배권을 지키기 위해서 현대자동차는 6조원, 삼성 1조원, 현대중공업은 1조 6,000억의 자본이 소요된다고 합니다. 이 금액을 마련하려면 신규 투자를 하지 못하고 많은 기업이 외국투자자들에게 경영권이 넘어갈 우려가 있습니다.

우리 사회 일각에서는 1퍼센트 지분으로 99퍼센트를 지배한다고 비판하지만, 사실 지분율과 의결권의 차이는 한국에만 존재하는 병리현상이 아닙니다. 2011년 세계에서 가장 존경받는 기업 2위에 오른 구글은 기업 공개를 할 때 아예 10배의 의결권 괴리를 제도화했습니다. 그래서 세르게인 브린 등 창업자 그룹은 10퍼센트 미만의 지분을 가지고도 의결권은 전체의 2/3을 장악했습니다. 뿐만 아니라 워렌 버핏이 소유한 버크셔 해서웨이의 주식은 일반투자자가 가진 주식보다 20,000배의 의결권을 가진 차등의결권입니다. 페이스북도 창업자인 마크 저커버그가 소유한 주식은 10배나 많은 의결권입니다. 유럽 기업의 24퍼센트가 차등의결권 제도를 가지고 있습니다.[20] 그러나 차등의결권이 허용되지 않은 한국은 계열사를 통한 다단계 투자나 순환출자는 경영권 유지를 위한 수단이었습니다.

마지막으로 순환출자를 하는 기업들의 수익률이 떨어질 것이라는 것도 사실과 정반대입니다. 우리나라에서 순환출자가 많은 현대기아자동차그룹이나 삼성그룹의 선전으로 한국 경제가 글로벌 금융 위기 이후에도 다른 나라에 비해서 위기를 잘 극복한 것으로 평가받고 있습니다.

출자총액제한제도

출자총액제한제도란 회사 자금으로 다른 회사 주식을 매입할 수 있는 총액을 제한하는 제도입니다. 공정거래법 10조에 의하면, 자산 규모 5조 원 이상인 기업집단 소속 계열사는 순자산의 25퍼센트를 초과해서 다른 회사에 출자하지 못하며, 한도초과 지분에 대해서는 의결권 제한 명령이 내려지고, 해당 기업은 명령을 받은 지 10일 이내에 의결권 제한 대상 주식을 결정해 공정위에 통보해야 합니다. 이 제도의 목적은 기업의 문어발식 확장을 막고, 기존업체의 재무구조 악화를 방지하기 위해서입니다.

출자총액제한제도는 1987년에 도입되었습니다. 1995년에 출자 한도를 40퍼센트에서 25퍼센트로 하향 조정해서 완화시켰다가 1998년에 폐지했습니다. 그런데 2001년에 다시 도입했는데, 이때는 30대 대규모 기업집단 소속의 계열사에만 적용하다가, 2002년에는 자산 규모 5조 원 이상의 대규모 기업집단으로 변경했고, 2009년에 완전히 폐지했습니다.

대기업 규제론자들은 출자총액제한제도를 폐지했기 때문에 소수의 대기업들에게 경제력이 과도하게 집중됐다고 주장합니다. 이들은 현행 상호출자 금지나 채무보증 제한, 지주회사 관련 규제, 금융보험사 의결권, 부당지원행위 규제 등의 방법으로는 대기업으로의 경제력 집중을 막을 수 없으므로 출자총액제한제도를 부활시켜야 한다고 주장합니다.

만약 순환출자가 인정되지 않는 상태에서 출자총액제한제도까지 부활시키면 대기업 집단에 의한 신규 투자는 일어나기 어렵습니다. 경영권을 보장받지 못할 사업에 투자하기 쉽지 않고 경영권 유지를 위해서 신규 투자할 수 있는 여력이 없어지기 때문입니다. 따라서 출자총액제한제도를 부활시키자는 주장은 대기업들이 투자를 안 한다고 비난하면서, 또 다른 한편으로는 투자의 수단을 무력화시키는 것이므로 모순된 주장이며, 한국 경제의 발전에 나쁜 영향을 미치게 됩니다.

대중소기업 상생협력 문제

양극화 현상, 사실인가?

병의 원인을 정확하게 알아야 올바른 처방을 내릴 수 있듯이 사회 현상도 마찬가지입니다. 그런데 지금까지 막연하게 존재할 것이라고 가정했던 양극화 현상의 전제가 틀렸다는 연구가 나왔습니다. 국책연구소인 KDI의 김주훈 박사가 발표한 〈대기업과 중소기업 간 양극화에 관한 해석〉 연구보고서에 의하면, 1990년부터 2009년까지 20년 동안 종업원 수 10-299명 규모의 중소기업과 300명 이상 대기업의 제조업 연평균 출하액을 비교해 본 결과 이 기간 중 증가율은 10.3퍼센트였는데, 대기업은 10.0퍼센트 성장한 반면에, 중소기업은 10.8퍼센트로 더 높았습니다. 수익성을 나타내는 부가가치를 기준으로 봐도 대기업이 중소기업보다 오히려 못합니다. 같은 기간 연평균 제조업 부가가치가 9.2퍼센트 성장했는데, 대기업은 8.7퍼센트, 중소기업은 9.8퍼센트 증가했습니다. 분석 기간을 외환위기 이전 8년과 이후 11년으로 나누어서 살펴보아도 중소기업의 증가율이 더 높았습니다.

왜 연구결과가 일반인들의 상식과 다를까요? 그 이유는 삼성전자나 현대기아자동차, 포스코 등 일부 대기업은 해외에서 큰 성과를 냈지만, 다른 대기업들은 중소기업 못지않게 고전을 했기 때문입니다. 중소기업이 어려움을 겪는 것은 눈에 두드러지게 나타나는 반면 성과가 좋은 중소기업은 잘 드러나지 않기 때문에 우리가 느끼는 것과 실제 수치의 결과는 다를 수 있습니다.

한국은행이 발표한 자료에 의하면, 대기업과 중소기업의 영업이익 차이가 1991~1995년에는 3.5퍼센트였으나, 2006~2010년에는 1.8퍼센트로 대폭 줄었습니다. 문제는 대중소기업 영업이익률의 차이가 아니라 한국 제조 기업의 영업 이익률이 세계 기업의 영업 이익률의 절반밖에 되지 않는다는 사실입니다. 2011년 한국 제조업들의 평균 영업 이익률은 5.9퍼센트에 불과한 반면 세계 기업들의 평균 영업이익률은 10.5퍼센트였습니다. 이러한 사실을 종합해 보면 한국의 제조업은 대기업이나 중소기업 모두 어려움을 겪고 있으며, 양극화 현상은 사실과 다르다는 것입니다.

단가 후려치기와 낙수효과

낙수효과란 선도 산업 부문의 성장 과실이 산업연관을 통해 후발 또는 낙후 부문에 유입되는 효과를 말합니다. 원래 이 개념은 1985년에 허쉬만이 '경제개발전략'에서 소개한 것으로 대기업의 매출과 이익이 늘어나면 하청업체의 이익도 늘고, 전체적인 고용이 늘어나 국가경제가 좋아진다는 주장입니다. 그런데 우리나라에서는 대기업들이 하청 기업들에게 지급할 단가를 후려치기해서 명맥만 유지할 정도로 박하게 책정하기 때문에 경제성장의 효과가 중소기업으로 이어지는 낙수효과가 발생하지 않는다는 지적입니다.

이 주장도 역시 그럴듯해 보이지만 사실과는 거리가 멉니다. 그 이유는 중소기업 중 대기업의 하청 기업이 차지하는 비중은 10퍼센트에 불과하기 때문입니다. 설사 대기업이 하청 기업에 매출 단가를 박하게 주어 하청 기업의 이익률이 낮다고 해도, 10퍼센트에 불과한 하청 기업이 나머지 90퍼센트의 중소기업의 이익률을 좌우한다고 보기는 어렵습니다. 2012년 10월에 전경련이 10대 그룹 대표 기업들과 거래하는 협력업체를 대상으로 조사한 자료에 의하면 2002년~2011년까지 10년 동안 대기업의 매출액은 2.7배 증가했고, 협력업체의 매출액은 3.0배 증가했습니다. 총자산도 대기업은 3.01배 커졌으나, 협력업체는 3.43배 커졌습니다.

대기업과 협력업체 간 수익성 격차도 해소 국면에 들어섰다는 것을 알 수 있습니다. 하도급을 주는 대기업의 순수익률이 4.75퍼센트인데, 대기업과 하도급 관계인 중소기업의 순수익률은 4.65퍼센트로 큰 차이가 없고, 하도급 관계가 아닌 일반 중소기업의 순이익률은 2.4퍼센트로 현저히 낮습니다. 이것을 보면 중소기업의 수익률이 낮은 이유는 하청 기업 때문이 아닙니다. 또한 경제개혁연구소가 발표한 〈대기업과 중소기업 간의 경영 격차 분석과 시사점〉 보고서(2011. 12)에 의하면 2000~2010년 국내 주요 4대 산업(전자, 자동차, 조선, 건설) 내 하도급 기업의 연평균 매출액 증가율은 14.03퍼센트로 하도급 관계에 있지 않은 일반 중소기업의 매출액 증가율 12.15퍼센트보다 월등하게 높은 수치였습니다. 뿐만 아니라 대기업의 매출액 증가율 12.41퍼센트보다도 높습니다. 이들 하도급 기업들의 유형자산 증가율도 13.95퍼센트로 대기업의 유형자산 증가율 7.96퍼센트보다 월등하게 높습니다. 이는 일반적으로 알려진 것과 달리 낙수효과가 있었다는 반증이 됩니다.

최근 세계 시장에서의 경쟁은 기업과 기업이 아닌, 기업군 간 경쟁입니다. 부품의 품질이 나쁘면 경쟁에서 이기기 어렵기 때문에, 대기업만의 성장으로 글로벌 경쟁에서 우위를 차지할 수 없다는 것은 누구보다 대기업들이 잘 알고 있습니다. 따라서 원청 대기업들은 해외 진출을 해도 우수한 협력업체와 동반 진출하며, 현지에서도 우수한 협력업체의 존재여부가 성패를 좌우한다는 것도 잘 알고 있습니다.

양극화의 주범은 대기업이 아니라 저성장의 결과입니다. 경제성장은 소득불평등을 개선하는 효과가 있습니다. 삼성경제연구소 연구보고서(2012년 1월 발표)에 의하면 경제성장률이 1퍼센트 높아지면 소득 양극화 지수가 0.57퍼센트 감소하는 것으로 나타났습니다.

한국 사회에서 심각한 문제는 대중소기업 간의 임금 격차입니다. 1998~2009년까지 1인당 부가가치 증가율이 대기업의 경우 6천만 원을 약간 상회하는 수준에서 1억 6천만 원 수준으로 크게 상승했습니다. 1인당 인건비도 같은 기간 중에 2,700만 원 수준에서 6,300만 원 수준으로 비례적으로 상승했습니다. 즉 지난 10여 년간 인건비 상승률이 부가가치 상승률을 반영합니다. 그러나 중소기업의 경우 1인당 부가가치는 4천만 원에서 5,700만 원 정도로 증가하지 않고, 1

인당 인건비는 1,900만 원에서 3,000여만 원 수준으로 증가해서, 인건비 증가율이 생산성 증가율을 크게 앞서고 있습니다. 대기업의 임금인상에 맞추어 중소기업도 임금인상 압박을 받지만, 생산성이 이에 미치지 못하는 것이 중소기업의 문제입니다. 글로벌 경쟁을 유지하기 위해서 대기업뿐만 아니라 중소기업까지 고르게 성장해야 합니다.

기독교적 평가와 기독교적 평가 시 고려사항

시장 경제이든, 사회주의 체제이든 어떤 경제 체제도 우리를 구원하거나 하나님 나라로 안내할 능력이 없다는 것을 기억해야 합니다. 다만 우리는 성경의 가르침과 더 조화를 이루는 체제가 무엇인가를 고려하고, 우리 사회가 그 방향으로 나가도록 노력할 뿐입니다. 즉 하나님께서 이 시대에 한국 경제에 요구하시는 것이 무엇인지를 생각하고, 그 입장에서 평가해야 합니다.

하나님이 원하시는 이상적 경제 질서를 이루기 위해서 사회 구성원에게 어느 정도의 도덕적 수준을 요구해야 할까요? 예수님께서 산상수훈에서 오른편 뺨을 치거든 왼편도 돌려 대고, 속옷을 가지고자 하는 자에게 겉옷까지도 가지게 하고, 억지로 오 리를 가게 하면, 십 리를 동행하고 구하는 자에게 주며 꾸고자 하는 자에게 거절하지 말라(마 5:39-42)고 하셨습니다. 우리 힘으로는 하나님의 거룩한 경지에 들어갈 수 없지만, 성령의 도우심으로 우리도 거룩하게 될 수 있다는 마음을 가지고 구원받은 자로서 합당한 삶을 살아야 할 것입니다. 그러나 높은 도덕적 수준을 비그리스도인들과 함께 살고 있는 우리 사회에 요구할 수 있을까요?

비신자들도 정의감과 윤리의식이 있기 때문에 하나님을 알지 못하는 사회 구성원들에게도 신자의 높은 도덕적 요구를 해도 된다는 낙관적 인간관을 가진 사람들도 있지만, 타락한 세상에서 하나님을 알지 못하고 성령의 특별한 도움을 받지 못하는 비신자들의 자발적 헌신으로 이 땅에 하나님의 뜻이 이루어지는 것은 불가능하다는 인간관이 성경적이라고 생각합니다. 따라서 신앙심이 깊은 신자들도 지키기 어려운 높은 도덕적 수준의 기준을 불신자들과 더불어 사는 사회에서 바람직한 모델로 제시하기는 어렵습니다. 따라서 기독교적 평가 기준은 불신자들도 동의할 수 있는 공동선을 가져올 수 있는 수준으로 낮추어야 합니다.

현대 사회의 각종 이슈에 대한 성경적 평가를 할 때, 사회 구성원 전체가 지킬 수 있는 범위 내에서 도덕적 판단을 해야 합니다. 하나님이 원하시는 이상적 경제 질서는 어떠한 것일까요? 사회 구성원이 인간의 존엄성을 유지할 수 있는 최소한의 생존권이 보장되고, 갈등을 야기할 수 있을 정도의 지나친 격차가 발생하지 않도록 하며, 상호 섬김과 소통을 통해 인류 본래적 연대성이 회복되는 것으로 요약할 수 있습니다. 법과 도덕과 관습이 모두 중요하지만, 적어도 법은 꼭 지켜야 하듯이, 꼭 지켜야 할 최소 수준의 기독교적 이상에 부합되는 목표가 있습니다. 이를 성경적 관점에서 볼 때, 정의로운 경제 체제라고 할 수 잇습니다. 여기에는 첫째, 공정한 기회가 주어지며, 둘째, 누구나 노력하면 성과를 낼 수 있고, 셋째, 성과에 따른 정당한 보상이 보장되고, 넷째, 지속성장이 가능해야 할 것입니다.

시장 경제에 대한 기독교적 평가

성경은 사유재산제도를 존중

시장경제제도의 기초를 이루는 사유재산제도가 인간의 탐욕을 증폭시키는 것은 사실이지만, 그렇다고 사유재산제도를 포기할 필요는 없습니다. 재산의 소유권은 하나님께서 주신 권리입니다. 십계명은 성경의 경제 원리를 잘 대변하고 있는데, 출애굽기 20장 15절의 "도둑질하지 말라"는 명령과 20장 17절의 "네 이웃의 집을 탐내지 말라 네 이웃의 아내나 그의 남종이나 그의 여종이나 그의 소나 그의 나귀나 무릇 네 이웃의 소유를 탐내지 말라"는 명령은 사유 재산의 권리에 대한 가장 분명한 선언입니다.

사적 소유권은 왕도 침해하지 못하게 했고(겔 46:18), 미가 선지자는 말세까지 사유제가 유지될 것이라고 했습니다(미 4:1, 4). 흔히 사도행전 4장 32–45절을 근거로 공유제가 기독교적이라고 오해하지만, 공유제를 지지하는 것은 성경에서 이 부분밖에 없습니다. 그랜트의 《초기 기독교와 사회》에 의하면 초대교회도 공유를 지지하지 않았습니다.[23] 청지기 사상은 하나님께서 개인들에게 맡기셨다고 볼 때 사유제와 가깝습니다. 따라서 소유권과 관련해서는 시장 경제가 명령 경제보다는 바람직합니다. 그러나 성경의 소유권 사상이 시장 경제의 사적 소유제와 완전히 같지는 않습니다.

분권화된 의사결정에 대한 평가

집중적 의사결정을 중시하는 사람들은 인간의 능력과 도덕성을 낙관하는 엘리트주의를 수용하는 경향이 있습니다. 이들은 소수 지도자(귀족, 공산당, 공무원)의 합리성과 능력을 신뢰하며, 설계주의를 수용하며, 통제와 계획을 통해 사회 개혁이 가능하다고 인식합니다. 주로 유럽 대륙의 합리주의 영향이 큽니다. 반면에 분권적 의사결정을 중시하는 사람들은 이기적인 인간의 본능을 인정하고, 인간의 능력이 제한적임을 중시합니다. 그래서 소수 지도자의 능력보다는 많은 구성원의 자발적 선택을 중시하는 경향이 있습니다. 영미식 경험주의 성향이 있으며, 합리성과 이성보다는 경험을 중시합니다.

기독교 세계관의 창조, 타락, 구속의 맥락에서 창조와 구속을 강조하는 그리스도인은 인간을 낙관적으로 보는 경향이 있고, 우리가 사는 이 세상이 타락한 세상이라는 것을 강조하는 그리스도인은 인간을 비관적으로 인식하기 때문에 소수 엘리트의 도덕성과 능력을 낙관적으로 바라보는 견해에 반대합니다. 사실 성경은 양쪽 측면이 모두 있기 때문에 어느 관점이 절대적으로 옳다고 할 수는 없습니다.

경쟁은 타락의 결과인가?

많은 그리스도인은 경쟁이 사회를 비인간화시키며, 가진 자의 이익에 부합하는 체제로 빈익빈부익부를 심화시킨다는 인식이 있습니다. 송인규 교수는 《세 마리 여우 길들이기: 야망, 질투, 경쟁》에서 경쟁은 그 자체로 죄가 되지 않는다고 주장합니다. 경쟁이 되려면 상대가 있어야 하고(양자성), 목표가 같아야 하며(동일성), 서로 이기려고 해야 하고(경합성), 승자와 패자가 있어야 합니다(배타성). 그런데 이 경쟁의 조건 중 어느 것도 성경의 가르침과 모순되지 않습니다. 그렇다고 경쟁이 그 자체로 선한 것은 아니며, 단지 도구적으로 선할 뿐입니다. 또한 그는 섬김과 경쟁은 상극이 아니라고 주장했습니다. 물론 섬김의 정신과 위배되는 경쟁이 많이 있지만, 섬김의 정신으로 임하는 경쟁이 있기 때문입니다.

존 스튜어트 밀이 말한 바와 같이 경쟁이 없으면 타락한 인간은 게으르고 최선을 다하지 않습니다. 그러므로 경쟁은 불가피한데, 우리가 주의해야 할 것은 인간의 죄성으로 인한 경쟁의 부작용입니다. 첫째, 경쟁의 결과 때문에 심령이 피폐해집니다. 교만, 자기 확장 욕구, 그리고 자랑하기 위해 경쟁을 하면 패자는 비굴함, 자신감 상실에 시달립니다. 둘째, 지나치게 경쟁의식에 사로잡히면 모든 이웃을 경쟁의 대상으로만 여기고, 이웃의 사회적 필요에 둔감해지기 쉽습니다. 셋째, 순수한 인간관계와 협동의식이 줄어들게 되며, 그 결과 소외와 위화감을 초래하게 됩니다. 이렇게 경쟁의 부작용도 있지만, 경쟁의 장점이 더 많으며, 타락한 이 세상에서 경쟁은 불가피하고, 경쟁 자체가 죄가 아니므로 부작용을 최소화하려는 노력과 함께 경쟁의 장점을 잘 살려야 할 것입니다.

경제민주화에 대한 기독교적 근거

시장 경제에는 분명한 한계가 있습니다. 시장 경제의 한계를 보완하기 위해서 경제민주화가 필요합니다. '경제적 민주주의' 원칙, 즉 '1원 1표 원리'가 적용되는 경제영역도 시장 경제의 한계인 불평등을 보완하기 위해서 시민권을 강조하는 정치적 민주주의 원리를 적용해서 민주주의 가치가 훼손되는 것을 막자는 것이 '경제민주화'라고 했습니다.

민주주의 원칙은 1인 1표 원칙입니다. 즉 민주주의 철학은 각 개인의 지적, 능력, 경험의 차이에도 불구하고 시민으로서의 동등한 권리를 인정하는 것입니다. 경제적 격차가 불가피해도 인간이 평등하다는 민주주의 근본 가치를 훼손해서는 안 된다는 것이 경제민주화의 핵심입니다. 이에 대한 성경적 근거는 무엇일까요?

첫째는 모든 인간은 하나님 형상에 따라 창조되었다는 성경의 가르침입니다. 가난한 사람도 하나님의 형상을 닮은 존귀한 존재이기 때문에 생존과 자존감을 유지하기 위한 최소한의 물질적 필요와 기회가 보장되어야 합니다. 이것이 바로 경제민주화가 필요한 존재론적 근거입니다. 칼뱅은 "모든 사람 안에 있는 하나님의 형상을 보며, 그 형상에 대해 경의와 사랑을 표시하라"고 했습니다. 가난한 사람을 비천하게 여기지 말고, 그 안에 있는 하나님의 형상을 보아야 합니다. 어거스틴도 자기 사랑(self-love)에 의해 만들어진 지상의 도성 안에 '사회적 공동복지'를 세우기 위한 유일한 기초가 바로 하나님의 형상이라고 했습니다. 하나님의 형상을 지닌 모든 자에게 존귀함을 표현하기 위해서 동등한 권리를 인정해야 합니다.

둘째는 정부의 역할입니다. 개인의 자발성에 기초한 시장 경제에서 불가피한 빈부격차를 줄이기 위해서 정부가 개입하는 것이 정당할까요? 대한민국 헌법 제119조 1항의 원칙에 이어서, 제2항에는 "국가는 균형 있는 국민경제의 성장 및 안정과 적정한 소득의 분배를 유지하고, 시장의 지배와 경제력의 남용을 방지하며, 경제주체 간의 조화를 통한 경제의 민주화를 위하여 경제에 관한 규제와 조정을 할 수 있다"고 해서 경제민주화를 실현하는 주체가 국가임을 밝히고 있습니다. 시장의 분권적 의사결정에 대해서 정부가 조정할 필요가 있다는 것입니다.

시장에 대한 정부 간섭의 기독교적 근거는 무엇일까요? 타락 이후에도 하나님께서는 아담과 하와에게 땅 위에서 번성하라는 문화명령을 거두지 않으셨습니다. 지구를 가득 채울 인간을 아담과 하와를 통해서 채우셨으며, 홍수 심판 이후에도 노아에게 동일한 명령을 반복하셨습니다. 그리고 타락한 인류가 지상에서 존속할 수 있도록 불신자에게도 동일하게 빛과 비를 내려주시는 일반 은총을 베푸셨습니다. 그리고 하나님의 백성에게 율법을 주셨습니다. 칼뱅은 율법에는 세 가지 용법이 있다고 했습니다. 제1용법은 죄를 깨우치게 하는 역할입니다. 마치 거울과 같이 우리를 돌아보게 하는 교육적 역할입니다. 제2용법은 정치적 용법으로 인간을 보호하기 위한 수단입니다. 우리의 양심과 함께 사람들이 지독하게 타락하는 것을 막는 역할입니다. 제3용법은 믿음으로 구원받은 자가 어떻게 하나님을 기쁘시게 할 수 있는가를 알려주는 역할입니다. 신자가 하나님의 무조건적 구원을 받은 은혜에 대한 감사로 응답하기 위해 인간이 지킬 규범을 말합니다.[24]

하나님께서 공동체에 주신 율법에 인간을 보호하기 위한 두번째 용법이 있듯이, 불신자들과 함께 사는 이 사회에도 질서 유지를 위해 법을 만들고 집행할 정부가 필요합니다. 아직 완성되지 않은 죄 가운데 있는 이 사회에서는 구원받은 백성의 자발적 나눔만으로 바람직한 사회를 형성할 수 없습니다. 아브라함 카이퍼도 사회적 빈곤의 불행이 자선사업이나 경건으로 해결할 수 있는 차원이 아니라 사회개혁 프로그램이 필요하다고 했습니다.[25] 라인홀드 니버(Reinhold Niebuhr)도 《도덕적 인간과 비도덕적 사회》에서 집단의 불가피한 자기 중심성과 비도덕성으로 법적 강제에 의한 정의 실현이 필요하다고 보았습니다. 따라서 빈부격차를 스스로 보정할 수 없는 시장 경제의 약점을 보완하기 위한 정부의 개입은 기독교적으로 볼 때 타당합니다.

경제영역도 윤리뿐만 아니라, 민주주의 기본 정신에 대해서 열려 있어야 합니다. 시장 경제의 작동 원리에 대해서는 효율성과 경제성이라는 고유 원리가 작동되어야 합니다. 그 결과로 나타나는 빈부격차의 문제를 보완하기 위해 개인의 평등한 권리를 강조하는 민주주의 정치적 원리에 대한 최소한의 보장은 필요합니다.

자발적 참여의 중요성

자본주의의 아킬레스건은 부정부패가 아니라, 스스로 조정하지 못하는 빈부격차입니다. 가격이 떨어지면 다시 오르게 하는 힘이 작용되어 시장 경제는 스스로 치유하는 능력이 있지만, 빈부격차 문제는 스스로 치유하지 못합니다. 민주주의 약점이 다수의 횡포이기 때문에, 소수 의견을 존중하는 것이 필요하듯이, 자본주의의 한계를 보완하기 위해서 경제민주화 조치가 필요합니다. 기독교적 관점에서도 경제민주화의 당위성이 인정됩니다.

경제민주화가 이 시대에 필요하다는 원칙에는 동의하지만, 현재 논의되는 구체적인 정책과 속도에 대해서는 논란의 여지가 많습니다. 비정규직이 크게 늘어난 것이 기업가의 탐욕 때문이고, 중소기업의 어려움이 대기업의 횡포 때문이라는 인식은 틀린 말은 아니지만, 문제해결에 전혀 도움이 되지 않습니다. 시장 경제는 인간의 탐욕에도 불구하고 사회적 조화를 이루며 공익에 기여해 왔습니다. 무엇이 잘못되어 비정규직이 크게 늘어나고, 중소기업이 어려움에 처했는지 정확하게 문제를 진단해야 올바른 해결책이 나옵니다. 현재 한국 사회에서 전개되고 있는 경제민주화 논의 가운데는 수긍이 가는 것도 있지만, 원인 진단이 잘못된 것도 많습니다. 목적과 취지가 옳다고 해서 방법까지 다 옳은 것은 아닙니다.

재벌의 빵집 운영에 대한 비판에 대해서는 수긍이 갑니다. 국민은 많은 연구개발비가 소요되거나 위험부담이 너무 커서 중소기업이 할 수 없는 업종에 진출해 주기를 바랍니다. 그러나 재벌의 진출이 동네 빵집이 망하는 이유인가에 대해서는 엄밀하게 따져볼 필요가 있습니다. 새로 늘어난 재벌 계열사 중에 빵집이 차지하는 비중은 매우 미약한데 이것 때문에 모든 재벌의 순환출자를 금지하고, 폐기된 출자총액제한제도의 부활이 바람직한 문제인지는 재고해야 합니다. 재래시장 경쟁력 상실 문제, 비정규직 양산 문제 등이 법으로 강제해서 극복될 수 있는지 깊이 연구해야 합니다. 대형 마트가 한 달에 이틀 문을 닫는다고 재래시장이 살아날까요? 끓는 냄비처럼 유행에 따라서 해보고 안 되면 말고 하는 식으로 경제를 운영해서는 안 됩니다. 그 피해는 고스란히 국민에게 돌아옵니다.

마지막으로 경제민주화를 이룩하는 데, 시장 참여자들의 자발성이 매우 중요합니다. 하나님은 인간에게 자유의지를 주셨고 이를 존중하십니다. 사회적으로 물의를 빚기 전에 재벌 기업들이 빵집을 하지 않았더라면 더 바람직했을 것입니다. 물론 처음 한국 기업이 시작될 때 믿고 맡길 중소기업이 없기 때문에 사업다각화가 시작된 면도 있습니다. 삼성전자 베트남 법인(SEV)은 자체적으로 소방서와 세탁소를 운영합니다. 그 이유는 아주 미세한 먼지도 허용되지 않는 공정 때문에, 22단계의 청결 과정을 거쳐야 하는데, 근로자들의 작업복을 깨끗하게 세탁할 수 있는 베트남 세탁소가 없기 때문입니다. 그리고 화재가 발생해도 베트남 소방대는 20분이 지나야 출동하고 물줄기가 약해서 화재 진압이 거의 불가능하기 때문에 자체적으로 소방시설을 운영할 수밖에 없습니다. 한국 경제가 처음 공업화를 시작할 때의 모습이 바로 오늘날 베트남과 비슷했습니다. 그래서 비누와 치약을 만드는 화학기업이 포장지까지 만들어야 했던 시절이 있었습니다. 그러나 이제는 아웃소싱이 더 효과적입니다. 자금력을 갖춘 대기업들이 막강한 자금력과 조직력을 가지고, 대량 구매력까지 동원해서 이익이 될 만한 사업영역에 모두 뛰어든다면 이것을 정당하다고 여길 사람은 없습니다. 따라서 기업인들이 자발적으로 이런 분야에는 진출을 자제해야 합니다.

자발적으로 해야 한다는 점은 대기업뿐만 아니라 국민 개개인도 마찬가지입니다. 정부가 강제로 세금을 거두어서 빈부격차를 줄이는 것도 필요하지만, 자발적 나눔도 중요합니다. 성경은 "땅에는 언제든지 가난한 자가 그치지 아니하겠으므로 내가 네게 명령하여 이르노니 너는 반드시 네 땅 안에 네 형제 중 곤란한 자와 궁핍한 자에게 네 손을 펼지니라"(신 15:11)고 말합니다. 하나님의 값없는 은혜의 선물로 구원받은 신자들은 기쁨으로 나눔을 실천해야 합니다. 칼뱅은 경제적 재화를 나눔으로 인간 안에 있는 하나님 형상을 반영하고 확장하고 구현하도록 창조되었으므로 전 소유를 바칠 가치가 있다고 했습니다.

경제민주화는 성경적 관점에서 볼 때 당위성이 인정됩니다. 그러나 구체적인 정책에 대해서는 신중하게 접근해야 하고 문제의 본질과 역사성을 파악해야 합니다. 우리 사회에서는 정부에 의한 강제적 방법만 논의되고 있을 뿐, 자발적 참여에 대한 강조는 미약합니다. 신자들의 자발적 참여가 필요합니다.

질문과 답변

[**질문 1**] 시장 경제 체제가 생산성을 높이고, 그 결과로 생산자와 소비자 모두에게 보다 많은 편익이 돌아간다는 견해에는 동의합니다. 하지만 경쟁 구도에서는 거기에 적응해서 살아남는 사람들과 낙오해서 손해 보는 사람들도 있기 마련입니다. 건전한 자본주의 사회라면 경쟁의 효율성을 극대화하고 그 과정에서 소외된 사람들에게도 인간다운 삶을 보장해 줄 수 있어야 한다고 생각합니다. 하지만 지금의 한국 사회는 경쟁을 부추기고, 낙오된 이들을 배려하는 대책이 부족한 것 같습니다. 현재 한국의 시장 경제 체제는 이러한 경쟁의 부작용에 대해 어떤 해결책이 있는지 궁금합니다.

[**답변**] 경쟁을 수용하기 위한 조건이 두 가지 있습니다. 첫째는 공정해야 하고, 둘째는 그 결과가 너무 잔인하지 않아야 합니다. 아무리 공정한 경쟁도 경쟁에서 낙오한 자에게 다시 경쟁할 수 있는 기회가 주어지지 않는다면 그것은 경쟁이 아니라 전쟁에 가깝습니다. 전쟁에서 패배는 곧 죽음을 의미합니다. 그런 면에서 시장 경제에서 경쟁이 전쟁처럼 되어서는 안 됩니다.

시장 경제의 발전과정을 보면 과거에는 경쟁에서 실패한 사람들은 재기하기 어려웠던 시절이 있습니다. 자본시장이 발전되지 않았기 때문에 자기 자본에 의지해서 새로운 사업을 해야 하는데, 자본의 고갈로 재기할 수 없었습니다. 자본시장이 발전된 이후에도 채무자를 보호할 수 있는 장치가 부족해서 실패의 어려움은 고스란히 개인의 몫이었습니다. 그러나 선진국들은 경쟁에서 패배한 사람들에게 다시 기회를 주는 것이 바람직하다는 인식이 사회 전체적으로 확산되면서 제도적 안전장치를 만들기 시작했습니다. 미국 실리콘밸리에서 성공한 사업가들에게 몇 번 실패 후에 재기했느냐는 질문에, 평균 세 번 실패했었다는 응답이 나왔다고 합니다. 파산제도가 잘되어 있으면 누구나 안심하고 기업 활동을 할 수 있고, 창의적인 기업가 정신을 북돋아 기업 활동이 활성화됩니다.

경쟁에서 낙오된 사람들을 보호하는 가장 대표적인 제도가 파산법입니다. 우리나라에서는 파산법이 1962년에 제정되었다가, 2005년에 폐지되고, 동년 3월 31일에 공포된 "채무자 회생 및 파산에 관한 법률"에서 파산제도를 규정합니다. 이 법의 제1편 총칙, 제1조 (목적)에 의하면 "이 법은 재정적 어려움으로 인하여 파탄에 직면해 있는 채무자에 대하여 채권자, 주주, 지분권자 등 이해관계인의 법률관계를 조정하여 채무자 또는 그 사업의 효율적인 회생을 도모하거나, 회생이 어려운 채무자의 재산을 공정하게 환가·배당하는 것을 목적으로 한다"고 되어 있습니다. 이 법의 목적은 채무자가 된 사람의 회생을 돕는 것이고, 그로 인한 피해를 최소화하고 공정하게 하는 데 있습니다.

이밖에 보증보험제도 역시 경쟁에서 낙오된 사람을 보호하기 위한 것입니다. 과거에 보증을 섰다가 패가망신하는 사람들이 많았습니다. 한번 사업에 실패하면, 그 자신뿐만 아니라 보증을 서준 부모, 형제, 일가친척까지 피해를 입었습니다. 그런데 보증보험회사가 보험료를 받고 계약상 또는 법령상의 채무이행을 보증하는 제도로 인해서 빚 보증으로 인한 피해를 많이 줄일 수 있게 되었습니다.

많은 사람이 시장 경제는 피도 눈물도 없이 오로지 경쟁만을 예찬하는 것으로 오해합니다. 그러나 오늘날에는 선의의 낙오자를 보호하는 것이 사회 전체적으로도 바람직하다는 인식이 확산되고 있으며, 법적으로도 많은 보호가 이루어지고 있습니다. 파산 신청자가 재기할 때 대출 규정이 까다롭고 높은 이자율을 지불해야 한다는 등의 불이익은 있지만, 재기할 수 있는 기회를 원천적으로 봉쇄

하지는 않습니다.

[질문 2] 지적해 주셨듯이 재벌 문제야말로 우리 사회에서 가장 뜨거운 경제적, 사회적 이슈인 것 같습니다. 단순히 재벌가의 자녀로 태어났다는 이유로 그 거대한 권력을 물려받는 것이 합당합니까? 이 문제에 대한 교수님의 견해가 궁금합니다.

[답변] 현대 민주주의 사회에서는 부모가 자식에게 정당한 상속세를 내고 물려주는 것에 대해서는 일반적으로 수긍합니다. 그런데 편법으로 재벌의 경영권을 상속하기 위해 자녀에게 주식을 싸게 판다든지, 자녀 명의의 계열 회사에 일감을 몰아주어서 그 회사가 막대한 이익을 남게 해서 부와 경영권을 승계하는 것에 대해서는 비판이 많습니다. 범법자를 엄벌백계하는 것도 필요하지만, 왜 사람들이 자꾸 법을 위반하는지 그 원인을 파악하는 것도 필요합니다.

일본은 세계에서 장수 기업이 가장 많은 나라입니다. 2008년 5월 14일, 한국은행이 발표한 분석 자료에 의하면 전 세계 41개국의 창업 200년이 넘은 장수 기업 5,586개사 가운데 절반 이상(3,146개사)이 일본에 있습니다. 다음은 독일(837개사), 네덜란드(222개사), 프랑스(196개사)로 유럽 국가들이 차지했습니다. 한국의 경우 200년은 고사하고 100년 이상 된 기업이 두산과 동화약품뿐입니다. 경영상의 온갖 위험에도 불구하고 이렇게 오래된 기업이 많은 이유는 바로 중소기업의 성공적인 기술 개발과 경영 승계입니다. 경영 승계가 반드시 나쁜 것만은 아닙니다. 특히 중소기업의 경우에 그렇습니다.

재벌의 권력 상속에 대해서 깊이 들여다보기 위해서는 상속세에 대해서 알 필요가 있습니다. 우리는 세계의 모든 나라에 상속세 제도가 있다고 생각하지만, 사실 대부분의 나라에 상속세가 없습니다. 김정호 교수에 의하면 GlobalPropertyGuide.com에 등재된 123개국 중에 58퍼센트에 해당하는 캐나다, 뉴질랜드, 러시아, 말레이시아, 스웨덴, 홍콩 등 71개국은 상속세가 없습니다.[26] 그 이유는 소득을 형성하는 과정에서 이미 취득세나 소득세를 내고 남은 것이기 때문입니다. 나머지 국가들은 상속받는 사람의 입장에서는 새로운 소득이므로 상속세를 부과합니다. 그런데 한국은 상속세를 내는 나라 가운데 세율이 가장 높습니다. 상속세를 부과하는 나라들의 최고 세율 평균은 21퍼센트인데, 한국의 상속세 최고 세율은 50퍼센트로 일본, 대만, 미국과 함께 세계에서 가장 높습니다. 게다가 한국은 경영권을 상속하면 30퍼센트 할증하기 때문에 65퍼센트가 되어 재벌이 경영권 상속할 경우 세계 최고의 상속세율이 있습니다.

상속세율이 높다보니 세금을 내고 나면 경영권을 유지할 수 없기 때문에 정상적인 방법으로 기업 승계가 어렵습니다. 상속세를 반대하는 사람들은 자손에게 회사를 물려줄 수 없을 경우에 노년에 기업 경영에 대한 인센티브가 사라지고, 결국 노후를 즐기는 데 부를 다 사용할 가능성이 많다고 봅니다. 그래서 선진국들은 경영 승계할 경우에 상속세를 연간 10퍼센트씩 절감해 주어서 후손이 10년 동안 경영을 직접 할 경우 완전히 면제해 줍니다. 이렇게 되면 부모가 자식에게 재산뿐만 아니라, 경영에 관한 모든 지식도 물려주어서 오래 영속하는 회사가 늘어나게 됩니다.

상속세에 대한 찬성론과 반대론을 살펴보면, 찬성하는 사람들은 상속세를 통해서 불평등을 줄일 수 있고, 부의 집중을 방지하며, 정부의 세금 수입에 기여한다는 것을 근거로 제시합니다. 반대하는 사람들은 인간은 본성적으로 자신이 이룬 것을 다음 세대에 넘겨주려고 하기 때문에 상속 자체를 막는 것은 바람직하지 않다고 주장합니다. 상속을 못하게 하면 기업가 정신이 위축되고, 열심히 저축해서 자식에게 물려준 사람에게 세금을 부과하는 것이므로 부도덕한 세금이라는 인식을 합니다. 상속세가 없어지면 근면 저축보다는 소비를 더 하기 때문에 상속세가 부도덕하다는 것입니다.

일반적으로 경제학자들은 상속세에 대해서 부정적인 인식을 가지고 있습니다. 2001년에는 밀턴 프리드먼(1976년 노벨경제학상)과 버넌 스미스(2002년 노벨경제학상) 등 278명의 경제학자들이 미국 의회에 상속세를 폐지하라는 공개 서한을 보내기도 했습니다.[27] 또한 저명한 경제학자 중에 진보 진영에 속하는 스티글리츠 (2001년 노벨경제학상)도 상속세의 기능에 대해서 회의적인 견해를 표했습니다.[28]

지금까지 답변한 것을 정리하면 상속 자체를 나쁜 것으로만 볼 것은 아니고, 상속세율의 경우 사회 구성원이 공감할 수 있는 수준으로 정하여 법을 지키면서도 어느 정도 상속할 수 있는 길을 열어주는 것이 바람직합니다. 우리가 바라는 사회는 모든 사람에게 자신이 타고난 재능을 잘 발휘할 수 있는 기회를 주는 사회입니다. 돈이 없더라도 재능이 있으면 사회가 발굴해서 재능을 잘 키워주는 사회가 바람직합니다. 불법은 뿌리 뽑아야 하지만, 인위적으로 모든 사람을 동등한 출발선에 세우는 것은 타락한 이 세상에서 가능하지 않습니다. 하나의 이상일 뿐입니다.

[질문 3] 경제민주화의 실현 수단으로 법적 강제와 자발적 섬김을 모두 들어 주셨습니다. 교수님의 말씀대로 자발적 섬김이 가능하다면 가장 이상적인 방법이 되겠지만, 우리 사회의 자선에 대한 인식과 실천의 수준이 그만큼 뒷받침되는지 의문이 듭니다. 교수님께서 보시는 우리 사회의 복지 수준은 어떻습니까? 미진하다면 구체적으로 어떤 방향과 방법으로 보충하는 것이 좋겠습니까?

[답변] 보건복지부에서 2013년에 발표한 〈한국의 사회복지지출〉 통계에 의하면 GDP 대비 사회복지지출의 비율이 공공부문의 경우 9.59퍼센트, 법정 민간부문의 경우 0.99퍼센트로 합계가 10.35퍼센트(2011년 기준)입니다. 이는 프랑스(22.3퍼센트), 독일(21.2퍼센트), 이탈리아(18.2퍼센트), 그리스(15.9퍼센트)에 비해서 매우 낮은 수치입니다. 뿐만 아니라 일본(12.2퍼센트)과 비교해도 낮습니다. 반면에 미국은 7퍼센트로 우리보다 낮습니다.[29] 미국은 최근에 오바마 케어를 실시하면서 약간 높아질 것으로 보입니다. 이 자료를 근거로 판단해 보면 한국은 압축성장

을 하는 동안 경제성장에 매진하느라 복지에 신경 쓸 겨를이 없었기 때문에, 최근 복지지출을 급격히 늘렸음에도 불구하고, 아직 복지 선진국들에 비하면 매우 낮은 수준입니다.

한국은 성장도 압축적으로 했지만, 구조조정도 압축적으로 했습니다. 그 과정에서 많은 기업과 국민들이 고통을 겪었습니다. 이제 복지도 압축적으로 시행하라는 사회적 압력을 받고 있습니다. 빠른 시일 내에 선진국 수준의 복지를 이룩해야 한다는 요구가 높습니다. 그러나 빠르게 고령화 사회로 전환되면서 복지 선진국들이 어려움을 겪고 있다는 사실을 주목해야 합니다. 복지 선진국들이 정년을 연장하면서 상당한 사회적 저항을 받았습니다. 출생률이 저하되어 고령자에 비해 생산 가능 연령층이 부족해서 프랑스는 2010년에 정년을 60세에서 62세로 늦추는 입법을 했다가 국민적 저항을 겪었습니다. 정년이 빠른 헝가리는 2010년부터 57세에서 62세로 정년을 늘렸고, 덴마크와 독일 등은 67세로 늘렸습니다. 영국은 68세로 늘릴 예정입니다. 이렇게 복지선진국들도 과도한 복지를 세금으로 감당할 수 없어서 국가부채가 늘어나고, 이로 말미암아 복지를 줄여가는 추세입니다.

선진국들의 복지정책 방향을 벤치마킹해서 우리의 목표를 세우는 것이 중요합니다. 무엇보다도 우리의 경제 현실을 고려한 복지 목표를 설정해야 합니다. 일인당 국민소득이 선진국의 절반에도 미치지 못하는 현실에서 무리한 복지정책은 부작용을 낳을 수 있습니다. 복지란 한번 실시하면 되돌리기 어렵기 때문에, 지나친 국가 부채로 어려움을 겪고 있는 그리스, 포르투갈, 이탈리아, 스페인 등 유럽 여러 나라를 반면교사로 삼아서 정책 목표를 실시해야 합니다. 사실 우리나라의 의료복지는 상당한 수준에 도달해서, 미국보다 더 바람직한 의료복지제도를 갖춘 것으로 평가받고 있습니다. 우리의 경제적 능력에 맞는 실천 가능한 복지제도를 구축하는 것이 불가능하다고 생각하지 않습니다.

김창환 −
한국교육개발원 연구위원

연세대학교 영어영문학과를 졸업하고, 동대학원에서 교육학 석사 학위를 받았다. 독일 튀빙겐 대학에서 박사 학위를 받았다. 외교통상부 ASEM 자문위원, 통일부 정책자문위원, 교육과학기술부 정책자문위원 및 대학선진화위원회 위원을 역임하였다

연구 논문으로 〈교육 정의지수 개발 연구〉 〈국가 인재 통계 구축 방안 연구〉 〈학생역량지수 개발 연구〉 〈민족통합을 위한 교육대책 연구〉 〈통일 후 독일의 국민통합을 위한 교육정책 연구〉 등이 있으며, 저서는 《교육의 철학과 역사》 《인본주의 교육사상》 《인재 강국 독일의 교육》 등이 있다.

교육, 다음 세대를 준비하는 힘

정의롭고 진정한 공동체성 회복의 길

우리나라는 한국 전쟁 직후 전 세계에서 가장 가난한 나라였습니다. 60년이 지난 오늘, 국민소득 2만 달러가 넘어 선진국 진입을 앞두고 있습니다. 가난한 나라에서 선진국으로 도약한 나라는 전 세계에서 대한민국이 유일합니다. 이렇게 발전하게 된 것은 국가 지도자의 리더십, 성공적인 국가 발전 계획, 성실하고 근면한 국민, 우수한 인재 개발 등 다양한 요인에서 설명될 수 있습니다.

그러나 기독교적 관점에서 해석할 때, 이 모든 것은 하나님의 은총입니다. 전쟁 이후 고아와 가난한 자들의 음성을 들으시고 돌보신 하나님의 은혜입니다. 국민들은 열심히 일하면서 하나님께 부르짖었습니다. 1970~80년대에 국가가 발전할 때 교회도 급성장했습니다. 국가와 사회를 위해 새벽시간에, 철야로 기도하는 그리스도인들의 음성을 하나님께서 들으시고 응답하신 것입니다. 이렇게 대한민국의 발전은 국가의 발전과 더불어 교회의 발전도 함께 어우러진 기적의 대사건입니다. 그러나 역설적으로 국가가 부흥하고 국민들이 잘살게 되면서 교회의 성장은 정체를 맞고 있습니다. 이러한 상황에서 대한민국과 교회를 향한 하나님의 뜻은 무엇일까요? 이에 대한 답을 찾는 노력은 이 시대 이 땅에 살고 있는 모든 그리스도인이 경주해야 할 과제입니다. 정의, 평화, 연대, 나눔, 배려, 신뢰, 창조세계의 보존 등 여러 가치가 새로운 사회적 가치로 부상하고 있는 가운데, 특별히 정의와 복지에 주목하고자 합니다.

최근 우리 사회 변화를 확인할 수 있는 몇 가지 키워드가 있습니다. 첫째는 경제민주화입니다. 균형 있는 국민경제의 성장, 성장과 분배의 조화, 경제주체 간의 조화가 경제 분야 핵심 이슈로 등장했습니다. 공존 및 상생의 경제 생태계를 만들자는 것입니다. 둘째는 경제에서 사회로 국가 발전의 주 관심사가 바뀌고 있습니다. 경제와 사회가 함께 발전해야 경제 선진국뿐 아니라 사회 선진국으로 도달할 수 있다는 주장이 사회적 공감대를 형성하고 있습니다. 셋째는 복지에 대한 관심의 급증입니다. 국가 경제가 발전하면서 양극화와 불평등이 빠른 속도로 진행되고 있습니다. 모든 사회 구성원이 더불어 발전하는 것이 국가적 과제로 부상하고 있습니다. 다음에서는 세 가지 키워드 가운데 교육과 밀접한 관련을 맺고 있는 두번째 및 세번째 주제, 즉 사회 및 복지 문제에 관심을 갖고 살펴보고자 합니다.

첫째, 경제에서 사회로 국가 발전 패러다임이 변화되고 있습니다. 그동안 우리나라는 경제발전을 최우선 국정 과제로 설정하고 그 목표를 성취하기 위해 앞만 보고 달려왔습니다. 경쟁력 제고와 지속적인 성장 동력 확보를 국가적 아젠다로 설정하고 성공적으로 추진해 왔습니다. 이러한 노력 덕분에 경이로운 경제 성장을 이루어냈고, 이제 선진국 진입을 앞두고 있습니다. 그러나 최근 이러한 성장 모델만으로는 선진국 진입이 어렵다는 문제 제기가 활발합니다. 경제적 성장 목표는 달성했으나, 사회적 성장은 정체되고, 그것이 지속가능한 성장의 발목을 잡고 있기 때문입니다. 실제로 우리나라의 사회적 수준을 보여 주는 각종 사회적 지표는 OECD 국가 중 최하위권입니다.

[표 1] 주요 사회지표

주요 사회지표	우리나라 순위	자료원
사회적 신뢰도	OECD 34개 국가 가운데 32위	OECD, Society at a Glance
타인에 대한 신뢰도	OECD 30개 국가 가운데 25위	OECD, Society at a Glance
관용성 지수	OECD 34개 국가 가운데 28위	OECD, Society at a Glance
부패지수	OECD 34개 국가 가운데 14위	OECD, Society at a Glance
삶의 만족도	OECD 34개 국가 가운데 30위	World Gallup Poll
자살률	OECD 34개 국가 가운데 1위	OECD Health Data

사회의 질이 강화되고, 사회 통합을 이루는 것이 삶의 질을 높이고 선진국으로 진입하기 위한 시대적 과제로 부상하고 있습니다. 정부의 경제정책을 총괄하는 기획재정부(2011, 2012)는 최근 국가 발전을 위하여 양극화 해소와 사회통합, 삶의 질, 사회의 질을 향상시키는 것이 국가적 과제임을 강조했습니다. 한국이 소득 3~4만 불의 선진국이 되기 위해서는 경제발전 정책만으로는 한계가 있으며, 사회통합과 사회의 질을 향상시키는 노력이 반드시 경주되어야 함을 강조한 것입니다. 이러한 추세에 발맞추어 경제인문사회연구회에서도 우리나라의 선진화를 위해서는 사회발전이 중요하다고 보고, 경제사회발전을 위한 다양한 연구를 추진하고 있습니다. 2009년 경제인문사회연구회에서는 사회통합지수를 발표했는데, 30개 국가를 대상으로 한 이 조사에서 스위스(1위), 스웨덴(2위), 노르웨이(3위), 덴마크(4위) 등 북유럽 국가가 상위권을, 우리나라는 26위로 하위권을 차지했습니다.

이러한 시대적 흐름을 반영하듯 OECD는 2011년 한국 사회의 최대 과제가 사회통합임을 강조하고 한국 정부에 관련 정책을 추진할 것을 권고했습니다. 〈A Framework for growth and social cohesion in Korea〉 보고서를 발간하여 한국에서 사회통합이 최우선 과제임을 강조하고, 교육 분야에서는 형평성 확보가 중요 과제임을 제안했습니다.

사회의 질 개선과 관련된 여러 영역(공정성, 포용성, 안전성, 창의성 등) 가운데 특히 '공정성' 논의가 주목을 끌며 사회적 논의를 주도하고 있습니다. 2010년 8·15 경축사에서 대통령은 공정 사회 구현을 강조했고, 2011년 8·15 경축사에서는 공생발전을 국정 가치로 내세웠습니다. 청와대는 공정 사회 구현을 국정기조로 설정하고, 80대 정책과제를 개발하여 각 부처가 추진하고 있습니다. 정부의 공정 사회 구현 정책을 지원하고자 경제인문사회연구회(2011a,b,c)는 〈공정한 사회 종합정책연구, 2011〉, 〈공정한 사회 구현을 위한 전략과 과제, 2011〉, 〈공정한 사회: 새로운 패러다임, 2011〉이라는 주제로 학술세미나를 잇달아 개최하며 공정 사회가 사회 담론으로 확산되는 노력을 기울이고 있습니다.

또한 공정성 문제는 세계적 이슈입니다. 버락 오바마 미국 대통령은 2012년 1월 24일 워싱턴 의사당에서 신년 국정연설을 통해 '경제적 공정'과 '평등'을 국정운영의 화두로 내세웠습니다. 2011년 독일에서는 세계 불평등 현상을 보다 구체적으로 수치화하는 작업을 추진하여 사회정의지수를 발표했습니다. OECD 31개 국가를 대상으로 한 이 조사에서 아이슬란드(1위), 노르웨이(2위), 덴마크(3위), 스웨덴(4위), 핀란드(5위) 등 북유럽 국가가 상위권을 일본(22위), 한국(25위), 미국(27위) 등이 하위권을 차지했습니다(Bertelsmann Stiftung, 2011). 이러한 흐름과 맥을 같이 하여 경제인문사회연구회 역시 2011년 공정 사회 지표를 개발하고 OECD 국가들을 대상으로 수준을 측정했는데, 우리나라는 기회균등 영역에서 28위, 형평 영역에서 22위, 사회안전망 영역에서 29위를 기록하는 등 중하위권을 차지했습니다.

둘째, 복지가 국가 사회적 관심사로 급부상하고 있습니다. 경제선진화와 동시에 진행되고 있는 양극화(고소득/저소득, 대기업/중소기업, 정규직/비정규직 등)는 지속적인 발전의 장애물로 부각되었습니다. 2000년대 들어 소득 불평등이 심각해지면서 계층 간 격차가 벌어졌고, 이는 사회 통합을 저해하는 요인이 되었습니다.

통계청 조사에 의하면, 우리나라의 지니계수, 5분위 배율, 상대적 빈곤률 등 모든 지표가 2000년대 들어 소득 분배 상황이 악화되고 있는 것으로 나타났습니다.

[표 2] 지니계수, 5분위 배율, 상대적 빈곤율(도시 2인 이상 가구, 가처분소득 기준)

	1990	1995	2000	2001	2002	2003	2004	2005	2006	2007	2008	2009	2010
지니계수	0.256	0.251	0.266	0.277	0.279	0.277	0.283	0.287	0.291	0.295	0.296	0.294	0.288
5분위배율	3.72	3.68	4.05	4.29	4.34	4.22	4.41	4.55	4.62	4.84	4.88	4.97	4.82
상대적 빈곤율	7.1	7.7	9.2	10.1	10.0	10.6	1.4	11.9	11.9	12.6	12.5	13.1	12.5

* 출처: 통계청, 국가통계포털

2012년 4월에 발간된 〈OECD 한국경제보고서〉에서도 우리 사회의 불평등이 1990년대 이후 증가하고 있는 것으로 나타났습니다.

[그림 1] 한국의 불평등 지수 변화

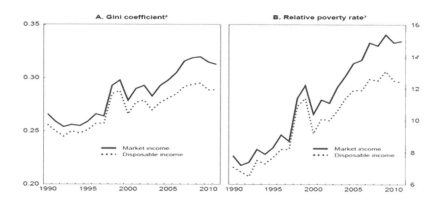

1. 구성원이 2명 이상인 도시 가구
2. 지니 계수의 범위는 0(완전 평등)에서 1(완전 불평등)까지다.
3. 상대적 빈곤율은 중간 소득의 절반보다 낮은 소득으로 살고 있는 인구의 비율로 정의된다.

* 출처: 한국 통계청

양극화와 함께 중산층은 감소하고 빈곤층은 증가하는 계층 간 불평등은 심화되었으나, 우리나라의 복지 투자는 매우 낮은 수준입니다. 연금, 의료비, 소득보전, 기타 사회 서비스 비용을 합친 사회보장 지출이 GDP 대비 7.5퍼센트로 OECD 30개 국가 가운데 29위입니다(김용하 외, 2011). 김창환 외(2011)의 연구 〈국가교육의 장기 비전〉에 의하면, OECD 국가와 비교할 때 우리나라는 향후 잠재 성량률은 낮아지나, 소득 양극화와 불평등은 높아지는 국가로 분류되고 있습니다. 미래 한국 사회 메가트렌드에 대하여 국민을 대상으로 의견조사를 실시한 결과, 학부모, 교원, 교육전문가들은 10년 후 가장 주목해야 할 사회 변화 요인에 대하여 '사회 양극화 및 불평등의 심화'(29.1퍼센트)라고 응답했습니다. 저출산, 고령화 문제보다도 심각합니다.

지금까지 대한민국은 경제발전과 국가발전을 위하여 교육과 인재개발에 적극 투자했고, 그러한 노력이 결실을 맺어 성공적으로 국가 발전에 기여했습니다. 국제학업성취도평가(PISA) 결과에서 확인되듯이 한국 초중등 학생들의 학력 수월성은 세계 최고 수준입니다. 고등교육 분야의 경쟁력도 지속적으로 향상되고 있습니다. 또한 양적인 측면에서 급격히 성장하여 각종 교육지표가 개선되고 있고, 국가경쟁력을 확보하는 데 기여했습니다. 그러나 이제 대한민국이 사회통합을 이루며 지속적으로 성장하기 위해서는 교육의 패러다임도 변해야 합니다. 그동안 한국 사회에서 교육이 국가 경제 발전에 결정적으로 기여한 것처럼, 이제는 사회 발전에 기여할 필요가 있습니다. 교육이 이전처럼 우수 인재 양성, 수월성 교육에만 치중할 것이 아니라, 정의로운 사회, 복지 사회, 행복한 사회를 만들어 가는 데 그 역할을 담당해야 합니다.

미래의 정의로운 사회, 복지 사회를 만들기 위해서는 교육 자체가 보다 정의로워지고, 교육 복지 수준이 향상되어야 합니다. 교육은 기회를 제공하는 것입니다. 학생의 소질과 능력을 개발하고, 개인에게 적합한 삶의 기회를 모색하고 진로 개발을 도와주고, 성인이 되어 다양하고 풍부한 삶의 기회를 창출하도록 돕는 것입니다. 이를 위해 누구에게나 균등한 기회를 제공하고, 개인의 잘못이 아닌 환경적 요인으로 발생한 기회의 격차를 보정해 주고, 중도에 탈락한 청소년들에게 재기의 기회를 마련해 주는 것이 교육의 본질적 과제입니다. 이렇게 삶의 출발점인 교육에서 정의로운 교육, 복지 교육이 이루어 질 때, 우리 사회의 정의 수준과 복지 수준도 향상될 것입니다.

다음에서는 미래 한국 사회의 핵심가치를 '정의'와 '복지'로 보고, 교육 분야에서 정의와 복지 수준이 어느 정도인지 파악하고 개선 방안을 제시하고자 합니다. 특히 OECD 선진국들과 비교하며 한국의 현 위치를 파악하고 앞으로의 방향을 제시하고자 합니다. 이를 바탕으로 미래 정의 사회와 복지 사회 실현을 위해 교육이 수행해야 할 과제를 제시할 것입니다.

교육 정의 개념

정의의 개념과 원칙

정의(justice)란 그리스어 dikaiosyne, 라틴어 *iustitia*를 어원으로 하는데, 재화나 기회가 적절하고도 비편파적으로 분배되어 이해관계가 적절한 균형을 이루는 이상적인 상태를 의미합니다.[30] 정의는 당위를 내포하는 규범적 성격을 지니고 있습니다. 인간의 사고와 행동을 지배하는 규범으로 작용합니다. 그러나 정의는 절대적인 윤리 규범은 아닙니다. 정의는 참과 거짓을 구별하는 진리의 범주에 속하지 않고, 절대적인 선과 악의 범주에 속하지도 않습니다. 정의는 옳고 그름에 관련됩니다. 옳고 그름을 얘기하지만 그것은 절대적인 것이 아니고, 역사적이고 사회적이고 상대적인 개념입니다. 사회공동체의 이해에 따라 정의 개념은 달리 규정되고 있습니다. 절대적이고 객관적인 원칙을 제시할 수 없기 때문에 무엇이 정의인지 얘기할 때 논란이 있습니다. 따라서 많은 정의론가는 정의 문제를 풀어가는 데 있어서 사회적인 합의를 강조하고, 사회적으로 합의할 수 있는 정의의 원칙을 고안해 냈습니다. 공리주의자들은 다수의 이익과 행복을 이룰 때 사회의 효용성과 이익이 극대화되는 것이고, 그것이 정의롭다고 생각합니다. 즉 '공리'와 '행복'이 주요 가치로 강조되고 있습니다.

노직(R. Nozik) 등 자유주의자들에게 있어서 정의는 개인의 권리와 자유를 절대적으로 보호하고 선택의 자유를 존중하는 것으로 정리될 수 있습니다. 즉 개인의 '자유', '권리', '선택'이 주요 가치로 강조됩니다. 자유주의적 평등주의자인 롤스(J. Rawls)는 누구에게나 공정한 기회평등의 원칙과 최소 수혜자 계층의 입장을 개선하는 차등원칙이 정의로운 사회 구성의 원칙이라고 보았습니다. 여기서는 '자유', '평등', '기회', '약자 배려'의 가치가 강조됩니다. 공동체주의자 샌델(M. Sandel)은 개인의 개별성과 독립성보다는 공동체성을 강조하고, 정의를 '분배'만의 문제가 아니라, 올바른 '가치' 측정의 문제라고 보고, 공동선과 연대와 시민의 덕이 구현될 때 정의로운 사회가 가능하다고 보았습니다. 즉 '공동체성', '공동선', '시민적 연대'의 가치를 강조합니다. 자유주의 모형, 자유주의적 평등주의 모형, 공동체주의 모형은 현대 사회의 다양한 정의 이해 방식을 대변합니다. 이러한 논의들은 교육 정의를 구성하는 핵심 요소를 도출하는 데 도움을 줍니다.

교육 정의 구성 요소

2010년 대통령이 8·15 경축사에서 공정 사회를 강조한 이후 '정의'를 주제로 하는 토론과 한국 사회의 현 주소에 대한 진단과 더불어 정의로운 사회가 되기 위한 과제들이 모색되고 있습니다. 위의 정의 논의와 더불어 최근 발간된 다양한 문헌을 분석하며, 정의 사회와 관련된 핵심 주제를 얘기하고자 합니다.[31]

첫째, 모든 사람에게 균등한 교육 기회를 제공하는 것입니다. 교육 기회는 삶의 기회의 성취요, 삶의 기회를 확대하는 핵심 요소입니다. 이 때문에 균등한 기회 제공은 대한민국 헌법 전문(前文)과 제31조, 교육기본법 제4조에 명시되어 있습니다. 학생들의 소질과 적성과 능력을 최대한 발휘할 수 있는 기회를 제공하고, 학생의 성장에 유의미한 학습 경험을 제공하는 것이 정의로운 교육 실현의 조건입니다. 이를 위해 인간다운 삶에 필요한 최소한의 교육과 다양한 교육 프로그램을 제공하고, 공교육 투자를 강화하는 것이 중요합니다. 중도 탈락한 학생들에게 재기의 기회를 제공하는 시스템의 구비도 중요합니다.

둘째, 보편적 교육 기회를 평등하게 제공하는 것도 필요하지만, 공평한 조건을 만드는 것도 중요합니다. 모든 학생이 평등한 상태에서 출발할 수 있는 여건을 만들어야 합니다. 교육 출발점의 조건이 학생 개인의 잘못이 아니고, 환경 차이로 발생했는데도, 그것을 무시하고 출발하는 것은 불공정한 것입니다. 따라서 개인의 잘못이 아닌 환경 차이로 인한 격차를 보정하는 선제적 기회균등이 필요합니다. 이를 위해 부모의 사회 경제적 지위가 교육에 미치는 영향을 최소화하고, 의무 교육 시작 전 국가의 공교육 투자를 강화해야 합니다.

셋째, 공정한 경쟁이 이루어지도록 시스템을 만드는 것입니다. 교육 경쟁에서 반칙과 탈법을 막고, 페어플레이(fair play)가 정착되도록 하는 것은 공정한 경쟁을 위해 중요합니다. 입시 부정뿐 아니라, 선행학습, 사교육 역시 공정한 게임에 위배됩니다. 특히 계층 간 사교육비 격차는 교육 기회의 불균등을 야기하여 불공정한 결과를 만드는 대표적인 사례입니다.

넷째, 교육적 약자를 배려하고 지원하는 것입니다. 능력이 떨어지는 학생을 지원하는 것은 정의로운 것입니다. 따라서 학습부진아, 기초 학력 미달 학생을 지원하여 그들의 삶의 기회를 확대하는 노력이 필요합니다. 미국의 경우, 취약 계층을 집중 지원하기 위해 '헤드 스타트' 프로그램, NCLB법(No child left behind 법)을 제정하여 정책을 추진하고 있습니다. 우리나라도 복지적 동기에 기초하여 교육 시스템을 운영하고, 교육적 약자(공부 못하는 학생 포함)의 불리함을 보상하고 단계적으로 보정 지원하는 노력이 필요합니다. 그럴 때 촘촘한 교육 희망 사다리가 구축될 수 있습니다. 약자를 대상으로 하는 보정적 차등은 정당한 차등입니다. 이는 롤스의 차등의 원칙에 부합합니다.

다섯째, 노력은 인정하되, 지나친 보상과 격차는 지양하는 것입니다. 누구에게나 부여된 기회를 활용하여 가치를 창출하는 사람에게는 그 노력에 대한 합당한 몫이 제공되는 것이 정의롭습니다. 그러나 승수효과가 지나치거나, 결과의 격차가 지나친 것은 정의로운 결과라고 볼 수 없습니다. 개인이 노력하여 만든 성취는 개인만의 것이라고 볼 수 없는데 그 안에 공동체의 기여가 포함되어 있기 때문입니다. 따라서 승자독식을 지양하고, 격차를 줄이고, 경쟁 패자에게도 인간다운 삶에 필요한 몫이 돌아갈 때 정의로운 사회가 만들어질 수 있습니다.

여섯째, 교육 공동체적 신뢰가 높을 때 정의롭습니다. 교육 공동체(교사, 학생, 학부모가 함께하는 공동체)가 상호 신뢰하고 교육 만족도가 높은 상태가 될 때, 옳은 교육, 정의로운 교육이 실현될 수 있습니다. 교육에서 정의로운 조건이 구축되고, 그것을 바탕으로 학생들이 교육받을 때, 정의로운 사회 공동체 실현은 가능합니다.

교육 복지의 개념

복지 개념

복지는 안락하고 만족한 생활상태 또는 인간의 건강과 번영, 안녕(well-being)의 상태를 의미합니다. 복지는 수혜 '정도'에 따라 잔여적 복지와 제도적 복지로 구분되고, 수혜 '대상'에 따라 광의의 복지와 협의의 복지로 구분됩니다(한만길, 2000). 잔여적 복지는 생활욕구를 충족시킬 수 있을 때까지 제한적으로 복지재와 서비스를 제공합니다. 제도적 복지는 각 개인과 집단이 만족할 만한 정도의 삶을 향유하도록 하는 조직화된 체계의 복지제도입니다. 광의의 복지는 전 국민에게 최소한의 생활 욕구를 충족시키기 위해 보건의료, 소득, 노동, 주택, 교육 등 사회보장을 제공하는 제도이며, 협의의 복지는 장애인, 빈곤층, 아동,

노인 등 특정한 부류의 사람들에게 공공부조를 제공하는 것입니다.

복지를 넓게 이해하면, 국민 전체의 삶의 질에 대한 기준을 높이고, 모든 국민이 행복하게 살 수 있도록 하는 것입니다. 여기서 '삶의 질' 제고와 '행복'이 핵심 키워드입니다. 넓은 의미의 복지를 실현하기 위해서는 제도적 접근이 필요합니다. 복지를 좁게 이해하면, 사회적 약자에 대하여 배려하고 지원하는 것입니다. 취약 계층에게 최소한의 삶을 보장하고, 삶의 기회를 확대하는 것이 핵심 사항입니다.

교육 복지 구성요소

교육 복지 역시 위의 두 가지 성격을 모두 내포하고 있습니다. 하나는 전체 학생을 대상으로 하는 복지입니다. 모든 학생을 대상으로 하는 교육 복지에서는 보편적 교육 기회 확대(의무 교육, 무상 교육 등), 교육 공동체의 삶의 질 제고 등이 핵심 이슈입니다. 다른 하나는 특정 부류의 학생을 대상으로 하는 복지입니다. 저소득층 학생, 장애 학생, 다문화 가정 학생, 북한 이탈 학생 등을 대상으로 교육 기회의 불평등을 완화하기 위한 다양한 교육 서비스를 제공하는 것입니다. 여기서는 취약 계층 지원이 핵심 요인이 됩니다.

두 관점 모두 교육 복지를 구성하는 핵심 요소입니다. 교육 복지 구성요소로서는 첫째, 보편적 교육 기회를 확대하는 것입니다. 교육 대상자 누구에게나 일정수준(최소 수준)의 교육을 받도록 하는 것입니다. 국가의 자원이 확대되면 교육 기회의 수준도 확대하여 국민 기본 교육단계(고등학교 단계)까지 무상 교육을 실현하는 것입니다. 보편적 교육 기회를 놓친 교육 부적응 학생과 중도 탈락한 학생들에 대해서는 교육 기회를 보정하기 위한 별도의 대책이 필요합니다. 둘째는 교육 공동체의 삶의 질 제고입니다. 현재 우리나라 학교 교육은 입시 중심 교육문화의 영향으로 학생, 학부모, 교사 등 교육 공동체 모두의 삶의 질이 매우 떨어져 있는 상황입니다. 또한 지식 중심, 암기 위주의 교육으로 학생들의 공동체

역량(인성, 사회성)이 약화되어 있습니다. 교사–학생, 학생–학부모의 관계 역시 원만하지 못하고, 교육 공동체의 행복도가 매우 떨어져 있습니다. 따라서 교육 공동체의 삶의 질을 개선하고 모두가 행복한 사회를 만드는 것이 교육 복지의 핵심 과제입니다. 셋째는 저소득층 학생, 장애 학생, 다문화 가정 학생, 북한 이탈 학생 등 교육 취약 계층을 대상으로 교육 서비스를 적극 제공하는 것입니다. 환경적 요인으로 인한 격차를 줄이고, 모두에게 균등한 교육 기회를 제공하는 것이 교육 복지의 핵심 관심사입니다.

교육 정의 및 교육 복지 지표 구성 체계

교육은 시작과 과정과 결과가 있는 일련의 과정입니다. 교육의 시작과 과정과 결과 모든 영역에서 정의와 복지 이념에 충실한 조건이 마련되고 실현되는 것이 중요합니다. 교육 정의와 교육 복지 개념 논의에 기초하여 교육 정의 및 교육 복지 지표 구성 체계를 크게 시작 영역, 과정 영역, 결과 영역으로 구분하여 구성했습니다.

〔그림 2〕 교육 정의 및 교육 복지 지표 체계

교육 기회	교육 과정	교육 결과
균등한 교육 기회 실현	지원적 학습 환경	시민적 자질
	취약 계층 지원	
유아 교육 지원	교육 공동체의 신뢰 및 행복	공정한 삶의 기회 및 삶의 질
	공정한 경쟁	

위의 교육 정의 및 교육 복지 지표 체계에 부합하는 지표를 선정했습니다. 총 22개 지표를 선정하였고, 지표값을 기준으로 OECD 34개 국가들과 비교했습니다(OECD, Education at a Glance).

부문	항목	세부지표
교육 기회	균등한 교육 기회 실현	의무 교육 연한
		5~19세 취학률
		고등학교 졸업률
		NEET(Not in Education, Unemployed) 비율
		GDP 대비 학생 1인당 공교육비
		사부담 공교육비
	유아 교육 지원	3~4세 취학률
		GDP 대비 학생 1인당 유아 공교육비
		가계부담 유아 교육비
교육 과정	지원적 학습 환경	학급당 학생 수
		교원 1인당 학생 수
		학습분위기
	취약 계층 지원*	통합교육지수
		취약 계층 학생 가운데 고성취를 보인 학생 비율
	교육 공동체의 신뢰 및 행복	읽기의 즐거움
		부정적인 교사-학생 관계
		학생 행복지수
	공정한 경쟁**	
교육 결과	시민적 자질	중등교육 이수율
		시민성 수준
	공정한 삶의 기회 및 삶의 질	교육수준별 고용률의 격차
		삶의 만족도

* 취약 계층 지원 영역의 경우 적절한 지표가 없어서, 대체지표 사용
** 공정한 경쟁 영역의 경우 비교할 수 있는 국제지표 부재

교육 기회 부문

균등한 교육 기회 실현 영역: 의무 교육 연한, 취학률, 중도 탈락률

의무 교육은 보편적 교육 기회를 확인하기 위한 가장 기본적인 제도입니다. 흔히 의무 교육과 무상 교육을 같은 것으로 생각하는데, 둘 사이에는 차이가 있습니다. 의무 교육은 반드시 받아야 하는 교육이고(취학 의무), 무상 교육은 자녀가 받는 교육에 대하여 보호자에게 교육비를 부담시키지 않고, 국가 또는 지방 자치 단체가 그 비용을 부담하여 제공하는 교육입니다. 의무 교육으로 규정하고 학부모에게 경비를 부담시키는 경우도 있고, 의무 교육으로 규정하고 있지는 않지만 필요에 의해 무상 교육을 실시하는 경우도 있습니다(예, 5세 누리 과정). 의무 교육 종료 연령의 경우, 14~18세로 다양하지만, 한국은 의무 교육 종료 연령이 14세로 OECD 국가 가운데 가장 낮습니다.

취학률은 교육을 얼마나 받고 있는지를 측정하는 것으로 교육 기회를 살펴보는 중요한 지표입니다. 우리나라의 경우, 학교 교육 참여율은 세계적 수준입니다. 5~19세 아동의 취학률이 OECD 34개 국가 가운데 7위입니다. 높은 교육열을 바탕으로 많은 국민이 교육받는 것은 대단히 바람직한 현상입니다. 이러한 교육을 통해 개인의 삶의 기회가 확대되고, 우수한 인적 자원을 개발하여 국가 발전에 기여했다고 평가할 수 있습니다. 그러나 양적 기회 확대가 삶의 기회를 확대하고 삶의 질을 제고했는지에 대해서는 신중한 평가가 필요합니다. 우수한 인적 자원 개발이 국가 경제 발전에는 분명 기여했지만, 개인의 삶의 질과 만족도는 여전히 낮은 수준이고, 사회의 질적 발전 역시 더딘 상황입니다. 우리나라 국민은 대부분 높은 교육 기회를 제공받고 있습니다. 그러나 높은 교육 기회의 그늘에도 주의를 기울일 필요가 있습니다. 매년 5~7만 명의 학생들이 중도에 학교를 그만두기 때문입니다.

교육받지 못하고 실업상태에 있는 청소년(NEET) 비율

중도 탈락률보다 더 심각한 지표가 교육을 받지 못하고 실업상태에 있는 청소년의 비율(NEET)입니다. 한국의 경우, 15~19세 청소년 가운데 중도 탈락한 비율은 10.6퍼센트(OECD 평균 14.4퍼센트), 중도 탈락한 학생 가운데 직업이 없는 학생은 8.5퍼센트(OECD 평균 8.1퍼센트)입니다. 중도 탈락률은 OECD 평균보다 낮으나, 무직 청소년 비율은 OECD 평균보다 높습니다.

중도 탈락한 학생들은 적절한 직업교육 기회를 갖지 못해 사회에 적응하기 어렵고, 사회적으로 큰 부담 요인이 될 수 있습니다. 교육받지 못하고, 직업도 없는 NEET 학생 비율이 높은 점은 큰 사회 문제가 될 수 있습니다. 따라서 이들이 재기할 수 있는 기회를 마련해 주는 것이 정의로운 교육과 사회를 구현하는 데 있어 해결해야 할 과제입니다.

공교육비 투자와 민간 부담 공교육비

공교육비 투자는 정부가 투자한 것과 민간이 투자한 것을 합한 수치입니다. 정부가 투자한 것을 '공부담 공교육비', 민간이 투자한 것을 '사부담 공교육비'라고 합니다. GDP 대비 공부담 공교육비 투자는 국가 GDP에 비해 학교 교육에 투자한 규모가 어느 정도인지를 판단하는 자료입니다. 2008년 한국은 GDP 대비 공교육비가 7.6퍼센트로 아이슬란드(7.9퍼센트) 다음으로 높은 나라에 속합니다. OECD 평균 5.9퍼센트에 비해 높은 수준이고, 미국, 일본, 독일 등 주요 국가에 비해 높은 수준입니다.

전체 공교육비 가운데 정부가 투자한 공교육비 비율을 살펴보면, 선진국 모델 유형별로 분명한 차이가 나타납니다. 노르웨이, 덴마크, 핀란드 등 북유럽 복지 모델 국가들의 경우 민간 부담이 매우 낮습니다. 교육을 복지로 인식하고 공적 책임을 강조하기 때문입니다. 반면 미국, 일본, 호주, 캐나다 등 자유주의 모델 국가의 경우 민간 부담 비율이 높습니다.

한국은 공부담 공교육비가 GDP 대비 4.7퍼센트로 OECD 평균(5.0퍼센트)보다 낮은 수준입니다. 반면에 민간이 투자한 비율은 2.8퍼센트로 OECD 평균(0.9퍼센트)보다 월등히 높을 뿐 아니라, 전체 OECD 국가 가운데 가장 높은 비율입니다. 즉 학교 교육을 위해 정부가 투자한 비율은 OECD 평균보다 낮고, 민간이 투자한 비율은 OECD 평균보다 훨씬 높습니다. 이 점은 공교육을 위해, 즉 균등한 교육 기회를 제공하기 위해 가계의 부담을 줄이고 정부의 투자가 더 많아져야 한다는 점을 의미합니다.

가계 부담 공교육비

민간이 투자하는 공교육비는 학부모가 부담하는 공교육비(가계 부담 공교육비)와 기타 민간 기관이 지출하는 공교육비로 구분됩니다. 호주, 일본, 미국, 영국 등 자유주의 모델 국가에서 학부모의 가계 부담 교육비 비율이 높은 것으로 나타났습니다.

우리나라의 경우, 공교육비 전체를 100.0퍼센트로 보고, 정부 부담, 민간 부담, 가계 부담으로 구분하여 비율을 살펴보면, 정부 부담 59.6퍼센트, 민간 부담 10.9퍼센트, 가계 부담 29.5퍼센트로 공교육비의 약 30퍼센트를 학부모가 부담하는 것으로 나타났습니다. 가계 부담 공교육비 비율 29.5퍼센트는 OECD 국가 가운데 두번째로 높은 비율입니다. 가계 부담 공교육비 비율이 OECD 국가 가운데 최고 수준이고, 이에 더하여 한국의 학부모들은 연간 20조 원(2011년 기준, GDP의 약 1.6퍼센트)의 사교육비를 추가적으로 부담하고 있습니다. 민간 부담 공교육비(GDP 대비 2.8퍼센트)와 사교육비(GDP 대비 1.6퍼센트)를 합하면 약 4.4퍼센트로 정부가 투자하는 공교육비(GDP 대비 4.7퍼센트)와 유사한 규모입니다.

국가가 양질의 교육 기회를 균등하게 제공하는 것이 중요하다는 관점에서 볼 때, 향후 국가의 교육 투자가 더욱 확대될 필요가 있습니다. 불균등한 교육 기회의 원천인 사교육비를 줄이는 것도 국가 사회적 과제로 제기되고 있습니다. 사교육비 격차는 한국 사회의 교육 불평등을 보여 주는 대표적인 지표입니다. 부모의 소득에 좌우되는 사교육비 격차는 교육 격차를 낳고, 이것은 대학입시와 계층 재생산에 영향을 미치는 것으로 파악되고 있습니다.

종합적으로 볼 때, 한국의 교육비 투자 규모는 OECD 국가 가운데 가장 높은 수준이나, 가계가 부담하는 비율이 대단히 높은 것이 특징입니다. 민간 부담 교육비는 그 안에 격차를 내포하고 있기 때문에 가계 부담 교육비 비율이 높다는 것은 교육 격차가 확대되고 균등한 교육 기회 실현에 역행할 수 있다는 것을 의미합니다.

유아 교육 지원 영역

취학률(유아 단계)

교육의 출발점인 유아 교육 단계에서 균등한 교육 기회를 제공하는 것은 매우 중요합니다. 유아 교육 단계는 삶의 시작 단계이며, 한 인간의 인성과 습관이 형성되는 결정적 시기이기 때문에 개인의 성장과 국가 사회 발전에 매우 중요한 시기입니다. 또한 유아기 때의 교육 격차는 이후 누적적 격차를 발생시키기 때문에 평등한 교육 기회를 제공하는 것은 정의로운 사회를 만드는 데 있어서 중요합니다. 이러한 이유로 많은 선진국에서 유아 교육에 큰 관심을 갖고 적극 투자하고 있습니다. 미국은 취약 계층 어린이를 대상으로 하는 'Head Start' 프로그램을 가동하고 있고, 월드뱅크는 'Invest Early', OECD는 'Starting Strong'을 주창하고 있습니다. 3~4세 취학률 지표에서는 프랑스(100.0퍼센트), 스페인(99.9퍼센트), 벨기에(98.9퍼센트)가 높은 것으로 나타났고, 한국은 80.2퍼센트로 18위입니다.

유아 교육 투자

GDP 대비 유아 교육비 투자 규모를 살펴볼 때, 호주, 일본, 영국, 미국 등 자유주의 모델 국가의 유아 교육비 투자가 낮은 것으로 나타났습니다. 2008년 기준 우리나라의 GDP 대비 유아 교육비 투자는 0.2퍼센트로 OECD 평균 0.5퍼센트에 훨씬 못 미치는 최하위 수준입니다. 유아 교육의 중요성과 교육 기회의 균등한 실현을 위해 국가의 투자가 시급히 개선되어야 합니다.

그동안 우리나라는 유아 교육에 대한 국가적 관심이 미흡했습니다. 다행히 2012년 5세 누리 과정 도입으로 유아 교육과 보육에 대한 국가적 지원 노력이 시작되었습니다. 선진국과 국제기구 등 유아 교육 투자에 대한 세계적 트렌드를 고려할 때 이러한 노력은 매우 의미 있는 출발입니다. 양질의 교육 기회를 제공하고, 기회의 형평성을 제고하는 차원에서 국가의 유아 교육 투자가 지속적으로 확대될 필요가 있습니다.

가계 부담 유아 교육비

유아 교육 투자에서 가계 부담이 차지하는 비율을 살펴보면, 호주, 일본, 미국 등 자유주의 모델 국가의 유아 교육비 투자가 낮은 것으로 나타났습니다. 우리나라 유아 공교육비 전체를 100.0퍼센트로 보고, 정부 부담, 민간 부담, 가계 부담으로 구분하여 그 비율을 살펴보면, 정부 부담 45.5퍼센트, 민간 부담 2.4퍼센트, 가계 부담 52.1퍼센트로 유아 공교육비의 절반 이상을 학부모가 부담하고 있습니다. 가계 부담 52.1퍼센트는 OECD 국가 가운데 호주(55.1퍼센트) 다음으로 높은 비율입니다.

교육 과정 부문: 지원적 학습 환경 영역

학급당 학생 수

학급당 학생 수는 한 학급에서 공부하는 학생의 수로 학교 교육의 여건을 파악하는 중요한 지표입니다. 1970년대 우리나라 초등학교의 학급당 학생 수는 60~80명으로 과밀 학급이었습니다. 2009년 우리나라의 학급당 학생 수는 초등학교는 평균 28.6명, 중학교는 평균 35.1명으로 OECD 평균(초등학교 20.7명, 중학교 23.7명)에 비해 높은 수치를 보이고 있습니다. 이전에 비해서 학급당 학생 수가 많이 감소했으나, OECD 국가와 비교하면 여전히 높은 편입니다.

교원 1인당 학생 수

양질의 교육을 위해 좋은 교육 여건을 마련하는 것은 당연합니다. 그동안 교사 1인당 학생 수가 많아 양질의 맞춤형 교육을 실시하기가 어려웠습니다. 따라서 적정한 교육 여건을 확보하는 노력을 해야 합니다. 2012년 초중등학교 교원 1인당 학생 수는 19.6명으로 좋아지기는 했지만, 아직도 OECD 국가 평균(14.6명)에 비해 열악한 수준입니다. 교육 여건의 선진화, 양질의 교육을 위해 이 부분을 지속적으로 개선해 나갈 필요가 있습니다.

학습 분위기

교원 1인당 학생 수가 감소하면서 개별 학생들의 성장에 유의미한 교육적 경험을 제공할 수 있는 여건도 좋아지기는 했습니다. 학생들은 우리나라 수업 분위기가 다른 OECD 국가에 비해 양호한 것으로 인식합니다. 학습 분위기 지표에서는 일본(90.6퍼센트) 학생들 가운데 수업 분위기가 긍정적이라고 응답한 비율이 가장 높았고, 우리나라의 경우 86.4퍼센트로 2위입니다. 앞으로 교육 여건이 개선되면, 학습 분위기가 더욱 좋아질 것으로 예상됩니다.

취약 계층 지원 영역

균등한 교육 기회 실현을 위해서는 모든 사람에게 교육에 대한 접근이 용이한 형식적 기회균등도 중요하지만, 가정적 배경 등 환경적 요인에 의한 차이를 줄이고 보정하는 실질적 기회균등도 중요합니다. 최근 우리나라는 소득 불평등과 경제적 양극화가 심화되면서 취약 계층이 어려운 상황에 내몰리고 있습니다. 경제적으로 취약한 계층은 교육에 대한 투자가 적어지면서 충분한 교육의 기회를 누리지 못하고 이는 결과적으로 가난의 대물림으로 이어질 수 있습니다. 이 문제를 해결하기 위해 교육의 형평성을 높이고, 교육 복지에 적극 투자해야 합니다. 사회안전망을 탄탄히 구축하여 교육을 통한 계층 세습이 아니라, 교육이 계층 상승의 희망 사다리가 되는 구조로 변화시킬 필요가 있습니다. 이러한 측면에서 국가가 교육의 기회를 확대하고, 불평등한 기회를 교정한다는 차원에서 복지 투자를 확대하는 것이 중요합니다. 보편적이고 균등한 교육을 제공하기 위한 국가의 노력이 높을수록 형평성은 높아질 것입니다.

통합교육지수

OECD 교육 지표에 의하면, 학교 체제가 통합적으로 운영될 때, 즉 다양한 계층의 학생들이 함께 교육을 받을 때, 교사-학생 관계 및 학교 환경이 긍정적이고 학생의 성공 가능성이 높은 것으로 나타났습니다(OECD-EAG, 2011, 443쪽). 또한 평균적으로 통합성이 높은 학교일수록 성과가 높고, 불평등의 수준은 더 낮은 것으로 나타났습니다. 통합 교육 체제를 나타내는 지수에서는 노르웨이(91.2퍼센트), 핀란드(89.2퍼센트), 스웨덴(85.7퍼센트)이 높은 것으로 나타났고, 한국은 74.1퍼센트로 21위입니다.

취약 계층 학생 가운데 고성취 학생 비율

취약 계층 학생 가운데 고성취 학생 비율 지표에서는 한국(14.0퍼센트)이 가장 높고, 핀란드(11.4퍼센트), 터키(10.5퍼센트)가 높은 것으로 나타났습니다. 하위 25퍼센트의 저소득층 학생 가운데 상위 25퍼센트의 높은 성취를 보이는 학생 비율이 OECD 국가 가운데 가장 높습니다. 이는 우리나라가 OECD 국가 가운데 교육을 통한 계층 이동 가능성이 가장 높은 나라임을 확인해 줍니다.

교육 공동체의 신뢰 및 행복 영역

학습 여건은 좋아지고 있으나, 교육 공동체 형성의 측면에서 볼 때, 우리의 교육은 여전히 숙제를 안고 있습니다. 교육의 장인 학교는 교사, 학생, 학부모가 함께하는 공동체입니다. 교육은 공동체 안에서 공동체의 행복을 위하여 이루어지는 행위입니다. 따라서 공동체 문화를 형성하고 공동체가 신뢰를 바탕으로 행복한 교육을 하는 것은 교육의 본질적 과제입니다.

교사와 학생의 관계

교육 공동체 형성에 있어서 교사와 학생의 관계는 중요한 요인입니다. 교사와 학생의 관계에 대한 조사에서, 일본과 한국 등 동양권 국가에서는 원만하지 않은 비율이 높은 것으로 나타났습니다. 특히 한국은 30.6퍼센트로 10명 가운데 3명이 교사와의 관계에서 어려움을 겪는 것으로 나타났습니다. 이는 OECD 평균 25.0퍼센트에 비해 높은 편이고, 일본(41.4퍼센트)에 이어 두번째로 높은 비율입니다.

즐겁게 학습하는 학생 비율

학생의 소질과 능력에 부합하는 다양한 교육 프로그램을 제공하는 것은 교육 공동체의 행복을 위해 매우 중요합니다. 학습자에게 적합한 유의미한 교육 기회를 제공할 때 학생들은 흥미를 갖고 교육활동에 적극 참여합니다. 즐겁게 학습하는 학생 비율을 비교한 결과, 우리나라의 학생 가운데 즐겁게 공부하는 학생의 비율은 61.5퍼센트로 OECD 평균 63.8퍼센트보다 약간 낮은 수준입니다. 이 점은 PISA 학업성취도평가 결과에서 학생들의 성적은 좋으나, 학업에 대한 흥미와 관심이 매우 낮다는 결과와 맥을 같이 합니다.

행복지수

2011년 어린이·청소년의 주관적 행복지수를 비교한 결과, 한국 어린이·청소년의 주관적 행복지수는 65.98점으로, OECD 23개국 중 최하위 수준입니다. 행복지수가 가장 높은 스페인(113.6점)보다 47.6점이 낮고, OECD 평균(100점)에서는 34점이나 낮습니다. 또 2009년 64.3점, 2010년 65.1점을 기록하는 등 3년 연속 OECD 국가 가운데 주관적 행복지수에서 최하위에 머물렀습니다. 한국, 중국, 일본과 비교해도 한국 학생의 행복도가 가장 낮습니다.

교육 결과 부문: 시민적 자질 영역

중등교육 이수율

고등학교 이상 학력을 갖고 있는 인구 비율은 슬로바키아, 체코, 폴란드 등 동유럽 국가들이 가장 높습니다. 보편 교육을 강조하는 사회주의 국가의 특성이 잘 반영된 것입니다. 한국의 경우, 높은 취학률 덕분에 고등학교를 졸업한 인구 비율도 지속적으로 상승하고 있습니다. 중고령자인 55-64세 인구 가운데 고등학교 이상을 졸업한 인구 비율은 43퍼센트로 OECD 평균(61퍼센트)에 비해 낮지만, 젊은층인 25-34세 인구 가운데 고등학교를 졸업한 인구 비율은 98퍼센트로 OECD 국가 가운데 가장 높습니다. 이는 젊은 국민들 대부분이 고등학교 이상의 교육을 받은 것을 나타내며, 교육 기회가 국민들에게 충분히 제공되고 있음을 의미합니다. 현재의 고학력화 현상을 고려할 때, 이러한 추세는 앞으로도 지속될 것으로 판단됩니다.

시민성 수준

2009년 국제교육협회(IEA)는 학생들의 시민적 자질과 태도를 조사했고, 조사 결과를 바탕으로 학생들이 성인이 되었을 때의 시민성 수준을 예측했습니다. 사회제도에 대한 신뢰 수준에서도 핀란드(54.1점), 노르웨이(54.0점), 덴마크(53.7점) 등 북유럽 복지국가들의 신뢰 수준이 비교적 높고, 한국 성인들의 경우 사회제도에 대한 신뢰 수준이 가장 낮을 것으로 나타났습니다. 성인들의 성 평등에 대한 태도를 예측한 결과, 스페인(59.9점), 스웨덴(59.3점), 노르웨이(58.6점)가 높고, 우리나라는 52.5점으로 하위권(20위)으로 예측되었습니다.

교육의 결과를 살펴볼 때, 성인들의 학력 수준은 OECD 국가들 가운데 최고입니다. 그러나 성인의 시민적 자질 수준은 OECD 34개 국가 가운데 하위권으로 예측되었습니다. 우리 사회가 더욱 정의롭고 성숙한 공동체가 되기 위해서는 교육이 지적인 영역에만 충실할 것이 아니라, 사회적 차원과 시민적 자질을 키우는 방향으로 변화되어야 한다는 점을 시사합니다.

공정한 삶의 기회 및 삶의 질 영역

교육 수준별 고용률 격차

정의로운 교육의 결과는 성인들에게 공정한 삶의 기회를 제공하고, 삶의 질을 높이는 것입니다. 교육 수준별로 고용률을 살펴볼 때, 노르웨이, 아이슬란드, 스웨덴, 덴마크 등 북유럽 복지 모델 국가들이 비교적 높은 고용률을 보이고, 그 격차도 상대적으로 낮은 것으로 나타났습니다. 2009년을 기준으로 우리나라의 교육 수준별 고용률을 살펴보면, 대졸자 76.1퍼센트, 고졸자 69.6퍼센트, 고졸 이하 65.3퍼센트로 학력이 높을수록 고용률이 높은 것으로 나타났습니다. OECD 평균(대졸자 83.6퍼센트, 고졸자 74.2퍼센트, 고졸 이하 56.0퍼센트)과 비교할 때 고졸 이하의 경우 우리나라의 고용률이 높고, 고졸자와 대졸자의 경우

OECD 평균에 비하여 낮습니다. 그러나 학력 간 고용률의 격차는 OECD 국가들과 비교할 때 가장 낮은 편에 속합니다. 즉 고용률은 OECD 국가들과 비교하여 낮은 편이라 문제가 있지만, 학력 간 격차에서는 OECD 국가들과 비교하여 낮은 것으로 나타나 긍정적으로 평가할 수 있습니다.

교육 수준별 임금 격차

교육 수준별 임금 격차를 비교할 때, 스웨덴, 덴마크, 노르웨이 등 복지 모델 국가들의 격차가 상대적으로 낮은 것으로 나타났고, 동유럽 국가들과 미국, 영국 등 자유주의 모델 국가들의 임금 격차가 상대적으로 높은 것으로 나타났습니다. 2008년을 기준으로 우리나라 교육 수준별 임금을 살펴보면, 고졸자들의 평균 임금을 100으로 할 때, 고졸 이하는 평균 69, 대졸자는 평균 131의 임금을 받는 것으로 조사되었습니다. 이는 OECD 평균(고졸 이하 78, 대졸 152)에 비하여 고졸 이하 및 대졸자 모두 상대적으로 낮은 수준입니다. 그러나 고졸자 대비 고졸 이하 임금 격차는 우리나라가 OECD 평균보다 높고, 고졸자 대비 대졸자 임금 격차는 OECD 평균보다 낮습니다. 학력 간 임금격차는 OECD 국가들과 비교하여 상대적으로 낮은 것으로 나타났습니다.

삶의 만족도

OECD 국가를 대상으로 국민들의 삶에 대한 만족도를 조사한 결과, 덴마크, 핀란드, 스웨덴, 노르웨이 등 복지 모델 국가의 국민들이 가장 높습니다. 우리나라는 5.5로 30위입니다. 우리나라의 경우 삶에 대한 만족도가 매우 낮은 수준이지만, 학력별 격차도 커서, 특히 저학력자의 삶의 만족도가 떨어지는 것으로 나타났습니다(고졸 미만 34.0퍼센트, 고졸자 44.0퍼센트, 대졸자 53.0퍼센트가 만족).

그동안 우리나라는 교육의 기회를 확충하여 학력에서는 세계 최고 수준이 되었습니다. 그러나 이러한 노력이 국민의 삶의 질을 제고하고 행복도를 높이는 결과를 가져오지는 못했습니다. 또한 교육의 결과가 사회발전과 사회의 질을 높이는 데에도 기여하지 못했습니다. 행복하고 정의로운 복지 사회를 만드는 데기여하기 위해 우리 교육이 추구할 가치와 방향을 재검토할 시점에 와 있다는점을 확인할 수 있습니다.

앞으로 나아가야 할 길

그동안 우리나라는 양적으로 급성장했습니다. 압축 성장 속에서 고도의 경제발전은 이루었으나, 성숙한 사회를 건설하지는 못했습니다. 우리가 꿈꾸는 미래대한민국은 질적으로 성숙한 사회, 공동체적 신뢰를 바탕으로 공동체 모두가 행복한 사회, 공동체 구성원의 삶의 질과 사회의 질이 높은 사회입니다. 많은 선진국은 공동체 구성원들이 행복한 사회를 가꾸어 가고 있습니다. 우리가 꿈꾸는사회로 먼저 가고 있는 것입니다.

한국 사회가 양적 성장 사회에서 질적 성숙 사회로 변모하기 위해서, 선진화된 사회로 발전하기 위해서는 성숙한 가치가 필요합니다. 개인의 삶의 기회를최대한 실현하면서 공동체의 공동선을 동시에 추구하는 정의의 가치가 중요합니다. 더불어 미래 한국 사회에서 양극화 및 불평등 문제가 더욱 심화될 것으로예견되면서 배려와 나눔의 복지적 가치가 더욱 중요해지고 있습니다.

교육 역시 한 단계 성숙한 모습으로 바뀌어야 합니다. 개인의 수월성과 경쟁력만을 추구하는 단계에서 벗어나, 공동체성과 시민성을 함양하는 것이 중요합니다. 학생들이 협동, 공생, 공존의 시민성을 키우도록 교육적으로 지원하는 것이 정의롭고 행복한 교육 공동체와 시민 공동체를 만드는 기초가 될 것입니다.마지막으로 22개 교육 정의 및 교육 복지 지표가 시사하는 정책과제를 제안하고자 합니다.

첫째, 우리의 경제력 수준에 맞게 무상 교육의 영역을 확대해야 합니다. 적어도 보편 교육의 단계(유아부터 고등학교까지)에는 무상 교육을 실시할 필요가 있습니다. 인생의 출발점인 유아 교육 영역에서의 격차는 공정한 경쟁과 사회통합을 저해하는 핵심 요인입니다. 따라서 불평등과 교육 격차를 줄이기 위한 국가의 적극적인 교육 투자가 있어야 합니다.

둘째, 대학 등록금을 반값으로 하는 문제는 신중한 논의가 선행되어야 합니다. 대학 교육이 보편화되면서 삶의 기회에 큰 영향을 미치는 것은 사실이나, 대학 진학을 하지 못한 사람들에 대한 사회적 지원 대책을 마련하는 것이 우선입니다.[32] 또한 전 세계 최고 수준의 고학력화로 인한 취업난 및 인력 수급 문제가 상존하는 상황에서 반값 등록금은 고학력화를 부추기는 요인이 될 수 있습니다.

셋째, 교육 소외 계층에 대한 사회적 관심과 지원이 더욱 필요합니다. 저소득층 학생, 장애 학생, 다문화 가정 학생, 북한 이탈 학생 등 이들에게 교육이 진정한 희망 사다리가 될 수 있도록 지금보다 더 적극적인 지원이 필요합니다. 대학 입학 시험에서 취약 계층 학생들을 대상으로 하는 사회적 배려 대상자 특별전형을 더욱 확대할 필요가 있고, 이러한 노력들이 정의로운 복지 사회의 출발점이 될 것입니다.

넷째, 중도 탈락 학생 및 교육과 훈련을 받지 못한 청소년에 대한 특단의 대책이 필요합니다. 매년 5~7만 명의 학생들이 학교를 그만두지만, 우리는 그들을 흡수할 수 있는 시스템을 제대로 갖추지 못했습니다. 중도 탈락을 예방하는 것이 최선책이지만, 어쩔 수 없이 중도 탈락한 학생들이 삶의 기회를 마련할 수 있도록 사회적으로 배려하고 지원해야 합니다. 무엇보다 삶에 대한 실태 조사부터 철저히 해서 대책을 마련해야 합니다. 그들을 방치하는 것은 개인적인 차원에서 삶의 기회를 놓치게 되는 것이기도 하지만, 국가적, 사회적으로도 적지 않은 부담을 치러야 하는 문제입니다.

다섯째, 진로교육이 강화되어야 합니다. 사회가 학생들의 다양한 소질과 능력에 부합하는 진로를 개척해 나갈 수 있도록 도와주어야 합니다. 그러기 위해서는 현 정부에서 추진하고 있는 고졸자 취업 지원 정책을 계승하여 고졸자들의 다양한 성공 트랙을 만드는 노력을 기울여야 합니다. 학력이 임금 결정의 핵심 요인이 되지 않고, 직무에 따라 임금이 결정되는 직무급 제도 도입도 필요합니다. 하고 싶은 일을 하면서 최소한의 삶이 보장되는 복지 시스템을 구축하는 것도 중요합니다. 학교에서는 체험 중심의 진로 교육을 더욱 강화하여 역량을 개발할 수 있도록 도와주어야 합니다.

여섯째, 학생들의 시민성 수준을 OECD 평균 수준으로 향상시켜야 합니다. 우리나라 학생과 성인의 시민성 수준이 OECD 국가 가운데 최하위권인 점을 깊이 인식하고, 학교에서 먼저 시민성 교육과 공동체성 교육을 충실히 실천할 필요가 있습니다. 그동안 우리는 교육을 주로 개인적 차원으로 접근했습니다. 개인의 성장, 지식, 학력 향상에 우선적 가치를 부여했습니다. 정의로운 교육, 복지 교육은 함께 더불어 성장하는 교육입니다. 'me'에서 'we'로 전환하는 교육입니다. 따라서 공동체성을 핵심가치로 수용하고, 교육 시스템(제도, 교육 과정, 성과 등)을 재구조화하는 노력이 필요합니다.

일곱째, 교육 격차를 줄이는 노력을 지속적으로 해야 합니다. 교육의 과정에서 지역별, 성별, 학교별 격차를 줄여나가는 것입니다. 더불어 정의로운 사회를 위해 교육 결과의 격차를 줄여나가는 노력도 필요합니다. 우리나라의 경우 교육 수준별 고용률의 격차는 적으나, 임금 격차는 계속 확대되는 실정입니다. 임금 격차는 소득 격차를 발생시키고, 이는 다시 교육 기회의 격차를 낳는 요인이 된다는 점을 고려하여, 소득 격차를 줄여나가야 합니다. 이러한 노력들이 정의로운 사회와 복지 사회를 앞당길 것입니다.

그동안 우리 국민은 국가발전을 위해 열심히 일하고 희생했습니다. 덕분에 오늘날의 대한민국이 만들어졌습니다. 이제는 국가가 국민에게 보답해야 합니다. 국가가 국민을 위해 역할을 할 때가 왔습니다. 국민 개개인이 보다 행복한 사회, 삶의 질이 높은 사회를 만들기 위해 국가가 무엇을 해야 할지와 사회 공동체가 더불어 발전할 수 있는 방안도 고민해야 합니다. 국가가 국민 개개인의 복지를 증진하고, 정의로운 사회공동체를 만들기 위해 고민하고 노력할 때, 우리 모두가 행복한 대한민국의 미래가 펼쳐질 것입니다.

　기독교와 그리스도인은 사회에 더 많은 관심을 가져야 합니다. 그동안 한국기독교는 개인 구원 문제에 우선순위를 두었습니다. 이제부터는 개인 변화와 더불어 사회 변화에도 많은 관심을 기울일 필요가 있습니다. 사회 취약 계층을 돌보고 지원하는 노력에서 정의로운 사회, 평화로운 사회, 더불어 공생하는 행복한 사회를 만들기 위한 교회와 교인의 노력도 중요합니다. 더 나아가 대한민국이 발전한 데에는 특별한 이유가 있다는 인식이 필요합니다. 대한민국 국민만 잘 먹고 잘살기 위한 것이 아니라, 다른 나라 사람들을 도와주기 위한 특별한 목적이 내재되어 있다는 점을 인식해야 합니다. 대한민국은 가난에서 탈출한 경험과 노하우를 가난한 국가에 전수해야 하는 국가적 책무가 있습니다. 이것은 또한 이 시대를 살아가는 그리스도인의 책무입니다.

[**질문 1**] 그리스도인이 교육문제를 고민할 때 '교육의 질'을 어떤 의미로 정의하는 것이 좋은지 교육학자인 박사님의 의견을 듣고 싶습니다.

[**답변**] 교육은 학생의 전인적 성장과 발달을 위한 것입니다. 학생이 자신의 소질과 능력을 개발하고, 삶에 필요한 지식과 기술과 태도와 가치를 갖추도록 돕는 것입니다. 교육의 질이란 좋은 교육을 충실히 실현한 상태입니다. 입시 위주의 교육으로 인하여 지식교육, 암기위주의 교육 현실에서는 실현하기 어려운 점이 있지만, 좋은 교육, 양질의 교육을 위해 부단히 노력해야 합니다. 핀란드 등 선진국들은 이러한 좋은 교육을 실시하며 교육의 질을 확보하는 노력을 기울이고 있습니다.

[**질문 2**] 특목고와 자사고 존치 논쟁에 대한, 나아가 현재의 복선제 교육 시스템에 대한 '정의'와 '복지' 관점에서의 박사님의 입장은 어떠신지 알고 싶습니다.

[**답변**] 우리의 교육 현실에서 복선제 교육 시스템은 경쟁과 서열을 조장하는 역기능을 낳고 있습니다. 특목고와 자사고 등 특별한 고등학교를 만드는 것은 사

회 경제적 배경이 좋은 이들에게 유리한 결과를 줍니다. 복선제 교육 시스템이 수월성 교육에 유리하다는 객관적 증거도 찾기 어렵습니다. 오히려 통합형 교육 시스템이 수월성과 형평성을 모두 달성할 수 있는 제도라는 연구 결과가 타당성을 인정받고 있고, OECD에서도 통합 교육 시스템이 더욱 바람직하다는 결론을 내리고 있습니다. 핀란드 같은 국가에서도 통합형 교육 시스템을 운영하여 수월성과 형평성 측면 모두에서 큰 성과를 거두고 있습니다. 특별한 학교를 만들기보다는 일반학교 내에서 학생들의 다양한 능력과 관심에 부응하는 다양한 프로그램을 제공하는 것이 더욱 중요하고, 이러한 교육이 정의로운 교육이라고 생각합니다.

[질문 3] 2012년부터 실시된 누리 과정을 언급하시면서 유아 교육에 대한 정부 차원의 투자와 관심이 확대된 것을 환영한다고 말씀하셨는데, 이러한 정책 시행에도 불구하고 대한민국의 유아 교육기관의 질적 양극화(유치원과 어린이집의 질적 차이, 공립과 사립 기관의 질적 차이 등)는 초중등 어떤 연령의 교육기관보다 심각합니다. 이런 상황을 가장 효과적으로 개선하여 유아 교육의 질적 양극화를 완화할 수 있는 방법은 어떤 것이 있을까요?

[답변] 공정한 경쟁을 위해서는 공정한 출발이 중요합니다. 유아기는 인생의 출발점으로 일생에 결정적인 영향을 미치게 됩니다. 따라서 유아기 때 공평한 교육을 제공하는 것은 정의로운 교육을 위해 가장 중요한 사안입니다. 현재 우리나라는 유아 교육의 질적 양극화가 심각한 상황입니다. 이를 위해서는 몇 가지 대책이 마련될 필요가 있습니다.

첫째, 국가가 유아 교육에 더 많은 투자를 해야 합니다. 실질적 무상 교육이 실현될 수 있도록 하고, 공립 유치원과 보육시설, 교원을 대폭 확충해야 합니다. 둘째, 국가의 양육비 지원이 더욱 강화되어야 합니다. 그래서 부모들이 최소한의 수준에서 유사한 양육 환경을 확보할 수 있도록 도와주어야 합니다. 셋째, 취약 계층의 유아 지원을 더욱 강화하여 맞춤형 edu-care 시스템을 갖추는 것도 중요합니다.

조흥식 —
서울대학교 사회복지학과 교수

서울대학교 사회사업학과를 졸업하고, 동대학원 사회복지학과에서 석사 학위와 박사 학위를 받았다. 1981년부터 청주대학교 교수로 활동하기 시작하여 1991년부터 현재까지 서울대학교 사회과학대학 사회복지학과 교수로 학생들을 가르치고 있다. 미국 시카고 로욜라 대학교 사회복지대학원 교환교수, 기독교윤리실천운동 사회복지위원회 위원장, 국무총리 산하 청소년보호위원회 위원, 사회복지공동모금회 이사 겸 배분분과위원장, 영국 헐 대학교와 범밍엄 대학교 객원교수, 서울대 사회과학연구원 원장, 참여사회연구소 소장, 한국 사회정책학회 회장, 한국보호관찰학회 회장, 한국 사회복지학회 회장을 역임하였으며, 현재 한국여성재단 이사와 RI(국제재활협회) 한국 위원장, 대한법률구조공단 이사, (사)관악사회복지 이사장, 농어촌복지포럼 공동대표를 맡고 있다.

대표적인 역서와 저서는 《교회자원봉사》《한국 복지국가의 전망》《질적연구방법론》《가족복지학》《인간행동과 사회환경》《사회복지학개론》《대한민국, 복지국가의 길을 묻다》《기독교교육 복지 이론과 실천》《우리는 한배를 타고 있다 — 보편적 복지국가를 향한 노동과 시민의 친복지연대》《한국 사회복지실천의 고유성》등과 연구 논문 다수가 있다.

제6강

복지, 진정한 공동체성의 회복

한국 사회에서의 기독교 사회복지의 역할

현재 한국 사회는 사회복지에 대한 논쟁이 치열합니다. 앞으로 국민 모두가 행복한 한국을 어떻게 만들어 갈 것인가에 대한 논쟁이 격렬하게 전개되고 있습니다. 특히 사회 양극화로 인한 고통이 심화되고 있어 저소득층의 한숨이 커지고, 입시 지옥에서 몸부림치는 청소년들과 절망에 빠진 노인들의 자살률이 세계 최고이며, 가족 해체가 빈번히 발생하고, 성 폭력, 학교 폭력 등으로 행복지수가 세계적으로 낮습니다. 이런 상황에서 한국은 과연 진정한 복지국가가 될 수 있을까요?

2012년 초, 런던에 있는 레가툼 연구소(Legatum Institute)가 2011년도 세계 110개국의 번영지수를 발표한 바 있습니다. 한국은 24위로 아시아에서는 싱가포르, 홍콩, 일본, 대만에 조금 뒤지는 수준입니다. 그러나 놀라운 것은 삶의 평균 만족도에서는 한국이 110개국 가운데 104위로 최하위에 속했다는 사실입니다. 2011년에 발표된 세계 가치관 조사에서도 한국인의 행복지수는 92개국 가운데 60위로 나타났습니다.

한국은 물질적으로는 풍부해졌지만 결코 행복하지 못한 국가가 된 것에 대한 하나님의 깊은 뜻은 무엇일까요? 현재 "한국 기독교는 매우 큰 위기에 처해 있다"는 말에 이의를 달 사람은 많지 않을 것입니다. 교세 감소 현상이 이러한 위기를 단적으로 보여 준다고 할 수 있습니다. 그러나 위기는 기회입니다. 기독교는 역사를 통해 위기를 기회로 만드시는 하나님의 사랑을 체험하는 종교입니다. 왜 이런 현상이 발생하고 있는가, 그리고 오늘날 한국 교회들이 어떤 모습을 하고 있으며, 어떤 일을 하고 있는지 등에 대한 정확한 진단을 통해 그 해결방안을 하나님께 간구하는 일이야말로 기회를 찾는 일이며, 지금 우리들에게 주어진 책무가 아닌가 합니다. 위기 타개를 위해서는 정직한 자기 회개가 우선해야 합니다. 이런 점에서 기독교 사회복지는 위기 타개의 한 방안이 될 수 있습니다. 기독교 사회복지는 하나님의 사랑을 사회에 전파하게 하며, 사회복지 자체가 본질적으로 기독교적 사랑의 실천 작업이기 때문입니다.

국가 사회복지정책의 이해[33]

사회복지정책 결정사항과 사회복지전문가의 역할

국가 사회복지정책은 '국가의 사회복지를 위한 행동노선과 계획'이라 할 수 있습니다. 다시 말해 국가의 사회복지를 위한 활동이나 행동을 하는 데 필요한 원칙과 방향을 정하거나 계획하는 것입니다. 일반적으로 사회복지정책 연구와 분석의 주 내용은 정책형성의 필요성을 유발하는 사회적 상태, 사회문제, 정책형성 과정, 정책수행 과정, 정책수행의 결과 등에 관한 것임을 알 수 있습니다. 따라서 사회복지정책을 수행하기 위해 결정해야 할 구체적인 사항은 다음과 같습니다. 어떤 특수한 상황이 사회문제를 구성하는가의 여부, 어떤 특정의 사회문제가 얼마나 큰 문제이며, 중요한 문제인가의 여부, 어떤 개인 전략이 채택되어야 하는가의 여부, 어느 사회복지 수급자가 사회복지 프로그램의 급여나 서비스를 받아야 하는가의 여부, 어떻게 사회복지 프로그램이 설계되며, 재원이 조달되어야 하는가의 여부, 프로그램의 결정에 누가 참여해야 하는가의 여부, 정책과 프로그램의 성과는 어떻게 평가되어야 하는가의 여부 등입니다.

이와 같은 사회복지정책 결정사항과 관련하여 사회복지전문가가 해야 할 주요 역할을 살펴보면, 첫째, 분석가의 역할입니다. 가능한 정책 선택과 그 선호를 입증하는 분석적 역할을 수행합니다. 둘째, 정치인의 역할입니다. 정책형성의 기간 가운데 정치적 대리인으로서의 역할이 중요합니다. 셋째, 행정 조직인의 역할입니다. 행정적이며 조직적인 역할입니다. 넷째, 조사 및 평가의 역할입니다. 조사와 프로그램 평가의 역할을 수행해야 합니다. 다섯째, 직접적 서비스의 역할입니다. 직접적 서비스를 행하는 사회복지사의 경우 충족되지 못한 욕구 발견자, 프로그램 설계자, 집행자, 평가자, 변화담당자 등의 역할을 수행함으로 정책 결정 과정에 참여하는 것입니다. 그런데 사회복지정책 실천가에게 가장 중요한 것은 정책형성 과정에 대한 분석과 정책형성 과정에 참여하여 영향을 미치는 전략 및 전술입니다.

사회복지정책의 형성 및 집행 과정과 실천 기술

사회복지정책의 분석에서 가장 중요한 측면의 하나는 정책의 형성 및 집행 과정입니다. 이는 새로운 정책을 결정하거나, 기존의 정책을 개선하는 데도 적용할 수 있습니다. 사회복지정책은 복잡하고 동태적인 과정을 거치게 됩니다. 어떤 과정을 거치는가는 특정 사회의 정치 사회적 여건에 따라 다르지만 대개 다음과 같은 과정을 거치게 됩니다.

정책문제의 형성 과정입니다. 사회복지정책의 대상이 되는 사회문제는 다음과 같은 다섯 가지의 조건에 부합해야 합니다. 사회적 가치에 위배되는 상황의 연출입니다. 많은 사람이 그 현상으로 부정적인 영향을 받고 있습니다. 다수의 사람 또는 영향력 있는 사람들이 문제입니다. 사회 대다수가 해결이나 개선을 원하고 있습니다. 해결과 개선을 하려면, 집단적 차원의 사회적 행동이 있어야 합니다. 그러나 실제로 모든 사회문제가 사회복지의 문제로 인식되고 이슈화되는 것은 아닙니다. 사회문제를 이슈화하기 위해 사회복지전문가 또는 사회복지사는 여러 가지 전략과 기술을 적용할 필요가 있습니다.

정책 아젠다 형성 과정입니다. 사회문제가 정책문제로 이슈화되면 국민과 정책활동가들은 그 문제를 논의하기 시작합니다. 이슈화된 정책이 정책결정자들에 의해 논의될 수 있는 의제항목에 들어가게 되는 것을 정책 아젠다 형성이라 합니다. 여기서 의제는 아젠다와 구별됩니다. 의제는 정책활동가들에 의해 정책문제로 논의되는 문제나 이슈를, 아젠다는 의제들의 모음이나 묶음을 말합니다. 사회문제가 사회복지의 문제로 이슈화되고 사회복지정책의 아젠다로 발전되기까지 여러 단계를 거치게 됩니다. 아젠다 형성에는 참여자(이슈전문가, 이해 당사자, 정책활동가, 클라이언트, 사회복지전문가, 일반 국민), 정치체제, 다른 이슈의 존재, 기타 상황적 요인들이 영향을 미칩니다.

정책대안 형성 과정입니다. 사회복지의 문제가 정책 아젠다에 오르게 되면 그 문제를 해결할 수 있는 대안(방안)을 연구하고 찾아내야 합니다. 여러 가지 대안이 있을 경우 비교하여 각각의 기대효과와 장단점을 정리해야 합니다. 해당 문제에 대한 확실한 대안이 없는 경우에는 문제와 상황파악, 미래의 예측 및 목표의 설정, 대안의 탐색 및 개발, 대안의 비교분석과 같은 절차를 거쳐 대안을 마련하게 됩니다. 정책적 대안을 개발하는 데는 예측능력의 한계, 계량화의 어려움, 비교기준으로서의 공통 척도 결핍, 비용과 시간의 문제, 다른 국가와의 비교관점 부족과 같은 여러 문제점이 수반될 수 있습니다.

정책 결정 과정입니다. 여러 정책대안이 개발되었어도 모든 대안이 정부 당국에 채택되는 것은 아닙니다. 정책 결정은 권위 있는 정책결정권자가 문제해결을 위한 대안들 가운데 하나를 선택하는 행위나 과정입니다. 정책결정의 형태에 관해 학자들이 제시한 이론적 모형에는 합리모형(rational model), 만족모형(satisfying model), 점증모형(incremental model), 혼합모형(mixed scanning model), 최적모형(optimal model), 쓰레기통 모형(garbage can model) 등이 있습니다.

정책의 집행 과정입니다. 정책 그 자체는 사실상 행동노선, 방침 또는 계획에 불과합니다. 따라서 사회복지정책이 결정되면 다음 단계를 밟아야 합니다. 그것은 결정된 정책을 공적 및 사적 일선 사회복지기관을 통해 구체화시키는 것입니다. 이와 같은 과정을 정책 집행 과정이라 부릅니다. 정책 집행 과정에는 여러 참여자 사이에 상호작용이 일어나기 마련입니다. 그들 사이에 협상과 타협이 이루어지고 이로 인해 정책 목표가 왜곡될 수 있습니다. 정책 집행은 여러 참여자의 세력관계 속에서 이루어지기 때문에 정치적 성격을 띠게 됩니다. 따라서 우리는 정책 집행 과정에서 정치 경제적 상황변화와 같은 환경적 요인과 정책 수단 및 절차의 확보와 같은 정책 내재적 요인을 함께 고려해야 합니다.

정책의 평가 과정입니다. 정책 평가는 좁게는 정책 집행 결과에 대한 평가, 즉 정책이 원래 의도한 문제의 해결에 얼마만큼 영향을 미쳤는가를 평가할 수 있습니다. 넓게는 정책 형성 과정 전반(정책의제, 정책 결정 과정, 정책 집행 과정, 정책 결과, 정책의 영향 등)에 대해 평가할 수도 있습니다. 정책평가는 사회복지정책의 효과성 증진, 책임성 확보, 정책 연구의 기초를 마련하는 의미에서 필요하지만 여러 가지 이슈, 즉 질적 평가의 문제, 시간의 적절성, 정책담당자의 의지, 환류(feedback) 장치의 문제 등이 있어 정책 평가의 유용성을 둘러싸고 논란이 제기되기도 합니다. 사회복지정책 평가는 평가의 목표설정, 평가의 범위설정, 정책 프로그램의 내용파악, 평가조사 설계, 자료수집 및 측정, 분석 및 해석의 절차를 거치게 됩니다.

한편 사회복지정책을 실천할 때, 사회복지전문가 또는 사회복지사는 일반적으로 다음과 같은 네 가지 기술을 필요로 합니다. 첫째, 분석 기술입니다. 정책

대안의 개발과 대안들 간의 비교 및 결정의 최종안을 건의하기 위하여 분석하는 기술입니다. 둘째, 정치적 기술입니다. 정책 결정의 현실적 가능성을 검토하고, 권력관계를 파악하며 정치적 전략을 개발하여 구사하기 위한 기술입니다. 셋째, 상호작용 기술입니다. 영향력 있는 관계자 접촉, 지지망 구축, 개인적 관계 구축, 교우 관계망 구축, 정책 목표 달성을 위한 집단과정의 활용을 위한 상호작용의 기술, 즉 대인관계 및 사교기술을 말합니다. 넷째, 가치천명 기술입니다. 정책 의제 또는 아젠다 형성과 특정 정책에 대한 지지를 위한 도덕적 정당성 확보 시 가치적 근거를 분명히 제시하고 가치적 판단을 잘하는 기술입니다.

사회복지정책의 현황 분석틀

사회복지정책에서 정책 형성도 중요하지만 현재 시행되고 있는 정책을 체계적으로 분석하는 것도 매우 중요합니다. 사회복지정책의 현황 분석틀은 첫째, 목표와 관련된 정책 프로그램은 어떤 것이 있으며, 프로그램의 주요대상은 누구인가? 둘째, 목표의 달성도와 관련된 정책의 급여체계는? 셋째, 목표의 달성도와 관련된 정책의 전달체계 문제는? 넷째, 정책 프로그램 수행에 드는 재정적 문제는? 등과 연관됩니다. 즉 정책 할당 대상(대상자의 자격), 급여의 종류(급여 체계), 전달 체계, 재정방법(재정 체계)과 같은 4가지 차원으로 나누어 구분하여 보는 것이 편리합니다.

사회복지정책의 급여 대상자 선정원칙과 자격 조건

사회복지정책의 내용을 분석하는 데 가장 논란이 되는 것 중의 하나는 급여를 받을 수 있는 자격의 문제입니다. 즉 누구에게 급여하고, 누구에게 급여를 안 하느냐의 문제입니다. 일반적으로 사회복지 재화나 서비스는 시장에서의 쌍방의 교환이 아닌 국가로부터 일방적 이전(unilateral transfer)의 형태로 제공되기 때문에 재화나 서비스에 대한 수요보다 공급이 적습니다. 사람들이 원하는 사회복지 재화나 서비스의 양보다 국가에서 급여할 수 있는 양이 적은 것입니다. 그러므로 어떠한 방식으로라도 사회복지 재화나 서비스에 대한 수요를 제한할 필요성이 있고, 이때의 기준이 무엇이냐가 쟁점이 됩니다. 여기에서는 사회복지정책의 급여 대상자를 선정하는 데 필요한 기준을 정하는 기본원칙으로서 보편주의와 선택주의 원칙과 사회복지정책의 자격 조건을 살펴보기로 합니다.

보편주의와 선택주의의 원칙

급여 대상자 선정은 사회복지정책의 중요한 세 가지 가치, 즉 평등성, 형평성, 생존권을 보장하기 위한 적정선을 실현하는 문제를 이루면서, 동시에 사회의 각 집단의 요구를 잘 조화시킬 수 있도록 해야 합니다.

급여 대상자를 선정하는 데 필요한 기준을 정하는 기초가 되는 원칙에는 보편주의와 선택주의가 있습니다. 이 두 원칙은 급여 대상자 선정기준에 대한 논의의 출발점입니다. 보편주의는 사회복지정책의 혜택은 모든 시민이 사회권으로서 누릴 권리가 있다는 주장입니다. 초등학교의 무상 교육이 이 원칙의 대표적인 예입니다. 반대로 자산조사를 통해 사회적 도움이 필요하다고 입증된 사람들에게만 선별적으로 혜택을 주어야 한다는 입장이 선택주의입니다. 현재 공공부조는 우리나라뿐 아니라 여러 나라에서 선택주의 원칙에 따라 시행되고 있습니다. 그리고 보편주의와 선택주의에 대한 해석은 보는 사람의 입장에 따라 틀리기 때문에 항상 명백하게 구별되는 것은 아닙니다.

첫째, 보편주의자들은 의료와 같이 필수적인 것은 소득의 높고 낮음에 상관없이 모든 국민이 권리로서 혜택을 받아야 한다고 주장합니다. 모든 국민이 필요로 하는 요구에 대해서는 전 국민을 사회복지정책의 대상으로 삼는 것이 당연하다는 것입니다.

둘째, 사회적 차별 때문입니다. 보편주의자들은 사회복지정책의 급여 대상자가 국민의 일부로 한정되면, 급여 대상자는 적선을 받는 사람이라는 사회적인 낙인이 찍히게 되고 심리적 부담과 수치감을 갖게 된다고 주장하며, 이러한 부작용을 방지하기 위해서 선택주의를 반대합니다.

셋째, 장기적으로 보면 보편주의가 사회적인 효과가 클뿐만 아니라 경제적 효과도 더 크다고 합니다. 모든 사람이 혜택을 받게 되면 예방적 대책을 받을 가능성이 높기 때문에 오히려 비용이 적게 든다는 것입니다. 선택주의는 예방적 조치를 억제하기 때문에 질병이나 실직 등 사고가 발생한 후에 사후 치료적인 대응을 하기 때문에 예방에 드는 비용보다도 전체 비용이 더 든다는 것입니다.

넷째, 행정관리비가 적게 든다는 점도 보편주의의 장점입니다. 선택주의를 선택하면 급여 대상자의 자격을 심사해야 하고 유자격자가 아닌 사람들이 불법적 방법으로 혜택을 받는지 계속 감시해야 하는 제도운영에 많은 예산이 소요되지만, 보편주의를 채택하면 이런 행정비를 직접 혜택을 주는 데 사용할 수가 있습니다.

이와는 반대로, 선택주의자들의 견해는 다음과 같습니다. 첫째는 한정된 자원을 효과적으로 쓰기 위해서 도움이 가장 필요한 사람들에게 급여 대상자의 자격을 한정하는 것이 타당하다는 것입니다. 그렇지 않고 보편주의를 따를 경우 도움을 필요로 하지 않는 사람에게도 혜택을 주기 때문에 정말 도움이 필요한 사람이 도움을 못 받게 됩니다. 또한 무상라는 생각 때문에 필요 없는 사람도 무절제하게 사용하여 자원의 낭비가 커집니다. 둘째는 선택주의자들은 보편주의가 사회적 효과성이 더 크다는 주장에 대해서 이의를 제기합니다. 잘사는 사람과 어려운 사람을 가리지 않고 똑같이 혜택을 주면, 소득 재분배를 통한 불평등의 해결 또는 완화라는 사회복지정책이 꾀하는 가장 중요한 사회적 목적을 이룰 수 없다는 것입니다. 오히려 선택주의 제도가 도움을 필요로 하는 사람과 그렇지 않은 사람을 구분하여 대우함으로써 진정한 평등의 실현이라는 사회기능을 수행한다는 입장입니다.

사회복지정책의 자격 조건

오늘날 사회복지가 발달한 나라들의 세부적인 사회복지정책은 그 종류가 많고, 각 정책의 자격 조건도 매우 다양합니다. 다양하고 세부적인 자격 조건을 크게 여섯 가지로 나눌 수 있습니다.

첫째, 거주 여부, 거주 기간, 시민권입니다. 사회복지정책의 자격 조건 가운데 가장 기본은 한 나라 혹은 한 지역의 거주 여부입니다. 그리고 가장 개방적인 것은, 한 나라 혹은 지역에 거주만 하면 누구에게나 급여 자격을 부여하는 방법입니다. 이것은 사회복지 수급을 하나의 권리(이른바 사회권)로 인정하는 것으로, 사회복지정책의 역사적 발전과정을 통해 볼 때 가장 발전된 형태라 할 수 있습니다. 그러나 이 경우에도 거주의 정의에 따라 일정한 제한이 있습니다. 즉 거주 기간과 시민권 혹은 영주권의 소지 여부에 따라 제한됩니다. 사회복지정책에 자격이 있기 위해서는 일정한 거주 기간이 필요하거나 영주권자 혹은 시민권자로 제한하는 경향이 있습니다. 대부분의 사회복지정책은 여행자와 같은 단기간 거주자에게는 급여 자격을 주지 않습니다.

둘째, 인구학적 조건입니다. 인구학적 조건만 갖추면(거주 조건도 갖추어야 함) 급여를 받을 수 있는 경우(65세 혹은 70세 이상의 노인이면 누구나 급여 자격을 주는 보편적 연금과 아이를 양육하는 가구에 자격을 주는 아동 수당 등)와 다른 조건을 갖추어야 급여를 받을 수 있는 경우(기여의 조건이 필요한 국민연금, 소득/자산조사의 조건도 필요한 공공부조 등) 두 가지로 나눌 수 있습니다. 인구학적 조건 중 가장 중요하게 사용되는 것은 나이입니다. 예를 들면 국민연금의 경우 우리나라는 60세에, 대부분의 선진산업국들은 65세나 70세에 자격을 줍니다.

셋째, 기여(contribution)입니다. 기여는 사회보험 프로그램에 보험료 납부라는 형태의 기여와 사회에 대한 기여로 나눌 수 있습니다. 특히 사회적 기여의 대표적인 예가 국가를 방위하다가 사망하거나 부상당한 군인이나 그 유가족에 대한 보상 차원의 급여를 하는 프로그램입니다. 이밖에 공무원이나 교원 같은 사람들을 위한 사회복지정책도 사회적 기여를 고려하는 것입니다. 예를 들면 공무원연금은 일반 국민을 대상으로 하는 국민연금에 비해 급여액 등 여러 가지의 측면에서 후한데, 이것은 공무원이 국가발전에 기여했다고 판단하는 데서 나온 것입니다.

넷째, 근로능력입니다. 사회복지정책의 역사적 발전 과정을 볼 때, 가장 먼저, 가장 널리 사용된 자격 조건은 근로능력의 여부입니다. 어느 정도 체계화한 최초의 사회복지정책이라 할 수 있는 1601년 영국의 빈민법(Elizabeth Poor Law)에서 가장 중요한 사회복지 급여의 자격 조건은 근로능력이었습니다. 근로능력의 여부가 사회복지정책의 급여 자격이 될 수 있는 것은 두 가지입니다. 하나는 근로능력이 없는 것이 자격의 유일한 조건이 되는 경우이고, 다른 하나는 다른 조건이 겸비되어야 하는 경우입니다. 전자의 대표적인 예가 발전된 복지국가들에서 시행하고 있는 공공부조제도입니다. 근로능력이 없다고 판단되면 누구나 일정한 액수의 급여를 받는 것입니다. 반면에 사회복지정책 가운데는 근로능력이 있어야만 자격이 되는 것도 있습니다. 대표적인 것이 각종 노동시장정책에 속할 수 있는 정책들입니다. 각종 고용과 훈련 프로그램, 고용보험, 근로자를 위한 세제혜택 등입니다. 고용보험의 경우 실업했을 뿐만 아니라 근로능력이 있어야 고용보험의 급여자격이 주어집니다.

다섯째, 소득 및 자산 조사입니다. 개별적으로 자격을 판단하는 방법으로 가장 많이 사용되는 것이 소득 및 자산조사입니다. 오늘날 대부분의 나라에서 공공부조 프로그램의 자격을 결정하는 가장 중요한 기준은 소득 및 자산조사입니다. 일정한 소득 자산 이하의 사람들에게만 급여를 하는 것입니다.

여섯째, 전문적 혹은 행정적 판단입니다. 사회복지가 발달되지 않은 국가에서 많이 이용되는 방법으로, 사회복지정책의 급여를 받기 위해 다른 조건, 즉 대표적으로 소득, 자산조사뿐만 아니라 사회복지사의 의견과 같은 전문가나 행정 관료의 판단이 필요합니다.

대부분의 국가는 이 여섯 가지 자격 조건 중에 한 가지 자격 조건에만 의존하는 것이 아니고, 여러 가지 자격 조건을 혼합 병용하고 있습니다.

사회복지정책의 급여 형태

사회복지정책을 통하여 제공되는 재화나 서비스의 형태들은 다양합니다. 이들은 크게 현금, 현물(물질적 재화와 서비스), 증서, 사회적 특혜, 참여 등으로 구분됩니다.

사회복지정책의 효과적인 전달체계

오늘날 평균 수명 증가로 노령 인구의 비중이 증가하고, 이러한 복지욕구의 양적인 증가는 과거와 같은 경제적인 일차적 욕구뿐만 아니라 여가, 주거, 환경 등 다양한 형태의 욕구로 나타나고 있습니다. 이러한 욕구를 해소 완화시키기 위해서는 다양하고 체계적이고 전문적인 사회복지가 필요합니다. 이는 사회복지 부문에서 점차 증가하고 있는 수요자 중심의 사회복지 전달에 대한 사회적 요청의 증가로 나타납니다. 이처럼 수요자 중심의 사회복지 전달을 하는 조직을 사회복지 전달체계라고 합니다. 사회복지 전달체계란 지역사회 내에 있는 사회복지 공급자를 연결시키기 위해, 사회복지 공급자와 소비자 사이를 연결시키기 위해 만들어진 조직적 체계입니다.

현행 사회복지 전달체계는 국가와 지방 자치 단체가 담당하고 있는 '공적 전달체계'와 개인·가족·기업 등 영리 또는 비영리 조직이 담당하는 '사적(민간) 전달체계', 다양한 유형의 공사체나 공공의 민간위탁 형태의 공적, 사적 전달체계의 '혼합 전달체계'로 구분할 수 있습니다. 여러 부문의 조직들, 즉 공적 전달체계와 사적 전달체계, 혼합 전달체계 간에는 행정 연결망이 구축되어야 비용절감과 효과적인 통제, 각종 서비스의 효과적인 연계가 가능합니다. 또한 사회복지를 통합하여 하나의 조직에서 관장하여 제공하는 것이 수요자의 편에서 보면 시간과 절차상 유리합니다.

지방분권 등 지방행정의 환경 변화에 따라 지방 정부는 중앙 정부의 정책과 행정을 지원하는 기능에 한정할 것이 아니라, 환경과 복지의 영역에서 발생되는 새로운 행정 수요를 충족시켜야 하는 상황입니다. 또한 새로운 사회복지에 대한 주민의 욕구와 기대가 상승함으로 지방행정 조직은 사회복지의 질적 관리를 통해 주민에 대한 책임성을 강화해 나갈 필요성이 커지고 있습니다. 이러한 상황에서 다음과 같은 변화가 요구되고 있습니다.

지방행정조직의 정책기능(기획력)과 자치 역량을 키워야 하고, 이를 위해 인력 자원의 합리적 배치와 관리가 이루어져야 합니다. 이와 관련해서 사회복지 분야는 행정조직의 전문성을 확대해야 합니다. 사회복지전담 공무원으로 하여금 집행기능만 수행하게 할 것이 아니라 정책기능도 담당시켜야 합니다. 이를 위해서는 읍·면·동에 분산되어 있는 사회복지전담 공무원을 집중 배치하여 사회복지사무소(혹은 지역복지센터)를 설치하고, 이곳에서 사회복지 업무를 효율적이고 전문적으로 수행할 수 있도록 해야 합니다.

사회복지정책의 재원

사회복지정책에는 재원이 필요하며 재원이 부족하면 그 정책은 성공하기 어렵습니다. 사회복지정책에 사용되는 재원 형태는 다양하지만, 공공부문과 민간부문으로 나눌 수 있습니다. 공공부문의 재원은 다시 정부의 일반예산, 사회보장을 위한 조세, 조세비용으로 나눌 수 있으며, 민간부문의 재원은 크게 사용자 부담금, 자발적 기여금(개인, 재단, 기업), 기업복지, 가족 내 혹은 가족 간 이전 등으로 나눌 수 있습니다. 공공부조나 사회보험 등 사회복지정책에 사용되는 재원은 주로 강제적인 조세에 의존하는 반면에, 사회복지 서비스는 상대적으로 민간 부문의 재원에 의존하는 경향이 있습니다.

기독교 사회복지에 대한 이해[34)]

기독교 사회복지의 개념

기독교 사회복지와 유사한 용어로는 '기독교' 와 '교회' 라는 범주에 '사회복지', '사회사업', '사회봉사', '자원복지', '사회선교', '사회목회' 등의 범주를 배합한 용어들이 있습니다. 이를 구체적으로 살펴보면, 기독교 사회사업, 기독교 사회봉사, 기독교 자원복지, 기독교 사회선교, 기독교 사회목회와 함께 교회사회복지, 교회사회사업, 교회사회봉사, 교회자원복지, 교회사회선교, 교회사회목회 등을 들 수 있습니다.

이처럼 여러 용어가 혼재되어 사용되는 것은 용어에 대한 정의가 분명하지 않거나, 아직 학문적으로 기독교 사회복지에 대한 명확한 범주설정이 이루어지지 않았기 때문입니다. 결국 이는 폭넓은 의미를 갖는 기독교와 하나의 장소에 국한된 교회가 갖는 차이뿐만 아니라, 제도적 관점의 사회복지 및 사회선교와 기술적 관점의 사회사업 및 사회목회, 그리고 전문적 관점의 사회복지, 사회사업과 비전문적 관점의 사회봉사, 자원복지 등 비교를 통해서 나름대로 각 용어가 갖는 성격을 규명할 수 있습니다.

기독교 사회복지는 기독교와 사회복지가 결합된 용어입니다. 그러므로 기독교의 속성과 사회복지의 속성이 공통적으로 결합된 교집합적 성격을 갖습니다. 다시 말하면 사회복지 가운데 기독교 속성을 가져야만 기독교 사회복지가 될 수 있습니다.

기독교의 본질은 "마음을 다하며 목숨을 다하며 힘을 다하며 뜻을 다하여 주 너의 하나님을 사랑하고 또한 네 이웃을 네 자신과 같이 사랑하라"(눅 10:27)는 예수님의 말씀을 믿을 뿐만 아니라 실천을 하는 데 있습니다. 기독교는 역사적으로 배고픈 자에게 빵을 주고, 목마른 자에게 물을 주며, 헐벗은 자를 입히고, 길 잃은 나그네를 영접하며, 병든 자와 죄수를 방문하여 위로하고, 포로를 석방하며, 죽은 자를 장사지내 주는 등 활동을 꾸준히 전개함으로 오늘날 일반적인 사회복지 활동의 모형이 되고 있습니다. 그러나 이러한 활동은 단순히 인간들이 자신의 능력과 힘으로 하는 것이 아니라 하나님을 믿고, 예수 그리스도를 믿으며, 성령의 역사하심을 믿는 믿음 가운데 하나님의 주권 아래에서 행하는 것임을 인정해야 합니다. 한편, 사회복지란 사회구성원들이 기존의 사회제도를 통하여 자신의 기본적인 욕구를 충족시키는 데 어려움을 겪고 있거나 어려움이 예상될 때, 그 욕구를 충족시킬 수 있도록 도움을 제공하는 조직화된 사회적 활동의 총체입니다. 이러한 개념에는 사회복지가 자발적인 도움 및 자선 행위와 도움의 전문적 활동, 그리고 법에 의한 제도적 지원을 모두 포함하는 의미를 갖고 있습니다. 사회복지 개념은 추상적 목적 개념이 아니라 복지라는 목적달성을 위한 현실적인 수단으로서 실체 개념을 갖습니다.

그러나 이러한 복지를 추구하는 인간들의 공동체적 노력, 즉 사회적 노력도 여러 가지가 있을 수 있는데 전통사회에서는 사회적 노력이 개인의 자발성과 가족, 종교 등에 의존했지만 현대사회는 복잡다단해지기 때문에 사회연대와 국가에 의존하는 경향이 있습니다. 이러한 경향은 사회복지가 인간의 권리이고 사회적, 국가적 책임이라는 가치를 담고 있기 때문입니다. 요컨대 사회복지란 전 생애에 걸쳐서 행복하고, 안정된 바람직한 삶을 추구하는 인간의 사회적 노력입니다.

일반적으로 기독교 사회복지를 한마디로 정의하면, 기존의 사회제도를 통하여 모든 인간의 기본적 욕구를 충족시키는 데 어려움을 겪고 있거나 어려움이 예상될 때, 그 욕구를 충족시킬 수 있도록 그리스도인이 기독교적 이념을 토대로 도움을 제공하는 조직화된 사회활동의 총체입니다. 기독교 사회복지는 성경에서 출발하는 것이며, 목적에서는 하나님의 형상대로 창조된 모든 인간의 생활보장이라는 복지권의 기본 이념에 입각하여 하나님의 형상을 회복하는 삶으로서 인간의 행복을 유지시키고자 하는 것입니다. 주체에서는 그리스도인 개인과 교회를 포함한 전체가 되며, 대상에서는 각종 사회복지 서비스를 필요로 하는 모든 인간이 되며, 수단과 방법에서 정책적, 기술적 접근, 거시적, 미시적 접근 등 일반 사회복지 프로그램 전반을 기독교적 관점에서 활용한다는 것이며, 범위에서 기독교와 사회복지의 교집합 부분이 되고 있음을 알 수 있습니다.

기독교 사회복지는 그리스도인에 의해, 그리스도인이 속해 있는 교회를 비롯한 각종 조직체에서 행해질 가능성이 많지만 반드시 교회일 필요는 없습니다. 조직체가 어떻든 기독교를 바탕으로 그리스도인에 의해 이루어지는 모든 사회복지 활동은 일단 기독교 사회복지의 범주에 들어갈 수 있습니다. 이렇게 볼 때 기독교 사회복지는 사회복지와 완전히 구분되는 학문적 영역이기보다는 기능상의 잠정적 구분에 불과하다는 것을 알 수 있습니다.

기독교 사회복지의 역할

기독교 사회복지의 대표적인 역할은 국가 사회복지의 보충적 역할입니다. 국가 사회복지와의 역할분담을 할 때, 기독교 사회복지는 국가가 국민에게 제공하는 최저한의 생활보장을 보충하는 역할을 하는 방향으로 가야 합니다. 이러한 보충적 역할은 두 측면에서 이행될 수 있습니다. 하나는 국가가 법의 미흡 또는 법의 경직적인 운영으로 인하여 실질적으로 최저 생계 수준 이하의 생활을 하면서도 국가의 보호에서 탈락된 사람들에 대한 지원을 하는 것이고, 다른 하나는 국가와 적극적인 파트너십을 맺고 국가의 재정보조를 받으면서 기독교계가 위탁 운영할 수 있는 사회복지 프로그램을 운영하는 것입니다. 전자는 국가의 급여에 대한 보충적 역할을 기독교계가 담당하게 되고, 후자는 국가 사회복지정책과 행정 서비스 전달의 일부를 기독교가 담당하게 됩니다.

우리나라 사회복지 수준은 단순구호 및 자선에서 탈피하여 개개인의 사회복지 서비스 욕구를 충족시키는 전문적 지식과 기술의 발달에 의해 나날이 발전되고 있습니다. 이러한 시대적 흐름에 발맞추어 기독교 사회복지도 어느 정도 사회복지계에서 요구하는 전문성을 수용하여 전문적인 사회복지 프로그램을 활성화하는 역할을 담당할 수밖에 없게 되었습니다. 그러나 사회복지의 전문지식 및 기술을 그리스도인의 영성과 어떻게 조화를 이루어 가야 할 것인가에 대한 과제가 남아 있습니다.

그리스도인의 사랑 실천 기회를 제공하는 역할입니다. 일반적으로 국가의 제도적인 사회복지에서 결핍되기 쉬운 사랑 실천의 기회를 기독교 사회복지가 담당할 수 있습니다. 다시 말해, 기독교 사회복지가 안고 있는 사랑과 자발성은 국가와 사회 내의 제도적인 사회복지가 인간을 변화시키는 데 실패하는 부분을 적절하게 보완해 줄 수 있는 큰 강점이 있습니다.

기독교 사회복지 실천의 전제

기독교 사회복지의 출발은 개교회, 교단, 기독교 정신이 있는 곳이라면 어디서든 할 수 있습니다. 무엇보다도 교회라는 조직의 도움을 받아 이루어지는 사회복지일 수밖에 없습니다. 따라서 기독교 사회복지 실천과제를 모색하기 위해서는 다음과 같은 몇 가지 전제를 염두에 두고 지켜나가야 합니다.

디아코니아 정신의 실천이 요구됩니다. 기독교는 세상을 위해 있고 모든 사람에게 봉사(Diakonia)를 실천하는 것이 본질적 사명임을 재확인할 필요가 있습니다. 영성은 기독교 사회복지의 실천, 정책 및 기술의 기초를 이룰 수 있으며 초대교회에서 시작한 디아코니아는 지난 20세기 동안 변해 왔습니다. 특히 19세기에는 사회복지 사업의 효시가 되는 여러 사회운동이 서양의 기독교 국가에서 일어났습니다. 이러한 디아코니아 모델이야말로 기독교 사회복지의 모델이 되며, 앞으로 정의롭고 공동체적인 밝은 사회를 이루는 데 큰 공헌을 할 것입니다.

교회의 사회복지 예산이 필요합니다. 이를 위해 예산 편성 시 사회복지와 관련된 사회봉사비 예산이 증가되어야 하며, 특별 절기 헌금의 일부를 사회복지 사업비로 책정함으로써 교인들에게 의미 있는 헌금이 되도록 하는 방안도 모색해 볼 수 있습니다.

목회자의 사회복지 교육이 강화되어야 합니다. 기독교 사회복지를 활성화하기 위해서는 전문가를 양성해야 합니다. 따라서 사회복지에 관한 내용을 목회자 훈련과정이나 신학대학 교과과정에서 다뤄져야 합니다. 특히 신학대학 교과과정에 국가시험에 의해 주어지는 사회복지사 1급 자격증 취득의 기본 과목 가운데 적어도 사회복지개론, 사회복지실천론, 사회복지정책을 필수 과목으로 지정하여 모든 예비 목회자들에게 기독교 사회복지에 관해 가르쳐야 합니다. 아울러 교단 차원에서 모든 신학대학에 사회복지학과를 개설하여 기독교 사회복지전문가를 양성해야 합니다.

교인들의 사회복지 활동에 대한 동기 부여와 자원봉사 훈련이 꼭 필요합니다. 기독교는 이웃사랑은 강조하지만 실제 기독교 사회복지 활동 속에 교인을 참여시켜 사랑을 실천하도록 가르치는 일은 소홀히 합니다. 특히 개인 능력의 연장선상에서 이루어지는 자원봉사는 아주 훌륭한 사회봉사일 뿐만 아니라 자아실현과 민주사회를 이루는 첩경이 되기도 합니다. 일반적으로 자원봉사의 가장 큰 문제점은 지속적이지 않다는 것입니다. 그 원인은 봉사자에게 봉사의 의미가 희박해지기 때문입니다. 이를 예방하기 위해 계속적인 재교육과 영성 훈련이 뒷받침되어야 합니다.

지역사회센터로서 교회의 기능이 활성화되어야 합니다. 한국 기독교는 지역사회 문제해결에 관심이 없으면 성장을 기대할 수 없습니다. 특히 한국 교회는 지금까지 양적인 성장에 치우쳐 영적, 지적, 사회적, 윤리적 측면에서 지역사회 문제와의 관계를 거부했고, 그 결과 성장의 정체현상을 맞고 있습니다. 교회는 지역사회에 복음을 전파해야 하는데, 지역사회의 구체적인 문제에 관심을 갖고 적극적으로 참여할 때 가능합니다. 지역사회는 하나님의 뜻이 교회에 의해 구체적으로 실현되어야 할 선교의 장입니다.

사회선교 목사 제도나 사회복지 목회자의 육성 제도 도입이 요구됩니다. 아울러 다양한 복지대상자들을 위한 전문적인 목회로서 기독교 사회복지전문가의 육성 제도가 요구됩니다. 왜냐하면 종교기관이 가장 효과적으로 봉사하려면 전문 훈련을 받은 종교지도자에 의해서 가능하기 때문입니다.

기독교 사회복지의 실천 과제

기독교 사회복지 발전 단계별 실천 과제 기획 설정

사회복지사업에 기독교 자원을 효과적으로 활용하기 위해서는 기획이 중요합니다. 기획은 목표를 달성하기 위한 장래 행동에 관해 의사결정 과정입니다. 기독교 사회복지를 실천할 때 기획과정이 필요한 이유는 불확실성을 감소시켜 주며, 합리성을 높일 수 있으며, 하나님을 향한 사업수행에 관한 책임성을 높일 수 있으며, 의사결정 과정에 참여자의 폭을 넓힐 수 있기 때문입니다.

가족복지사업에 자원의 우선적 활용

오늘날 사회의 희망은 가정에 성경적 개념을 회복시키는 것입니다. 따라서 안정되고 건강한 가정은 사랑, 은혜, 능력부여, 친밀감을 포함하는 가족에 대한 성경적 개념이 회복되고 실천함으로 이루어질 수 있습니다. 따라서 기독교 사회복지의 기본적이고 중추적 역할은 가족복지의 강화입니다. 가족복지사업은 교회 안의 교인 가족을 위한 프로그램뿐만 아니라 교회 밖의 이웃을 위한 프로그램에 교회 자원을 활용하는 것입니다. 이러한 가족복지를 잘 달성하기 위해 기독교 자원을 잘 활용하여 개교회 차원에서 '가족복지부'를 두고 모든 교인 가정을 돌보고 온전한 하나님의 가정이 되도록 도와야 하며, 지역회, 연합회, 혹은 교단 차원에서 가족복지 전담기구를 만들어 총체적인 가족문제 해결을 위해 전문교육, 훈련, 정보제공, 프로그램 개발, 재정 지원 등의 사업을 시행할 필요가 있습니다. 교단 차원에서 가족문제를 야기하는 억압적이고 차별적인 각종 사회제도를 개혁해 나가는 사회행동에 적극 동참해야 합니다.

기독교 사회복지 프로그램 개발과 홍보

기독교 사회복지 프로그램은 신앙적 성격에 따라 개인 구호활동을 주로 시행할 수도 있고, 사회정의를 위한 사회활동을 할 수도 있습니다. 프로그램은 시설의 형편에 따라 노인과 아동, 청소년 프로그램을 설치할 수 있습니다. 농촌 지역, 도시 중산층 주거 지역, 도시 빈민층 밀집 지역, 상업 지역, 학교 지역 등 지역사회의 특성에 맞는 프로그램을 실행해야 합니다. 교인들의 교육수준과 생활수준도 중요한 변수가 됩니다. 전문인 집단이 형성되어 있는 교회와 노동계층이 주류를 이루는 교회, 또 서민 주부들이 중심이 된 교회 등에서 실시할 수 있는 프로그램의 성격은 다를 수밖에 없습니다(유장춘, 1999).

지역사회 내 기독교 사회복지 네트워크 구축과 통일 준비

오늘날 네트워크 구축은 모든 분야의 핵심 과제입니다. 모든 조직은 폐쇄된 상태에서는 질적, 양적 성장을 기대할 수 없습니다. 기독교 자원의 효율적 활용 근거를 네트워크 구축을 통해 찾을 수 있습니다. 특히 교회와 지역 내의 사회복지기관 간의 네트워크는 중요합니다. 통일에 대비해 남북 간 민족 대이동으로 생겨날 혼란과 이에 대비하는 국가의 사회보장제도 및 사회복지정책을 염두에 두는 기독교 공동체적 대책을 미리 준비해야 합니다.

살아 있는 유기체로서의 교회 역할

오늘날 한국에서 기독교는 빈부문제, 지역문제, 성별문제, 외국인 근로자문제 등 복지 공동체를 형성해 나가는 데 얼마나 기여했는지, 그리스도의 몸인 교회는 각 지역사회에서 과연 지역사회와 이웃이 안고 있는 사회문제와 고통에 관심을 가졌는지를 자문해 볼 때 기독교가 해야 할 사회 역할을 다하지 못했음을 고백하지 않을 수 없습니다. 정말로 속히 주님 앞에 회개하고 돌아와서 머리되신 그리스도의 몸으로서의 교회, 주님께서 기뻐하시는 건강하고 아름다운 기독교의 모습을 회복해야 합니다.

그러기 위해 한국 교회가 안고 있는 사랑 실천의 문제가 무엇이며, 그리스도인이 갖고 있는 본질적인 신앙의 문제는 무엇인지에 대한 세미나와 포럼을 자주 개최해야 합니다. 그래서 목회자와 신학자들이 지역사회와 국가 전체의 사회복지에 대한 관심을 갖도록 해야 하며, 목회자와 평신도 간의 대화의 장도 넓혀야 합니다.

향후 한국 기독교는 다른 어떤 종교보다도 이웃에 대한 사랑 실천에 앞장서며, 교회를 지역사회에 개방해야 하는 과제를 안고 있습니다. 살아 있는 유기체는 폐쇄적이며 단절적일 수 없습니다. 누구나 언제든지 당당히 의사결정에 참여할 수 있는 개방적인 시스템으로 만들어 가야 합니다. 사람을 교리 안에 가두는 것이 아니라 진정 기쁨과 평안을 주어야 합니다. 사람이 종교를 위해 있는 것이 아니라, 종교가 사람을 위해 존재한다고 예수님은 강조하셨습니다.

질문과 답변

[질문 1] 사회복지와 관련해서 최근 우리 사회에 가장 많이 유통된 논의는 복지의 필요성과 수혜 대상에 대한 것인 것 같습니다. 이 과정을 통해 사회복지는 실체적이고 우리 삶과 연관된 것이기보다는 이념적이고 논쟁적인 영역으로 느껴지기도 합니다. 그래서 복지에 대한 소모적인 주장들이 많이 오가는 것과, 청년들마저 그 논쟁의 대립항들 사이에 끼어서 고민하는 것을 봅니다. 교수님께서는 이러한 갈등을 보시면서 어떤 생각을 하시나요?

[답변] 복지의 필요성에 대해서는 대다수 사람들이 동의할 것입니다. 그런데 복지 대상자를 누구로 하며, 그 복지 급여가 정당한 것인가에 대해서는 논란이 있는 게 당연합니다. 복지를 충분히 제공할 만한 재원과 기회가 풍족하지 않기 때문입니다. 우리나라와는 비교할 수 없을 정도로 복지 재원과 기회를 마련하고 있는 선진국에서도 인간의 무한한 욕망을 충분히 충족시켜 줄 수 있는 것은 아닙니다. 그래서 복지는 무한한 인간의 욕망에 초점을 맞추는 게 아니라 인간의 생존과 기본적 욕구에 초점을 맞춥니다. 인간의 기본적 욕구는 중요한 형평성의 원칙, 생존권을 보장하기 위한 적정선 실현의 원칙에 입각하여 복지 급여를 제공할 때 사회의 각 집단의 욕구를 조화롭게 잘 반영시킬 때 충족될 수 있습니다.

그런 점에서 사회적 배려는 근대국가 이후 천부인권설을 바탕으로 하여 자신의 선택과는 전혀 거리가 먼 태생적 한계나, 인위적인 사회적 차별 요소를 국가

정책 및 제도로 적절히 조정함으로 형평성의 원칙과 생존권 보장의 원칙에 충실히 따르고자 하는 것입니다. 사회적으로 유명하고 부유한 사람들의 자녀들이 사회적 배려대상자로 선정된 것은 분명 문제가 있습니다. 사회정의에도 맞지 않을 뿐만 아니라 일종의 사회적 기만행위입니다. 그런 점에서 복지는 정의의 관점과 직접적으로 연결되며, 인권의 관점과도 연관된다고 하겠습니다.

[질문 2] 사회복지가를 꿈꾸는 청년들에게 신앙과 전문성에서 우러를 만한 모델을 찾기는 생각처럼 쉽지 않은 것 같습니다. 말씀해 주셨듯이 현대 사회에서 사회복지 개념이 정립된 데에 기독교 정신이 많은 기여를 했습니다. 그런데 구체적으로 그 정신이 한 사람 안에서 체화되어, 사회에 좋은 영향력을 미친 모델을 소개해 주셨으면 좋겠습니다. 그리스도인 사회복지가를 꿈꾸는 청년들에게 많은 도움이 될 것 같습니다.

[답변] 사회복지관의 효시가 되는 영국 토인비 홀(Toynbee Hall)의 역사를 소개하고 싶습니다. 독실한 그리스도인 아놀드 토인비(Arnold Toynbee)는 런던에서 출생하여 옥스퍼드 대학에서 수학하고 모교의 강사가 되어 경제학을 강의했습니다. 특히 그가 세상을 떠난 후에 출판된 《산업혁명사》는 산업혁명 논쟁의 발단이 되었을 정도로 그는 우수한 연구자이자 사회개혁운동가였습니다. 바네트(Canon Samuel Agustus Barnett) 목사의 권유로 사회복지 운동에 투신하여 노동자의 교육과 사회개량을 위해 헌신하다가 31살의 나이로 요절합니다. 자원봉사 대학생들의 힘으로 1884년 건립된 세계 최초의 인보관인 토인비 홀은 그를 기리기 위한 것입니다. 세틀먼트(settlement, 인보관) 운동은 복지가 안 된 지역에 대학생이나 지식인 등이 의식적으로 들어가서 정주(定住)하며, 지역주민과 함께 살면서 접촉을 통해 주민을 조직화하고, 보건·위생·의료·교육·법률상담 등을 통해 지역의 복지향상을 도모하는 것이었습니다. 오늘날에도 런던 남동부에

가면 토인비 홀이 있습니다(도시개발에 의해 원래 위치는 아닙니다). 이러한 그의 노력에 감동받은 옥스퍼드 대학과 캠브리지 대학의 학생들은 사회개혁운동에 동참하여 지역사회문제를 직접 알아가며 활동을 전개하게 되었으며, 그 영향이 미국 등 각국으로 퍼져나갔습니다. 오늘날 한국의 기독교 사회복지 활동에도 깊은 영향을 주었습니다.

[질문 3] 교회가 지역사회에서 사회적 약자를 돌보는 역할을 해야 한다는 데 도전을 받았습니다. 교수님 말씀처럼 많은 교회가 아직 지역사회의 일부로서 기능을 하지 못하는 것 같습니다. 하지만 그중에서도 나름대로 이러한 기능들을 잘 수행하고 있는 사례가 있을까요?

[답변] 일반적으로 우리나라 교회에서 가장 많이 이루어지고 있는 공통적인 지역 복지 사업을 보면, 아동복지 분야에서는 어린이 선교원 운영과 탁아사업이 제일 많고, 노인복지 분야에서는 양로원과 노인대학 운영, 청소년 복지 분야에서는 장학사업과 공부방 운영, 장애인 복지 분야에서는 시설 방문, 장애인 특별 예배, 재활교육, 여성 복지 분야에서는 미혼모 시설 운영과 주부교실, 주부대학 운영 등이 있습니다. 그리고 지역사회 복지 분야에서는 빈민구호사업, 무료 의료 진료, 신용협동조합 운영 등이 제일 많습니다. 그러나 향후 우리나라 교회가 좀더 복지에 관심을 갖는다면 교회 건물을 개방해서 이웃 주민들이 자유롭게 활용할 수 있게 하고, 나아가서 교회 성도들이 이웃을 위한 자원봉사활동을 강화하는 프로그램을 활성화해서 이웃과 함께하는 교회의 모습을 보여 주는 것이 필요합니다. 아울러 통일 한국을 꿈꾸면서 민족 공동체 형성을 위한 교회의 역할에 관해 진지한 토론과 연구를 해 나갈 필요도 있습니다.

조영길 –

아이앤에스 법무법인 변호사

서울대학교 법학과를 졸업하고, 제34회 사법시험을 거쳐 사법연수원 24 기를 수료하고, 서울지방법원 판사, 김&장 법률사무소 변호사를 역임했으며 2000년부터 아이앤에스 법무법인 대표 변호사로 활동하고 있다. 전문 분야는 노동법, 노사관계 개선 자문 등이다.

저서로 《노사관계 개선의 바른길1, 2》가 있으며 한국경영자총협회 자문위원, 근로시간면제심의위원, 국민연금의결권행사심의위원으로 활약하고 있다.

노사관계, 개선으로 나아가는 길

당사자들의 이념과 정의관의 검토 및 개선 필요성

노사관계는 사람의 삶과 깊은 관련이 있습니다. 대부분의 사람이 일을 하고, 협력하여 일을 할 때 가장 많이 맺게 되는 계약이 근로계약인데, 이 계약의 당사자인 고용주(사용자)와 피고용인(근로자)의 관계가 가장 기초적 노사관계입니다. 이를 개별 노사관계라고 합니다. 피고용인들이 단결하여 자신들을 대변할 수 있는 조직으로 설립하는 것 중 가장 많은 형태가 노동조합이고, 노동조합을 통해 근로조건에 대해 사용자와 협상하는 것이 단체협상이며, 협상이 결렬되었을 때 활용하는 실력행사가 단체행동입니다. 노동조합의 설립, 단체협상, 단체행동 등이 전개되는 관계인 노동조합과 사용자의 관계를 집단 노사관계라고 합니다.

모든 관계는 당사자들의 태도와 행동을 통해 형성됩니다. 사람의 태도와 행동의 근저에는 그 사람이 옳다고 믿는 가치관이 있습니다. 사람들이 옳다고 믿어 이상(理想)으로 삼는 사회를 체계적으로 설명해 주는 가치체계가 이념입니다. 어떤 사람이 특정 이념을 옳다고 믿고 수용한 것을 신념이라고 합니다.

노사관계에서 당사자들의 신념은 노사관계를 형성하는 태도와 행동의 기본 방향과 세부내용까지도 결정하는 영향력을 발휘합니다. 특별히 우리나라의 노사관계에서 이념의 영향력은 주요 경쟁 국가와 비교할 때 대단히 두드러집니다. 기본적으로 너무 다를 뿐 아니라 대립적, 적대적으로까지 평가될 수 있는 이념들이 충돌하고, 이로 인해 격렬한 힘의 충돌이 생깁니다. 우리나라 노사관계 경쟁력에 대한 국제 평가는 대부분 최하위 수준입니다. 더욱이 남한과 북한은 이념이 기초가 된 분단국가 상태를 70년 가까이 유지해 오고 있어서 우리나라에서 이념은 자칫하면 국가 안보 문제와도 연결될 수 있는 예민한 문제입니다. 따라서 노사관계를 정확히 이해하고, 악화된 것을 개선하려면 당사자들이 옳다고 믿는 이념을 검토하고, 그 이념의 잘못된 부분이 있다면 바로잡을 필요가 있습니다.

그런데 이념 중 가장 핵심적이고 근저가 되는 가치관이 바로 '무엇을 옳다고 볼 것인가'를 다루는 정의관(진리관, 원칙관 등으로도 부르기도 한다. 이하 특별한 이유 없으면 통칭하는 의미로 정의관으로 한다)입니다. 정의관이 잘못되면 대단히 안타까운 일이 발생합니다. 자신이 정의롭다고 판단한 일을 열심히 했는데 결과는 정의롭지 못한 불의가 되는 어처구니없는 일이 초래되기도 합니다. 서로 다른 정의관이 평화를 깨뜨리고, 전쟁을 유발할 수도 있습니다. 실제로 우리나라의 노사관계 현실에서 당사자들은 많은 경우 자신들의 정의관이 옳다고 믿고 열심히 실천하는 과정에서 다른 정의관을 가진 상대방 당사자와 치열하게 싸우는 경우가 너무 많고, 이것이 노사관계 악화의 주된 원인의 하나가 되고 있습니다. 노사관계 당사자들이 가진 정의관을 검토하여 그 정의관 중 잘못된 부분이 있다면 바로잡아야 하는 이유가 여기에 있습니다.

노사관계의 평가 기준
노사관계 악화와 개선을 평가하는 기준이 무엇일까요? 실무적으로 좋은 노사관계와 나쁜 노사관계를 평가하는 기준으로 다음과 같은 지표를 가지고 판단하는 경우가 일반적입니다. 첫째, 쟁의행위 발생 정도입니다. 쟁의행위는 평화롭고 자유로운 대화로 해결되지 않아 대결적으로 실력을 행사하며 상대방에게 자신의 요구를 수용하도록 압박하는 것입니다. 자신의 뜻을 강제로 수용하도록 힘으로 싸우는 것입니다. 자유롭고 평화로운 대화로 이견이 해소되는 것이 옳습니다. 강제적인 힘의 충돌로 자신의 입장을 관철하는 쟁의행위는 마지막 수단이어야 합니다. 둘째, 임금 등 근로조건 수준이 과도하게 높거나 낮은 경우는 좋은 현상이 아닙니다. 좋은 노사관계에는 적정한 임금 수준이 있습니다. 셋째, 경영권과 노동권의 상호존중입니다. 고용주의 정당한 권리인 경영권과 근로자들의 정당한 권리인 노동권은 존중을 받아야 하고 침해받지 않아야 합니다. 모두 자유로운 권리입니다. 관계 상대방의 동의 없이는 행사될 수 없도록 하면 이는 부당한 침해라고 할 수 있습니다. 넷째, 적정한 유급 노조활동입니다. 노조활동은 근로 시간 외에 근로 장소 외에서 하는 것이 원칙입니다. 근로 시간 중에 근로 장소에서 하려면 사용자의 승인을 얻어야 하고, 일하지 않는 경우 무급이 원칙입니다. 그러나 일정한 경우 합리적 노조활동을 지원하기 위해 사용자가 유급으로 인정하는 경우가 있습니다. 이를 유급 노조활동이라고 합니다. 이 활동이 과도하게 많거나 적으면 악화 현상입니다. 다섯째, 법률과 사규 위반 행위입니다. 법률은 국가 공동체 질서유지를 위한 정당한 규범이고, 사규는 기업 공동체 질서유지를 위한 정당한 규범입니다. 정당한 규범인 법과 사규를 위반하는 행동이 많으면 악화 현상이고, 이를 준수하는 행동이 많으면 개선 현상입니다.

악화와 개선을 나누는 기준의 공통점은 무엇일까요? 악화 현상은 쟁의행위 과다, 임금 등 근로조건 수준의 과도 또는 과소, 정당한 상대방 권리 침해, 과도하고 과소한 수준의 유급 노조활동, 정당한 사규와 법률 위반입니다. 공통점으로 눈에 많이 띄는 과(過)는 어떠한 기준점을 지나쳤다는 것입니다. 그 기준점은 마땅히 정당해야 합니다. 부당한 기준점을 맞추지 못했다고 과하다고 하지 않습니다. 그렇다면 악화의 공통점은 정당한 기준을 위반한 것입니다.

개선 현상은 자유롭고 평화로운 대화가 우선이고, 최대한 노력하는 것이며, 적정하고 정당한 권리의 존중, 적정한 수준, 정당한 사규 및 법률 준수 등입니다. 자유롭고 평화로운 대화를 우선하고 최대한 노력하는 것입니다, 공통점은 정당한 기준을 맞추고 지키는 것입니다. 정당한 기준과 가치를 우리는 정의, 원칙, 진리라고 부릅니다. 또한 옳다, 바르다, 올바르다, 마땅하다, 합당하다, 정당하다, 정의롭다, 타당하다, 공의롭다 등으로 표현합니다. 이 모두가 정의를 지칭하는 용어입니다.

노사관계 당사자들이 정의를 위반하는 행동을 많이 할수록 악화되는 것이고, 정의를 지키는 행동을 많이 할수록 개선되는 것임을 알 수 있습니다. 정의에서 멀어질수록 악화이고, 정의에 가까이 갈수록 개선입니다. 정의는 노사관계를 평가하는 가장 중심적인 기준입니다. 정의를 지키면 얻게 되는 좋은 결과는, 정의를 위반했을 때 발생하는 악화 상태에서 정상 상태로 회복되는 것입니다. 정의를 지키는 정도가 계속 높아지면 인간의 개인적 삶과 관계들이 점차 발전되고 성장합니다. 생명력이 성장합니다. 정의를 위반하면 퇴보, 후퇴, 쇠락 등 악화됩니다. 생명력이 약화됩니다. 정의는 노사관계에도 동일하게 적용됩니다. 노사관계 당사자들이 정의를 지키는 행동을 많이 하면 개선되고 살아나지만, 정의를 위반하는 행동을 많이 하면 악화되고 생명력을 잃어갑니다.

정의(진리)의 개념 및 속성

정의의 개념

"정의(진리, 원칙)란 무엇인가?"는 정의관을 다루는 질문입니다. 수많은 견해가 있지만 가장 일반적으로 받아들여지는 개념은 인간 사회에서 지키면 좋은 결과를 가져오는 보편타당한 가치와 기준입니다. 현재 주류 법학이 정의에 대하여 가진 가장 일반적인 개념은 '보편적 타당성'입니다.

정의의 실재성(비파괴성)

정의는 눈에 보이지 않는 생각(의식, 정신, 관념 등)으로 깨달아 인식하는 것입니다. 눈에 보이지 않지만 사람들이 생각이나 능력으로 만들어 내거나 없앨 수 있는 것이 아닙니다. 사람들의 생각이나 능력에 독립하여 실제로 현실에 존재합니다. C. S. 루이스도 인간 사회에서 인간이 마땅히 지켜야 할 도덕률은 인간이 만든 것이 아니고 현실에 실재한다고 했습니다. 예수님도 "성경은 폐하지 못한다"(요 10:35)고 말씀하셨습니다. 인간은 지키거나 안 지킬 자유는 있으나 정의(진리)를 파괴하거나 없앨 능력은 없습니다. 정의를 위반하면 그 책임으로 받을 좋지 않은 결과를 그 누구도 피할 수 없습니다. 어떤 사람이 정의는 없다고 주장하거나 믿거나 합의해도 그 사람에게 정의는 어김없이 적용됩니다.

정의의 보편성(자명성, 공통성, 일관성, 불변성)과 다양성

정의의 핵심 개념은 사람들이 쉽게 그 타당성을 인정할 수 있을 정도로 자명하고 구체적인 존재 형태와 적용 모습은 시대와 공간, 상황에 따라 수없이 다양합니다. 예를 들어 사람들은 마땅히 합리적이고 공정해야 하며 서로의 인격을 존중하는 것이 옳고, 불합리하고 불공정하며 서로의 인격을 침해하는 것이 옳지 않다는 원칙은 일반적으로 그 타당성을 긍정할 수 있습니다. 그러나 구체적인 상황에서 무엇이 합리적이고 공정하며 인격을 존중하는 것인지에 대한 가치와 기준은 수없이 다양할 수 있습니다. 획일적이지 않습니다. 자명하고 공통적인 것은 핵심 개념입니다. 그 핵심 개념이 구체적으로 전개되는 모습은 깊이 연구해야 분명해지고, 다양할 수 있습니다.

정의의 핵심 개념의 공통성은 공간, 사회, 문화적으로도 나타납니다. 합리, 공정, 정직, 인격존중과 같은 정의의 핵심 개념은 모든 사회, 문화 속에서 공통적으로 발견됩니다. 핵심 정의 개념은 문화적 보편성을 가집니다. 그러나 그 구체적인 적용, 존재 형태는 사회, 문화에 따라 수없이 다양합니다. 또한 시대의 흐름에서도 동일하게 나타납니다. 불변성과 영원성을 가집니다. 정의의 핵심 개념은 보편성을 가지고 상대성은 가지지 않습니다. 구체적인 조건과 상황에서 다양한 모습을 가지는 것을 두고, 정의를 상대적이라고 표현하기도 합니다. 그러나 상대성 개념은 핵심 개념의 보편성(영원성, 불변성)을 자칫 부정할 수 있으므로 다양성이라고 표현하는 것이 바람직합니다.

정의의 타당성과 이해관계(당파성) 초월성

정의의 핵심 개념은 타당성일까요, 유익성일까요? 정의를 사람들에게 유익함을 주는 것, 그것도 보이는 유익함, 그중에서도 경제적 유익함을 주는 것으로 보려는 견해가 있습니다. 모든 정의(진리, 원칙, 도덕, 종교, 법률 등)는 특정 사람들의 경제적 이익과 손해와 관련이 있다고 보는 관점을 정의(진리, 철학)의 당파성 관점이라고 합니다. 모든 사람이 함께 유익해질 수 없으며 다수와 소수, 못 가진 자(가난한 자)와 가진 자(부자), 약자와 강자, 피지배자와 지배자의 이익은 서로 충돌할 수밖에 없다는 의견입니다. 다수의 못 가진 약한 피지배자들의 유익을 추구하는 것이 정의라고 보는 견해와 같이 특정 계급의 당파성을 정의로 보는 것도 동일한 관점입니다. 최대 다수의 사람들이 최대로 유익(행복)해지는 것이 정의라는 공리주의 입장도 기본적으로 유익성을 정의로 보는 관점입니다.

무익보다는 유익이, 저열보다는 우수가, 저질보다는 양질이 정의라는 것은 맞습니다. 그러나 이것이 모든 정의의 공통된 핵심 개념은 아닙니다. 정의의 핵심은 '옳다'라는 개념에 있습니다. 이를 타당성이라고 합니다. 유익하다고 다 좋은 것이 아닙니다. 불의한 유익은 정의가 아닙니다. 불의한 과다한 욕심을 탐욕이라고 부르며, 대표적인 불의의 하나로 봅니다. 참된 정의는 이를 지키는 모든 사람에게 진정으로 유익합니다. 무당파성, 이해관계를 초월하는 타당성이 정의의 핵심 개념이자 속성입니다.

목적, 수단, 방법에 대한 일관성

정의는 목적, 수단, 방법에 모두 적용되어야 합니다. 정의로운 수단을 통해서만 정의로운 목적을 이룰 수 있습니다. 목적이 아무리 정의로워도 수단과 방법이 불의하면 온전한 정의의 실현은 이루어지지 않습니다. 이를 일관성이라고 합니다.

노사관계에서 중시되는 주요 정의(원칙, 진리)

노사관계에서 중시되는 주요한 몇 가지 정의를 예시하면 다음과 같습니다.

- 모든 사람(예 : 고용주와 근로자들)은 이치에 부합하는 합리적이고 공평하고 정당해야 한다(합리와 공정의 원칙).
- 모든 사람은 정직하고 진실을 추구하며 약속을 이행하고 언행을 일치시켜야 한다(정직, 진실, 성실의 원칙).
- 모든 사람은 모든 사람을 생명과 자유, 행복추구권을 가진 존엄한 존재로 존중해야 한다(인간 존엄성의 원칙).
- 모든 사람은 유익, 양질, 우수함을 추구해야 한다(우수성의 원칙).
- 모든 사람은 타인, 공동체에 기여하고 봉사하며 희생해야 한다(기여, 봉사 및 희생의 원칙).
- 사람은 지속적으로 성장할 잠재력이 있고, 성장에는 훈육과 인내 격려 등이 필요하며, 과정과 단계를 거쳐야 하고, 완성을 향한 성장은 계속되어야 한다(잠재력과 성장의 원칙).
- 모든 사람은 자유로운 힘으로 원칙을 지켜야 한다(자유존중의 원칙).
- 모든 사람은 자유를 침해하는 강제력에 맞서서 방어적 강제력을 행사해서라

도 자유를 지켜야 한다(자유수호의 원칙).

-모든 사람은 원칙(정의) 위반 행동으로 타인의 자유와 권리를 침해한 행동은 심판하여 제재하고, 피해를 구제해야 한다(침해적 행동에 대한 심판의 원칙).

-모든 사람은 원칙을 위반하여 타인의 권리와 자유를 침해한 자가 개전하면 용서하고 제재를 감면해 주어야 한다(개전에 대한 용서의 원칙).

-모든 사람은 원칙 준수를 돕는 힘이 원칙 준수를 방해하는 힘과의 대결에서 승리하도록 해야 한다(원칙준수의 원칙 위반에 대한 승리의 원칙).

위의 원칙들은 정의의 예시일 뿐 전부는 아닙니다. 구체적인 실행을 위한 세부 방안도 발견해야 합니다. 정의(진리)의 구체적 존재 모습과 적용은 다양합니다. 인간은 모든 진리를 이해할 수는 없습니다. 진리는 방대하고 무궁합니다. 다만 더 온전한 진리를 향한 노력은 멈추지 말아야 합니다. 그것이 성장의 원칙, 성장의 진리입니다.

사용자들의 정의관 검토와 개선 방안

경제 이익 최대화

고용주, 즉 사업주는 사업을 영위하는 주체입니다. 사업 또는 영업은 "영업 목적을 위해 유기적으로 결합한 인적, 물적 조직"(대법원 2001. 7. 27. 선고 99두2680 판결)입니다. 영업 목적에 대해 사업주마다 다르게 정할 수 있습니다. 그러나 가장 일반적으로 채택되는 목적은 영업이익(이윤, 주주이익, 경쟁력 등) 최대화 내지 극대화입니다. 이것에 집중하면 영업이익에 도움되는 것이 정의이고, 해가 되면 불의라고 보는 경향성을 가지게 됩니다.

타당한 부분과 부당한 부분

타당한 부분은 무익보다는 유익을, 저열보다는 우수함을, 저질보다는 양질을 추구하는 것이 옳다는 이른바 우수성의 원칙에는 부합합니다. 부당한 부분은 고용주(사용자들)가 가진 경제적 이익 최대화를 정의로 보는 기본 관점은 다른 정의를 경시하는 문제점을 나타낼 수 있습니다. 먼저 부당한 방법이라도 이윤, 경쟁력에 도움이 된다면 택할 수 있다고 생각하기 쉽습니다. 적정한 이익이 아닌 최대 이익을 추구하다 보면 과도한 탐욕을 추구할 수 있습니다. 보이는 경제적 이익에 주목하면 보이지 않는 정신적 유익을 경시하게 됩니다.

개선 방안

고용주는 경영과 노사관계 관리 전반에 있어 보편타당한 정의를 추구하는 정의관을 가지고 이를 실천해야 합니다. 보이는 경제적 이익을 최대한 추구하되 공정한 이익 한도 내에서 추구해야 합니다. 이익에 도움이 되더라도 타당한 수단 방법만을 택해야 합니다. 보이지 않는 정신적, 무형적 유익도 추구해야 합니다. 경제 분야에서도 보편타당한 정의를 추구하면서도 기업이 발전할 수 있음을 신뢰하고 추구해야 합니다.

노조 지도부가 가진 정의관 검토와 개선 방안(1): 조합실리주의 검토

노동자의 경제적 이익 최대화

전 세계적으로도, 노조 지도부의 이념 유형은 크게 조합실리주의와 계급투쟁주의로 대별됩니다. 두 유형의 차이는 추구하는 경제/정치체제가 다릅니다. 조합실리주의는 자유시장주의나 자유민주주의 체제(기본 질서) 내에서 조합원의 경제적 이익을 추구합니다. 계급투쟁주의는 노동자 계급의 이익을 위해 노동자 계급이 지도력을 발휘하는 계획 경제 체제, 인민민주주의 체제로의 변혁을 추구합니다. 조합실리주의는 체제 변혁을 추구하지 않고 단지 소속 조합원의 경제적 이익 최대화를 추구합니다. 그것을 정의로 보는 경향성이 있습니다. 계급투쟁주의와 같은 체계적인 철학과 이념을 확고하게 가지고 있지는 않습니다.

타당한 부분과 부당한 부분

타당한 부분은 무익보다는 유익을, 저열보다는 우수함을, 저질보다는 양질을 추구하는 것이 옳다는 이른바 우수성의 원칙에는 부합합니다. 부당한 부분은 경제적 이익 최대화를 추구하는 고용주와 동일한 문제점을 가질 수 있습니다. 경제적 유익 증대 외에 다른 정의를 경시하는 문제점을 나타낼 수 있습니다. 부당한 방법이라도 이윤, 경쟁력에 도움이 된다면 택할 수 있다고 생각하기 쉽습니다. 적정한 이익이 아닌 최대 이익을 추구하면 과도한 탐욕을 추구할 수 있습니다. 보이는 경제적 이익에 주목하면 보이지 않는 정신적 유익을 경시하게 됩니다.

개선 방안

실리주의 노조 지도부는 노동운동 전반에 있어 보편타당한 정의를 추구하는 정의관을 가지고 이를 실천해야 합니다. 보이는 경제적 이익을 최대한 추구하되 공정한 이익 한도 내에서 추구해야 합니다. 이익에 도움이 되더라도 타당한 수단 방법만을 택해야 합니다. 보이지 않는 정신적, 무형적 유익도 추구해야 합니다. 노동운동에서도 보편타당한 정의를 추구하면서도 노동자에게 지속적인 유익을 가져올 수 있음을 신뢰하고 추구해야 합니다.

노조 지도부가 가진 정의관의 검토와 개선 방안(2): 계급투쟁주의 검토

계급투쟁주의

계급투쟁주의 노동운동은 모든 역사를 계급투쟁의 역사로 봅니다. 생산수단의 자유로운 개인 소유가 허용되면서 가진 자가 못가진 자를 억압, 착취, 비인간화하는 모든 참상이 시작되었다고 인식합니다. 생산수단의 사회적 소유가 실현되면 모든 참상이 해소될 것인데, 이는 자유로운 대화로는 되지 않고 생산수단을 소유하지 않은 피지배 노동자 계급이 단결하여 지배 자본가 계급을 상대로 강제력을 행사하는 소위 투쟁을 통해서만 실현된다고 인식합니다.

정의와 같은 철학, 종교, 도덕, 법률 등 진리를 다루는 관념들은 모두 특정 계급의 경제적 이해관계를 반영하는 당파성을 가진다고 보고, 모든 계급 이익에 기여하는 보편적 정의는 존재하지 않는다고 봅니다. 따라서 소수의 가진 자, 지배자, 강자 계급의 이익이 아니라 다수의 가난한 자, 피지배자, 약자 계급의 이익을 보호하는 것을 정의로 인식합니다.

대한민국과 같이 자유시장주의, 자유민주주의 체제는 소수의 가진 자 계급의 이익에 봉사하는 불의한 제도이므로 이는 다수의 노동자가 지배하는 계획시장주의, 인민민주주의 체제로 변혁시켜야만 진정한 노동자를 위한 세상이 될 것이라고 믿습니다.

타당한 부분과 부당한 부분

계급투쟁주의 목표가 노동자들의 정당한 이익의 실현이라는 한도 안에서는 타당할 수 있습니다. 기업 경영자들이나 정치지도자들의 불의한 압박에 굴복하지 않고 용기를 내어 맞서서 정의를 지키려 한 점은 인내와 용기가 없어 불의한 횡포를 외면한 많은 사람의 양심을 부끄럽게 합니다. 정의 실현을 돕는 용기, 인내를 고취한다는 점에서 옳습니다.

부당한 부분은 계급투쟁주의 정의관에는 지속적으로 보편타당한 정의에서 벗어나게 하는, 근본적으로 잘못된 부분이 존재한다는 점입니다. 그것은 보편적이고 타당한 정의는 존재하지 않는다는 정의관, 진리관입니다. 정의와 같은 모든 관념은 끊임없이 변화하는 물질 운동의 반영이므로 시대와 상황에 따라 변화되어가는 상대성을 가질 수밖에 없다고 봅니다. 따라서 어느 시대, 어느 상황에서도 모든 사람이 마땅히 지켜야 할 변하지 않는 정의, 절대적 정의는 존재하지 않는다고 봅니다.

그리고 모든 정의, 진리, 철학, 도덕, 종교 등 규범은 이를 주장하는 자의 경제적 이익을 반영한다고 주장하는데, 이를 철학의 당파성이라고 부릅니다. 모든 시대의 지배적 정의, 철학, 종교 등은 그 시대 지배자의 이익을 위해 봉사하고, 그 지배를 돕는 이념에 불과하다고 봅니다. 따라서 다수와 소수, 가난한 자와 부자, 피지배자와 지배자, 약자와 강자의 이익은 반드시 나뉘어 서로 충돌할 수밖에 없고, 공동의 유익을 가져다주는 무당파적 정의가 있다고 하는 것은 부르주아들의 이익에 기여하는 그릇된 관념론이라고 봅니다. 가난하며 피지배자인 다수의 약자 이익을 보호하는 것이 정의라고 주장하는데, 이를 상대적 당파적 정의관이라고 합니다.

상대적 당파적 정의관의 기초 철학은 변증법적 유물론입니다. 보이고 객관적으로 검증한 과학적인 것만이 진리이고, 보이지 않고 주관적이며 검증 불가능하고 신비적인 것은 비과학적 비진리라고 봅니다. 우주는 처음부터 존재했던 물질의 끊임없이 계속되는 운동에 의해 진화되어 왔다고 봅니다. 인간의 정신(의식)은 물질인 뇌수의 산물이고, 인간 사회의 물질적 부분인 생산수단과의 관계인 객관적 존재가 인간의 의식을 규정한다고 주장했습니다. 따라서 생산수단 소유자인 자본가의 의식과 비소유자인 노동자의 의식은 필연적으로 다를 수밖에 없고, 경제적 조건이 다른 계급 모두에게 공통의 이익과 번영을 주는 보편적 가치와 기준은 허구이며 존재할 수 없다고 합니다.

인류의 모든 역사를 계급투쟁의 역사로 봅니다. 역사의 주인은 다수의 가난한 노동자임에도 불구하고 소수의 가진 자의 노예로 길들여져 사는데, 다수의 피지배 계급이 단결하여 소수 지배 계급의 통치 수단인 생산수단의 사적 소유를 강제로 철폐하고, 사회 공동체 소유로 만들면 계급이 사라지고, 억압, 착취, 비인간화가 없는 자유로운 이상사회가 세워진다고 봅니다.

상대적 당파적 정의관의 부당한 부분과 그 극복 방안

상대적 당파적 정의관은 현재 계급투쟁주의를 지도 이념으로 삼고 있는 수많은 노조 지도부의 태도와 행동에 영향을 미치고 있습니다. 특히 그 정의관 중 보편타당한 정의를 부정하는 가장 잘못된 관점 때문에 노동자 계급 이익의 최대한 보호를 앞세워 보편타당한 정의를 반영하는 법, 사규, 원칙, 도덕 등을 위반하는 태도와 행동도 주저하지 않습니다. 이것이 노사관계 악화의 주된 진원지의 하나이기도 합니다. 정의관의 오류, 잘못을 밝혀 바른 정의관을 이해하고 동의하도록 해야 합니다.

정의는 인간들이 만든 것인가, 만들어진 것을 인간들이 발견한 것인가?

유물론은 정의, 진리, 원칙 등은 보이지 않는 인간 의식이 인식하는, 인간의 관념의 산물이므로 인간이 만들었다고 주장합니다. 인간이 합의하여 만든 것이니 합의하면 없앨 수 있다고 봅니다. 정의롭다는 법과 도덕은 지배자들이 지배를 용이하기 위해 만들었기 때문에 지배자가 지금의 소수의 생산수단(자본)을 가진 자들에서 다수의 생산 수단을 가지지 못한 노동자 등 민중(인민)으로 바뀌면 폐기시킬 수 있다고 인식합니다. 옳은 견해일까요?

그렇지 않습니다. 정의, 진리, 원칙은 인간의 의식이 그 존재를 인식할 뿐 의식이 만든 것이 아닙니다. 인간은 정의, 진리, 원칙을 지킬 자유와 지키지 않을 자유는 있으나, 정의 위반에 따르는 책임, 심판을 면할 자유는 없습니다. 예를 들어 어떤 사람들이 세상에 꼭 합리적이고 정직해야 하며, 인간을 존중해야 하는 정의가 있으라는 법이 있느냐고 주장하며 그러한 정의가 없다고 합의하자고 한 후, 계속하여 불합리, 거짓, 인간 멸시 행위를 일삼는다면 그 불의한 행동에 따른 안 좋은 결과를 피할 수 있을까요? 결코 없습니다. 법원에서 현실의 법률이 부여하는 책임을 받는 심판을 받지 않았다고 심판을 피한 것이 아닙니다. 정의를 위반해서 올 수밖에 없는 좋지 않은 결과(신뢰의 상실, 관계의 파탄, 퇴보와 쇠락 등)가 발생하는 것도 이미 심판이 임하고 있는 것입니다. 정의로운 삶이 주는 당당함, 정결함, 생명력에서 멀어지고 있는 부끄럽고, 더럽고, 쇠락하고, 불의하고 악한 삶 그 자체가 이미 심판입니다. 이처럼 정의의 지배력은 인간의 의식 능력을 넘어 실제로 존재합니다. 인간이 조금도 파괴할 수 없는 것입니다.

마르크스는 공산당 선언에서 "자유, 정의 등 어떠한 사회에도 공통적인 영원한 진리들이 있다고 하지만, 공산주의는 영원한 진리, 모든 종교나 도덕을 … 아예 폐지한다"고 선포함으로 보편타당한 정의를 없애려 했습니다. 실제로 공산주의 혁명이 성공한 국가들은 기독교 등 종교를 철저히 파괴시키려 했습니다. 그러나 영원한 정의를 파괴할 수 있다며 모든 수단, 방법을 동원하여 종교를 탄압한 공산주의 국가들은 현재 대부분 붕괴됐습니다. 반면에 살벌한 탄압에서도 영원한 정의, 진리를 믿는 기독교 등 종교는 결코 사라지지 않았고, 경우에 따라서는 더 성장했습니다. 정의와 진리는 인간이 결코 없앨 수 없음을 인류 역사는 생생히 증언합니다.

정의를 구현하는 국가의 법률이 입법기관인 국회를 통해 제정되고, 헌법도 국민투표 등 의사결정으로 이루어지므로 국민투표나 국회 입법 절차를 거치면 정의를 위반하는 법률도 만들 수 있으므로, 정의는 인간의 의식 능력으로 만들 수 있는 것 아니냐고 인식할 수도 있습니다. 그러나 어떤 국가의 법률과 헌법도 인간의 양심이 지향하는 정의를 위반하는 불의한 내용을 담고 있으면 결국 불의한 그 법률이나 헌법이 정의롭게 바뀌게 되지, 인간의 불의한 법률이나 헌법 때문에 영원히 타당한 정의가 없어지는 것은 아닙니다. 히틀러 독재, 기타 수많은 국민투표나 국회 입법을 통한 불의한 법률제정 시행이 결국 실패로 끝났음은 영원한 정의를 인간이 없앨 수 없다는 또 다른 증거입니다.

예수님도 "성경은 폐하지 못한다"(요 10:35)고 말씀하셨고, "천지는 없어져도 예수님의 말씀은 없어지지 아니하리라"고 가르치셨습니다(마 24:35). 하나님께서도 "모든 육체는 풀과 같고 그 모든 영광은 풀의 꽃과 같으니. 풀은 마르고 꽃은 떨어지되 오직 하나님의 말씀은 영원히 서리라"(사 40:6, 8)고 말씀하셨습니다.

인간은 자신들이 만든 전통을 내세우거나, 마음으로 부당한 이익을 취하려는 마음이거나, 하나님처럼 되려는 유혹을 받거나 여러 가지 핑계를 대며 진리인 하나님의 말씀을 저버리고 폐하려 합니다(마 15:3, 6, 막 7:8, 9, 13, 겔 33:31, 창 3:6). 그러나 결코 정의와 진리를 폐하지 못합니다. 성경은 사람들이 진리를 결코 파괴할 수 없다는 점과 오히려 정의로운 진리가 정의와 진리를 버린 자들을 버리고 심판했음을 수없이 반복하여 가르쳐주고 있습니다.

정의는 상대적인가, 보편적인가?

진화론 현상을 들어 "모든 것이 변한다는 그 사실 하나 말고는 모든 것이 변한다"는 명제는 상대적 정의관을 대변합니다. 과연 그렇습니까? 정의와 진리의 본질과 핵심은 모든 인간에게 어떤 상황에도 동일하게 적용되는 보편성을 가집니다. 다만 그 구체적인 표현 형태, 존재 모습, 적용 행태는 시대와 상황에 따라 다양합니다. 이러한 다양성에도 불구하고 정의와 진리의 본질이나 핵심 내용은 동일합니다. 예를 들어 "인간은 공정해야 한다." "인간은 정직해야 한다." "인간은 서로 인격을 존중해야 한다." "인간은 자신의 유익만이 아닌 공동체의 유익을 위해서도 기여해야 한다"는 것은 어느 시대와 상황에서도 옳은 진리요 정의입니다.

모든 사람이 마땅히 지켜야 할 보편적 정의와 진리가 있다는 것이 우리가 정의를 지켜야 하는 근거입니다. 상대적 정의관은 정의와 진리를 따라야 한다는 규범 준수, 정의 준수 의식을 없애거나 약화시키고, 정의와 진리를 벗어나도록 부추기는 교묘한 거짓입니다. 정의를 벗어나려는 인간의 악한 정신이 만들어낸 불의한 인식입니다. 다양한 정의의 모습을 일견 설득력 있게 설명한다는 점에서 그럴듯하나, 궁극적으로 인간이 인간 능력으로 없앨 수 없는 정의로부터 지배받는 것을 거부하고, 정의를 만들어(내세워) 정의를 자신의 불의한 의지대로 조종하려는 그릇된 관점으로 인도합니다. 인간이 정의를 지배하는 것이 아니라 정의가 인간을 지배해야 사회가 정의롭게 됩니다. 모든 인간은 영원히 사라지지 않는 정의 앞에 겸손히 순종해야 하며, 자신의 불의한 욕심을 위해 정의를 만들려하거나 없애려는 교만한 태도를 버려야 합니다.

정의의 핵심은 당파적인가, 무당파적 타당성인가?

당파적 정의관은 모든 인간이 경제적 이익을 추구하려는 성향을 가장 본질적인 인간의 속성으로 봅니다. 정의, 진리, 원칙 등은 의식적(관념적) 요소이므로 경제적 이익인 물질적 요소를 반영한다는 유물론적 정의관입니다. 어떤 사람이 무엇이 옳다고 주장하는 것은 그것이 진정 옳아서가 아니라 자신의 경제적 이익에 유익하기 때문이라는 견해입니다. 모든 정의, 진리, 철학은 이런 주장을 하는 자들의 경제적 이해관계를 반영할 수밖에 없다는 것이 철학의 당파성이고, 이는 변증법적 유물론의 가장 중요한 원칙으로 여깁니다. 생산 수단을 가진 자의 이익과 못가진 자들의 이익은 본질적으로 충돌하고 이 모두의 이익을 동시에 만족시킬 수는 없다고 봅니다. 따라서 다수와 소수, 가난한 자와 부자, 약자와 강자, 피지배자와 지배자 중 다수의 가난한 약자와 피지배자 이익을 보호하는 것이 정의라는 것입니다.

정의는 유익이 본질이 아닙니다. 아무리 유익해도 정당하지 못하고 과도한 이익은 부당하며, 탐욕이며, 정의가 아닙니다. 정당화되는 이익은 오직 정의로운 이익뿐입니다. 정당성, 타당성이 바로 정의의 핵심 개념입니다. 사람은 경제적 유익도 추구하지만 더 본질적으로 옳은 것을 추구합니다. 정의는 모든 사람에게 적용되는 것입니다. 다수의 가난한 약자와 피지배자의 이익 중 정당한 이익만이 보호되어야 하고, 아무리 다수의 가난하고 약자이며 피지배자라고 해도 부당한 이익은 보호되어서는 안 됩니다. 소수의 부자이며 지배자이고 강자도 부당한 이익을 보호해서는 안 되지만, 그의 정당한 이익은 보호되어야 합니다. 정의는 소유의 다소, 힘의 유무, 지배 여부, 숫자의 다과 등에 의해 결정되는 것이 아닙니다. 성경도 "가난한 자의 송사라고 편벽되이 두둔하지 말고(출 23:3), 가난한 자의 송사라고 정의를 굽게 하지 마라(출 23:6)고 분명히 밝히고 있습니다. "재판할 때 … 가난한 자의 편을 들지 말며, 세력 있는 자라고 두둔하지 말고 공의로 재판할지라"(레 19:15)는 것이 하나님 말씀입니다. 정의는 특정 집단의 편이 아닙니다. 정의를 지키는 사람의 편입니다. 정의의 핵심은 이익이 아니라 타당성입니다.

정의는 강제적 방법이 우선인가, 자유로운 방법이 우선인가?

변증법적 유물론은 자유로운 호소로는 문제를 결코 해결할 수 없으므로 약자들의 단결된 투쟁으로, 즉 강제력으로 부당한 억압자에게 겁을 주어 그들의 억압을 해소시켜야 한다고 주장합니다. 사유재산제도는 오직 강제력에 의해서만 철폐될 수 있다는 것입니다. 자유로운 호소로 사람의 의식이 바뀌지 않는다는 것입니다. 과연 그러할까요?

인간 정신의 자유를 간과한 잘못된 견해입니다. 인간은 자유로운 지성, 감성, 의지 등을 가지고 있으므로 자유로운 상태에서 진리, 정의, 원칙을 가지고 호소하면 거짓, 불의, 원칙 위반을 버리고 바꿀 수 있는 잠재력이 있습니다. 예를 들어 고용주와 근로자가 정직하게 충분히 소통하면 합리적인 임금 인상에 합의할 수 있습니다. 입장이 바뀌지 않았지만 서로를 이해하며 합리적인 원칙에 따르는 것으로 생각과 태도, 행동을 바꿀 수 있습니다. 이처럼 인간 정신의 자유로운 변화 가능성을 포기하지 말고 마지막까지 정의, 진리, 원칙으로 돌아올 수 있도록 최대한 인내하며 설득해야 합니다.

강제력을 우선시하거나 너무 빨리 사용하면 관계에 엄청난 손상이 생깁니다. 가족관계, 직장관계에서 강제력을 사용하면 돌이킬 수 없는 관계 파탄을 초래할 수 있습니다. 계급투쟁주의 혁명 과정에서 자신들의 이념을 반대했다는 이유만으로 강제력을 행사하여 많은 사람을 학살하고 강제 수용소에 가두도록 한 근본적인 철학이 정의를 강제(폭력)로 실현하라는 관점입니다(계급투쟁주의 혁명 과정에서 살해된 사람들의 수는 어마어마하다. 소련만 2,000만 명에 이르고, 중국도 1,000만 명에 이르며, 동남아 공산화 과정에서 수십, 수백 만 명이 살해되었다. 6 · 25 전쟁과 북한 공산화 과정에서 공산주의에 반대하는 수많은 사람들이 살해되고 희생되었다).

때로는 강제력도 필요할 수 있으나 이는 결코 필수적이거나 최우선적인 것은 아닙니다. 자유로운 상태의 호소가 효과가 없고, 상대방의 불의로 인하여 관계 상대방들의 자유와 권리가 침해되고 있는 경우에는 국가나 사인의 합법적인 강제력으로 그 자유와 권리 침해를 배제해 줄 수 있습니다. 정의를 위한 국가의 강제력 행사를 가능케 하는 것이 법률입니다. 강제적인 법률은 비강제적인 도덕의 최소한이라는 것은 정의 위반이라고 강제력을 동원하는 것이 아니라, 최대한 자유로운 상태의 준수를 권고하되, 강제력을 동원하지 않을 수 없는 상황에서만 법률이 사용되어야 함을 의미합니다.

가난한 약자를 도와야 하는 것 역시 정의입니다. 그러나 가난한 약자는 긍휼과 구제의 대상일 수는 있어도 정의의 기준은 아닌 것입니다. 긍휼과 구제는 가진 자의 소유물이 강제로 나눠지는 형태로 되어서는 안 됩니다. 가난한 자도 자신의 수고와 노력으로 도움이 필요한 사람을 도와야 합니다. 이러한 구제는 자원하는 마음으로 자유로운 상태에서 이루어져야 합니다. 이를 강제하기 위해 모든 땅과 생산수단을 강제로 빼앗아 국유화하는 공산주의 혁명은 결국 자유의 역동성을 파괴하여 가난한 자들을 더욱 가난하게 만들었고, 정치적으로는 자유와 인권을 과도하게 침해하는 결과를 초래하여 결국 그 종주국들로부터 폐기되기에 이르렀습니다. 정의를 강제하려 할 때 자유의 가치 훼손이 최소화되도록 유의해야 합니다.

노사관계 개선의 바른 길, 상대적 당파성에서 보편적 타당성으로

모든 관계 개선의 길은 관계 당사자들이 정의, 진리, 원칙을 지켜가는 것입니다. 지키는 수준과 정도를 지속적으로 높이는 것이 당사자들이 모두 유익해지는 길입니다. 성경은 "너희의 구속자시요 이스라엘의 거룩하신 이이신 여호와께서 이르시되 나는 네가 유익하도록 가르치고 너를 마땅히 행할 길로 인도하는 네 하나님 여호와라 네가 나의 명령에 주의하였더라면 네 평강이 강과 같았겠고 네 공의가 바다 물결 같았을 것이며"(사 48:17-18)라고 말합니다.

상대적 당파성의 정의관은 양심적인 동기를 가지고 열정을 가진 사람들을 불의의 길로 이끄는 대단히 위험하고 악한 정의관입니다. 이러한 정의관을 옳다고 굳게 믿는 계급투쟁주의자들뿐만 아니라 보편타당한 정의와 진리를 앞세우고도 실제로 개인의 유익 때문에 정의와 진리를 외면하는 많은 사람들, 기업가, 종교인 등도 그 삶에서 상대적 당파성의 정의관을 믿고 이를 따르기는 마찬가지입니다. 오히려 후자가 더 위선적인 악일 수 있습니다.

영원한 하나님의 정의와 진리를 욕되게 한 사람들은 이를 자신의 유익을 위해 이용해 온 사람들이라고 할 수 있습니다. 따라서 모든 사람은 영원한 진리와 정의 앞에, 하나님의 말씀 앞에 정직하게 자신들의 사고와 태도와 행동을 비추어 보고, 멀어진 부분과 어긋난 부분을 끊임없이 반성하고 회개하여 돌아서야 합니다. 경제적 유익 때문에 진리를 외면하는 태도를 버리고 삶의 모든 영역에서 정의와 진리를 향해 나가는 것이 노사관계를 포함한 모든 관계를 개선하여 영원한 생명력으로 이끄는 유일한 길입니다.

질문과 답변

[질문 1] 노사관계 갈등의 핵심을 이해관계의 충돌을 넘어서 충돌하는 정의관으로 설명하신 부분이 신선했습니다. 특히 조 변호사님께서 언급하신 공리주의적 관점에서의 정의가 경제적 이익과 관련이 있다고 보는 당파성 관점에 우리 사회가 매몰되어 있다는 생각이 들었습니다. 우리 그리스도인은 정의관이 충돌할 때, 노사관계에 대해 어떤 입장이어야 하고, 어떻게 개선시켜 나가야 하는지에 대해 듣고 싶습니다.

[답변] 노사관계 당사자들이 이해관계를 초월한 보편타당한 정의를 추구해야 한다는 것은 당사자들인 사용자와 근로자 모두 정당한 이익을 추구해야 한다는 것입니다. 그렇다면 구체적 상황에서 무엇이 정당한 것인가를 발견해 가는 문제로 귀결됩니다. 구체적 상황에서 무엇이 진리와 정의에 부합하고, 무엇이 성경적 진리와 정의에 부합한 것인가에 대한 질문과 같다고 할 수 있습니다. 사람들의 생각과 행동에서 진리와 정의에서 멀어진 부분을 성찰하고 이를 진리와 정의에 가깝도록 노력하는 것은 모든 그리스도인의 당연한 행동지침입니다.

진리와 정의는 대단히 추상적이면서도 구체적입니다. 그리고 방대하고 다양합니다. 진리와 정의를 지키며 사는 것은 단번에 온전해지지 않습니다. 작은 것부터 하나하나 거짓과 불의를 고쳐나가야 합니다. 예를 들어 정직, 진실의 원칙, 정의, 진리를 놓고 보겠습니다. 근로자와 사용자 모두 자신에게 유리하다고 거짓이나 과장이나 왜곡을 취하면 안 된다는 것입니다. 경영 자료나 근로형태에 대한 정보를 기초로 논의할 때 불편해도 진실을 마주하고 논의해야 합니다. 이익으로 왜곡된 정보 등을 내려놓는 자세가 모두에게 요구되는 것이지요. 그리스도인이 근로자 측이든 사용자 측이든 이익을 떠나 정직한 이익을 추구한다는 입장을 견지하는 것이 중요하고, 그러한 입장을 주위 사람들이 따르도록 권면하는 것이 필요합니다. 실제로 노사 현장에서 그리스도인들이 성경적 진리와 정의에 따르는 것이 쉽지 않지만, 성경을 진리로 믿는다면 어렵더라도 마땅히 좁은 길로 가는 것이 옳습니다. 노사 당사자 모두 구체적인 사안에서 정의와 진리에서 만나 지키면 노사관계는 회복과 개선이 이루어질 것입니다. 자기 중심적인 이익이 우상시되는 노사관계 영역에서 진리와 정의를 높이고 따르도록 하는 것, 정당한 이익만을 추구하도록 하는 것이 노사관계가 개선되는 유일한 길입니다. 성경적 진리와 정의가 삶과 분리되지 않는 것을 믿는다면 노사관계도 성경적 진리와 정의가 지배할 수 있음을 믿고 구하며 노력하는 것이 그리스도인의 마땅한 자세입니다.

[질문 2] 노사문제 해결을 위해 정의에 대한 보편적 타당성을 강조하신 부분이 인상적입니다. 폭력과 억압은 정당화될 수 없으며 인간정신에 대한 신뢰를 바탕으로 인내하며 설득해야 한다는 해결책은 어느 누가 들어도 수긍할 수밖에 없습니다. 하지만 현실에서는 너무나 이상적인 것이 아닌가라는 생각을 합니다. 강의의 내용을 현재 문제가 되고 있는 노사 갈등에 적용하여 어떻게 해결하면 좋을지에 대한 실제 예를 들어 주시면 감사하겠습니다.

[답변] 정의롭지 않은 불의한 상태를 정의롭게 바로잡고자 할 때 법률이 정한 강제적 수단에 호소하는 일 이외에 폭력과 강제력에 의지하여 정의를 실현하고자 하는 것은 또 다른 불의를 초래할 수 있음을 인류역사는 보여 주었습니다. 정직

해야 한다는 정의를 강제로 지키기 위해 거짓말하는 사람에게 고문으로 진실을 토로하게 하는 것은 분명한 불의입니다. 그런데 형사재판 과정에서 자백의 강요가 사라진 것은 불과 200년 내입니다. 그 이전 수천 년간 인류는 자백을 강요하기 위한 고통 부과를 정당하다고 인식했습니다. 가난한 자에 대한 부자의 도움을 강제하기 위해 그들의 소유물을 강제로 빼앗아 사회의 소유로 만든 폐해는 공산주의, 사회주의 건국 및 패망사가 보여 주고 있습니다. 과도한 임금 인상과 직업 세습이 잘못되었다고 해서 법이 허용하는 재판절차를 통하면 모르되 사용자가 강제력을 동원하여 이를 폐기하거나 임금 인상 반납을 강요하는 것은 옳지 않습니다. 무자비한 정리해고 및 과잉 진압이 잘못이지만 법률 절차에 의해 그 불의를 구제받는 것은 허용되나, 물리적 강제력으로 기업에 고통을 주는 행위가 정당화되는 것은 아닙니다. 법은 강제력입니다. 법률이 정한 강제력 이외에 정의를 강제하기 위한 물리력은 원칙적으로 불법입니다. 이것은 이른바 도덕의 영역으로 사람의 양심을 깨어나게 하여 그들이 자원하는 마음으로 도덕과 윤리, 정의를 지키도록 하는 것이 최선입니다.

[질문 3] 흔히 갈등은 대립된 이해 당사자 혹은 이해 집단 간의 충돌이 나타나는 현상을 말합니다. 사회적으로 노사관계에서의 대립 역시 이러한 갈등의 양상을 대표적으로 보여 주는 집단으로만 부각된 면이 있는 것 같습니다. 실체적 삶의 일부분으로 노동을 경험하고 있는 지금, 우리는 어떻게 노사관계에서의 '보편타당한 정의'를 지키기 위해 행동해야 할까요?

[답변] 삶의 현실에서 직면하는 불의에 대해 어떻게 해야 하는 것인가는 일률적으로 답하기 어렵습니다. 일반원칙을 몇 가지 정리해 보면, 먼저 부당한 대우를 타인에게 하지 않도록 유의해야 합니다. 자신이 손해를 보더라도 정의와 도덕, 윤리, 진리를 따르는 훈련을 해야 합니다. 많은 그리스도인이 삶에서 거룩함의

정도를 스스로 높여가는 것이 정의의 실현입니다. 타인의 불의에 대해서는 그가 불의를 깨닫고 돌아서도록 기도하는 것이 먼저입니다. 특별히 자신의 권위자에 대한 불의에 대해 어떻게 대해야 하는지 성경은 매우 실제적이고도 현명한 가르침을 풍부하게 제공합니다. 사울의 박해 앞에서 다윗의 모습은 성경적 원리를 이해하는 데 도움이 됩니다. 그리고 상황이 허락된다면 상대방의 불의한 부분을 온유한 방법으로 설명하여 시정하도록 호소해야 합니다. 이성과 양심이 깨어나서 스스로 돌아설 수 있도록 기회를 주어야 합니다. 또한 불의한 법과 제도라면 이를 바꾸는 데 동의하는 사람들을 홍보, 교육 등 평화적인 방법을 통해 확대하고, 이들이 법률제정 기관인 국회의 결정인 법률을 평화롭게 변경해 가는 것을 시도해야 합니다. 평화로운 호소로도 피해를 주는 부당한 침해행위가 계속된다면 법률이 정한 소정 절차에 의한 구제를 시도해야 합니다.

성경 및 교회의 역사는 다양한 상황에서 불의를 바로잡기 위해 그리스도인이 해야 할 마땅한 길을 풍성히 보여 주고 있습니다. 노사관계에서 불의를 바로잡아가는 성경적인 길은 구체적인 조건과 상황마다 다양합니다. 그래서 우리는 성경을 더 깊은 연구하고 기도를 통해 하나님의 구체적인 인도를 받아야 할 필요가 있습니다. 노사관계 영역에서도 성경적인 방법으로 하나님의 진리와 정의를 구현하는 방법이 있음을 믿고 찾아야 할 것입니다.

원재천 –

한동대학교 국제법률전문대학원 교수

미국 버지니아 공대에서 학사 학위와 경영학 석사 학위를, 뉴욕 브루크
린 사법대학원에 법학박사(Juris Doctor) 학위를 취득했다. 국방부 법
무관리관실 국제법장교와 뉴욕 주 검사를 역임했으며, 2001년 한동대
학교 국제법률전문대학원 설립 교수 및 교학실장으로 임명된 후 국제
인권법, 국제개발법, 미국형사소송법, 국제협상법 등을 가르치고 연구
하고 있다. 국가인권위원회에서는 대한민국의 인권정책, 인권교육, 시
민사회교류 및 국제인권, 북한인권 부서들을 총괄 책임지는 정책교육
국장을 역임했고, 한동대 통일과평화연구소 소장이다. 대한국제법학회
이사와 한국형사소송법학회 상임이사로 학회활동을 하고 있고, 북한인
권시민연합의 국제이사로 봉사하고 있으며, 미국변호사협회 국제법분
과 회원, 뉴욕 주 변호사협회 형사법분과회원이다.

저서는 《Northeast Asian Perspective on International Law》《북한
난민 문제의 해결과 접근》《유엔인권메커니즘과 북한인권》 등이 있다.

제8강

인권, 북한 인권의 길을 묻다

왜 북한 인권을 다뤄야 하는가?

북한 인권을 다룬다는 것은 미적분을 푸는 것과 비슷합니다. 미적분을 풀려면, 일단 덧셈 뺄셈은 기본이고 최소한 곱셈 나눗셈을 할 수 있어야 합니다. 이번 글은 왜 북한 인권을 다루어야 하는가는 문제의식을 갖는 것으로 시작하여(덧셈), 국제사회에서 어떻게 각종 인권문제를 해결하는가를 논하며(곱셈), 이를 북한 인권에 적용해 볼 것입니다(미적분). 물론 미적분의 삶의 적용은 우리 모두의 몫입니다.

2013년 2월 북한은 제3차 핵 실험을 강행했습니다. 이란의 핵무기 개발에 따른 미국 반응도 심상치 않지만, 북한의 핵문제도 6자 회담을 넘는 국제안보의 이슈가 되고 있습니다. 북한은 핵무기와 미사일을 가지고 한반도 안보 균형을 위협하고 일본과 미국 본토 공격 가능성까지 암시하는 등 위기상황을 조성하고, 한편으로는 미국과의 직접적 접촉을 통해 체제를 보장받고 국제 경제 질서에 편입해 보려는 그들 나름의 외교 안보 정책을 일관되게 관철시키고 있습니다. 그러나 북한이 국제사회에서 편입되는 데 큰 걸림돌이 되는 것이 인권문제라는 것을 북한은 간과하고 있습니다.

북한의 인권문제는 1990년대 중반 탈북자들을 통해 세상에 알려지게 됐습니다. 이후 탈북자들의 강제 송환 반대와 난민 지위를 위하여 천만 명의 서명을 받았던 '탈북자난민보호 UN청원운동본부'의 국내외 활동, '좋은벗들'의 탈북자 현지 실태 조사와 국제엠네스티운동에 뿌리를 둔 '북한인권시민연합'의 국제 캠페인 같은 인권 NGO들의 헌신과 노력이 체코 민주화의 상징인 하벨(Havel) 대통령 같은 분들이 동참한 국제시민사회과 협력하여 북한 인권문제를 국제인권 의제로 만들었습니다. 2003년 유엔북한인권개선 결의안이 통과되고, 2004년 유엔북한인권특별보고관이 임명되는 등 UN 및 EU, 국제 NGO 등 국제사회의 관심과 유무형의 영향이 어느 정도 북한 내부와 정책에도 선한 결실을 맺게 되어 부분적이나마 아동권리위원회 등 국제인권조약기구 절차에 참여하고 있고, 미흡하지만 2009년 12월에는 유엔 인권이사회를 통해 인권 상황 전반을 점검받는 보편적 정례검토(Universal Periodic Review, UPR)를 받았으며, 헌법 개정을 통해 인권이란 단어를 그들의 헌법조항에 첨가시켰습니다.

그동안 북한은 국제사회가 인권문제를 거론하면 이를 내정 간섭이라고 규정하고, 구체적인 사항에 대한 사실 관계 부인과 그들만의 특수한 문화적 상대적 인권보호 기준을 주장해 왔습니다. 그러나 유엔헌장과 국제인권법과 관습법의 시각으로 보면 북한도 보편적인 국제인권 기준 적용에서 예외가 될 수 없는 것을 알 수 있습니다. 더구나 이미 네 개의 가장 보편적인 국제협약 유엔의 핵심인 권규약인 시민적정치적권리규약(자유권 규약), 경제적사회적문화적권리규약(사회권 규약), 여성차별철폐규약, 어린이권리규약에 가입해 있습니다. 북한은 또한 무력 분쟁 시 인권보호를 위한 "전쟁 희생자 보호를 위한 1949년의 4개의 제네바 조약"(제네바 협정)에 가입했고, "전쟁 범죄 및 비인륜적인 범죄에 대한 시효 불적용에 관한 조약을 비준했습니다. 유엔 회원국 지위를 가진 북한은 국제인권

조약의 자발적 당사국으로서 여느 나라와 마찬가지로 조약을 성실히 이행해야 하는 책무가 있습니다.

그러나 북한에는 과거 소련의 굴라그(Gulag, 정치사상범 수용소)와 나치 강제수용소에 버금가는 정치범 수용소가 있고, 국민의 1퍼센트 정도(20만 명 정도)가 수용되어 있다고 언론은 추산합니다. 정치범 수용소 문제와 더불어 해결해야 하는 시급한 사항은 탈북자 문제입니다. 이 문제의 핵심은 탈북자들의 법적 신분보장과 강제 송환을 저지하는 것입니다.

아시아 최초의 노벨경제학상 수상자인 하버드 대학교의 아미르티아 센 (Amartya Sen) 교수는 《자유로서의 발전 *Development as Freedom*》에서 진정한 국가발전은 자유를 억압하는 모든 것, 즉 독재, 가난, 강압적인 국가권력, 불균등한 기회, 차별 등을 줄여나갈 때 시작된다고 했습니다. 머지않은 미래에 북한의 핵문제와 체제보장 같은 문제는 6자 회담이든 미국과의 양자 협상을 통해 어떤 식으로든지 풀릴 것입니다. 우리도 중장기적인 안목과 인내를 하며 북한인권법, 북한인도주의 및 개발지원법, 북한인권침해기록보존소, 북한인권대사 등 법적, 행정적 인프라, 기구와 재정을 마련하여 총체적이고 체계적으로 북한이 자유와 인권의 시대정신을 받아 들여 지속가능한 개발을 이루는 데 실제적인 도움이 되어야 합니다.

북한 인권은 보편적인 시각 또는 한국적 시각으로 볼 수가 있는데, 포괄적으로 알기 위해서는 국제인권보호제도에 대한 기본적인 이해가 있어야 합니다. 즉 국제인권 옹호체계의 근간은 결국 국제인권법입니다. 1948년 세계인권선언을 시작으로 각종 인권보호 규약과 제도와 2001년 국제형사재판소 설립은 국제사회 차원의 인권 유린자의 처벌을 의미합니다. 실제로 2012년 전 라이베리아 대통령 찰스 테일러(Charles Taylor)는 시에라리온 유엔 특별 법정에서 전쟁범죄와 반인륜적인 범죄로 유죄가 선고된 만큼 북한 인권문제도 국제인권법 차원에서 이해할 때가 온 것입니다.

인간의 권리는 '단지 인간이라는 이유로 누리는 기본적 권리' 입니다. "인간의 존엄성은 인권의 기본적 전제이고, 이러한 인권은 보편성, 불가분성, 도덕성, 우선성이라는 본질적 특성을 가집니다." 역사적으로 영국의 마그나 카르타를 시작으로 미국 독립선언, 프랑스혁명 인권선언, 미국 권리장전 등 인권 선언들이 있고, 개개인의 인권은 20세기 중반까지 국가주권의 틀 안에서 인식되고 보호되어 왔습니다. 2차 세계대전이 끝난 후 유엔의 창설과 더불어 유엔헌장이 제정되었고, 유엔은 세계인권선언을 통해 보편적인 인권 보호 기준을 마련합니다.

북한 인권을 바라보기 위해서는 국제인권법적 접근이 필요합니다. 다음에서는 기존의 국제법 틀 안에서 북한 인권 현실을 조명하려고 합니다. 또한 북한의 국제법상 의무사항들을 분석하여, 현재 틀 안에서 개선될 수 있는 부분과 인권 개선을 하지 않을 경우, 북한 지도자들에게 어떤 책임이 추궁될 수 있는가를 알아보겠습니다.

북한의 인권문제와 국제법적 구조

정치범 수용소와 국제인권법적 문제점

북한은 1947년부터 정치범 수용소를 운영해 왔습니다. 정치범 수용소는 인권 유린의 대표적인 곳입니다. 정치범이란 북한 체제와 김일성, 김정일 독재 체제에 반하는 모든 행위를 범한 자로, 일단 혐의가 있으면 본인은 물론 가족까지 수용소에 수감되는 것으로 알려져 있습니다. 수용소는 완전통제구역과 혁명화대상구역으로 나누어져 있는데, 완전통제구역은 한 번 들어가면 나올 수 없고, 혁명화대상구역은 어느 정도의 교화가 진행된 후 석방이 가능한 곳으로 알려져 있습니다.

정치범 수용소의 가장 큰 문제는 적법 절차에 위반되는 법 집행, 범법자는 물론 가족까지 처벌하는 연좌제, 고문과 가혹한 수용조건 등을 꼽을 수 있습니다.

북한은 정치 사상범에 대하여 사법기관의 재판을 거치지 않고, 국가안전보위부에서 집행되는 비공개 행정심판을 거친 후 수용소에 보내는 조치를 취합니다. 변호사의 도움을 받을 수 없는 것은 물론이고, 정확히 어떤 이유로 처벌받으며 얼마간의 형을 살아야 하는지에 대해서 공지되지 않는다고 합니다. 이런 내용은 북한이 가입해 있는 시민적정치적권리규약 9조를 위반하는 것입니다. 시민적정치적권리규약 9조 1항은 형사법 절차상 모든 피고인이 적법 절차를 거쳐 처벌받을 것을 공지하고 있으며, 2항에 의하면 피고인이 구인될 때 무슨 죄 때문에 구속되는지 고지해 주어야 합니다. 동 규약 14조에 의하면 피고인은 공개 재판을 받을 권리가 있고 유죄 판결이 날 때까지 무죄추정의 원칙이 적용되어야 하며, 재판에서는 변호사의 조력을 받을 수 있는 권리가 있습니다.

일단 정치범으로 분류되면, 전 재산이 몰수되고 사전 통보 없이 전 직계 가족이 수용소로 이송된다고 합니다. 강철환의 경우, 만 9세에 할아버지의 죄목으로 전 가족이 수용소로 끌려갔습니다.[35] 이후 10년 동안 아동기와 소년기를 정치범 수용소에서 보냅니다. 2006년 8월 대한민국에 입국한 신동혁은 정치범 수용소 완전통제구역에서 태어나 23년 동안 죄수 생활을 했습니다.[36] 죄가 없는 어린이를 처벌하고 수용소에 구금하는 것은 북한형법과 시민적정치적규약의 위반입니다. 이들이 국제법상 어린이라는 사실은 북한이 가입한 어린이권리규약의 기본 정신은 물론, 기본 생존권을 명시한 6조를 포함, 모든 형태의 학대 방지를 표명한 19조, 가혹한 처벌을 금지한 37조, 적법 절차를 존중하는 40조 등 거의 모든 조항에 위배됩니다. 이밖에 정치범은 정상적인 배급과 의료 혜택의 권리 등이 박탈되며, 결혼과 출산도 금지되고, 외부와 철저히 분리됩니다. 수용자들은 강제노동을 하며, 극도의 식량난으로 영양실조에 시달리며 질병으로 죽어 간다고 합니다.

정치범 수용소에서 자행되는 일들은 이 시대에 통용되는 형벌의 범위를 훨씬 넘는 것은 물론, 강제노동, 종교자유금지, 영아살해, 적법절차를 통하지 않은 처형 등 잔혹한 인권유린이 자행되고 있어 이에 대한 해결책이 필요합니다. 국제인권법적 해결책으로는 북한 당국에 수용소 폐지와 개선에 대한 권고, 기존의 인권조약과 유엔 특별보고제도에 따른 제소, 국제형법에 따른 책임자 처벌 등이 제고될 수 있습니다.

북한의 종교탄압과 국제인권법적 문제점

북한은 정권 출범 때부터 종교 활동과 기타 사상, 신념 체계를 탄압해 왔습니다. 한국 전쟁 이후 기독교는 미 제국주의 세력 확장의 도구인 반국가적 조직이고, 외국 선교사는 미국의 스파이며, 그리스도인들은 반혁명분자로 낙인찍었습니다. 북한에서 김일성과 김정일의 위치는 독보적이며 절대적입니다. 김일성이 권력을 완전히 장악한 뒤, 북한 정부는 가족 성분과 정권에 대한 충성도를 기준으로 사회를 계층화했습니다. 북한에 남은 종교인들과 그 후손들은 51개 계급성분 중 최하층으로 분류되어 교육, 고용과 배급 등 삶의 전반적인 부분에서 차별을 받았습니다. 김일성은 조직적으로 광범위하게 종교를 말살했습니다. 1970년대부터 천도교를 제외한 거의 모든 종교는 북한 땅에서 자취를 감추게 됩니다.

그러나 90년대 이후 북한이 극심한 식량난에 처하면서, 많은 탈북자가 생겼고, 북한을 왕래하는 이들을 통해 종교가 다시 북한 땅에 유입되기 시작했습니다. 북한은 유입되는 종교를 철저히 색출, 말살하는 동시에 평양 등지에 몇몇 공식적인 종교시설을 허가하면서 종교행위를 허용하는 이중 정책을 쓰고 있습니다. 몇 개의 종교시설을 제외하면 실질적인 종교의 자유는 없는 것으로 조사됐습니다.

조선민주주의인민공화국 헌법 제68조에 "공민은 신앙의 자유를 가진다"라고 명시되어 있습니다. 그러나 이 조항에 "종교는 외국의 영향력을 끌어들이거나 국가 또는 사회질서를 해치는데 사용할 수 없다"라는 문구를 포함합니다. 결국

이 문구는 '종교적 신념의 자유'에 대한 조항을 자의적으로 침해할 수 있는 문제점이 있습니다. 실제로 종교인들은 신앙 때문에 처벌받기보다 외국 반국가 세력들과 내통했다는 일종의 간첩죄에 따라 처벌된다고 합니다. 예를 들어 한 탈북자가 중국에서 남한의 선교사를 통해 그리스도인이 되서 강제 송환되어 들어왔을 경우, 국경을 허락 없이 넘은 비법국경출입죄(북한형법 제233조), 남한 사람과 접촉한 죄, 소위 북한의 안위를 위협하는 남한의 간첩(선교사)과 내통한 조국반역죄(북한형법 62조)가 적용됩니다.

조국반역죄 북한형법 62조는 "공화국 공민이 조국을 배반하고 다른 나라로 도망쳤거나 투항, 변절하였거나 비밀을 넘겨준 조국반역행위를 한 경우에 5년 이상의 로동교화형에 처한다. 정상이 특히 무거운 경우에는 무기로동교화형 또는 사형 및 재산몰수형에 처한다"고 명시되어 있습니다. 만약 이 사람이 성경을 소지하거나 전도를 한다면 무거운 조국반역죄로 다스려지며, 종신형이나 처형당할 수도 있습니다.

북한 헌법 67조는 "언론, 출판, 집회, 결사의 자유"를 규정하고 있습니다. 하지만 이 조항도 종교의 자유에 대한 68조항과 마찬가지로, "국가는 계급로선을 견지하며, 인민민주주의 독재를 강화해야 한다"는 조항에 의해 심각하게 손상되고 제한받습니다. 결국 종교를 믿고 전파하는 행위는 북한 국내법에 의해 심각하게 제한되고, 북한은 국제인권에 있어 가장 기본적인 세계인권선언 18조를 위반하고 있습니다. 세계인권선언 18조는 모든 사람이 사상, 양심 및 종교의 자유에 대한 권리가 있음을 천명하고 있습니다. 또한 북한은 조약 가입국으로서 1966년 시민적정치적권리협약 18조를 위반하고 있습니다. 조약 당사국으로서 북한은 종교의 자유를 보장하는 것은 물론 그 권리를 표현할 수 있는 환경을 허락해야 하며, 자녀들이 종교 교육을 받을 수 있도록 해야 합니다. 특정 종교인이기 때문에 교육, 의료, 고용권의 차별을 받는 것은 시민적정치적권리협약 25조에 위반됩니다. 동 규약 26조에는 모든 사람이 종교나 정치적인 신념과 같은 이유로 차별받지 못하게 되어 있습니다. 뿐만 아니라 동 규약 27조에는 조약 당사국이 종교인들로 하여금 종교행위를 공개적으로 하며 신앙생활을 할 수 있게 할 의무가 있음을 명시하고 있습니다. 북한은 국제법에 따라 종교 공동체를 인정하고 그러한 공동체가 합법적인 지위를 획득할 수 있는 제도를 확립해야 합니다. 물론 북한은 국가 종교기관에서 허가받은 종교행위를 인정한다고 주장합니다. 그러나 위와 같이 명시된 국제법에 의거하여, 북한은 국가가 허가하는 종교 활동 이외의 사적 종교 활동을 인정하고, 인정받지 않는 종교 조직에 참여하고 있는 사람들을 구금, 고문, 사형에 처하는 일을 중지해야 합니다. 그 외 개인이나 종교 단체가 외부로부터 종교서적이나 자료를 수입할 수 있도록 허락해야 하며, 청소년과 성인들에게 종교 교육 프로그램을 운영할 수 있도록 허용해야 합니다.

탈북자 및 난민 문제와 국제난민법

소련이 붕괴되고 동유럽이 민주화되면서 북한에 대한 많은 원조가 끊어졌고, 북한은 1990년 초반부터 자연재해와 낙후된 농업정책으로 극심한 식량난을 겪게 됩니다. 결국 1995년부터 극도의 기근이 닥치고 유엔 통계에 의하면 북한 인구의 10퍼센트 정도가 굶주려 죽게 되었다고 합니다. 이때 수많은 북한 주민이 식량을 찾으러 중국 등 주변국가로 나가게 됩니다. 이중 과반 수 이상의 탈북자가 여성이라는 점이 상황을 더 어렵게 만들었습니다. 아마도 가부장적인 북한 사회가 여성들에게 식량난의 부담을 짊어지게 한 것 같다는 의견이 있습니다. 탈북자들은 중국 내에서 불법 신분 때문에 강제 결혼이나 인신매매의 피해자가 되는 등 인권이 유린되며, 결국 북한으로 강제 송환되어 처벌받기도 합니다.

유엔난민조약은 난민을 다음과 같이 정의합니다. "인종, 종교, 국적, 어느 특정 사회그룹이나 정치적 이견으로 인해 받을 박해에 대한 두려움 때문에 자기 모국에 돌아가지 못하는 사람들." 국제난민법의 가장 핵심 원칙은 난민이나 난민으로 간주되는 사람들을 강제 송환하면 안 된다는 조항입니다. 탈북자가 가장 많이 가는 중국은 탈북자를 난민으로 인정하지 않으며 많은 탈북자를 색출해 북한으로 강제 송환합니다. 중국은 탈북자를 단순 불법 경제 이주자로 구분합니다. 만약 탈북자가 보다 나은 삶을 위한 경제적인 목적으로 이주했다면 국제난민법상 난민의 지위를 획득할 수 없습니다.

과연 탈북자들이 국제법상 난민인가 하는 문제에 대한 의견은 분분합니다. 식량 문제로 탈북했기 때문에 단순 경제 이주자로 본다는 중국의 주장도 일리가 있다는 의견도 있지만, 문제는 이들이 강제 송환된 후 형사사건으로 처벌받는다는 점에 있습니다. 실제로 북한은 여행의 자유가 없는 나라로 국가의 허락 없이 외국에 나갈 경우 단순 탈북자는 2년 로동교화형에 처해지고, 중국에서 남한 사람이나 선교사와 접촉한 경우 또는 기독교를 믿고 이를 전파하려 했다면 조국반역죄로 5년 이상 혹은 사형까지 받을 수 있습니다.

탈북자들은 중국 내에서 조선족이나 남한 사람에게 인도주의적 도움을 받게 되는데 남한 사람이나 교회를 통해 도움을 받는 순간 정치범으로 간주됩니다. 이 문제에 관해서 유엔북한인권특별보고관인 비팃 몬타번 교수는 많은 탈북자가 북한을 떠날 때 어느 특정 박해 때문에 떠난 것은 아니지만, 돌아가면 박해를 받을 수 있다는 두려움과 실제 처벌받는 사례가 있으므로 이들을 사후 현장난민(refugee sur place)으로 볼 수도 있다는 주장을 유엔인권위원회와 유엔총회 보고서에 명시했습니다. 결국 탈북자가 경제 이주자인가의 문제는 개인적인 상황에 따라 구분되는 문제입니다. 인터뷰나 난민 처리를 받지 않는 중국이 일방적으로 모든 탈북자를 경제 이주자라고 치부할 수 없게 되었습니다.

유엔북한인권보고관의 보고서와 유엔인권위원회의 북한 결의안, 유엔총회의 북한 결의안은 탈북자 문제를 명시하고 있으며, 유엔난민고등판무관실도 탈북자를 중요한 관심 대상으로 명시하고 있으나, 중국이 협조하지 않는 이상, 유엔난민고등판무관실이 할 수 있는 일에는 한계가 있습니다. 중국에는 유엔난민고등판무관실 지역 사무실이 있고 난민 업무를 처리하고 있는데, 주로 베트남 출신의 중국계 소수민족들을 중국에 정착시키는 일을 하고 있습니다. 유엔기구가 중국에 들어오면서 중국과 협약을 맺었는데, 유엔난민고등판무관실과의 협약에서 중국 내 난민이나 난민 가능성이 있는 사람들에게 '무제한의 접근권'을 주었습니다. 중국 내 탈북자 문제의 해결은 중국 정부가 선한 의지를 가지고 가입한 1951년 난민협약 및 1967년 난민의정서를 이행하는 데서부터 가능할 것입니다. 중국은 유엔난민고등판무관실과 협력하여 탈북자들에게 최소한의 임시 피난처를 제공하고, 탈북자 난민 신청이 있을 경우 이를 처리하며, 신분이 확정될 때까지 유엔기구와 국제인도주의 단체들이 모든 신청자를 제한 없이 면담하고 인도주의적 지원을 할 수 있도록 해야 합니다. 북한은 송환된 자국 국민을 형사법 처리해서는 안 됩니다. 그러면 박해에 대한 두려움의 원인을 상당 부분 제거할 수 있어 중국이 주장하는 경제 이주자라는 범주에 대부분의 탈북자가 해당되므로 국제적 인권 문제 제기 요소가 감소될 수 있습니다.

난민문제를 정치적 문제로 보지 않고 인도적 문제로 보고 당사국들이 함께 해결책을 모색한다면 더욱 수월할 것입니다. 예를 들면 중국이 탈북자들에게 임시 체류증을 발부한다면, 법적 신분문제로 범죄의 피해를 보는 일이 최소화될 수 있고 중국도 국제사회의 비판을 면할 수 있고, 탈북자들은 북한의 경제사정이 개선될 경우 자연스럽게 돌아갈 수도 있습니다.

북한에서의 제노사이드 및 반인륜적인 범죄와 국제형법

세계의 많은 인권 시민단체는 북한 정치범 수용소의 해체를 주장합니다. 그들은 북한이 정치범 수용소에서 행하는 행위들을 제노사이드(Genocide), 반인륜적 범죄(Crime Against Humanity)라는 의견을 제시합니다. 특히 2002년에는 로마조약을 근거로 국제형사법원(International Criminal Court)이 헤이그에 개원했는데, 국제형사법원은 각 국가에서 처벌이 어려운 사건 등을 처리합니다. 따라서 현재 국제법 제도 안에서도 북한의 정치범 수용소나 종교 탄압의 책임자가 인권

유린에 대한 법의 심판을 받을 수 있는 환경이 형성되었다고 사료됩니다. 국제
형사법원이 설립되기 전에는 유엔헌장 7장에 의거해, 상황에 따라 유엔 안전보
장이사회가 특별법원을 만들어야 했습니다. 대표적으로 인도주의법과 인권유린
에 대한 책임을 묻기 위해 유엔유고전범법원(International Criminal Tribunal for
Former Yugoslavia: ICTY), 르완다전범법원(International Criminal Tribunal for
Rwanda: ICTR)이 설립되어 운영되고 있습니다. 또한 시에라리온 특별법원과 캄
보디아 전범 재판소 등이 설치되어 운영되고 있습니다. 2002년 국제형사법원이
생기기 전까지는 유엔이 특정 상황에 따라 법원을 설치하는 번거로움과 행정적
인 제약이 있었으나, 국제형사법원이 설립된 후에는 따로 특별법원을 설립할 필
요가 없어졌습니다. 또한 유엔유고전범법원에서는 과거 유고의 국가원수였던
밀로셰비치를 처벌하는 등 한 국가의 최고 지도자와 군 최고 지휘관에게 인권유
린의 책임을 추궁하는 중요한 판례를 남겼습니다. 북한의 인권유린 상황을 위해
특별법원을 설치하려면 많은 절차와 국제사회의 합의가 필요합니다. 하지만 국
제형사법원이 생겨서 북한이 법원의 관할에 들어온다면 유엔의 합의와 절차 없
이도 인권문제를 다룰 수 있다는 점을 북한의 지도자들이 간과하면 안 되는 시
대가 왔습니다.

국제형사법원의 관할권은 보완적 관할권(complementarity rule)입니다. 일반
적으로 자국 형법으로 그 나라 지도자의 인권유린에 대한 처벌을 감행하기 어렵
기 때문에 국제형사법원이 어려운 인권유린 사건을 처리할 수 있습니다. 로마
협약에 따른 법원 규정을 보면, 국제형사법원은 제노사이드, 반인륜적인 범죄,
전쟁범죄와 침략행위에 대한 관할권이 있습니다. 한 개인이 국제형법재판에 회
부되기 전까지는 이런 조건이 성립되어야 합니다.

첫째, 로마 협약 가입국이 되거나, 가입국이 아니라도 특정 사건에 대한 관할
권을 인정한 국가이거나 그 국가의 국적을 소지한 피고인이어야 합니다. 이런
경우에 국제형사법원 검찰은 사건을 수사하고 사법 처리할 수 있습니다.

둘째, 유엔 안전보장이사회가 유엔헌장 7장에 의거해 검찰에 의뢰하는 사건이어야 합니다. 이런 경우 피고인이 속한 나라나 사건이 발생한 나라가 로마 협약 가입국이 아니라도 사건을 기소하는 데 제약을 받지 않습니다. 실례로 유엔 안전보장이사회가 국제형사법원 검찰에 수단의 다퍼 사태에 대한 조사를 의뢰했으며 이에 검찰은 초등 조사를 마치고, 위법 사실이 어느 정도 합리적인 조건을 충족했다고 사료하여 법원에 정식 수사 허락을 신청해 놓은 상태입니다. 놀랍게도, 거론되고 있는 피고인 중에는 현직 수단 대통령도 포함되어 있고 구인 영장이 발부된 상태입니다. 수단이 로마 협약 인준 국가가 아니라는 점에서 북한도 국제형사법원의 관할에 들어올 수 있다는 사실을 주시해야 합니다.

북한의 경우, 로마 협약 가입국이 아니고 앞으로도 자발적으로 관할권을 인정할 것 같지 않습니다. 그렇다면 북한은 국제형사법원의 관할권 밖에 있다고 할 수 있습니다. 그러나 유엔 안전보장이사회에서 국제형사법원 검찰에 북한 제반 인권유린 사건들을 의뢰할 경우 정치범 수용소 등 여러 인권유린의 책임자들이 사법처리 될 가능성은 충분합니다. 물론 현실적으로 중국이 유엔안전보장이사회의 상임이사국으로 북한 관계자들의 사법 처리에 대한 거부권을 행사하는 한 유엔 안전보장이사회에서 북한을 국제형사법원에 의뢰하는 일은 어렵겠지만, 올림픽의 성공적 개최를 위해, 세계 여론 앞에 결국 수단 문제를 양보한 실제 사례가 있는 만큼, 북한 지도자들도 중국의 무조건적인 지지를 계속 기대할 수는 없을 것입니다. 현재 일부 시민단체는 김정은을 국제형사법원에 제소하려는 서명운동을 하고 있습니다. 시민단체들의 활동은 국제형사법원 검찰부가 내사를 시작하게 하는 국제적 압력을 형성하는 것입니다.

국제형사법원에 회부되기 위한 행위로서 제노사이드를 구성하고 있는데, 제노사이드는 2차 세계대전 때 유태인의 대량학살을 시작으로 사용되었습니다. 결국 1946년 유엔총회는 만장일치로 결의안 96(1)을 통과시켜 제노사이드가 국제범죄라고 명시했습니다. '1948 제노사이드 방지와 제노사이드 범죄처벌에 관한 협약에서 다음과 같이 범죄의 구성요건을 명시했습니다. 어느 특정 민족(인종), 나라, 종교에 소속된 사람들을 의도적으로 전부 또는 부분적으로 진멸하려고 다음과 같은 행위를 한 경우 제노사이드라고 합니다.

- 특정 집단 사람들을 살인하는 경우
- 특정 집단 사람들에게 심각한 상해를 가하거나 정신적인 피해를 입히는 경우
- 특정 집단 사람들 없애려고 열악한 삶의 환경을 조성하는 경우
- 특정 집단 사람들이 아이를 낳는 것을 방지하는 경우
- 특정 집단 사람들의 아이들을 다른 사람들에게 강제 전출시키는 경우

제노사이드는 살인뿐만 아니라 어느 특정 집단을 멸하려는 의도적 행위를 포함합니다. 북한은 1989년 제노사이드 협약에 가입했습니다. 이는 북한이 제노사이드를 범해선 안 되며 해당자를 처벌해야 할 의무가 있음을 뜻합니다. 북한의 인권유린 상황이 과연 제노사이드인가 하는 의문에는 의견이 분분합니다. 정치범 수용소에서 많은 사람이 죽임을 당하고, 석방되지 않을 경우 환경의 어려움으로 대부분의 사람들이 죽음을 맞게 됩니다. 수감자들이 북한의 제도에서 탄압받고 사회적으로 낙인찍힌 집단인 것은 분명하나, 이들은 다양한 배경을 가진 사람들이므로 어느 특정 집단을 의도적으로 멸하려 한다는 구성조건을 충족시키는 데 무리가 있습니다. 그러나 북한은 기독교(개신교와 천주교)에 속한 사람들을 북한 사회에서 멸하려 했고, 지금도 기독교를 믿으면 처벌하는 등 계속적인 박해로 기독교를 뿌리 뽑으려 합니다. 분명히 어느 특정 종교인들을 의도적으로 멸하고자 하는 행위는 제노사이드의 범주에 속합니다.

국제형사법원의 관할권을 가지고 오는 또 다른 반인륜적인 범죄는 특정 정부가 특정 사람들을 조직적이고 광범위하게 공격하는 범죄를 뜻합니다. 제노사이드와 다른 점은 '의도적으로 특정 사람들을 진멸'하려는 구성요건 없이 일반적

인 사람들의 인권을 조직적으로 유린한 경우입니다.

로마 협약 7조는 다음과 같이 범죄 구성요건을 명시했습니다. 반인륜적인 범죄란 공격주체가 일반 시민들을 상대로 조직적이고 광범위한 공격을 하는 경우를 말하는데, 공격주체는 이런 행위가 이루어지고 있다는 것을 의식해야 합니다. 이때 행위란 다음과 같으며, 거의 모든 잔혹한 인권유린 행위를 포함합니다. 살인, 박멸(생존에 필요한 식량, 건강, 환경이 제한되는 경우를 포함), 강제 노예, 강제 이주나 추방, 구금 또는 행동의 자유를 규제함, 고문, 강간, 강제 매춘, 강제 임신, 성적 착취, 특정 정치 집단, 인종, 민족(국적), 문화, 종교, 성별에 해당되는 사람들을 박해하는 행위. 범죄의 공소시효는 제한되지 않으며 반인륜적인 범죄는 국제형사법원은 물론 유고전범법원 그리고 르완다 전범법원에서 다루었던 범죄로서 국제관습법(customary international law)이라 할 수 있습니다.

북한은 정치범 수용소를 오랫동안 운영해 오면서 정치범들과 가족들을 수용해 왔습니다. 적법절차를 무시하며 구금되어 있는 사람들의 인권을 유린해 왔습니다. 이런 행위는 로마 협약에서 반인륜적인 범죄의 구성요건을 거의 충족시키고 있습니다. 북한은 종교에 대한 적대적인 정책을 가지고 있으며 그 정책을 구체적으로 실현하고 있습니다. 특정 종교인들은 색출되어 처벌되며, 정치범 수용소로 보냅니다. 이런 일련의 행위 등은 반인륜적인 범죄가 될 수 있습니다.

일본인 납치문제도 국가가 의도적으로 일반인을 납치, 이주시켜 강제로 일을 시키거나, 제반의 제약을 가한 경우인데, 이는 일본 형법은 물론이고 반인륜적인 범죄로 볼 수 있으며 따라서 납치를 지시하고 실행한 사람은 그 행위에 대한 책임을 져야 합니다.

범죄행위는 처벌받아야 합니다. 북한의 행위가 예외적 북한 특수사항으로 치부되기에 국제형사법과 여러 판례가 많이 형성되어 있습니다. 북한은 정치범 수용소나 종교 탄압이 국제[37]범죄행위라는 사실을 인식해야 합니다. 또한 국제인권협약을 이행하며 통치 행위를 해야 합니다. 국제사회와 한국은 이런 기본적인 국제법을 북한 지도자에게 인식시키고, 북한의 학계와 주민에게 교육을 해야 합니다. 법 이행에 대한 최소한의 부담과 책임을 느끼는 것이 북한에 있어 선진사회를 이루고 국제사회의 일원이 되는 데 필요한 조건입니다.

납북자 및 미송환 국군포로와 국제인도법(전쟁법)의 적용

북한에 억류되어 있는 국군포로는 2만여 명으로 추정됩니다. 국군포로란 한국 전쟁포로 송환 협상에서 귀환하지 못한 이들을 지칭합니다. 국군포로들은 전쟁 시기에 인민군으로 재편입되거나, 휴전 이후 대부분 탄광, 농촌 지역에 집단 배치되었다고 합니다. 한편 최소 1만 2천 명의 국군포로들이 소련에 이송되어 강제노동을 해야 했습니다. 이후 국군포로는 공민증을 받고 북한 사회로 배치되었으나 출신 성분의 제약 때문에 본인과 가족들이 차별받으며 살고 있다고 합니다. 한편 6 · 25 전쟁 납북자 가족회가 발굴해 낸, '6 · 25 전쟁 피납치자 명부'에 의하면 94,700명의 민간인이 전쟁 중 납북되었다고 합니다. 이들 대부분은 송환은 고사하고, 생사조차 확인되지 않으며 서신과 같은 기본권이 인정되지 않습니다. 휴전 이후 납북 억류자는 총 3,795명에 이르고 있습니다.

북한, 중국, 소련, 남한, 미국 및 15개 국가들은 한반도에 휴전이 성립되기까지 국제적인 전쟁을 했습니다. 2차 세계대전 이후 국제사회는 과거 관습적으로 행해진 전쟁포로 보호와 민간인 보호 등 중요한 전쟁의 원칙을 제네바 협정을 통해 명문화시켰습니다. 북한과 남한을 포함한 모든 한국전 참전국들은 전쟁 발발 시에는 제네바 협정의 체결국이 아니어도 제네바 협정의 원칙을 준수한다고 공개적인 표명을 했고, 이후 전부 체결국이 됨으로 전쟁 피해 최소화와 민간인 보호를 극대화할 의무가 있다고 볼 수 있습니다. 제네바 협정을 위반한 당사자들은 각국의 법정에서 전쟁범죄, 제노사이드, 반인륜적인 범죄로 처벌받을 수 있으며, 각 국가의 처벌이 어려울 경우 국제형사법원에서 사법처리가 가능합니다. 1949년, 제네바 협정은 4개의 협약으로 구성되어 있습니다. 첫째, 육상 전에서 부상당한 사람들 보호, 둘째, 해상 전에서 부상당한 사람들 보호, 셋째, 전쟁 포로의 보호, 넷째, 민간인 보호에 관한 협약입니다.

전쟁법의 가장 핵심은 전투자(combatant)와 비전투자(none combatant), 즉 민간인을 구분하는 것입니다. 전쟁은 전투자들이 상대방 전투자에 맞서 정당한 군사목적(military target)을 무력화시키는 제반 행위입니다. 제네바 협정의 효력은 전쟁 시 인정되는데, 현재 전쟁법적인 북한과 남한의 구분은 휴전 상태로 정식 평화조약이 성립될 때까지 두 나라는 제네바 협정을 이행할 의무가 있습니다.

제네바 협정에서 전쟁포로에 대한 제3협약 71조에 의하면, 전쟁포로는 가족들과 서신 왕래가 가능합니다. 전쟁 중에 서신 왕래로 생사와 안부를 확인할 수 있어야 함에도 불구하고, 지금까지 북한은 서신 왕래를 허락하지 않고 남한도 이에 대한 특별한 대응을 하지 않고 있습니다. 이는 명백히 제네바 협정 71조 위반입니다.

제네바 협정에서 중요한 대목은 포로 송환에 관한 것입니다. 제네바 협정의 포로에 관한 협약 제118조에서 적대행위가 끝났을 경우 포로는 지체 없이 송환되어야 한다는 내용을 명시합니다. 뿐만 아니라 제119조에 따르면, 참전국은 흩어져 있어 찾기 어려운 전쟁포로를 위해 공동위원회를 조직하여 이들을 고국으로 돌려보내야 합니다. 제네바 협정에서 가장 중요한 역할은 전시 민간인 보호입니다. 민간인 보호를 위한 제네바 협정 제3조를 보면, 민간인은 인도적 존중을 받아야 하며, 민간인을 살해하거나, 고문 등 잔혹한 행위를 가하는 것이 불가합니다. 또 민간인을 인질로 잡는 것 또한 불가하다고 명시되어 있습니다.

전쟁 초기 대규모의 남한 사람들이 납치했는데, 1950년 7월~9월에 달하는 3개월 간 전체 납북자의 88.8퍼센트를 납치했다고 합니다. 대부분의 연행 장소가 자택이나 자택 근처로 이는 납북행위가 의도적이고 조직적임을 보여 줍니다. 민간인 납치는 명백한 제네바 협정 위반이고 전쟁 범죄에 속합니다. 물론 북한은 이들 민간인을 전시에 이동시켜 보호하려 했다는 이유를 내세울 수 있지만, 휴전 이후에도 송환하지 않은 것은 처음부터 민간인들을 납치하려 했다는 의도입니다.

휴전 후 북한은 제네바 협정 중 민간인 보호협약 제132조에 의거하여 납북된 사람을 돌려보낼 의무가 있습니다. 그리고 제107조 의거한 서신 왕래, 제116조 의거한 친지의 방문, 특히 경조사 시 친척의 방문을 전시뿐 아니라 휴전 후에도 허락해야 할 의무가 있습니다. 한국전이 법적으로 끝나지 않았기 때문에 이 협정을 계속적으로 위반하면 전쟁 범죄가 되고 이는 국제형사법원의 관할에 속하게 됩니다. 물론 포로 억류나 민간인의 억류에 대한 책임을 어느 특정인에게 전가하는 데에는 무리가 있습니다. 이에 국제사법재판소(Court of International Justice)에 제소하여 북한의 법적 의무사항을 각인시킬 필요가 있지만 과연 북한이 관할권을 인정할지는 의문입니다. 또한 이 문제를 유엔안보리에서 다른 북한 인권문제와 함께 국제형사법원에 의뢰하면 북한 당국 책임자는 형사적 책임을 질 수도 있겠지만, 가능성은 희박합니다. 결국 유엔의 각종 인권제도와 결의안 등을 통해 북한의 의무를 확인시키고, 국제적십자위원회와 남북한 적십자를 통해 문제를 인도적으로 해결하는 것이 바람직합니다. 최소한 서신 교류와 생사 확인, 방문 등을 성사시키는 것은 남북한이 공통적으로 이행해야 할 제네바 협정의 규정들입니다.

북한 인권과 대한민국의 미래

북한 인권은 개선되어야 합니다. 최소한 정치범 수용소에 있는 죄 없는 어린이와 여성들을 석방해야 합니다. 북한 내부에서도 노력해야 하고, 우리도, 국제사회도, 북한 지도부도 인권을 개선시키는 것이 체제유지와 북한 지역 개발에 도움이 된다는 것을 이해하고 섣부른 정치적인 빅딜을 생각할 것이 아니라, 구체적인 인권 원조를 해야 합니다. 북한 주민의 어려움을 외면하는 것은 이 시대의 책임을 회피하는 것입니다. 북한 문제를 해결하기 위해서는 역설적으로 북한을 넘어서야 합니다. 먼저 인권 존중이라는 보편적인 가치를 통해, 인권 규범의 국가적 내재화를 이뤄내야 합니다.

그리고 우리 모두가 공감할 수 있고 지키기 원하는 국가 핵심가치를 결정해야 합니다. 우리나라가 표방하는 국가원칙은 인간존중, 인권, 자유, 민주, 법치, 그리고 도전정신으로 정리할 수 있습니다. 이런 원칙을 기반으로 북한과의 관계를 현재의 레토릭(rhetoric) 단계에서 한 단계 발전시켜 보편적인 인권 및 개발 논의로 이끌어 나가야 합니다. 그리고 한반도를 넘어 자유, 평등, 정의, 민주주의를 원칙으로 하는 인간존중의 가치와 정책이 동아시아 정치 사회제도의 발전에 적용되고, 대한민국은 아시아에서 민주주의와 인권 중심국이 되어야 하고, 동아시아와 아시아가 인권 친화적 문화가 되는 데 주도적으로 기여해야 합니다.

우리나라는 유엔 예산 15대 기부국입니다. 그리고 중요한 해외원조 공여국이 되어가고 있습니다. 해외원조는 인권원칙을 기반으로 원조를 받는 국민의 인권이 보호되고, 국가가 더욱 정의롭게 되고, 여성이 차별받지 않고, 어린이들이 천진난만한 웃음을 되찾을 수 있도록 기여해야 합니다. 이런 면에서 자원외교와 같은 단어는 좋은 의미가 아닙니다.

비교적 가까운 미래에, 동아시아 자유무역협정뿐만 아니라 동아시아 지역 인권규약이 발효되고, 동아시아 인권법원이 우리나라에 설립될 것이라고 믿습니다. 그리고 북한이 개방되면 전 세계의 개발 원조가 북한에 집중될 것입니다. 그날이 오기 전에 우리는 준비해야 하고, 각자 전문영역에서 영향력을 확보해야 합니다. 세계은행의 개발도상국 정책담당자, 유엔 원조주무관, OECD 경제정책 전문가, 개발전문가, WHO 보건건강 담당자, 다국적 기업 투자 실무자 등 실제 정책을 주도하고, 가용한 예산이 있는 국가나 국제기구의 실무담당자나 책임자가 되어 있으면, 북한을 발전시키는 데 도움이 될 것입니다. 북한 문제는 우리를 훈련시키고, 준비시키는 과제입니다. 북한 인권문제는 분명히 우리 민족의 아픔입니다. 그러나 이 문제는 우리의 뼈아픈 성찰과 인류애적 승화 과정을 통해 우리가 더욱 선한 이웃으로 거듭나는 과정입니다.

북한 인권과 법률가의 역할

북한 인권문제는 1990년대 중반 극도로 악화된 식량문제로 생긴 탈북자를 통해서 알려지기 시작했습니다. 2002년 유엔인권위원회에서 북한 인권결의안이 통과되면서 국제적인 문제가 되었습니다. 북한 인권 시민단체들은 북한 현실을 국내에 알리기 시작했고, 북한 문제의 국제적 공론화를 위해 세계 각 지역에서 국제회의들을 개최하면서 국제 여론에 호소했습니다. 이런 노력들은 유엔특별보고관의 임명으로 결실을 맺었고, 유엔특별보고관은 유엔총회 정례 보고 절차를 통해 인권침해 사례를 수집 분석하고 북한 인권에 관한 쟁점 사항들을 정리해 나가게 되었습니다.

여기서 유념해야 할 점은 국제인권 분야에서는 각 인권 단체와 소속원의 역량이 인권 개선에 직접적인 영향을 미치게 된다는 것입니다. 북한 인권 상황에 대하여 유엔의 구제제도가 충분이 활동되지 못한 점은 매우 아쉽습니다. 유엔에는 유엔인권이사회 외에 매우 다양한 구제절차와 특별보고위원회 등이 설치되어 있습니다. 구제절차는 어느 구체적인 피해자를 위한 구제와 보호를 소청하는 제도로 대표적으로 유엔 임의적 구금방지위원회를 위시하여 식량, 고문, 신념의 자유, 종교의 자유, 임의적 처형 등 주제별 특별보고관제도가 있으며, 구체적인 사실과 인적사항들이 포함된 일정의 구비 조건을 갖춘 탄원서가 각 담당 기관에 접수가 되면, 유엔인권기관 차원의 구제활동이 개시됩니다.

아쉽게도, 최근 10년간 이들 구제제도에 접수된 사례가 거의 없습니다. 구체적인 강제 송환 사건과 억류 사건들이 있지만, 정식 소송 절차를 거치지 않으면 구제절차를 시작할 수 없는 법원같이, 일반인이 형식을 갖춘 국제인권 소청 문서를 만들어 제출하는 데는 한계가 있는 만큼 유엔 구제제도의 활용은 법률가들의 몫입니다. 우리나라에는 북한의 인권개선과 인도적 지원을 뒷받침하는 제도적인 장치가 없습니다. 결국 법제정을 통해 북한 인권 개선의 원칙과 국가의 책무를 구체적으로 규정해야 합니다. 이미 미국과 일본은 북한 인권법이 제정되어 있어서 나름대로의 활동을 하고 있습니다. 아울러 북한 인권 기록보존소의 설립이 시급합니다. 북한 인권 침해 피해자의 자료는 북한 공권력에 의한 인권 침해를 견제와 억제할 수 있고 향후 북한지력 과거사 청산의 중요한 시발점이 될 것입니다. 특히 자료가 우리 법원이 사법적 증거능력을 인정하고 국제재판소나 UN 주제별 구제위원회가 인정할 수 있는 수준의 증거법적인 기준을 갖추어 인권침해 증거를 수집, 기록, 보존해야 하는데 이는 법률가의 몫입니다. 우리나라의 변호사, 법학자 등 법률 전문가들이 북한의 인권 옹호와 법치주의 확립을 위해 역량을 기르고, 구체적인 구제활동에 참여할 때가 되었습니다.

다시 북한 인권으로 나아가기

북한 인권을 개선하려면, 국제사회의 협력, 북한에 대한 포괄적 인권 지원, 북한 인권 지원 법적 행정적인 인프라 마련(인권법, 북한 인권 기록보존소) 등 국내외, 민관 관련부처의 유기적인 협력지원이 필요합니다. 그러나 제도적 개선으로는 한계가 있습니다. 결국 한 인간을 천하보다 귀하게 여기는 마음을 내가 먼저 갖고, 이웃과 다른 이들에게도 인간의 존엄성의 중요성을 나누고 체험하는 것이 가장 원론적이지만 북한 인권과 대한민국의 인권을 실질적으로 개선시킬 수 있는 길입니다. 어느 트위터 현인은 "내가 느끼는 슬픔이나 고통을 다른 사람도 느낀다는 사실을 알았을 때 우리의 마음은 열려지고 서로의 가슴이 연결됨을 느낀다"고 했습니다. 타인의 슬픔과 탄식을 듣고 마음으로 느낀다는 것은 진정한 지혜와 입신의 첫 관문일 것입니다. 어느 탈북 시인의 시를 나누며 글을 맺고자 합니다.

내 딸을 백 원에 팝니다

장진성

그는 초췌했습니다.
─내 딸을 백 원에 팝니다.
그 종이를 목에 건 채
어린 딸 옆에 세운 채
시장에 서 있던 그 여인은

그는 벙어리였다
팔리는 딸애와
팔고 있는 모성을 보며
사람들이 던지는 저주에도
땅바닥만 내려보던 그 여인은

그는 눈물도 없었다
제 엄마가 죽을병에 걸렸다고
고함치며 울음 터치며
딸애가 치마폭에 안길 때도
입술만 파르르 떨고 있던 그 여인은

그는 감사할 줄도 몰랐다
당신 딸이 아니라
모성애를 산다며
한 군인이 백 원을 쥐어주자

그 돈 들고 어디론가 뛰어가던 그 여인은

그는 어머니였다
딸을 판 백 원으로
밀가루 빵 사들고 어둥지둥 달려와
이별하는 딸애의 입술에 넣어주며
−용서해라! 통곡하던 그 여인은

질문과 답변

[질문 1] 북한에서 일어나는 일들이 세계인권선언 내용에 위반되는지 어떻게 알 수 있나요?

[답변] 북한 인권을 이해하려면, 유엔회원국들이 보편적인 기준으로 받아드리는 세계인권선언(Universal Declaration of Human Rights)을 읽어보셔야 합니다. 세계인권선언은 2차 세계대전 중 나치 독일을 홀로코스트 등 국가 만행을 보면서 유엔이 만든 주권국가가 지켜야 할 가장 기본적이고 보편적인 인권 기준입니다. 대부분의 사람들이 세계인권선언을 들어는 보았지만, 선언문 전체를 읽어 본 사람은 거의 없습니다. 여러분은 꼭 세계인권선언문을 읽어 보시기를 바랍니다. 15분 후면 인간의 생존, 자유, 사회, 문화, 시민, 정치, 경제적 권리에 대한 기본적 이해를 할 수 있고, 북한뿐만 아니라 남한에도 적용할 수 있는 보편적 인권의 기본 틀을 접하게 될 것입니다. 저는 개인적으로는 결혼할 수 있는 권리, 휴식의 권리와 문화를 향유할 권리가 있다는 것을 알게 되었고, 그 권리를 찾기 위해 노력하고 있습니다. 여러분도 각자 마음에 와 닿는 구절을 찾아보시길 바랍니다.

[질문 2] 문학이나 예술 분야에서 북한 인권 문제를 다루고 있다던데, 어떤 것들이 있나요?

[답변] 북한 인권의 실상은 탈북자들의 수기를 통해 접하면 훨씬 실감나게 알 수 있습니다. 탈북자들의 수기 중 비교적 많이 알려진 책은 강철환의 《수용소의 노래》와 신동혁의 《세상 밖으로 나오다》입니다. 강철환은 9살 때 연좌제 때문에 금붕어 어항을 들고, 정치범 수용소에 끌려갔는데, 어린아이의 눈으로 본 정치범 수용소의 일상을, 신동혁은 한번 들어가면 나올 수 없는 완전통제구역에서 살아온 얘기를 담담히 나누고 있습니다. 우리가 가장 편하게 접할 수 있는 문화 장르는 영화입니다. 차인표가 주연한 「크로씽」을 추천합니다. 평범하고, 행복했던 북한의 가정이 어떻게 무너지는지를 보면서, 자식을 사랑하는 아버지를 만날 수 있습니다. 탈북자 출신 정성산 감독이 정치범 수용소를 배경으로 만든 뮤지컬 「요덕 스토리」를 보면 북한의 강렬한 음악과 군무, 정치범 수용소의 단면을 강하게 체험하실 수 있습니다. 강철환과 신동혁의 수기를 먼저 읽고 뮤지컬을 본다면 훨씬 공감의 폭이 넓어지겠지요. 탈북 피아니스트 김철웅의 피아노 연주 리처드 클레이더만의 '가을의 속삭임'을 듣게 되면 왜 한 음악가가 이 곡을 연주하고 싶어서 탈북을 했는지와, 사람은 동물과 달리 생각하고 표현해야 하는 본능이 있다는 것을 느끼게 됩니다. 억압된 사회, 창의력이 말살된 국민들의 탄식을 음악을 통해 느끼시며 왜 북한에서는 싸이나 악동(樂童)뮤지션이 나올 수 없는지를 아실 것입니다.

[질문 3] 북한의 인권 실상을 좀더 구체적이고 자세하게 알 수 있는 자료는 어떤 것이 있나요?

[답변] 종합적인 인권보고서를 읽으면 북한 인권의 실상에 대한 체계적인 이해를 할 수 있습니다. 가장 대표적이고 신뢰할 수 있는 북한 인권보고서는 통일연구원 북한인권연구센터에서 매년 나오는 《북한인권백서》입니다. 통일연구원은 탈북자들의 증언을 토대한 북한 인권 실상을 수집하고 연구하여 매년 국문과 영문

으로 《북한인권백서》를 발간하고 있습니다. 이 백서는 국내외 모든 북한 관련 연구자들의 기초 자료로 사용되고 있습니다. 그 외 대한변호사협회의 《북한인권백서》는 북한 실정법을 잘 분석했고, 어떻게 북한이 국가 공권력을 활용해서 적법절차를 어기며 인권을 침해하는가에 대해서 잘 정리되어 있습니다.

국가인권위원회는 2011년 '북한인권침해신고센터'와 '인권기록보존소'를 설립했습니다. 인권위는 신고센터에 접수된 다양한 북한 인권 침해 사례를 유형별로 정리해서, 가해자의 신상과 정황을 비교적 소상이 담고 있는 보고서를 출간했는데, 국가기관 차원의 공식 보고서인 만큼, 차후 북한 인권 역사 청산 자료로 잘 쓰여질 것이라 생각됩니다. 그 외 북한 인권 시민단체들은 여성, 아동 등 주제별 보고서를 발간했는데, 대표적으로 북한인권시민연합의 여성 및 아동 관련 인권 보고서 그리고 북한인권정보센터의 북한 정치범 수용소와 수용시설에 대한 보고서는 국제수준의 보고서라고 할 수 있습니다. 그밖에 외국 보고서를 보시기를 원하시면, 영국의 국제반노예연대, 미국북한인권위원회, 국제종교자유위원회, 국제엠네스티, 휴먼라이트워치 등 북한 인권 관련 보고서를 보시면 국제적 시각에서 어떻게 북한 인권문제를 접근하는가를 알 수 있습니다. 2014년 2월 발표된 유엔 북한인권조사위원회(Commission of Inquiry) 보고서는 가장 권위 있는 유엔 공식 인권 보고서이므로 읽어 보시면 북한 인권에 대한 전반적이고 깊은 이해를 하실 수 있습니다.

[질문 4] 교수님은 어떤 계기로 국제인권변호사가 되셨고, 국제인권변호사로 어떤 역할을 하고 계신가요?

[답변] 저는 대학에서 역사를 전공했는데, 미국흑인역사(노예사)와 중동분쟁사를 공부한 기억이 있고, 미국에서 학업을 마치고, 얼마간 가정폭력 피해자를 인터뷰하고, 사건을 조사하고 가해자를 사법 처리하는 일을 했습니다. 제가 일한 곳

은 미국 이민의 초기 정착지였던 뉴욕의 브루크린인데, 젊은 나이에 전 세계 모든 문화적 배경의 폭력 피해자 여성을 접하면서, 인간의 맨 얼굴을 보았고, 파괴되는 가정에 대해 정리하는 업무의 심적 무게 때문에 많이 힘들었습니다. 맞으면서도 자식 때문에 가정을 유지하려는 여성을 도우며 어머니의 위대함을 보았고, 가정 폭력이라는 인권유린은 덮어둔다고 가해자가 개화선친하고 문제가 저절로 해결되는 것이 아니라는 것도 배웠습니다. 소수자와 약자 보호에 대한 인권 감수성이 그때 형성된 것 같습니다.

북한 인권 상황을 접한 것은 2002년 여름입니다. 제가 속해 있는 대학원에서 여름 학기에 난민법 강좌가 있었는데, 미국에서 활발히 활동하고 있는 앤 부활다(Ann Buwalda)란 국제인권변호사가 학교에 왔습니다. 제가 인천공항으로 그분 마중을 갔는데, 이동하는 버스 안에서 난민보호와 유엔 인권구조제도에 대해서 듣게 되었습니다. 그 후 탈북난민문제를 여름학기 과제로 채택했고, 탈북 여성 난민들의 중국 내 실태에 대하여 알게 되었고, 왜 국가적인 구조행위가 없는가에 대하여 의문을 갖게 되었습니다. 앤 변호사는 저를 2003년 인권위원회 회의에 공식 NGO 참가단 일원으로 초대하여 주었고, 당시 버마 내 소수 민족의 인권 문제를 발표하러 유엔회의에 참가했습니다. 그런데 유엔인권위원회에 가 보니 북한인권결의안을 역사상 처음으로 심사한다는 것입니다. 저는 당시 북한 인권결의안 통과 로비를 하러온 한국의 북한 인권 NGO 캠페인에 합류하게 되었고, 결의안이 통과되는 것을 지켜본 역사적인 증인이 되었습니다.

그 후 10여 년, 탈북 난민이 수용되어 있는 태국 난민 수용소를 방문하게 된 것을 시작으로 각종 세미나와 유엔인권위원회, 유엔인권이사회회의, 유엔실종납치조사위원회, 각국의 유엔대표부, 인권조약감시위원회 등을 다니면서 회의를 모니터하고, 증언하고, 자료를 모으고, 보고서를 제출하고, 논문을 발표했습니다. 정치범 수용소에서 나온 북한 동포를 통역하고, KAL 납치 가족과 국제적십자에 가서 왜 당신들은 할 일을 제대로 안하고 있는가를 추궁하기도 하고, 길

거리에서 북한 인권 소개서를 나눠주었습니다. 또한 북한인권특별보고관 비팃 문타폰 교수의 기자회견을 통역하기도 하고, 재정모금을 위한 음악회 사회를 보는 등 제가 할 수 있는 일을 하다가, 본의 아니게 통상전문가, 기업변호사가 아닌, 국제인권변호사가 되었습니다. 저는 인권 공동체에서 귀한 사람들을 많이 만났습니다. 자신의 작은 삶을 같이 나눌 때 큰 국제적 운동이 되는 것을 보았습니다. 마치 성경에 나오는 어린아이의 작은 도시락을 나눌 때 많은 사람이 먹을 수 있었던 것처럼 오병이어의 기적을 체험하게 되었습니다.

세계인권선언문

전문

모든 인류 구성원의 천부의 존엄성과 동등하고 양도할 수 없는 권리를 인정하는 것이 세계의 자유, 정의 및 평화의 기초이며, 인권에 대한 무시와 경멸이 인류의 양심을 격분시키는 만행을 초래하였으며, 인간이 언론과 신앙의 자유, 그리고 공포와 결핍으로부터의 자유를 누릴 수 있는 세계의 도래가 모든 사람들의 지고한 열망으로서 천명되어 왔으며, 인간이 폭정과 억압에 대항하는 마지막 수단으로서 반란을 일으키도록 강요받지 않으려면, 법에 의한 통치에 의하여 인권이 보호되어야 하는 것이 필수적이며, 국가 간에 우호관계의 발전을 증진하는 것이 필수적이며, 국제연합의 모든 사람들은 그 헌장에서 기본적 인권, 인간의 존엄과 가치, 그리고 남녀의 동등한 권리에 대한 신념을 재확인하였으며, 보다 폭넓은 자유 속에서 사회적 진보와 보다 나은 생활수준을 증진하기로 다짐하였고, 회원국들은 국제연합과 협력하여 인권과 기본적 자유의 보편적 존중과 준수를 증진할 것을 스스로 서약하였으며, 이러한 권리와 자유에 대한 공통의 이해가 이 서약의 완전한 이행을 위하여 가장 중요하므로, 이에, 국제연합총회는, 모든 개인과 사회 각 기관이 이 선언을 항상 유념하면서 학습 및 교육을 통하여 이러한 권리와 자유에 대한 존중을 증진하기 위하여 노력하며, 국내적 그리고 국제적인 점진적 조치를 통하여 회원국 국민들 자신과 그 관할 영토의 국민들 사이에서 이러한 권리와 자유가 보편적이고 효과적으로 인식되고 준수되도록 노력하도록 하기 위하여, 모든 사람과 국가가 성취하여야 할 공통의 기준으로서 이 세계인권선언을 선포한다.

제1조

모든 인간은 태어날 때부터 자유로우며 그 존엄과 권리에 있어 동등하다. 인간은 천부적으로 이성과 양심을 부여받았으며 서로 형제애의 정신으로 행동하여야 한다.

제2조

모든 사람은 인종, 피부색, 성, 언어, 종교, 정치적 또는 기타의 견해, 민족적 또는 사회적 출신, 재산, 출생 또는 기타의 신분과 같은 어떠한 종류의 차별이 없이, 이 선언에 규정된 모든 권리와 자유를 향유할 자격이 있다. 더 나아가 개인이 속한 국가 또는 영토가 독립국, 신탁통치지역, 비자치지역이거나 또는 주권에 대한 여타의 제약을 받느냐에 관계없이, 그 국가 또는 영토의 정치적, 법적 또는 국제적 지위에 근거하여 차별이 있어서는 아니된다.

제3조

모든 사람은 생명과 신체의 자유와 안전에 대한 권리를 가진다.

제4조

어느 누구도 노예상태 또는 예속상태에 놓여지지 아니한다. 모든 형태의 노예제도와 노예매매는 금지된다.

제5조

어느 누구도 고문, 또는 잔혹하거나 비인도적이거나 굴욕적인 처우 또는 형벌을 받지 아니한다.

제6조

모든 사람은 어디에서나 법 앞에 인간으로서 인정받을 권리를 가진다.

제7조

모든 사람은 법 앞에 평등하며 어떠한 차별도 없이 법의 동등한 보호를 받을 권리를 가진다. 모든 사람은 이 선언에 위반되는 어떠한 차별과 그러한 차별의 선동으로부터 동등한 보호를 받을 권리를 가진다.

제8조

모든 사람은 헌법 또는 법률이 부여한 기본적 권리를 침해하는 행위에 대하여 권한있는 국내법정에서 실효성 있는 구제를 받을 권리를 가진다.

제9조

어느 누구도 자의적으로 체포, 구금 또는 추방되지 아니한다.

제10조

모든 사람은 자신의 권리, 의무 그리고 자신에 대한 형사상 혐의에 대한 결정에 있어 독립적이며 공평한 법정에서 완전히 평등하게 공정하고 공개된 재판을 받을 권리를 가진다.

제11조

1. 모든 형사 피의자는 자신의 변호에 필요한 모든 것이 보장된 공개 재판에서 법률에 따라 유죄로 입증될 때까지 무죄로 추정받을 권리를 가진다.

2. 어느 누구도 행위시에 국내법 또는 국제법에 의하여 범죄를 구성하지 아니하는 작위 또는 부작위를 이유로 유죄로 되지 아니한다 . 또한 범죄 행위시에 적용될 수 있었던 형벌보다 무거운 형벌이 부과되지 아니한다.

제12조

어느 누구도 그의 사생활, 가정, 주거 또는 통신에 대하여 자의적인 간섭을 받거나 또는 그의 명예와 명성에 대한 비난을 받지 아니한다. 모든 사람은 이러한 간섭이나 비난에 대하여 법의 보호를 받을 권리를 가진다.

제13조

1. 모든 사람은 자국 내에서 이동 및 거주의 자유에 대한 권리를 가진다.

2. 모든 사람은 자국을 포함하여 어떠한 나라를 떠날 권리와 또한 자국으로 돌아올 권리를 가진다.

제14조

1. 모든 사람은 박해를 피하여 다른 나라에서 비호를 구하거나 비호를 받을 권리를 가진다.

2. 이러한 권리는 진실로 비정치적 범죄 또는 국제연합의 목적과 원칙에 위배되는 행위로 인하여 기소된 경우에는 주장될 수 없다.

제15조

1. 모든 사람은 국적을 가질 권리를 가진다.

2. 어느 누구도 자의적으로 자신의 국적을 박탈당하지 아니하며 자신의 국적을 변경할 권리가 부인되지 아니한다.

제16조

1. 성인 남녀는 인종, 국적 또는 종교에 따른 어떠한 제한도 없이 혼인하고 가정을 이룰 권리를 가진다. 그들은 혼인에 대하여, 혼인기간 중 그리고 혼인 해소시에 동등한 권리를 향유할 자격이 있다.

2. 혼인은 장래 배우자들의 자유롭고 완전한 동의하에서만 성립된다.

3. 가정은 사회의 자연적이고 기초적인 단위이며, 사회와 국가의 보호를 받을 권리가 있다.

제17조

1. 모든 사람은 단독으로 뿐만 아니라 다른 사람과 공동으로 재산을 소유할 권리를 가진다.

2. 어느 누구도 자의적으로 자신의 재산을 박탈당하지 아니한다.

제18조

모든 사람은 사상, 양심 및 종교의 자유에 대한 권리를 가진다. 이러한 권리는 종교 또는 신념을 변경할 자유와, 단독으로 또는 다른 사람과 공동으로 그리고 공적으로 또는 사적으로 선교, 행사, 예배 및 의식에 의하여 자신의 종교나 신념을 표명하는 자유를 포함한다.

제19조

모든 사람은 의견의 자유와 표현의 자유에 대한 권리를 가진다. 이러한 권리는 간섭 없이 의견을 가질 자유와 국경에 관계없이 어떠한 매체를 통해서도 정보와 사상을 추구하고, 얻으며, 전달하는 자유를 포함한다.

제20조

1. 모든 사람은 평화적인 집회 및 결사의 자유에 대한 권리를 가진다.

2. 어느 누구도 어떤 결사에 참여하도록 강요받지 아니한다.

제21조

1. 모든 사람은 직접 또는 자유로이 선출된 대표를 통하여 자국의 정부에 참여할 권리를 가진다.

2. 모든 사람은 자국에서 동등한 공무담임권을 가진다.

3. 국민의 의사가 정부 권능의 기반이다 . 이러한 의사는 보통 평등 선거권에 따라 비밀 또는 그에 상당한 자유 투표절차에 의한 정기적이고 진정한 선거에 의하여 표현된다.

제22조

모든 사람은 사회의 일원으로서 사회보장을 받을 권리를 가지며, 국가적 노력과 국제적 협력을 통하여, 그리고 각 국가의 조직과 자원에 따라서 자신의 존엄과 인격의 자유로운 발전에 불가결한 경제적, 사회적 및 문화적 권리들을 실현할 권리를 가진다.

제23조

1. 모든 사람은 일, 직업의 자유로운 선택, 정당하고 유리한 노동 조건, 그리고 실업에 대

한 보호의 권리를 가진다.

2. 모든 사람은 아무런 차별 없이 동일한 노동에 대하여 동등한 보수를 받을 권리를 가진다.

3. 노동을 하는 모든 사람은 자신과 가족에게 인간의 존엄에 부합하는 생존을 보장하며, 필요한 경우에 다른 사회보장방법으로 보충되는 정당하고 유리한 보수에 대한 권리를 가진다.

4. 모든 사람은 자신의 이익을 보호하기 위하여 노동조합을 결성하고, 가입할 권리를 가진다.

제24조

모든 사람은 노동시간의 합리적 제한과 정기적인 유급휴가를 포함하여 휴식과 여가의 권리를 가진다.

제25조

1. 모든 사람은 의식주 , 의료 및 필요한 사회복지를 포함하여 자신과 가족의 건강과 안녕에 적합한 생활수준을 누릴 권리와, 실업, 질병, 장애, 배우자 사망, 노령 또는 기타 불가항력의 상황으로 인한 생계 결핍의 경우에 보장을 받을 권리를 가진다.

2. 어머니와 아동은 특별한 보호와 지원을 받을 권리를 가진다. 모든 아동은 적서에 관계없이 동일한 사회적 보호를 누린다.

제26조

1. 모든 사람은 교육을 받을 권리를 가진다. 교육은 최소한 초등 및 기초단계에서는 무상이어야 한다. 초등교육은 의무적이어야 한다. 기술 및 직업교육은 일반적으로 접근이 가능하여야 하며, 고등교육은 모든 사람에게 실력에 근거하여 동등하게 접근 가능하여야 한다.

2. 교육은 인격의 완전한 발전과 인권과 기본적 자유에 대한 존중의 강화를 목표로 한다. 교육은 모든 국가, 인종 또는 종교 집단 간에 이해, 관용 및 우의를 증진하며, 평화의 유지를 위한 국제연합의 활동을 촉진하여야 한다.

3. 부모는 자녀에게 제공되는 교육의 종류를 선택할 우선권을 가진다.

제27조

1. 모든 사람은 공동체의 문화생활에 자유롭게 참여하며 예술을 향유하고 과학의 발전과 그 혜택을 공유할 권리를 가진다.

2. 모든 사람은 자신이 창작한 과학적, 문학적 또는 예술적 산물로부터 발생하는 정신적,

물질적 이익을 보호받을 권리를 가진다.

제28조

모든 사람은 이 선언에 규정된 권리와 자유가 완전히 실현될 수 있도록 사회적, 국제적 질서에 대한 권리를 가진다.

제29조

1. 모든 사람은 그 안에서만 자신의 인격이 자유롭고 완전하게 발전할 수 있는 공동체에 대하여 의무를 가진다.

2. 모든 사람은 자신의 권리와 자유를 행사함에 있어, 다른 사람의 권리와 자유를 당연히 인정하고 존중하도록 하기 위한 목적과, 민주사회의 도덕, 공공질서 및 일반적 복리에 대한 정당한 필요에 부응하기 위한 목적을 위해서만 법에 따라 정하여진 제한을 받는다.

3. 이러한 권리와 자유는 어떠한 경우에도 국제연합의 목적과 원칙에 위배되어 행사되어서는 안 된다.

제30조

이 선언의 어떠한 규정도 어떤 국가 , 집단 또는 개인에게 이 선언에 규정된 어떠한 권리와 자유를 파괴하기 위한 활동에 가담하거나 또는 행위를 할 수 있는 권리가 있는 것으로 해석되어서는 안 된다.

송준인 −

총신대학교 교수, 청량교회 담임목사

서울대학교를 졸업(B. A.)하고, 총신대학교 신학대학원에서 목회학석사
(M. Div), 신학석사(Th. M)을 취득하고, 남아프리카공화국 스텔렌보쉬
대학교 신학부에서 〈A Theological-ethical study of the
Relationship between Eco-justice and Economic Growth〉를 주제
로 조직신학 박사(Th. D) 학위를 받았다. 현재 총신대학교 석좌교수로
학생들을 가르치면서 청량교회 담임목사로 섬기고 있다.
번역서로 《은사와 은혜》《성서대백과 사전》《어린이 그림성경이야기》
《공해》《하나님의 임재의 능력》《리처드 포스터의 기도》《신앙고전 52
선》《윌버포스》《고통이라는 선물》《최후의 시간》《기본》 등이 있고, 저
서로는 《개혁주의 생태신학》과 생태 문제에 관한 다수의 논문이 있다.

제 9 강

환경, 낮은 곳에서 부르는 생명의 노래

상처 입은 지구별

인구 문제

이 세상에 사는 사람들의 수가 오늘날의 절반이었을 때가 언제였을까요? 1965년입니다. 지구의 인구는 40여 년 만에 두 배가 되었습니다. 매년 7천 7백만 명씩 증가하고 있습니다. 이런 증가율로 볼 때 2050년이면 90억 명에 이를 것으로 예상됩니다. 이런 인구증가는 대부분 아프리카와 같은 저개발 국가나 개발도상국의 두드러진 특징입니다. 인구증가는 환경 파괴의 거대한 동인으로 작용해 왔고, 수많은 가난한 사람과 지역들이 사용하기에 턱없이 부족한 자원들에 계속해서 압박을 가해 왔습니다. 또한 인간이 초래한 기후 변화와 생물다양성의 감소와 더불어 지속가능한 세상을 만드는 일을 끈질기게 방해하는 주된 요인 중의 하나입니다.

굶주림의 문제

굶주리는 사람들이 어깨를 나란히 하고 줄을 선다면, 그 줄은 얼마나 길까요? 지구를 13번 돌만큼입니다. 어깨 폭이 6센티미터라고 가정하면 거기에 8억 5천만을 곱하면 약 52만 킬로미터가 됩니다. 지금 지구상에는 대략 8억 5천만 명 이상의 사람들이 음식이 부족해 굶주리고 있습니다. 게다가 이들은 영양실조에 걸려 있습니다. 대략 8명 중의 한 명이 심각한 굶주림 상태에 있습니다. 불행하게도 식량 생산의 증가에 대한 전망도 밝지 않습니다. 지난 50년 동안 전 세계 곡물 생산 농지가 50퍼센트 감소했습니다. 전 세계 지하수면은 계속해서 낮아지고 있습니다. 바다의 어획량은 간신히 현 수준을 유지하는 가운데 지역에 따라서는 급격히 감소하고 있습니다. 2000년 이후로 세계의 곡물 소비가 곡물 생산량을 앞지르고 있습니다. 2008년 세계의 곡물 여분 비축량이 54일치밖에 남아 있지 않습니다. 이것은 지금까지의 기록상 최저치입니다. 굶주린 세계에 공급할 식량 여유분이 위험할 정도로 줄어들면 우리 모두가 심각한 문제에 휘말리게 됩니다. 굶주린 사람들이 늘어선 줄은 점점 더 길어지고 있습니다.

생물다양성의 문제

동물이나 식물의 한 종이 멸종하는 데 걸리는 시간은 얼마나 될까요? 때에 따라 다르겠지만, 과학적으로 믿을 만한 수치는 하루에 3종, 즉 8시간에 한 종씩 사라집니다. 학자들에 의하면, 지난 몇 백 년 동안에 인간이 야기한 종 멸절의 비율은 지구 역사 전반에 걸쳐 나타난 정상적인 비율의 1천 배에 이릅니다. 우리는 인간이 저지른 생물학적 홀로코스트를 날마다 겪고 있는 셈입니다. 생물다양성은 인간의 삶에 없어서는 안 될 필수조건입니다. 인간은 자연세계가 제공하는 재화와 서비스에 깊이 의존하고 있기 때문에 생물의 멸종은 인간의 생존과 밀접한 관련이 있습니다. 전 세계를 아우르는 이 원초적 그물망이 없다면 우리는 결코 생존할 수 없습니다.

삼림의 파괴 문제

지금 열대의 숲은 매년 어느 정도의 비율로 파괴되고 있을까요? 불행하게도 남한 넓이로 매년 10만 제곱 킬로미터 정도가 파괴됩니다. 지난 50년 동안에 삼림 파괴의 속도는 훨씬 더 빨라졌습니다. 매년 남한 크기의 열대의 숲이 사라진다는 것이 믿어지지 않습니다.

물

전 세계에서 어느 정도의 사람들이 제대로 된 물을 마시지 못하고 살아갈까요? 대략 50퍼센트 이상입니다. 2008년에는 약 11억 명이 안전한 식수를 얻지 못했으며, 26억 명이 적절한 위생시설에서 사용할 물을 얻지 못했습니다. 이 수치는 세계 인구의 56퍼센트입니다. 전 세계에 걸쳐 5세 이하의 어린이 6천 명 가량이 매일 설사와 연관된 질병으로 죽어가고 있습니다. 시간 당 250명, 분당 4명꼴, 15초 당 1명꼴입니다. 충분한 물과 오염되지 않은 물을 얻는 것, 이 두 가지가 물 부족에 따르는 중요한 쟁점입니다. 오늘날 전 세계적으로 가장 주목받지 못하는 생태계 문제 가운데 하나가 물 부족입니다. 한국에 사는 우리는 무심코 수도꼭지를 틀고 물이 끝없이 공급되거나 하듯이 낭비합니다.

쓰레기

미국에서 매년 배출하는 고형 쓰레기를 청소차에 실어 일렬로 세운다면 그 길이가 얼마나 될까요? 적도를 따라 지구를 네 번 도는 길이입니다. 미국에서 1년 동안 폐기물로 버리는 알루미늄의 양은 민간 항공기를 3개월마다 다시 만들 수 있는 수준입니다. 미국에서 사용하는 일회용 기저귀 쓰레기를 늘여 놓으면 지구에서 달까지(지구에서 달까지의 거리는 약 38만 4천 킬로미터) 7번 왕복할 수 있는 길이입니다. 미국에서 일 년 동안 버려지는 타이어도 지구를 세 번 회전할 수 있습니다. 도시 고형 쓰레기만의 수치가 이럴진대, 산업 쓰레기, 농업 쓰레기까지 합하면 천문학적인 수치가 됩니다. 왜냐하면 지구를 네 바퀴나 돌 정도의 고형 쓰레기는 전체 쓰레기의 1.5퍼센트에 불과하기 때문입니다. 고형 쓰레기는 그 자체로도 심각한 문제이지만 어플루엔자(affluent+influenza)라는 신조어로 대표되는 거대한 문화적 추세를 보여 주는 상징이기도 합니다. 부유한 사회에 사는 우리는 물질 소비에 중독되었습니다. 이 질병의 수상한 보상은 엄청난 환경 비용 문제와 얽히게 됨으로써 이 질병을 최악의 상황으로 몰아넣습니다.

에너지

세계 인구의 5퍼센트를 차지하는 미국이 전 세계에서 거래되는 에너지의 몇 퍼센트를 사용할까요? 바로 25퍼센트입니다. 미국은 세계에서 에너지를 가장 많이 사용하는 나라로, 지구 전체의 석유 소비량의 24퍼센트, 하루에 2,100만 배럴(1배럴은 약 160리터이므로 이것은 약 33억 6천만 리터에 해당한다) 정도를 사용합니다. 우리나라의 하루 소비량 220만 배럴(약 3억 5천 2백만 리터)의 약 10배 정도 사용하는 것입니다. 전체적으로 보아, 지난 50년 동안 세계 에너지 수요는 5배로 늘었습니다. 이것은 인구증가 속도보다 두 배 이상 빠른 것입니다. 하지만 화석 연료에 대한 우리의 중독이 빠른 시일 내에 줄게 되리라는 증거는 어디에서도 찾아보기 힘듭니다. 국제에너지기구는 화석 연료가 주요 에너지원으로 사용되면서 2030년에는 전 세계 에너지 사용이 50퍼센트 증가할 것이라고 예측하고 있습니다.

기후

10년 단위로 묶었을 때 기록상 가장 더웠던 여덟 번의 햇수가 들어 있던 때는 1998~2008년까지의 10년간입니다. 지난 30년 동안 특히 강한 온난화 추세가 계속되었습니다. 이산화탄소 외에 오존, 메탄, 아산화질소, 염화불화탄소, 수증기 등이 온실가스에 속합니다. 이 가스들은 대류권에 존재하면서 적외선이 우주로 빠져 나가지 못하게 막아 열을 가두는 역할을 합니다. 사실 이 가스 때문에 지구 표면의 온도가 생명체에 유익한 상태로 유지됩니다. 문제가 되는 것은 이들의 존재가 아니라 이들의 적절한 농도입니다. 농도가 너무 높아서 지구가 필요 이상으로 더워지는 것이 문제입니다.

원자력의 본질적인 문제

현재까지 지구상에는 크고 작은 많은 핵발전소 사고가 있었습니다. 대표적으로 1957년 영국의 Windscale 원자로 화재사고, 1979년 미국 Three Mile Island 핵발전소 사고, 1986년 소련 체르노빌 핵발전소 사고, 2011년 3월 11일 일본 후쿠시마 핵 사고입니다.

원자력의 본질적인 문제는 방사선이나 방사능이라는 현상으로 나타납니다. 원자핵을 불안정하게 만들면 대량의 방사성 물질이 배출됩니다. 핵분열이 일어나면 핵분열 반응에 따르는 생성물이 생기게 마련인데 이것을 핵분열 생성물이라고 합니다. 애당초 원자핵을 불안정하게 해서 에너지를 얻는 것이기 때문에 당연한 결과입니다. 핵분열 때 생기는 생성물을 죽음의 재라고 부르는데, 죽음을 불러올 만큼 생명체에 나쁜 영향을 미치는 물질이 대량으로 생성된다는 의미입니다. 이것이 바로 핵반응의 본질이며 치명적인 결함입니다.

핵에너지 이용을 위한 원자력 개발은 그 후 원자력 발전이라는 형태로 실현되었습니다. 그런데 원자력 발전은 본질적으로 심각한 문제를 안고 있는 기술이라는 점에 주목해야 합니다. 첫째, 원자력이 생명에 대해서 대단히 파괴적인 방대한 방사성 물질을 만듭니다. 방사성 물질 대부분은 수명이 매우 긴데, 그중에는 수백만 년 동안 남아 있는 것도 있습니다. 방사성 물질의 이런 성질 때문에 원자력은 끌 수 없는 불을 만드는 기술이라고 할 수 있습니다. 둘째, 이번에 후쿠시마 원전 사고에서 보았듯이 거대한 사고의 가능성을 배제할 수 없습니다. 핵에너지를 생산하는 과정에서는 거대한 에너지 집중이 있어야 하고, 또 불안정화된 많은 방사성 물질이 다량으로 축적됩니다. 원자력 발전소는 그러한 것을 원자로 내에 가두고 발전할 수밖에 없습니다. 그러므로 시스템에 문제가 생기면 내부에 축적되어 있는 방대한 유해 방사능이 환경에 방출될 가능성을 배제할 수 없습니다. 이런 문제 때문에 안전 신화에도 불구하고 항상 위험에 노출되어 있는 것입니다. 단 한 번이라도 일어나서는 안 될 이러한 잠재적 사고의 가능성을 지닌 채 원자로가 존재한다는 점에서도 원자력 발전은 다른 기술에서는 유사한 예를 찾아볼 수 없는 엄청난 위험성을 간직한 기술이라는 것을 우리는 분명히 인식해야 합니다.

원자력 신화로부터의 해방

원자력은 안전하다는 신화

원자력에 관한 우리의 최대 관심은 진짜 안전한가입니다. 전 세계 핵발전소는 가동 중인 것이 442기, 건설 중인 것이 62기, 건설 예정 입안 중인 것이 287기인 것으로 파악되고 있습니다. 세계 442개 원전 중 이미 6개의 사고가 있었습니다. 5등급 이상 사고 발생 확률이 1기당 1.36퍼센트입니다. 한국은 현재 23기를 보유하고 있으므로 사고 발생 확률이 27퍼센트이고, 공사 중인 5기를 포함하여 2024년까지 13기를 추가 건설 예정으로 사고 확률은 더욱 높아질 것으로 예상됩니다. 이런 위험성 때문에 후쿠시마 원전 사고 이후 독일, 스위스, 이탈리아, 벨기에 등은 탈핵을 결정했고, 중국은 원전의 신규 허가를 잠정 중단했으며, 영국은 신규 원전을 중단했고, 러시아는 수명 연장 대신 신규 원전을 추진하고 있으며, 한국, 미국, 프랑스, 캐나다 등은 정책 변화가 없는 것으로 파악되고 있습니다. 핵 사고의 위험 요인은 다양한데, 일반적으로 핵 발전소의 개수가 많으면 많을수록 높은 것은 당연합니다. 또한 국토 면적 1평방 킬로미터 당 원전 설비용량(kw)을 뜻하는 핵발전소 밀집도가 높으면 높을수록 위험성도 당연히 높아집니다. 현재 핵발전소 밀집도가 높은 상위 5개 국가는 한국, 벨기에, 대만, 일본, 프랑스입니다. 또 핵사고 위험성은 노후한 원전일수록 높습니다. 후쿠시마에서도 10개의 발전소 중 나이순으로 4개가 폭발한 것으로 보고되고 있습니다. 뿐만 아니라 이미 일어난 사고 레벨 5이상의 사고 중, 스리마일 섬은 단순 노무자의 실수가 그 원인이었고, 체르노빌은 과학자들의 실수, 후쿠시마는 자연재해가 원인이었으므로 앞으로 어떤 것이 원인이 되어 대형 사고로 나타나게 될지는 아무도 예측하기 어렵습니다. 대한민국은 현재 23기의 원전을 보유한 나라로 지금까지 크고 작은 핵발전소 사고는 무려 500번 이상 일어난 것으로 보고되고 있습니다. 더 심각한 문제는 대한민국의 경우, 원전 30킬로미터 반경에 인구 밀집 지역이 많다는 데 있습니다. 전남 영광 14만 명, 경북 울진 6만 명, 고리 원전 322만 명, 월성 원전 109만 명으로 만일 후쿠시마와 같은 자연재해를 입게 되면 그 피해 규모는 형용할 수 없을 정도가 될 것입니다.

원자력 발전을 옹호하는 사람들은 이런 사고를 1,000년에 한 번 일어날까 말까 한 사고라고 하면서 원자력 발전은 가장 안전하다고 말합니다. 그러나 1,000년에 한 번이라고 하면 아주 낮은 확률이라고 생각하기 쉽지만 그렇지 않습니다. 이것이 원자로 1기에 대한 확률이라는 것입니다. 현재 세계에는 442기가 넘는 원자로가 있으므로 1기당 1,000년에 한 번 대형 사고를 일으킬 수 있는 가능성이 있다고 하면, 곧 2.5년 만에 세계 어디에서 사고가 있을 수 있다는 것입니다. 신화화되었던 원자력의 안전성은 세계적으로 붕괴된 것이나 다름없습니다. 세계 최고의 기술력을 가진 일본은 인간의 힘으로 원자력의 안전성을 담보할 수 없다는 중요한 교훈을 인류에게 주었습니다.

우리나라 국민 중에 61퍼센트의 사람들이 원전이 안전하지 않다고 생각하는 것으로 밝혀졌습니다. 고리 원전 1호기는 34년째, 울진 원전 1호기도 25년째 가동하고 있습니다. 현재 원전 사고는 꼬리에 꼬리를 물고 있는 현실입니다. 1월 18일 영광 원전 3, 4호기가 증기발생기(발전기 터빈을 돌려 증기를 만드는 기기) 세관 결함이 심각한 수준인 것으로 드러났습니다. 원전 한 기당 세관이 16,428개 정도인데 그중에서 약 400개 가량의 세관에 균열이 생긴 것입니다. 그 세관이 터지면 외부 공기와 물이 방사능에 오염됩니다. 문제는 세관의 균열이 약 5퍼센트 수준에 이르면 증기발생기 자체를 교체해야 하는데, 한 대의 증기발생기를 교체하는 데 드는 비용이 1~2천억 원입니다. 울진 원전 4호기에서는 16,400개 정도의 세관 가운데 3,800여 개에서 균열이 발생하여 교체 작업 중입니다. 울진 원전 1호기는 25년 된 노후 원전으로 지금까지 45번의 고장을 일으켰습니다. 작년 한 해 동안에 원전 관리 직원들의 비리에서부터 위조 인증서 부품 사용 등 각종 사건 사고가 끊이지 않습니다. 그만큼 국민들의 불안은 커져 가고 있습니다.

왜 사고가 빈번하게 발생할까요? 그것은 우리의 원전 가동률이 높기 때문입니다. 세계 평균 가동률은 78.7퍼센트인데 우리는 90퍼센트가 넘습니다. 그만큼 안전점검에 시간을 들이지 못하고 가동하니까 원전은 만성피로에 빠지게 되고 고장과 사고의 비율도 높습니다. 수명 30년을 훨씬 넘긴 노후 원전이 계속해서 가동되는 상황이 발생합니다. 고리 원전 1호기는 35년째 가동 중입니다. 그것이 우리나라 전체 전력의 단 0.9퍼센트밖에 생산하지 못하지만 계속되는 전력 수급 불안에 정부는 노후한 원전 1기가 아쉬운 것입니다. 전 세계의 원전 평균 수명은 19.3년입니다. 정부도 원전의 피로누적이 심각하다고 보고 원전 가동률을 낮출 계획입니다. 주무부처인 지식경제부는 최근 대통령직인수위원회에 원전 가동률을 80퍼센트대로 낮추겠다고 보고했습니다. 전력 당국의 한 관계자는 세상에 어떤 기계가 25년, 35년씩 계속 가동하고도 그 성능을 유지할 수 있느냐면서 지구상에서 가장 복잡한 기계, 부품, 용접, 배관이 얽혀 있는 게 바로 원전인데 이토록 위험한 원전을 35년씩 가동하는 경우는 찾아보기 힘든 일이고, 수명이 끝난 노후 원전은 가동을 중단하고 폐쇄해야 한다고 말했습니다. 문제는 원전 1기를 폐쇄하는 비용도 최소 4천억 원 이상이 든다는 것입니다.

원자력은 값싼 에너지를 공급한다는 신화

원전 건설에 찬성하는 쪽은 급증하는 전력 수요를 충족하려면 원자력 발전이 대안이라고 입을 모읍니다. 생산 단가가 낮고 빠르게 급증하는 수요를 맞추려면 원전만이 대안이라는 것입니다. 지난 해 한국에서는 전력 시장에서 kwh당 원자력이 40원에 판매된 반면, 석탄은 67원, 수력은 136원, 액화천연가스는 187원, 석유는 225원, 태양광은 330원에 팔렸습니다. 이것을 근거로 원자력 발전이 가장 경제성이 높다고 선전합니다. 그러나 여기에는 숨어 있는 비용이 누락되어 있습니다. 원자력 발전의 경제성 평가를 위해서는 단지 발전소 건설 비용과 운영 비용, 연료 비용만이 아니라 원전 폐쇄 비용과 방사성 폐기물 처리 비용이 많이 들어가기 때문에 더 면밀한 계산이 필요합니다. 한국의 경우, 국내 21개 원전 철거 비용은 약 7조 1217억 원, 2011년까지 사용한 핵연료 처리 비용과 중저준위 폐기물 처분 비용은 각각 8조 1700억 원과 4,006억 원인 것으로 추산됩니다. 그나마 여기에는 당시 물가를 반영한 것으로 국내외 경제 여건상 비용이 올라갈 가능성은 얼마든지 있습니다.

원자력 발전소의 발전 비용에는 사회적 비용이 포함되어 있지 않습니다. 스트레스 검사, 쓰나미나 지진 대책, 방사능 오염에 관한 환경 영향 평가, 피난 및 방재훈련, 가축의 대피훈련 등에 대한 비용이 계산되어 있지 않습니다. 게다가 원자력 발전소의 노동자들에게 드는 비용도 있습니다. 원자력 발전소는 1년에 1회 정도 정기 점검을 해야 합니다. 이때 한꺼번에 3,000명 정도의 노동자가 원자력 발전소 내부에서 일하게 됩니다. 이들은 7-8차례에 걸쳐 노동을 하는 하청 노동자들입니다. 전력회사는 피폭에 대한 이들의 건강에 대해 책임을 지지 않는 구조입니다. 만일 이에 대해 확실히 관리하고 건강 피해를 보상한다면 막대한 시간과 비용이 추가될 것입니다.

사실 원자력 비용에는 마술적인 요소가 많이 개입되어 있습니다. 원전의 수명을 법정 감가상각 비율에 따라 결정하고 그것을 40년으로 한 것입니다. 원전은 자본비가 크기 때문에 수명을 길게 잡으면 그만큼 싸집니다. 국제원자력기구(IAEA)에 따르면, 가동이 중단된 전 세계 130개 원전의 평균 가동 연한은 22년이지만, 현재 가동 중인 437기 중 30년을 넘긴 원전이 156기나 된다고 합니다. 각국이 원전 해체나 신규 건설에 드는 막대한 비용과 사회적 갈등을 감안해 노후 원전의 수명을 연장하고 있다고 합니다. 사실 국제사회에서 원전은 이미 하향산업입니다. 전성기였던 1979년에는 1년간 223기가 신규 건설되었지만, 2008년에는 단 한 기도 건설되지 않았고, 이후에도 2009년 2기, 2010년 5기, 2011년 2기 등으로 명맥만 유지하고 있는 실정입니다. 반면 2008년 이후 가동이 중지된 원전은 11기였습니다. 대지진의 피해를 입은 일본은 물론 원전 강국인 독일도 최근 원전 완전 폐기 시점을 2022년으로 못박았습니다.

원자력 발전소는 지역 발전에 공헌한다는 신화

원전은 지역에 도움이 되는 제품을 만들어서 그 지역을 풍요롭게 하는 시설이 아닙니다. 원전은 그 지역에서는 소비하지 않는 전력을 만들어서 거대한 소비 지역으로 송전하는 구조이기 때문에 그 지역의 생산적 시설이 될 수 없습니다. 마치 군사시설처럼 그 지역에는 도움이 되지 않지만 설치해야 하기 때문에 국가나 사업자가 돈을 풀게 됩니다. 극단적으로 말하면 기피 시설이며, 이때 주는 돈은 일종의 보상금입니다. 원전은 그런 형태로밖에는 지역에 이익을 돌려줄 수 없으며, 시설을 유치할 수도 없기 때문에 원전이 지역 발전에 이바지한다는 사실은 신화에 불과합니다. 이헌석 에너지정의행동 대표는 "외딴 곳에 설치된 외국과는 달리 국내 원전은 대도시를 끼고 촘촘히 세워져 있어서 네 곳의 원전 단지 반경 30킬로미터 이내 거주자만 370만 명이 넘는다"고 지적했습니다. 그런데도 한국 정부는 부지의 안전성이나 환경에 미칠 영향보다 거액의 지원금을 앞세운 채 주민의 동의 여부를 최우선 조건으로 삼고 있습니다. 전문가들은 원전이나 방폐장 터를 결정하려면 활성단층 조사부터 해야 한다고 주장하지만, 정부는 원전 유치를 신청한 강원도 삼척, 경북 울진과 영덕 세 곳을 대상으로 일 년 넘게 실시한 입지적 적성 검토 결과조차 공개하지 않고 있습니다.

원자력은 청정에너지라는 신화

원자력의 신화 중에서 최후까지 살아남은 것은 단연코 청정에너지 신화입니다. 청정이라는 말은 1980년대에 등장한 지구 온난화와 관련이 있습니다. 특히 이산화탄소 배출에 의한 지구 온난화를 방지하는 데 원전이 좋다고 해서 세계적으로 원자력 산업을 강력히 선전해 온 것입니다. 그러나 원자력 산업은 이산화탄소 배출에서 그다지 큰 부분을 차지하지 않습니다. 그리고 원전 시설 용량의 증가로 이산화탄소 배출량이 현저히 감소된다는 자료는 거의 없습니다. 설령 발전 부문에 국한하여 핵 발전이 이산화탄소의 발생량을 억제하는 효과가 있을지라도 핵 발전의 전 과정에서, 특히 우라늄 채굴과 가공 및 농축 과정에서 엄청난 온실가스가 발생합니다. 발전 부문에서도 핵 발전은 낭비가 심한 매우 비효율적인 에너지입니다. 물리적으로 핵 발전 과정에서는 핵분열에서 방출되는 에너지의 단 1/3만이 전력으로 전환되고, 나머지 2/3는 섭씨 30도가 넘는 온배수(溫排水) 형태로 바다에 버려져 생태계를 오염시킵니다.

재작년 일본 후쿠시마 원전 사태 이후 후쿠시마 제1원전 부근 바다 어류에서 사상 최고치의 세슘이 검출되었다고 일본 언론이 보도했습니다. 도쿄전력이 사고 원전인 후쿠시마 제1원전 항만 안쪽 바다에서 잡은 개볼락을 조사한 결과 1킬로그램당 25만 4천 베크렐의 방사성 세슘이 검출되었습니다. 이것은 국가가 정한 기준치가 1킬로그램당 100베크렐인데 그것의 2540배에 당하는 것으로 개볼락 1킬로그램을 먹은 사람은 일반인의 연간 피폭 허용 기준치인 4배의 방사능에 피폭 당하는 것으로 나타났습니다. 도쿄 전력이 조사한 바에 의하면 후쿠시마 제1원전 부근 바다에서 서식하는 수산물이 광범위하게 방사성 물질에 오염된 것으로 나타났습니다.

그런데도 우리나라의 경우, 에너지 분야 녹색성장의 요체는 2023년까지 원전 13기를 추가로 건설해 전체 전력 중 원전의 비중을 34퍼센트에서 59퍼센트까지 끌어올리는 것입니다. 정부가 내세우는 논리는 단순 명쾌합니다. 온실가스 배출량이 화석연료의 1/500에도 미치지 못하고, 비용 대비 효율에서는 석탄, 가스에 비해 2-3배 높기 때문입니다. 원전의 안전성 논란에 대해서도 원자로를 식힐 장치가 4중, 5중으로 되어 있는 명품 원전이라고 선전합니다. 하지만 원전 확대 정책에 대한 우려는 갈수록 커지고, 원전 정책을 재검토하는 시대적 조류에도 역행한다는 비판이 높습니다. 당장 문제가 되는 것은 수백만 년의 반감기를 지나야 방사능이 소멸되는 핵 폐기물입니다. 작업복이나 장갑 등 저준위 폐기물은 방폐장을 지어 보관한다고 하지만, 폐연료봉 같은 고준위 폐기물은 처리 방법조차 없습니다. 그래서 세계 최고 수준의 기술을 가진 미국조차 폐연료봉 처리 시설을 후진국에 두고 있는 것입니다. 결국 원자력 발전은 청정에너지라는 주장은 신화에 불과합니다. 그것은 지구환경을 일상적으로 오염시키고 위험하고 취급이 까다로운 폐기물을 끊임없이 만들고 수익자의 세대에서 수세대, 혹은 수십 세대 후의 인류에게 큰 부채를 떠넘기는 비윤리적인 일입니다.

생태계 위기와 교회의 역할

환경에 대한 교회의 관심

환경과 관련해서 6월 5일 세계 환경의 날, 4월 22일 지구의 날, 3월 22일 물의 날 등이 있습니다. 세계 환경의 날은 1972년 스톡홀름에서 개최된 국제연합 인간환경회의에서 채택된 결의에 의한 권고를 받아, 같은 해 제27회 국제연합 총회에서 결정되었습니다. 세계 114개국의 정부 대표가 모여서 환경파괴에 대한 회의를 기념해서 그 개회일인 6월 5일을 세계 환경의 날로 정하고, 이날 각국에서는 환경에 대한 인식을 심어줍니다. 한편 물은 지구 생태계와 인간 생활에 필수적인 요소입니다. 인구와 경제활동이 증가함에 따라 많은 국가가 급속히 물 부족 상태에 도달하여 사회복지 향상과 경제개발이 많은 제한을 받게 되었습니다. UN은 1992년 12월 22일 리우환경회의 의제21의 18장(수자원의 질과 공급 보호)의 권고를 받아들여 세계 물의 날 준수(Observance of World Day for Water) 결의안을 채택했습니다. 이 결의안에 따라 매년 3월 22일을 세계 물의 날로 선포하여 93년부터 기념하고 있습니다. 이처럼 세계 환경의 날, 지구의 날, 물의 날 등 환경과 관련된 날들 중에서 일부 한국 교회는 6월 5일 세계 환경의 날을 기념하여 6월 첫째 주일을 환경주일로 정하여 지키고 있습니다. 그러나 유감스럽게도 일 년 중 환경과 관련하여 주일을 지정하여 지킨다거나 특별한 행사를 갖는 경우는 그리 흔치 않습니다.

환경 의식화의 과제

교회에서는 환경문제에 대해서 무엇보다 환경 의식화 교육에 앞장 서야 합니다. 계속되는 대형 환경 사고와 언론의 집중적인 보도로 인해 일반인의 환경 의식이 확산되고 있습니다. 동네마다 분리 수거하고 환경 강좌도 자주 열립니다. 그러나 여전히 환경의 질은 나아질 것 같지 않습니다. 왜냐하면 사람들은 날로 악화되는 환경에 불평하며 환경보전을 위한 봉사와 희생, 불편의 감수는 원치 않기 때문입니다. 생각과 행동의 불일치란 결국 의식화의 결여를 의미합니다. 이런 상황에서 교회의 환경 의식화 교육은 학교나 대중매체에 의한 환경 계몽과 더불어 중요한 의의를 갖습니다.

인간 중심적인 자연 이해의 극복

첫째, 환경 의식화는 인간 중심적인 자연 이해를 극복하는 데 있습니다. 데카르트 이래로 인간은 자연을 자신의 물질적 욕구를 채워줄 수 있는 대상으로 파악했으며, 기술은 그 과정에서 인간에 의해 사용되는 수단이었습니다. 또한 계몽주의의 영향으로 인간의 이성이 극대화되고 자연이 대상화되면서 역사와 자연을 구분하는 이원론적 사고에 빠지게 되었습니다. 산업화가 진행되면서 자연은 인간에 의해 대량으로 점점 더 조직적으로 착취되고 남용되었습니다. 그 결과 인류는 오늘날과 같은 지구 환경 위기를 초래하게 되었습니다. 이러한 위기에 직면하여 오늘날 강조되는 생태학적 사고에 따르면 인간과 자연은 상호보완적입니다. 인간 삶의 토대가 되는 자연이 죽으면 인간도 죽을 수밖에 없다는 의미에서 운명 공동체입니다. 이런 배경에서 알트너를 비롯한 독일 신학자들은 인간 중심적으로 파악되는 자연 개념인 환경 대신에 공동세계라는 새로운 개념을 제안했습니다.

자연에 대한 책임감

둘째, 자연의 연약함을 인식하고 그에 대한 돌봄의 책임감을 느끼는 것입니다. 과거에 사람들은 자연자원이 무한할 뿐만 아니라 자연의 정화 능력도 한계가 없다고 생각했습니다. 그러나 오늘날 우리는 피조물이 신음하는 소리를 듣고 있으며, 피조물은 구속의 날, 곧 하나님의 자녀들이 나타날 날을 기다리고 있습니다(롬 8:18-22). 자연에 대한 성경의 지배 명령은 무자비한 착취가 아니라 돌봄과 가꿈의 의미로 해석되어야 합니다(창 1:28 vs. 2:15). 인간은 자연에 대한 절대 지배자가 아니라, 하나님 앞에서 책임지는 청지기입니다. 말하자면 그리스도인에게 있어서 환경보전의 책임은 윤리적 의미와 신앙적 의미도 있습니다.

미래 세대에 대한 현세대의 책임감

셋째, 환경과 관련하여 미래 세대에 대한 현세대의 책임감도 포함됩니다. 깨끗한 물, 맑은 공기, 아름다운 산과 바다는 우리 세대만의 것이 아닙니다. 자원은 하나님께서 모든 인류에게 주신 인류 공동의 자산입니다. 현세대에 의해 제한된 자원의 독점적 사용이나 낭비는 미래 세대의 권리를 부정하는 행위입니다.

우리는 미래 세대의 생태학적 권리를 파괴하지 않는 범위 내에서 현세대의 욕구를 충족시켜야 합니다.

생각과 실천 사이의 간격 극복

넷째, 환경문제에 대한 생각과 실천 사이의 간격을 극복하는 것입니다. 오늘날 환경의식은 상당히 대중화되어 있습니다. 그러나 그 의식은 대체로 구체적 실천이 따르지 않는 관념적 수준을 벗어나지 못합니다. 환경보전에 대한 캠페인도 많고 구호도 크지만 실천은 미약합니다. 환경보전정책과 관련하여 정부나 기업에 대한 불만의 소리는 높지만 시민들 자신이 생활의 불편과 경제적 손해를 감수하려는 의지는 약합니다. 그 결과 환경보전을 위한 민간 환경운동 단체들은 인적 자원이나 경제적인 면에서 열악한 상태를 면하지 못하고 있습니다. 민간 환경운동가들이 제 기능을 못할 때 환경보전운동은 대중화될 수 없으며 정부나 기업에 대한 효과적인 견제도 불가능합니다. 이런 상황에서 교회가 개인들을 환경 의식화하고 의식화된 개인들을 하나씩 그룹으로 묶어주고 또 그 그룹들로 하여금 사회의 민간단체들과 연대하게 도울 때 더욱 효과적인 환경보전운동이 가능합니다.

자족의 가치관

현대 소비사회의 문제는 정치 경제적인 구조의 문제이기도 하지만, 그 근본에는 인간의 가치관 문제가 놓여 있습니다. 인간이 자신의 소유욕, 부에 대한 욕망과 집착에서 해방되지 않는 한 환경문제의 해결은 불가능합니다. 인간 욕망의 무한성과 지구 자원의 물리적 한계 및 생태학적 한계 사이의 근본적인 모순은 우리로 하여금 새로운 윤리, 새로운 가치관의 형성을 요청합니다. 아메리카 인디언 미크맥 추장은 "그대의 눈에는 우리가 비참하게 보일지 모르지만 우리 자신은 그대보다 훨씬 더 행복하다고 생각합니다. 우리는 가지고 있는 작은 것에 매우 만족하고 있기 때문입니다"라고 말했습니다.

성경 역시 자족의 가치관을 강조합니다. 잠언 30장 8절에서 아굴은 "나를 가난하게도 마옵시고 부하게도 마옵시고 오직 필요한 양식으로 나를 먹이시옵소서"라고 기도합니다. 예수님은 무엇을 먹을까, 무엇을 마실까, 무엇을 입을까 염려하는 것은 이방인의 행태요, 하나님의 자녀들은 마땅히 하나님 나라와 그 의를 먼저 구해야 한다고 가르치셨으며, 삼가 모든 탐심을 물리치라 사람의 생명이 그 소유의 넉넉함에 있지 않다고 경고하셨습니다. 한편 바울은 "어떠한 형편에든지 내가 자족하기를 배웠노니 내가 비천에 처할 줄도 알고 풍부에 처할 줄도 알아 모든 일에 배부르며 배고픔과 풍부와 궁핍에도 일체의 비결을 배웠노라"고 고백합니다. 히브리서 13장 5절은 "있는 바를 족한 줄로 알라"고 교훈합니다. 고대 교부 중 한 사람인 알렉산드리아의 클레멘트는 자족의 삶을 정의하기를 "필수품에 만족하고 자신의 노고로 그것을 획득하며 그것들이 삶을 행복하게 한다는 태도"라고 했습니다.

금욕과 절제의 덕

오늘날 인류는 지구환경 위기에 직면해서 금욕과 절제의 중요성을 새롭게 깨닫게 되었습니다. 물론 기독교에서는 그것을 구원론적 의미, 즉 구원의 조건으로서가 아니라 윤리적 의미에서, 말하자면 지속가능한 사회를 위한 구원받은 그리스도인이 어떻게 윤리적으로 자연세계나 물질세계와 관계 맺을 것인가라는 관점에서 논증합니다. 금욕과 절제는 구원받은 자의 새로운 생활양식이지 중세 수도원주의에서와 같은 구원을 위한 업적이 아닙니다. 독일 괴팅겐의 크라머(Cramer) 교수는 '새로운 금욕'이란 인간이 자발적으로 자신의 생활수준을 하향 조정하는 것이라고 하면서 금욕과 절제란 "소비 이념에 대한 자유인의 자기 주장이며, 금욕과 절제는 물질주의적 유혹과 탐심으로부터의 인간의 내면적 자유 획득을 의미한다"고 했습니다.

성경은 여러 곳에서 금욕과 절제를 경주자처럼 살아야 하는 그리스도인 실존의 모습으로(고전 9:25), 모든 신앙인의 덕으로(벧후 1:6), 교회 지도자의 품성(딛 1:8)으로 가르치고 있습니다. 그러나 성경은 절제를 성령의 열매로 파악한다는 점에서 철학자나 자기 훈련의 과제로만 이해하는 일반 종교적 이해와는 구별됩니다. 금욕과 절제를 단지 가진 자, 풍족한 자의 덕목이라고 이해할 수도 있습니다. 물론 기본적 욕구 충족도 못하여 생존의 위협 아래 있는 빈민들에게 환경보전을 위한 금욕과 절제의 강조는 무리한 요구입니다. 금욕과 절제는 우선적으로 선진 소비자들에게 요구되는 덕목임이 사실입니다. 그러나 초대교회가 풍족해서 금욕과 절제의 덕을 강조한 것은 아닙니다. 기독교 철학자 아리스티네스는 기원 후 125년경에 로마 황제 하드리안에게 초대 그리스도인들의 삶을 이렇게 소개합니다. "그들 가운데 가난하고 궁핍한 사람이 있으면 그들의 일용품이 풍부하지 않음에도 불구하고 2, 3일씩 금식하면서 그들의 일용할 양식으로 가난한 사람을 돕는다."

그런데 기독교적 금욕과 절제는 중세 수도원적 금욕주의와는 구별되어야 합니다. 중세 수도원적 금욕주의는 이원론적이고 세계 부정적입니다. 중세 수도원적 금욕주의가 창조의 선함을 인정하지 않고 육체와 일체의 소유를 악마화하며 오직 물질적 궁핍에서만 행복을 찾으려는 염세주의적 성격을 가지는 반면에 기독교적 절제 이해는 부를 악으로, 가난을 선으로 보는 이원론을 거부합니다. 기독교적 금욕 이해는 육체를 악 자체로 규정하는 인간학적 이원론과도 거리가 멉니다. 기독교적 금욕과 절제는 삶의 부정이 아니라, 삶을 긍정하는 적극적인 태도입니다. 기독교적 절제의 참 의미는 축적하기 위해 절약하는 것이 아니라, 가난한 이웃에게 나누어 주며 환경오염을 줄이기 위한 구체적 행동으로 그 동기가 이기적인 데 있지 않습니다.

기독교윤리실천운동의 절제 이해도 이와 같습니다. "의식주와 각종 소비생활에 있어서 낭비와 사치를 피하고 검소와 절제를 습관화한다. 이는 이웃의 괴로움을 줄이는 길이요, 우리 영혼을 깨끗이 하는 방법이며, 공해와 자원 고갈을 줄이는 길임을 인식한다. 우리에게 허락된 재물은 우리의 향락을 위한 것이 아니라 하나님께서 우리에게 맡기신 것이므로 잘 관리하여 장애인들을 비롯한 불우한 이웃을 남모르게 돕는 것이 우리의 의무이다."

인간은 금욕과 절제의 삶을 통해 내면적 자유뿐만 아니라, 가난한 이웃을 돕고 환경보전을 통해 미래 세대에게 건강한 환경을 물려줄 수 있습니다. 금욕과 절제는 인간이 이웃과 자연과 더불어 사는 새로운 윤리적 삶의 방식입니다.

지속가능한 소비생활의 실천

지속가능한 소비란 지구 자원의 유한성과 자연의 정화능력의 한계를 염두에 둔 소비이며, 환경보전과 경제성을 조화하려는 소비행태입니다. 따라서 소비의 무조건적 포기가 아니라 합리적이고 비판적인 소비를 의미합니다. 합리적이고 비판적인 소비는 먼저 소득보다 소비가 많아지는 과소비를 배격합니다. 신용카드, 할부제도 등은 과소비 조장의 원인이 될 수 있습니다. 그리고 남에게 과시하기 위한 과시용 소비도 비판합니다. 이것은 자신의 사회적 신분이나 부를 과시하려는 방편으로 소비하는 것인데 여기에는 외국 상표나 외제 상품, 소위 명품에 대한 선호 등이 포함됩니다. 그리고 지속가능한 소비는 사회 일부 고소득층의 소비행태를 무비판적으로 흉내내는 모방 소비를 거부합니다. 그리고 무계획적인 즉흥 소비, 광고에 현혹되어 물건을 구매하는 맹종 소비와도 거리가 멉니다. 이 모든 소비행태는 비합리적이며 불건전합니다. 우리는 새 것만 추구하는 편의주의적 욕망에서 해방되어야 합니다. 또한 필수품과 사치품, 필요와 과시욕 사이를 바르게 구분할 수 있어야 합니다. 1980년 영국에서 열린 복음주의자들의 검소한 생활방식을 위한 국제협의회의 결의문은 주목할 만한 가치가 있습니다.

우리는 개인 생활과 의복, 집 단장, 여행, 교회 건축 등에서 낭비와 사치를 단호히 거부할 것을 결의한다. 또한 필수품과 사치품, 건전한 취미와 실속 없는 지위의 상징, 적절함과 허영, 가끔씩 있는 축하 행사와 일상적인 일, 하나님을 섬기는 것과 유행의 노예가 되는 것을 명백하게 구분한다. 어디에 그 한계선을 그어야 할지에 대해서는 우리 가족 구성원들과 더불어 양심적으로 생각하여 결정해야 한다. 우리 중 서구에 사는 사람들은 우리의 소비 수준을 평가하는 데 있어서 제3세계에 사는 형제자매들의 도움이 필요하다.

그 외에도 그리스도인은 각 가정과 교회에서 에너지를 사용하는 데 있어서 절약을 실천하고 효율성을 높임으로 환경보전에 기여할 수 있습니다. 자가용 대신에 환경 친화적인 교통수단을 이용하고, 대중교통과 카풀 등을 실천할 수 있습니다. 우리 농촌에서 유기농법으로 재배된 식품을 구입하여 최소한으로 가공 처리되고 덜 포장된 식품을 소비함으로 환경보전에 기여할 수 있습니다. 교회 내에서 재활용센터를 운영해서 의류나 가전제품, 생활용품을 재활용하고 서로 나누는 것도 시도할 수 있습니다. 그리고 그리스도인들이 가정과 교회에서 실천할 수 있는 또 다른 과제는 검소한 식생활입니다. 우리나라 생활 쓰레기의 30-50퍼센트를 차지하는 음식물 쓰레기는 환경적인 이유에서만이 아니라 윤리적이고 신앙적인 이유에서 비난받을 일입니다. 우리가 먹다 남은 음식물을 쓰레기통에 내버리는 그 순간에도 인도, 방글라데시, 에티오피아, 소말리아 등 세계 여러 곳에서는 수백만 명의 사람들이 굶어 죽어 가고 있습니다. 이런 배경에서 초대교회의 애찬식(성찬식)은 좋은 모범을 보여 줍니다(고전 11장).

한국 기독교의 절제운동사

한국 기독교는 선교 초기부터 청교도적 신앙을 가진 선교사들이 그리스도인들에게 술과 담배를 금하고 경건생활을 강조해서 교회 밖의 사람들에게 금욕적인 종교로 인식되었습니다. 한국 교회가 1920년대부터 본격적으로 절제운동에 나선 이유는 공창제도, 술, 담배, 아편의 보급으로 조선인의 몸과 마음을 타락시 키려는 일제의 식민정책에 항거하기 위함이었고, 3·1운동의 실패로 실의와 절 망에 빠져 있던 젊은이들의 자포자기적인 퇴폐 향락적 문화의 확산을 막기 위함 이었습니다. 일제 통감부가 가옥세, 주세, 연초세를 징수하고 술, 담배, 홍삼 등 에 대해 전매사업을 시작하여 민족의 자본을 수탈하자 교회가 금주운동을 호소 했습니다. 교회 내의 금주운동이 확산되자 1931년 신정 찬송가가 발행될 때 임 배세 작곡의 '금주가'가 정식 찬송가로 채택되었는데 가사는 다음과 같습니다.

금수강산 내 동포여 술을 입에 대지 마라. 건강 지력 손상하니 천치 될까 두렵 다. 패가망신 될 독주는 빚도 내서 마시면서 자녀교육 위해서는 일전 한 푼 안 쓰려네. 전국 술값 다 합하여 곳곳마다 학교 세워 자녀 수양 늘 시키면 동서 문 명 잘 빛내리. 천부 주신 네 재능과 부모님께 받은 귀체, 술의 독기 받지 말고 국가 위해 일할지라. 아, 마시지 말라 그 술, 아 보지도 말라 그 술, 조선사회 복 받기는 금주함에 있느니라.

1934년 1월 장로회 선교회 절제부가 각 교회에 요청한 내용에도 절제운동의 방향이 잘 나타나 있습니다. 첫째, 창기, 담배업, 주조업 등의 일을 하는 사람들 에게 상점이나 돈을 빌려주지 말 것, 둘째, 각 교회에서 경영하는 기독교 학교에 서는 금주 및 금연 교육을 시킬 것, 셋째, 주일학교에서 절제를 교육할 것, 넷째, 각 가정에서 자녀들에게 절제 생활을 교육할 것, 다섯째, 교역자들이 이 일에 모 범이 될 것을 간곡히 권하고 있습니다. 이러한 한국 기독교의 절제운동의 전통 은 환경 위기에 직면해 있는 우리 시대에 시사하는 바가 매우 큽니다. 물론 오늘 날의 절제운동이 과거와 같이 금연, 금주운동에 제한되어선 안 될 것입니다. 우 리의 소비생활의 규모가 그때보다는 훨씬 커졌고 복잡해졌기 때문입니다. 오늘

날의 절제운동은 우리의 일상생활 전반에서 실천되어야 하며 그 일에서 그리스
도인과 교회는 사회에 모범을 보여야 합니다.

새로운 생활방식의 한계

우리가 경험하는 지구의 환경 위기는 구조적이고 조직적이어서 더이상 개인
의 가치관과 소비행태의 변화로서는 극복될 수 없습니다. 한 사람 한 사람의 생
활양식의 변화에서 시작해 경제/정치구조를 근본적으로 바꾸지 않으면 환경보
전은 불가능합니다. 그렇다고 해서 소비사회의 구조가 폭력적 혁명을 통해 변화
되리라고 기대해서도 안 됩니다. 환경적으로 지속가능한 소비행태는 법적 강제
에 의해서가 아니라, 소비자의 의식과 가치관을 바꾸는 점진적인 교육을 통해서
만 이루어질 수 있습니다. 그리고 소비를 조장하는 정치/경제적 구조에 대한 강
력한 환경의식만으로는 지속가능한 사회 건설이 불가능합니다. 에너지 체계, 운
송수단 체계, 소비경제의 구조, 광고문화, 정치체제 등 제도의 구조들이 지속가
능한 형태로 변혁되어야 합니다. 이같은 사회 구조의 변혁을 위해서는 의식화된
개인들과 모임이 잘 조직되고 훈련되어 시민운동이 될 필요가 있습니다.

의식화된 소비자 시민운동은 소비욕구를 불러일으키는 광고에 대한 감시와
통제부터 시작할 수 있습니다. 소비자는 시민운동을 통해 식품, 약품, 화장품 등
의 광고에서 과대 광고나 허위 광고에 법적인 제약을 가할 수 있습니다. 광고에
대한 소비자의 통제권이 강화될 경우 무절제한 소비욕구의 확대에 어느 정도 제
약을 가할 수 있습니다. 우리는 이미 담배, 술, 의약품 광고 등에 대한 규제를 시
도하여 부분적으로 성공을 거두었습니다. 한편 불매운동과 같은 소비자운동을
통해 오로지 이윤과 성장에만 관심이 있는 기업들을 견제할 수 있습니다. 사회
비평가 V. 패커드의 분석대로 오늘날 기업들은 "구매 대중이 참아 넘길 수 있는
정도의 가장 짧은 기간 동안만 지탱하는 값싼 구조의 상품을 생산해야 판매량을
최대로 할 수 있다"는 시장 원리에 의해 움직이고 있습니다. 소비자는 연대를 통

해 보다 환경 친화적이며 내구성이 큰 상품을 생산하도록 기업의 생산 방향에 압력을 행사할 수도 있으며, 기업으로 하여금 환경보전을 위한 정책에 따르도록 영향력을 행사할 수 있습니다. 이 과정에서 교회는 개인들을 환경 의식화하며, 의식화된 개인들을 소그룹으로 조직화할 수 있으며, 교회 밖의 시민단체들과 연대를 통해 환경보전운동에 효과적으로 공헌할 수 있습니다.

생태계를 대하는 우리의 자세

폭발적인 인구증가, 심각해지는 기아문제, 생물다양성의 감소, 삼림 파괴, 물 부족과 오염, 땅의 황폐화, 늘어나는 쓰레기, 에너지 소비의 증가, 산성비, 지구의 기후 변화, 이러한 것들은 생태계가 쏟아놓는 탄식의 긴 목록입니다. 우리 지구별이 신음하고 있습니다. 지구과학자인 E. G. 니스벳(Nisbett)은 지구의 상태를 다룬 연구에서 지구의 환경 변화와 그 원인과 결과에 대해 이렇게 요약합니다.

지구는 상처를 입고 있으며, 그 상처는 더 심각해질 것이라는 사실을 입증하는 증거는 분명하다. 고발의 내용은 전 인류와 동물과 식물의 안녕을 위협할 수준까지 심각해지고 있는 그 상처의 책임이 인간이 과거와 현재에 저지른 일에 있다는 것이다. 이런 인간의 범죄와 관련해서, 이성적인 인간으로 구성된 배심원단이라면 어떤 평결을 내릴 것인가? 이성적인 배심원단은 기소의 평결을 내릴 것입니다. 증거는 충분한 효력이 있다. 몇 가지 착오가 있을 수 있겠으나 논거는 확실하다. 우리의 지구별에 입힌 상처에 대해 우리 인간이 책임을 져야 한다는 논거는 확실하다. '내 탓입니다' 외에 우리가 할 최종 변론은 없다. 호모 사피엔스, 곧 지혜로운 인간이라 불리는 종으로서 참으로 엄청나고 서글픈 역설이 아닐 수 없다.

생태계 위기가 기독교의 창조론 내지는 하나님의 문화명령에 일정 부분 책임이 있다는 견해가 있습니다. 그러나 그것은 기독교의 창조론과 하나님의 문화명령에 잘못이 있는 것이 아니라 잘못 해석하고 잘못 적용한 데 문제가 있습니다. 먼저 창세기 1장 28절, 하나님의 문화명령에 대한 구절입니다.

"하나님이 그들에게 복을 주시며 하나님이 그들에게 이르시되 생육하고 번성하여 땅에 충만하라, 땅을 정복하라, 바다의 물고기와 하늘의 새와 땅에 움직이는 모든 생물을 다스리라 하시니라."

'정복하다'와 '다스리다'를 살펴보면 이런 뜻이 있습니다.

정복하다(subdue; dominate; conquer, 히브리어로 '카바쉬') : 식물로 삼다.

다스리다(rule over; have dominion over, 히브리어로 '라다') : 지배권을 갖다.

창세기 1장 28절은 2장 15절과 짝을 이룹니다. 그래서 두 구절을 병행해서 해석해야 합니다. 창세기 2장 15절은 "여호와 하나님이 그 사람을 이끌어 에덴동산에 두어 그것을 경작하며 지키게 하시고"입니다. 여기에서 주목할 두 단어는 '경작하다'와 '지키다'입니다. 그 뜻은 이렇습니다.

경작하다(work; serve; till, 히브리어로 '아바드') : 일하다, 섬기다, 경작하다.

지키다(take care of; keep; watch; honor, 히브리어로 '샤마르') : 돌보다, 지키다, 지켜보다, 존중하다.

따라서 창세기 1장 28절의 '정복하다, 다스리다'는 2장 15절의 '경작하다, 지키다'와 연관해서 해석해야 하므로 자연에 대한 남용이나 오용이 아니라 돌봄을 의미합니다. 또 한 가지 주목해야 할 것은 하나님께서 문화명령으로 인간에게 주신 다스림의 권한에 관한 문제입니다. 성경에 나타난 지배권의 유형은, 공의와 사랑의 지배권(God's dominion), 사회적 약자에 대한 돌봄의 지배권(Kings' dominion), 제자들의 발을 씻어주신 섬김의 지배권(Jesus' dominion), 또 다른 종으로서의 청지기적인 섬김(Stewardship; Servanthood)입니다. 그러므로 하나님께서 인간에게 주신 다스림의 권한은 공의와 사랑, 약자에 대한 돌봄과 섬김으로 특징 지을 수 있는 청지기적 섬김입니다. 성경에 나오는 청지기직에 관한 대표적인 말씀은 누가복음 12장 42-43절입니다. "주께서 이르시되 지혜 있고 진실한 청지기가 되어 주인에게 그 집 종들을 맡아 때를 따라 양식을 나누어 줄 자가 누구냐 주인이 이를 때에 그 종이 그렇게 하는 것을 보면 그 종은 복이 있으리로다."

청지기는 주인의 종들과 양식을 맡아 돌보고 보살피는 종입니다. 청지기직이 인간 중심적인 개념을 포함한다고 해서 배척하는 견해가 있습니다. 그것은 청지기가 주인의 것을 관리하는 사람이므로 청지기인 인간에게 자연을 마음대로 사용할 수 있는 권한이 있다고 보기 때문입니다. 그러나 청지기는 주인의 것을 위임받아 관리하는 사람이기보다 주인의 부름받은 종으로서 다른 종들과 양식 창고를 맡아 자신의 뜻이 아닌 주인의 뜻대로 보살피고 돌보는 책임을 맡은 자입니다. 그러므로 청지기직의 핵심 개념은 관리가 아니라 섬김입니다. 청지기직은 인간 중심적 개념이 아니라 하나님 중심적 개념입니다. 다음은 켄 가이어의 《묵상하는 삶》에 나오는 멕시코시티의 포타라모라는 인디언 이야기입니다.

멕시코시티의 대형 시장 그늘진 한 구석에 '포타라모'라는 인디언 노인이 있었습니다. 노인 앞에는 양파 스무 줄이 걸려 있었습니다. 시카고에서 온 미국인 한 명이 다가와 물었습니다. "양파 한 줄에 얼마입니까?" "10센트라오." 포타라모가 말했습니다. "두 줄에는 얼마입니까?" "20센트라오." "세 줄에는요?" "그야 30센트이지요." 그러자 미국인이 말했습니다. 별로 깎아 주는 것이 없군요. 25센트에 안 되겠습니까?" "안 됩니다." 인디언이 말했습니다. "스무 줄을 다 사면 얼마입니까?" 미국인이 물었습니다. "스무 줄 전부는 팔 수 없소." 인디언이 대답했습니다. "왜 못 파신다는 것입니까? 양파 팔러 나오신 것 아닙니까?" 미국인이 물었습니다. 그러자 인디언이 대답했습니다. "아니오. 나는 지금 인생을 살러 여기 나와 있는 거요. 나는 이 시장을 사랑한다오. 북적 거리는 사람들을 사랑하고, 따스한 햇볕을 사랑하며, 흔들리는 종려나무를 사랑한다오. 사람들이 다가와 인사를 건네고 아이들 얘기며 농작물 얘기를 하는 것을 사랑한다오. 이따금씩 친구들을 만나는 것도 사랑한다오. 그것이 내 삶이오. 바로 그걸 위해 이렇게 하루 종일 여기 앉아 양파를 파는 거요. 한 사람에게 몽땅 팔면 내 하루는 그걸로 끝이오. 사랑하는 내 삶을 잃어버리는 거요.

생태계에 관한 그리스도인의 책임은 선지자적 비관주의(Prophetic pessimism)와 근접함(Approximation)이란 두 단어로 요약할 수 있습니다. 예레미야 선지자는 유다 왕국이 바벨론에 의해 멸망할 것을 알고 있었습니다. 그럼에도 불구하고 회개를 외쳤습니다. 우리도 생태계 위기로 지구가 멸망을 향해 달려가고 있다는 사실을 알고 있습니다. 우리의 작은 노력이 그다지 큰 힘이 되지 못한다는 것도 알고 있습니다. 그럼에도 불구하고 우리는 예언자적 입장에서 회개를 외쳐야 합니다. 그리고 삶의 방식을 바꾸어야 합니다. 비관적인 결과에도 끝까지 바른 진리를 외쳐야 할 선지자적 사명입니다. 또한 하나님 나라가 이 땅에 이루어지도록 해야 할 하나님의 사람입니다. 우리의 삶의 방식은 하나님 나라의 방식이 되어야 합니다. 그리고 완성될 하나님 나라에 근접하게 살아야 합니다. 세상이 오염된 물로 가득 차 있어서 우리의 깨끗한 물 한 바가지가 아무런 영향을 미치지 못할지라도, 여전히 우리에게는 더러운 물을 퍼부을 수 있는 권리는 없고, 깨끗한 물을 퍼부어야 하는 의무만 있습니다.

질문과 답변

[질문 1] 사람들이 환경운동에 적극적으로 나서지 않는 것은 훼손의 심각성을 잘 느끼지 못하기 때문인 것 같습니다. 망가진 지구 환경이 지금 한국에 사는 우리들의 삶에 어떤 영향을 미치고 있는지를 짚어 주시면 그 심각성을 느끼는 데 도움이 될 것 같습니다.

[답변] 여름은 더워도 너무 덥고, 겨울은 추워도 너무 추운 경험을 근래 들어 자주합니다. 비와 눈이 와도 너무 많이 오는 것, 이 모든 것이 지구 온난화로 인한 현상입니다. 우리나라에서 경험되는 환경문제로는 빈번하게 일어나는 원전 사고, 구제역, 고엽제 등 끊이지 않고 일어나고 있는 환경 재앙들이 있습니다.

구제역과 AI의 발생으로 지난 2년 동안 약 1,000만 마리의 가축이 살처분되었습니다. 그것만이 아니라 약 4,800개에 달하는 구제역 매몰지가 구제역 침출수에 의한 지하수 오염이 심각합니다. 퇴역한 미군의 증언에 의해 촉발된 고엽제 문제도 심각하다는 언론 보도도 있습니다. 맹독성 다이옥신이 포함된 고엽제를 미군 부대 인근에 매몰했다는 증언도 나오고 있습니다. 반도체나 타이어 등을 생산하는 대기업에 종사하는 근로자들 중에 백혈병, 뇌종양, 유방암, 피부암 등이 발병되어 죽어가는 사람들이 많다는 것도 환경문제와 결부되어 있다는 것을 부인할 수 없습니다. 고비 사막에서 불어오는 황사 현상, 마음 놓고 마시지 못하는 수돗물, 숨쉬기조차 힘들 정도의 각종 공해, 미세 먼지로 인한 호흡기 질환, 산성비, 각종 유독성 물질에 오염된 먹거리, 항생제에 오염된 농축산물과 수산물, 원전 사고로 유출된 방사능에 오염된 어패류 등 말로 다할 수 없는 환경문제들이 바로 우리가 숨쉬는 공기 속에, 마시는 물 속에, 우리의 밥상 위에 산적해 있습니다. 이것이 바로 망가진 지구 환경 속에 살아가고 있는 우리의 이야기입니다.

[질문 2] 그리스도인으로서 정체성을 가진 사람은 마땅히 환경보호에도 책임감을 느껴야 한다고 말씀하셨습니다. 그리고 오늘날의 세계에서 환경 보호는 개인의 가치관과 소비행태의 변화보다 교육이나 경제구조의 변혁처럼 조직적이고 근본적인 대책을 통해 실현될 수 있다고도 말씀해 주셨습니다. 그렇다면 이 두 전제에 따라 그리스도인으로서의 정체성을 표방하며 환경운동에 나서는 단체가 있는지 궁금합니다.

[답변] 세계적인 환경운동 단체로는 그린피스, 세계자연보호기금(WWF) 등이 있습니다. 우리나라에도 여러 개의 환경운동 단체가 있습니다. 환경수호운동연합회, 환경운동연대, 환경보전협회, 환경정의시민연대, 녹색환경운동모임, 환경재단, 환경21연대, 환경운동연합, 녹색연합, 가톨릭환경연구소, 환경과 공해 연구회, 녹색소비자연대, 그린패밀리운동연합회, 녹색교통운동, 지속가능개발네트워크 등입니다. 기독교환경운동연대(www.greenchrist.org)가 대표적인 기독교 환경운동 단체입니다.

　기독교환경운동연대는 경제개발 우선 정책으로 환경문제에 소홀했던 1982년, 한국교회사회선교협의회 주도로 설립됐습니다. 오늘날 지구 생명 공동체는 국토의 난개발과 기후변화 등으로 심각한 위기에 처해 있다는 심각성을 깨닫고 창조 질서 보존을 위해 청지기로 살아가고 있습니다. 기독교환경운동연대는 우리나라 최초의 민간 환경운동 단체로서 원진레이온 사태와 낙동강 페놀 식수

오염 사건 등 산업화의 부작용으로 발생한 환경문제들에 대해 진상규명을 촉구하고, 국민 여론을 일깨우는 역할을 해왔습니다. 이밖에도 창조 질서 보존을 환경 선교로 인식하고, 그리스도인들의 반핵 선언을 이끈 것을 비롯해 4대강 개발 반대, 제주 해군기지 건설 반대 등 생명과 평화를 위협하는 것에 대해서 분명한 목소리를 냈습니다. 교인들의 환경운동 참여에도 기여했습니다. 특히 녹색교회운동은 교인들이 에너지 절약과 재활용품 사용, 이산화탄소 줄이기 등에 앞장서도록 독려했고, 초록가게는 윤리적 소비문화를 확산시켜 지역사회에서 교회 이미지를 개선하는 데 도움을 줬습니다. 기독교환경운동연대는 환경운동의 대중화가 과제라고 말합니다. 교회의 경우 성장주의나 물량주의가 아직도 주류를 이루고 있어 환경에 대한 인식 수준이 떨어지고 환경운동을 소수 활동가의 몫으로 생각하는 현실에서 환경 주일과 녹색교회운동에 적극 참여해 줄 것을 요청합니다.

[질문 3] 교수님께서는 환경을 위해 자족과 절제 등 개인의 생각과 행태의 변화에 대해 성경을 바탕으로 설명하셨습니다. 최근 이러한 가치적인 측면을 강조하기보다 지구 온난화를 방지하기 위해 시장 구조를 도입하여 기업이 실익이 보장된 온실가스 저감 활동들이 국내외에 정책적으로 진행되고 있는데, 이러한 활동도 성경적이라고 볼 수 있습니까?

[답변] 환경문제는 다차원적인 것입니다. 개인의 문제일 뿐만 아니라 정부와 기업의 문제이고, 전 세계의 문제입니다. 따라서 그 대응 방법도 다차원적으로 이루어져야 합니다. 환경문제는 세계관의 문제이며 가치관의 문제입니다. 철학적, 신학적 차원에서도 논의가 이루어져야 하고, 도덕적, 윤리적 차원에서도 이루어져야 합니다. 개인적 결단과 기업의 협력, 국가 정책, 그리고 세계적인 협약도 필요합니다. 녹색실천은 개인, 교회, 기업, 국가, 국제적인 차원에서 다양하게

이루어져야 합니다. 지구 온난화의 문제는 지구촌 모든 사람이 반드시 인식해야 할 시급한 것입니다. 따라서 온실가스 저감운동은 다차원적으로 이루어져야 합니다. 어떤 정책이나 활동이 성경적이냐 아니냐에 대해 논의하기는 쉽지 않습니다. 왜냐하면 한 가지 측면만이 있는 것이 아니라, 그 정책이나 배경에는 다양한 이익집단과 요구들이 반영되어 있기 때문입니다. 그러나 분명한 것은 우리는 창조의 청지기로 부름받았다는 사실입니다. 인간이 자연을 지배하고 다스리는 권한을 갖고는 있지만 그것은 어디까지나 청지기로서의 권한입니다. 그런 점에서 개인이든, 기업이든, 정부든, 청지기 정신을 갖고 환경문제를 대하도록 일깨워야 할 사명이 그리스도인에게 있습니다. 그리고 무엇보다 그리스도인이 먼저 솔선수범하는 삶을 살아야 합니다.

:: 참고문헌 및 각주

제2강 _법, 민주·복지·평화국가의 지향점

1) 이 글은 필자가 제36회 KPI포럼에서 "새로운 대한민국을 위한 헌법 개정 및 법제도 개혁의 과제"라는 제목으로 발표한 내용을 한국리더십학교에서의 강의용으로 압축하여 재정리한 것임을 밝힌다.

2) 전광석, 《한국헌법론》(제7판), 집현재, 2011, 69쪽 등

3) 정종섭, 《헌법학원론》(제7판), 박영사, 2012, 222쪽 등

4) 성낙인, 《헌법학》(제12판), 법문사, 2012, 113쪽.

5) 최태욱, 〈복지국가 건설과 포괄정치의 작동을 위한 선거제도 개혁〉, 민주사회와 정책연구 2011, 상반기(통권 19호), 58쪽 참조.

6) 정재황, 《신헌법입문》(제2판), 박영사, 2012, 314~315쪽.

7) 성낙인, 앞의 책, 315쪽.

8) 헌법연구자문위원회 결과보고서(2009. 8), 145쪽 이하 참조.

9) 권영성, 《헌법학원론》(2010년판), 법문사, 174쪽.

10) 헌법연구 자문위원회 결과보고서(2009. 8), 40쪽 참조.

제3강 _통일, 이념을 넘어 문화로

11) 김병로·김병연·박명규·정은미, 〈남북통합지수 개발을 위한 기초연구〉, 서울대학교 통일연구소, 2007, 8쪽.

12) 홍익표·진시원은 "통합은 남북이 합해지는 과정 중심의 개념이고 통일은 남과 북이 법적이고 영토적으로 하나로 통일되는 결과물뿐만 아니라 정치, 경제, 사회, 문화, 군사, 외교안보 등 제반 부분에 있어서의 통합이 완성된 상태를 지칭한다"고 구분지었다. 홍익표·진시원, 《남북한 통합의 새로운 이해》(서울: 오름, 2004); 김병로·김병연·박명규·정은미, 《남북통합지수 개발을 위한 기초연구》, 9쪽에서 재인용.

13) 김병연 · 박명규 · 김병로 · 정은미, 「남북통합지수, 1989~2007」(서울: 서울대학교출판문화원, 2009), 11~13쪽.

제4강 _경제, 시장 경제와 경제민주화를 말하다

14) 애덤 스미스, 《도덕감정론》, 제1부 제1편 제1장.

15) 애덤 스미스, 《국부론》(1776), 상권 552쪽.

16) 애덤 스미스, 《국부론》(1776), 상권 552쪽.

17) 신국원, 〈대중문화의 현실과 대안〉

18) 〈움직이는 사회 교과서〉, 146 쪽.

19) 미 정부의 2009년 소득 · 빈곤 · 보건 보고서

20) 시장집중도는 표준산업분류상 세세분류(5단위)의 특정산업에서 기업들의 시장점유율을 기준으로 산정한 집중 정도(세세분류에 의한 산업 수는 473개)다(출처: 공정거래위원회).

21) 이 절은 대부분 김정호, 〈주제발표〉 "순환출자 규제에 대한 경제학적 검토"에서 인용을 함.

22) 스웨덴(59퍼센트), 프랑스(58퍼센트), 네덜란드(41퍼센트).

23) 그랜트, 《초기 기독교와 사회》, 김쾌상 역, 대한기독교출판사, 1988, 132쪽.

24) 율법의 제3용법을 신학화한 사람은 칼뱅입니다. 루터는 복음은 율법의 저주로부터 믿는 자를 해방시키므로 그리스도인들에게 불필요한 것이라고 인식했으나, 칼뱅은 구원받은 그리스도인들에게야 참으로 사랑을 표현하기 위하여 율법이 필요한 것을 역설했습니다.

25) 월터스토프, 《정의와 평화가 입 맞출 때까지》, 166-167쪽.

26) 상속세에 대한 부분은 주로 다음 보고서를 인용함. 김정호, "상속세, 이래서 폐지해야 한다." CFE Report 39. 2008. 4. 22.

27) Milton Friedman, "End the Death Tax Now!": An Open Letter from Economists on the Estate Tax, 2001; www.ntu.org/ads/ad_end_death_tax.pdf.

28) Joseph E. Stiglitz, "Notes on Estate Taxes, Redistribution, and the Concept of Balanced Growth Path Incidence," Journal of Political Economy 86, no. 2 (1978), pp. 137~150, Joint Economic Committee of the US Congress, Costs and Consequences of the Federal Estate Tax: A Joint Committee Study, May 2006, p.5에서 재인용.

29) 모두 2009년 경제협력개발기구(OECD) 자료.

30) Oswald Schwemmer(1995), Gerechtigkeit. Juergen Mittelstrass(Hrsg.) Enzyklopaedie Philosophie und Wissenschaftstheorie. Band 1. Stuttgart, 746.

31) 경제인문사회연구회(2011a). 공정한 사회 종합정책연구. 경제인문사회연구회; 경제인문사회연구회(2011b). 공정한 사회 구현을 위한 전략과 과제. 경제인문사회연구회 제5회 국정과제 공동세미나; 경제인문사회연구회(2011c). 공정한 사회: 새로운 패러다임. 경제인문사회연구회 주최 공동학술행사; 김세원 외(2011). 페어 소사이어티 - 기회가 균등한 사회. 한국경제신문; 사회통합위원회/경제인문사회연구회 엮음(2012). 한국에서 공정이란 무엇인가. 동아일보사. 등의 문헌을 분석하여 핵심 주제를 도출하였음.

제5강 _교육, 다음 세대를 준비하는 힘

32) 교육 분야에서는 고등학교를 졸업하지 못하고 중도 탈락한 청소년(전체 학생의 10퍼센트)들이 가장 어려운 약자다. 다음으로 고등학교를 졸업했지만 대학에 진학하지 못한 청소년들(고졸자의 30퍼센트)이 다음 약자다. 대학을 다니고 있는 학생 가운데서도 저소득층 가정의 학생들에 대한 지원 대책이 우선적으로 이루어질 필요가 있다.

• 강신욱 외(2011). 한국 사회통합지표 연구(II). 대통령소속 사회통합위원회.

• 경제인문사회연구회(2009). 한국 경제 · 사회 선진화의 조건(II) : 경제 · 사회발전지표의 개발 및 응용.

• 경제인문사회연구회(2010a). 한국 경제 · 사회 선진화의 조건(II) : 경제사회 발전 트렌드 분석 : 지표 연구.

• 경제인문사회연구회(2010b), 한국 경제 · 사회 선진화의 조건(II) : 통합사회 지표.

• 경제인문사회연구회(2011a), 공정한 사회 종합정책연구, 경제인문사회연구회.

• 경제인문사회연구회(2011b), 공정한 사회 구현을 위한 전략과 과제, 경제인문사회연구회 제5회 국정과제 공동세미나.

• 경제인문사회연구회(2011c), 공정한 사회: 새로운 패러다임, 경제인문사회연구회 주최 공동학술행사.

• 경제인문사회연구회(2011d), 한국 경제 · 사회 선진화의 조건(III) : 경제사회 발전 트랜드 분석: 지표연구.

• 경제인문사회연구회(2011e), 한국 경제 · 사회 선진화의 조건(III) : 공정사회지표.

• 경제인문사회연구회(2012), 공생발전 종합연구.

- 고상두 · 환지환(2011), 공생발전의 이론적 위상 정립연구, 경제인문사회연구회.
- 교육과학기술부 · 한국교육개발원(각년도), 교육통계연보.
- 교육과학기술부 · 한국교육개발원(각년도), OECD 교육지표.
- 김세원 외(2011), 페어 소사이어티 – 기회가 균등한 사회, 한국경제신문.
- 김창환 외(2011), 국가교육의 장기비전: 향후 10년의 교육비전과 전략, 국가교육과학기술자문회의.
- 기획재정부(2010), 2040년 한국의 삶의 질.
- 기획재정부(2012), 2020년 한국 사회의 질적 수준 제고를 위한 미래연구.
- 김용하 외(2011), OECD 국가의 복지지표 비교 연구. 한국보건사회연구원.
- 로버트 노직, 《아나키에서 유토피아로》, 문학과지성사, 1997.
- 마이클 샌델, 《정의란 무엇인가》, 김영사, 2010.
- 박길성(2011), 사회적 연대, 누구와 어떻게 조화할 것인가.
- 김세원 외(2011), 페어 소사이어티 – 기회가 균등한 사회, 한국경제신문, 28-61.
- 사회통합위원회/경제인문사회연구회 엮음(2012). 한국에서 공정이란 무엇인가. 동아일보사.
- 이돈희, 《교육 정의론》, 교육과학사, 1999.
- 정진성 외, 《한국 사회의 트랜드를 읽는다》, 서울대학교출판문화원, 2009.
- 존 롤스, 《정의론》. 이학사, 2008.
- 한국방정환재단 · 연세대사회발전연구소(2011), 2011 한국 어린이-청소년 행복지수 국제비교.
- 한만길 외(2000), 21세기 교육 복지 발전 방안 연구, 한국교육개발원.
- Bertelsmann Stiftung(2011), Social Justice in the OECD.
- Equality and Human Rights Commission(2010), How fair is Britain?.
- Mittelstrass, J.(Hrsg.), Enzyklopaedie Philosophie und Wissenschaftstheorie. Band 1. Stuttgart.
- OECD(각년도), Education at a Glance.
- OECD(2010), PISA 2009 Results. Vol.4.
- OECD(2011), How's Life? Measuring Well-Being.
- OECD(2011), A framework for growth and social cohesion in Korea
- OECD(2011), Society at a Glance.

- OECD(2012), Equity and Quality in Education. Supporting disadvantaged Students and Schools.
- OECD(2012), OECD 한국경제 보고서.
- SBS(2012), 제10차 미래한국 리포트, 착한 성장 사회를 위한 리더십.

제6강 _복지, 진정한 공동체성의 회복

33) 조흥식, "제12장 사회복지 정책의 이해"《인간생활과 사회복지》, 학지사, 2008, 내용을 바탕으로 일부 수정, 재정리한 것임.
34) 조흥식, "기독교사회복지의 개념과 방법론" [한국기독교사회복지총람], 한국기독교사회복지협의회, 2007, 139-144쪽을 요약, 재정리함.
- 유장춘(1999). "1999년 교회사회봉사 부분 목회계획수립을 위한 워크숍 – 교회사회사업적 측면에서" [대한예수교장로회(통합측) 대전서노회 사회부 주최 워크숍 자료집].
- 조흥식, "기독교사회복지의 개념과 방법론"《한국기독교사회복지총람》. 한국기독교사회복지협의회, 2007.
- 조흥식, "제12장 사회복지 정책의 이해"《인간생활과 사회복지》, 학지사, 2008.

제7강 _노사관계, 개선으로 나아가는 길

- 이 글은 필자의 저서인 《노사관계개선의 바른길 I, II》, 비봉출판사, 2011 중 제8장 노사관계 개선을 위한 이념 역량 개선, 255-403쪽 내용을 기본으로 하여 요약, 정리, 부분적으로 보완했다. 필자 저작 부분은 일일이 해당되는 내용에 대하여 주석을 달지 않았거나 출처를 밝히지 않았음을 양해 바란다.
- 스티븐 코비, 《성공하는 사람들의 8가지 습관》, 김경섭 역, 김영사, 2004, 48-55쪽.
- 최종고, 《법학통론》, 박영사, 2008, 20쪽.
- C. S. 루이스, 《순전한 기독교》, 장경철 · 이종태 옮김, 홍성사, 2001, 50쪽.

제8강 _인권, 북한 인권의 길을 묻다

35) 강철환 · 김용삼 외 "아 요덕!", 월간조선사, 2006, 37쪽.
36) 신동혁, "세상 밖으로 나오다." 북한인권정보센터, 2007.